Marie-Jeanne Bécu, Comtesse du Barry, geboren am 28. August 1743 in Vaucouleurs, starb am 8. Dezember 1793 in Paris unter der Guillotine.

»Ja, so war sie, die Dubarry«, will man einen bekannten Operettenschlager zitieren. Wie sie war – oder besser –, wie sie sich selbst sah und darstellte, das geht aus den vorliegenden, lange geheimgehaltenen Tagebuchblättern hervor.

Dem Leser eröffnet sich die – wenn auch von der Autorin bewußt beschönigte, was Altersangaben, Jahreszahlen und Herkommen angeht – Biographie des lothringischen Bauernmädchens Jeannette, das eine Blitzkarriere zur königlichen Geliebten und protegierten Mätresse des mehr viel liebenden als vielgeliebten fünfzehnten Ludwig macht. Gleichzeitig bieten sich pikante Einblicke in das Versailler Hofleben, das schon seinerzeit die Pfälzerin Liselotte und später die Österreicherin Maria Antonia in nicht gelinde Schrecken versetzte. Jeannette, der das kindliche Lispeln noch im Alter vortrefflich stand, brachte mit ihrer gutzielenden Fußspitze die Krone auf dem Haupt eines Königs ins Schwanken, so daß sie dem nächsten und letzten in der Reihe mitsamt dem Haupte herabfiel.

insel taschenbuch 1262
Die geheimen Papiere
der Gräfin Dubarry

Die geheimen Papiere der Gräfin Dubarry

Herausgegeben von Paul Frischauer
Mit einem Nachwort versehen
von Franz Blei

Haus Berger
19.7.90

Insel Verlag

insel taschenbuch 1262
Erste Auflage 1990
Insel Verlag Frankfurt am Main 1990
© 1924 und 1990 by Literarica Stiftung, Vaduz
und AVA – Autoren- und Verlagsagentur GmbH,
München-Breitbrunn
© für das Nachwort: Erbengemeinschaft Franz Blei
Internationaal Literatuur Bureau, Hilversum
Hinweise zu dieser Ausgabe am Schluß des Bandes
Vertrieb durch den Suhrkamp Taschenbuch Verlag
Umschlag nach Entwürfen von Willy Fleckhaus
Satz: MZ-Verlagsdruckerei GmbH, Memmingen
Druck: Nomos Verlagsgesellschaft, Baden-Baden
Printed in Germany

1 2 3 4 5 6 – 95 94 93 92 91 90

*Die geheimen Papiere
der Gräfin Dubarry*

I

Ich wurde am 28. August 1744 in Vaucouleurs geboren. Man hat sich eine Zeitlang darüber lustig gemacht, daß ich das Licht der Welt im selben Dorfe wie Jeanne d'Arc erblickt habe. Diese Übereinstimmung hat zwar nicht viel zu sagen, aber man hätte noch viel mehr darüber gelacht, wenn man gewußt hätte, daß meine Mutter die berühmte Jungfrau von Orleans zu ihren weiblichen Vorfahren gezählt hat.

Ich will damit nicht behaupten, daß ich von Jeanne d'Arc in gerader Linie abstamme. Da sei Gott vor! Ich habe viel zu großes Zutrauen zu dem jungfräulichen Beinamen, den man ihr gegeben hat. Wenn ich zu Zeiten Karls VII. gelebt hätte, wäre ich viel lieber Agnes Sorel, als die heilig gesprochene Jungfrau gewesen.

Die Familie meines Vaters Vaubernier entstammte dem Bürgerstande und gehörte vielleicht sogar dem kleinen Adel an. Mein Vater hatte kein Vermögen und heiratete meine Mutter, die nicht reicher war als er, aus Liebe.

Als ich zur Welt kam, wurde Frau Dubreuil, die Gattin eines hohen Gemeindebeamten in Vaucouleurs, meine Patin. Pate hätte ein Bruder meines Vaters, ein braver Geistlicher, unter dem Namen Pater l'Ange bekannt, werden sollen, aber das Glück, das mir zweifellos schon damals wohlwollte, gab mir einen einflußreicheren Paten. Die Feldzüge von 1744 führten Herrn Billard du Monceau, einen reichen und wohltätigen Finanzmann, in unsere Ortschaft. Er war am Tage meiner Geburt in Vaucouleurs eingetroffen. Frau Dubreuil, die das

Wohlergehen unserer Familie im Auge hatte, übertrug ihm die kostspielige Ehre, die man meinem armen Onkel bestimmt hatte, und er nahm an.

Ich bekam also zum Paten Herrn Billard, der die Sache großzügig machte, wie es sich von einem Finanzmann erwarten läßt.

Ich erhielt in der Taufe den Namen Marie-Jeanne, wuchs heran und wurde, wie man mir nachher gesagt hat, von Tag zu Tag schöner. Ich will nicht daran zweifeln, denn meinem Aussehen verdanke ich meine Erhebung, und heute, da ich zu altern beginne, denke ich schmerzlich an meine einstige Schönheit. Ich habe Angst vor dem Alter und glaube, daß ich lieber tot sein möchte als häßlich.

Man hätte mich sehen sollen, wenn man mir mein Sonntagskleidchen anzog! Meine Koketterie war frühreif. Ich glaube aber, daß das bei allen Frauen so ist. Ich wollte gefallen, auch mir selbst gefallen; wo es einen Spiegel gab, sah ich hinein. Wie viele Stunden habe ich damit zugebracht, meine wachsende Schönheit zu bewundern! Zum Glück für meine Eitelkeit fand nicht nur ich mich hübsch, sondern mein Aussehen gewann mir alle Herzen.

Mein Vater verdiente gerade das, was für den knappen Hausstand reichte und nichts darüber hinaus. Meine Patin war gestorben und mein Pate schien sein kleines Patenkind vergessen zu haben. Man schrieb ihm, er antwortete nicht, man schrieb so oft wieder, bis endlich eine Antwort kam, die aber nur Vertröstungen enthielt. Die Zeit verging, und unsere Lage blieb unverändert ärmlich.

Als ich acht Jahre alt war, starb mein Vater. Ich weinte sehr. Trotz meines angeborenen Leichtsinnes habe ich immer an Menschen gehangen, die mich geliebt haben oder denen ich zugetan war. Noch immer klingt mir der verzweifelte Schrei meiner Mutter im Ohr, den sie am Sterbebette meines Vaters ausstieß. Dem traurigen Verluste gesellte sich bald die Sorge um unseren Lebensunterhalt. Einige armselige Möbel und geringfügige Schmuckstücke waren die ganze Hinterlassenschaft.

Freunde rieten uns, nach Paris zu fahren, wo wir Lebensmöglichkeit finden würden. Einerseits würde uns Onkel l'Ange Gomard, der sich seit einiger Zeit in einem Kloster in der Nähe von Paris befand, helfen, andererseits mein Pate, Herr Billard, uns nicht ganz im Stiche lassen. Übrigens waren unsere Ansprüche sehr bescheiden und daher leicht zu befriedigen.

Man fragte mich nicht um Rat, wie sich denken läßt. Ich erfuhr nur, daß ich nach Paris kommen würde, und Paris war für alle Kinder vom Lande gleichbedeutend mit dem Paradiese. Ich vergegenwärtigte mir eine Stadt aus Gold und Perlen und war glücklich, nach Paris fahren zu dürfen.

Wir reisten mit der Post in kleinen Tagereisen, aber der weite Weg war für mich alles eher, denn langweilig. Wenn meine Mutter von Zeit zu Zeit weinte, trocknete ich ihre Tränen oder weinte darüber, daß sie sich kränkte, aber meine gute Laune ging nicht vorüber. Mit acht Jahren denkt man nur an die Zukunft und die Zukunft erscheint schön. Außerdem war ich glücklich über die Reise und über die Postkutsche.

Nach zwei Wochen trafen wir in Paris ein. Ich werde mich immer des Eindruckes erinnern, den der erste Anblick dieser Stadt auf mich machte. Die Länge der Straßen, die Höhe und Düsterkeit der Häuser erschreckten mich zuerst, dann aber, als ich die zahllosen Menschen sah, erhielten meine Gedanken andere Richtung. »Mama!« rief ich und schlug die Hände zusammen, »hier ist ja Kirchweihtag.« In Vaucouleurs gab es nämlich nur an hohen Feiertagen so viele Händler und Menschen.

Wir fanden in der Nähe der Place Royale in einer finstern und stillen Gasse Wohnung. Die Zimmer waren billig und nicht weit vom Kloster entfernt, das den Pater l'Ange beherbergte. Meine Mutter verständigte ihn von unserer Ankunft und er besuchte uns am nächsten Morgen.

Nachdem sich mein Onkel pflichtgemäß mit unserem Schmerze befaßt hatte, gab er uns den Rat, die Wohltätigkeit des Herrn Billard anzusprechen. Er erbot sich sogar, uns beim ersten Besuch zu begleiten, der unser Leben entscheiden sollte. Mein Aussehen, das unter den traurigen Umständen nicht gelitten hatte, war die Hoffnung meiner Mutter und meines Onkels. Ich meinerseits befürchtete, daß ihre Erwartungen, die sich lediglich auf mich stützten, enttäuscht werden könnten. Nachdem ich allerlei Ratschläge empfangen hatte und so gut als möglich herausgeputzt worden war, machten wir uns auf den Weg.

Es war das erste Mal, daß ich ein so wunderbares Haus zu sehen bekam. Vergoldete Möbel, Spiegel, Teppiche, Porzellan, alles war meinen Augen neu, und ich konnte mich vor Bewunderung nicht fassen. Wir traten ins Arbeitszimmer Herrn Billards.

Pater l'Ange, der beredter war als wir, führte das Wort. Er erzählte, wer wir seien, hielt eine lange Rede über Wohltätigkeit, die zum Ziele hatte, Herrn Billard davon zu überzeugen, daß er unsere Vorsehung sei und daß seine Stellung als mein geistiger Vater ihn dazu veranlassen müsse, für mich wie ein leiblicher Vater zu sorgen. Meine Mutter begleitete seine Worte mit einem Strom von Tränen, und auch ich weinte bitterlich. Als aber ein schöner Jagdhund sich mir zu Füßen legte, versiegten meine Tränen und ich begann mit ihm zu spielen.

Herr Billard hörte dem Pater l'Ange zu, sagte meiner Mutter einige tröstende Worte, überreichte ihr zehn Louisdors, machte sich erbötig, die Kosten meiner Erziehung zu tragen und versprach ihr, sie in einem vornehmen Hause als Wirtschafterin unterzubringen.

Tags darauf hatte die Vorsehung für uns gesorgt. Meine Mutter fand ihre Stelle bei Frau von Renard, der Witwe eines Finanzmannes, aber ich durfte nicht bei ihr wohnen, da diese Dame eine Abneigung gegen Kinder hatte.

Herr Billard brachte mich nach längerem Bitten in einer bürgerlichen Heimstätte unter. Dort begann meine Erziehung. Ich lernte Nähen und Sticken und schlecht und recht lesen und schreiben. Unterricht, Kost und Quartier kosteten nicht mehr als dreißig Francs im Monat.

In diesem Hause verblieb ich nahezu drei Jahre. Meine Mutter war während dieser Zeit bei Frau von Renard, die auch nicht einmal duldete, daß ich die Schwelle ihrer Wohnung überschreite. Die Launen dieser Dame waren so unerträglich, daß meine Mutter sich schließlich gezwungen sah, ihr Haus zu verlassen. Sie suchte meinen Paten auf und bat flehentlich um eine andere Stelle. Herr Billard empfahl meine Mutter dem Fräulein Fréderic, deren Schönheit damals berühmt war. Fräulein Fréderic war die Geliebte meines Paten, und sicher hätte meine Mutter die ihr angebotene Stellung zurückgewiesen, wenn sie einen Ausweg gewußt hätte. Aber ebensowenig erfreut wie sie war das Fräulein, das befürchtete, meine Mutter sei dazu bestimmt, ihren Lebenswandel zu überwachen. Allerdings zeigte sie ihr Mißvergnügen nicht sofort, denn das wäre ihrem Geliebten verdächtig erschienen.

Fast gleichzeitig kam ich in das Kloster St. Aure, wo ich eine immerhin sorgfältigere Erziehung genoß. Am meisten Freude machte mir der Zeichenunterricht.

Ich war fünfzehn Jahre alt und sicher das schönste aller Mädchen im Kloster von St. Aure, aber ich war jederzeit so freimütig, lustig und gesellig, daß mir meine Gefährtinnen trotz meiner Schönheit nicht schlecht gesinnt waren. Uns alle verband die Langeweile des Klosters. Wir sehnten den Augenblick herbei, da wir dieses Gefängnis verlassen konnten. Inzwischen bestand unser Trost in Schilderungen des Lebens außerhalb der Klostermauern. Meine Gefährtinnen waren nicht Fräulein aus vornehmem Hause, sie wußten nichts vom Hofleben, aber dafür allerlei aus dem Leben der Stadt. Ich beneidete alle, die irgend etwas erzählen konnten.

Das Leben stellte ich mir ganz wunderbar vor. Mein armer Kopf verlor sich in Luftschlössern und wunderbaren Festen, die man mir zu Ehren gab. Später haben sich diese Luftschlösser verwirklicht und ich habe die Träume meiner Jugend wieder erlebt. Festlichkeiten, Vergnügungen, berühmte Anbeter, alles, was ich einstmal gewünscht hatte, habe ich wiedergefunden, nur nicht das wahre Glück. Vielleicht hatte ich vergessen, es mir zu wünschen.

Ich freundete mich in St. Aure mit einem Mädchen gleichen Alters an. Sie war groß und hübsch und hieß Généviève Mathon. Ihr Vater war Bäckermeister in der Rue St. Martin. Noch ein anderes junges Mädchen war mir zugetan: Brigitte Rubert; aber ihr Stolz schien ihr verboten zu haben, freundschaftlichen Gefühlen freien Lauf zu lassen. Sie mißachtete mich ein wenig wegen der Stellung meiner Mutter. Trotzdem empfand ich mehr Freundschaft für sie als für alle anderen Mädchen, da sie etwas von der großen Dame an sich hatte.

Wir trieben allerlei Unfug und waren die rechten Scheinheiligen. Übrigens glaube ich, daß alle Frauen scheinheilig sind. Schuld daran haben die Männer, da sie selbst uns lehren, wie man betrügt. Es gibt keine noch so dumme Frau, die vor ihrem Mann nicht weiß scheinen könnte, wenn sie auch noch so schwarz ist. Allerdings muß ich gestehen, daß ich zu jener Zeit noch völlig unschuldig war. Es ging zwar mancherlei in mir vor, ich fühlte, daß ich nicht dazu geschaffen sei, allein zu leben, aber ich wußte auch nicht mehr. Mit den Begierden meiner Jugend verband sich die Unschuld eines Kindes. Ich sah in der Verbindung zweier Menschen nichts als zärtliche Liebkosungen und irgendwie geschwisterliche Küsse.

II

Mein Leben im Kloster St. Aure ging ruhig dahin. Généviève Mathon und Brigitte Rubert genügten meinem Herzen. Ich liebte und wurde wieder geliebt, oder zumindest glaubte ich es, und das ist schließlich dasselbe.

Eines Tages sah ich hinter dem Gitter des Besuchszimmers meine Mutter, die mir weinend mitteilte, daß sie aus dem Hause des Fräuleins Fréderic fortmüsse. Sie sagte mir nicht mehr, als daß das unfreundliche Verhalten des Fräuleins sie zu diesem Schritte zwinge.

Mein Pate, der mich niemals im Stiche gelassen hat und über den ich nur Lobendes zu sagen weiß, befragte mich nach meinen Wünschen und was ich gerne aus mir machen würde. Meiner Antwort entsprechend glaubte er gut daran zu tun, mich, als ich sechzehn Jahre wurde, bei der Putzmacherin Frau Labille in Stellung zu geben.

Da begann für mich ein neues, ganz anders geartetes Leben. Im Kloster hatte es Langeweile und Zwang gegeben und jedes lustige Wort war gerügt und manchmal sogar strenge bestraft worden. Bei Frau Labille sah man freilich darauf, daß es im Hause ordentlich zuging, aber es gab keine strenge Überwachung. Dort waren wir Herrinnen unserer Handlungen, soferne die Arbeit nicht darunter litt. Wenn uns etwas durch den Kopf ging, konnten wir es erzählen, wir konnten lachen, wenn etwas lächerlich war und nach unserem Gutdünken singen. Weiß Gott, daß wir lachten, plauderten und sangen.

Sonntags außer Haus volle Freiheit und Freiheit in unseren Zimmern. Jedes Mädchen hatte eine eigene kleine, aber saubere Kammer. Mein Pate hatte die meine ein wenig schmücken lassen und man sprach vierundzwanzig Stunden bei Frau Labille von nichts anderem als von meinem Zimmer. Ich führte dort über Wunsch meines Onkels den Namen Lançon.

Das erste Mal, als ich von meiner Sonntagsfreiheit Gebrauch machte, war ich ängstlich. Das zweite Mal schon war ich mutiger und nahm mir vor, meine ehemaligen Freundinnen im Kloster zu besuchen. Die Enttäuschung war herb. Brigitte Rubert verweigerte mir das »Du« und ihre Freundschaft mit der Begründung, daß sie mit einem Arbeitermädchen nicht befreundet sein könne.

Ich kränkte mich unsagbar über ihre Abweisung und versuchte mein Glück bei Généviève Mathon. Sie war schon aus dem Kloster in ihr Elternhaus zurückgekehrt und ich fand sie im Kreise einer freundlichen Familie, die mich mit offenen Armen empfing. Dort lernte ich ihren Bruder kennen, der mir vielleicht deshalb gefiel, weil ich seine Schwester liebte. Ich gefiel ihm ebenfalls, vielleicht auch seiner Schwester wegen. Wir sahen uns von der Seite an, und so oft ich hinschaute, bemerkte ich seinen Blick auf mir ruhen. Er erriet meine kleinsten Wünsche und bot mir im vorhinein an, was ich vielleicht später verlangt hätte. Seine Aufmerksamkeit machte mir Sorgen, ich fürchtete, daß sie seinen Eltern mißfallen könnte, aber niemand achtete darauf.

Nach dem Essen gingen wir auf den Boulevards spazieren und nachher ins Theater. Es war das erste Mal, daß ich ein derartiges Vergnügen erlebte. Ich war vollkommen erfüllt davon und vergaß darüber beinahe die Gegenwart des Bruders meiner Freundin. Er hingegen, gewohnt ins Theater zu gehen, hatte nur Augen für mich. Er saß neben mir und dachte nur daran, mir seine Liebe zu bezeigen, sprach leidenschaftlich mit Worten, die ich noch nicht kannte, aber es schien unendlich angenehm, zuzuhören. Plötzlich ergriff er meine Hand so, daß es niemand sehen konnte, und drückte sie in der seinen. Ich erwiderte, ohne nachzudenken, vielleicht ohne es zu wollen, leise den Druck. Er zitterte. Seine großen schwarzen Augen glänzten wie Feuer, ein glückliches Lächeln flog über seine Lippen.

Aber auch dieser schöne Tag und dieser wunderbare Abend gingen zu Ende. Meine Freundin und ihr Bruder begleiteten mich nach Hause. Généviève umarmte mich zum Abschied, Nikolaus Mathon, noch schüchtern, begnügte sich damit, meine Hand zu küssen. Dieser Handkuß ließ mein Herz schneller schlagen. Langsam stieg ich die Stufen zu meinem Zimmer hinauf. Liebte ich?

Wer heute davon hört, wird verächtlich die Stirne runzeln und sagen: »Sie, einen Nikolaus Mathon lieben, einen Küchenjungen? *Fi donc!* Sie? Gräfin!«

Verzeihung. Als ich Gräfin Dubarry wurde, konnte ich mir einen Geliebten in höherer Stellung suchen, aber damals war ich nichts als eine sehr bescheidene kleine Putzmacherin, und man nannte mich nur Jeanne Lançon. Dennoch, wie auch das Leben wurde, denke ich, wenn ich die Reihe aller meiner Liebhaber an mir vorüberziehen lasse, nicht mit Mißvergnügen an den armen Nikolaus, denn er war doch meine erste Liebe.

Die Hälfte der Nacht verging in sehnsüchtigen Träumen, ich schlief ein und das geliebte Bild des Bruders meiner Freundin erschien mir im Traume. Des Morgens mußte ich ins Geschäft, aber ich hatte meine gute Laune verloren, war traurig und träumerisch. Meine Gefährtinnen versuchten mir mein Geheimnis zu entlocken, aber ich war entschlossen, mein Erlebnis nicht preiszugeben.

Plötzlich erblickte ich Nikolaus Mathon, der die Straße auf und ab ging. Mein Herz begann zu schlagen. Etwas ganz Außerordentliches vollzog sich in mir. Mein ganzes Sein geriet in Aufruhr. Ich sah nichts als den jungen Mann und versuchte ihm zuzulächeln. Er sah mich, sein Gesicht bekam Farbe und seine Hand zeigte mir ein Papier. Einen Brief! Ein Brief an mich? Der erste Liebesbrief! Meine Tugend kämpfte nicht einen Augenblick gegen das Verlangen des jungen Mädchens. Man hatte mich wohl im Kloster St. Aure vor dem Teufel gewarnt, aber Nikolaus war ein Engel und ein Briefwechsel mit ihm schien mir das Wünschenswerteste auf der Erde. Es gelang mir, den Brief von ihm zu bekommen. Schnell zog ich mich in meine Kammer zurück, um ungestört lesen zu können. Immer wieder las ich seine zärtlichen Worte, bis ich sie auswendig kannte.

Nun mußte ich auch antworten. Meine Antwort war kurz. Ich schrieb ihm, daß ich sehr froh sei, daß er mich liebe, daß ich aber zweifle, ob er mich immer lieben werde, wie er es versprochen habe.

Diesen Brief warf ich ihm am nächsten Morgen zu, als er wieder um das Haus schlich. Sehnsüchtig erwartete ich den Sonntag, um ihn sehen und sprechen zu können, und ließ alle meine Gefährtinnen vor mir weggehen, von denen die eine von einem Bruder, die andere von einem Onkel, die dritte von einem Cousin erwartet wurde. Als letzte verließ ich das Haus. Kaum war ich draußen, als ich mich schon nach allen Seiten umsah. Niemand wartete auf mich.

Traurig und aufs Geratewohl wandte ich mich in die Richtung der Rue de la Ferronnerie, als ich plötzlich jemand hörte, der hinter mir ging und seufzte. Ich blieb stehen, drehte mich um: es war Nikolaus. Er sprach mich an.

Ich verbrachte mit ihm und bei ihm den ganzen glücklichen Tag. Dann besprachen wir das Mittel, uns immer wieder zu sehen. Unsere Zusammenkünfte waren kurz, aber unwiederbringlich schön. Ich hielt mich für die glücklichste Frau, die es gibt, und versagte mich nicht, gab mich ihm vom ganzen Herzen und bin sicher, daß er mich geheiratet hätte.

Meine Gefährtinnen und ich waren mit der Zeit vertrauter geworden und wir erzählten uns von unseren Liebschaften, unseren Liebhabern und ihrer Stellung in der Welt. Ich erröte noch immer, wenn ich an das Gelächter denke, das mein Geständnis hervorrief. Ein Küchenjunge – mein Liebhaber! Die Mißachtung der jungen Mädchen fand keine Worte. Alle hatten lauter hervorragende Verehrer, die einen Schreiber und Advokaten, die andern Studenten und Offiziere. Sie machten sich begreiflicherweise über meine Liebschaft mit einem Küchenjungen lustig. Es nützte nichts, daß ich seine schöne Erscheinung und sein gutes Benehmen hervorhob, nichts tat ihrem Spott Einhalt. Sie erklärten mir, daß ich niemals mit ihnen gemeinsam auf einen Ball gehen könnte, da ihre Herren sich weigern würden, in Gesellschaft eines Küchenjungen den Abend zu verbringen. All das machte mich mißgestimmt und in meiner Dummheit war ich Nikolaus böse, daß er nicht ein Herr von Welt war. Ich glaube, daß ich die Hälfte meines Lebens dafür geopfert hätte, wenn er wenigstens Schreiber gewesen wäre.

Dieser Gedanke erfüllte mich gerade, als ein Musketier ins Geschäft trat. Niemals hatte ich einen so stolzen Herrn gesehen. Seine Unverschämtheit, die ich für Größe nahm, machte auf mich unglaublichen Eindruck. Der Graf d'Aubuisson war zu Frau Labille gekommen, um die Entsendung eines Hutes für die Frau Herzogin von Villeroi zu beschleunigen. Keine unter den Arbeiterinnen der Frau Labille erregte seine Aufmerksamkeit so sehr wie ich. Er sagte es mir in so vornehmer Weise und mit so überlegener Miene, daß ich nicht wagte, ihm zu sagen, daß mein Herz mir nicht mehr gehöre. Wie hätte ich auch einem

Musketier widerstehen können, der mich einer Herzogin vorzog oder vielleicht zehn Herzoginnen und ebensoviel Gräfinnen und Marquisen.

Der arme Nikolaus war bald vergessen. Mit ihm aber auch der Gedanke an eine ehrenhafte Ehe. Wenn ich damals meinem Herzen gefolgt wäre, hätte es mich den richtigen Weg geführt. Nun war es die Eitelkeit, die mich in ihre Bahnen lenkte.

So sehr mein erster Geliebter bemüht war, meinen Ruf zu hüten, so sehr gab ihn Graf d'Aubuisson preis. Ich gab mich zu seinen Launen her und besuchte ihn sogar in der Kaserne der Musketiere. Er führte mich seinen Kameraden vor, die ihn zu seiner neuen Freundin beglückwünschten. Ich wußte nicht mehr recht, was ich tat. Mein Kopf gehörte nicht mehr mir. Vergebens gab mir Frau Labille, die mir aufrichtig zugetan war, die besten Ratschläge. Ich wollte nichts hören und glaubte ebensowenig meiner guten Mutter.

Der Graf d'Aubuisson liebte mich nicht. Ich bemerkte es erst, als es zu spät war. Um mich an ihm zu rächen, beschloß ich, zu zeigen, daß meine Anhänglichkeit nicht größer sei als die seine. Ich verließ ihn aus demselben Grunde, aus dem ich zu ihm gekommen war: aus Eitelkeit.

Zu dieser Zeit kam zu den Musketieren ein junger Baske, den seine Kameraden wegen seines bescheidenen Benehmens verachteten. Gerade der sollte mir als Mittel für meine Rache gut genug sein. Dieser scheinbar so kalte und schüchterne junge Mensch bot sich mir an, als er erfuhr, daß ich Genugtuung suche. Ich nahm sein Anerbieten an. Unsere Beziehungen dauerten jedoch nicht lange. Als mein neuer Freund den Tod seines Vaters erfuhr, mußte er verreisen. Dadurch fielen meine Rachepläne ins Wasser.

Mein Weg nach Versailles führte mich durch alle Niederungen des Lebens. Ich will nicht alles über diese Zeit berichten, nur einiges, das ich mit gutem Gewissen sagen kann.

III

Ich hatte mein achtzehntes Lebensjahr erreicht. Pater l'Ange war mit mir nicht zufrieden. Er hätte gewünscht, daß ich ein regelmäßiges Leben führe, und überschüttete mich mit Vorwürfen und Ratschlägen. Kurz vorher hatte er sein Kloster verlassen, um Weltpriester zu werden. Die Sorge um seine Gesundheit hatte ihn dazu gezwungen und nicht sein Lebenswandel, wie meine Feinde behaupteten. Pater l'Ange war ein ehrwürdiger Priester und durchaus erfüllt von den Pflichten seines Standes. Er hatte nach seinem Austritte aus dem Kloster in einem vornehmen Hause die Stelle eines Hauskaplans angenommen. Frau von Lagarde, die Witwe eines Generalpächters, besaß ein prächtiges Landhaus. Bei dieser Dame wurde mein Onkel Hauskaplan. Er bemühte sich nun, meiner flatterhaften Lebensführung ein Ende zu bereiten. So kam es, daß ich mich bald als Gesellschaftsdame in einem ehrenwerten Hause befand. Ich fühlte mich zu Beginn nicht recht am Platze, denn der Wechsel meiner Lebenslage hatte sich zu schnell vollzogen. Aus den dunklen Räumen eines Putzmachergeschäftes war ich in einen Salon der besten Gesellschaft geraten. Mein Verstand gebot mir aber solange Zurückhaltung und Schweigen, bis ich mir die Lebensart meiner Umgebung zu eigen gemacht hatte.

Eine junge Frau nimmt leicht die Gewohnheiten der Menschen an, unter denen sie lebt. Übrigens sind die Männer, von denen unser Ruf abhängt, zur Nachsicht gegen jede schöne Frau geneigt.

Mein Aufenthalt war, wie sich denken läßt, ereignisreich.

Die Dame des Hauses empfing die vornehmste Gesellschaft, selbst den hohen Adel. Ich war ganz Auge und Ohr, so sehr, daß ich nach kurzer Zeit sprechen und mich bewegen konnte, ohne lächerlich zu scheinen.

Frau von Lagarde war Mutter zweier Söhne. Der ältere hatte trotz seiner Jugend von seinem Vater das Amt des Generalpächters geerbt. Er war frech wie ein Page und seine Dummheit war belustigend. Alle Welt nannte ihn geizig, weil er nicht die Gabe hatte, zu verschwenden und zu schenken. Im Grunde seiner Seele war er ein anständiger Mensch und hätte sehr gute Eigenschaften gehabt, wenn er nicht als Kind von seiner Mutter und später von Schmeichlern verdorben worden wäre.

Sein Bruder Dudelay war der Schöngeist der Familie. Von Ehrgeiz erfüllt, schien er der geborene Diplomat zu sein. Niemals sprach er ein Wort oder eine Silbe ohne nachzudenken, hörte sich gerne sprechen und war stets in Sorge, eine Ungeschicklichkeit zu begehen. Sein ganzes Wesen war auf Eindruck berechnet.

Die beiden Brüder sahen meine Aufnahme in das Haus mit Vergnügen. Mein Gesicht flößte ihnen keinen Abscheu ein, im Gegenteil, ich bemerkte sehr bald, daß ich ihnen nur zu sehr gefalle. Nichtsdestoweniger begnügten sie sich in der ersten Zeit mit flüchtigen Höflichkeiten, um nicht den Verdacht ihrer Mutter wachzurufen. Aber in Abwesenheit der Hausfrau entschädigten sie sich für den gezwungenen Respekt, den sie sich mir gegenüber auferlegt hatten. So wie ich nur einen von ihnen im Garten oder anderswo traf, suchte er mir seine Zuneigung auszumalen. Ich hörte ihre Geständnisse mit unschuldsvoller Miene an, und wenn ich mich recht erinnere, erhielt ich an einem Tag kurz nacheinander die Liebeserklärungen beider.

Ich empfand keine Vorliebe für einen oder den anderen, daher war es mir leicht, sie so zu behandeln, daß beide nicht am

Erfolg zweifelten. Natürlich war ich entzückt, sie nach mir seufzen zu hören. Ihre Liebe entschädigte mich für den Hochmut ihrer Mutter, die, so alt und häßlich sie war, mir meine Jugend und Schönheit neidete.

Um nicht beide Brüder miteinander zu entzweien, war ich bemüht, zu verhindern, daß einer von der Neigung des anderen erfahre, und zeigte mich noch koketter als ich wirklich war. Allerdings waren Damen aus der Finanz und vom Hofe, die bei uns verkehrten, meine Vorbilder. Ich tat alles, wie ich es bei ihnen sah, und es ging so gut, daß keiner von den Beteiligten merken konnte, was ich vor ihm zu verbergen hatte. Aber das Unglück ließ nicht auf sich warten.

Bevor ich davon erzähle, will ich noch von einigen berühmten Männern sprechen, die häufig Gäste der Frau von Lagarde waren. Herr von Marmontel, ein Mann der mir niemals gefallen hat, eingehüllt in literarische Würde, gab sich immer den Anschein zu denken, damit man ihn für einen Denker halte, fortwährend seine eigenen Dichtungen und Worte erwähnend. Ich war das Opfer seiner Eitelkeit und mußte seine Verse anhören, ob ich wollte oder nicht. Er bemühte sich den Ton der guten Gesellschaft zu schildern, was ihm aber nicht gelingen wollte.

Ein häufig gesehener Gast war Herr von Grimm, geistvoll, trotzdem er Deutscher war, häßlich und mager. In seinen Augen, die ihm halb aus dem Kopfe hingen, war irgendetwas Heimtückisches, das gegen ihn einnahm. Aber seine Stellung als Philosoph machte ihn beliebt.

Auch Diderot war ein Anhänger unseres Kreises, mit ihm erschien meistens d'Alembert, trotzdem sie sich gegenseitig nicht ausstehen konnten. Sie neideten sich ihr Ansehen und ihre Eitelkeit war weit entfernt von philosophischer Bescheidenheit. Diderot posierte Grobheit und berechnete seine jeweilige Begeisterung. Wenn er bescheiden sein wollte, merkte man die Absicht, aber im großen und ganzen war er ein ausgezeichneter Mensch, wenn man seine Eigenliebe nicht kränkte. D'Alembert hatte die weichen Tatzen einer Katze, hinter der sich scharfe Krallen verbargen, er streichelte und zerriß mit seinen Worten. Er sprach gut, obwohl er ein wenig stotterte, und man fürchtete ihn beinahe so sehr wie Voltaire. Es kann sein, daß ich diese Männer nicht so schildere, wie man sie allgemein kennt, aber was ich niederschreibe, ist meine eigene Meinung, wenn es auch nur die einer ungebildeten Frau ist.

Außer diesen Philosophen und Schriftstellern glänzten bei Frau von Lagarde hohe Herren vom Hofe durch ihre Anwesenheit. Der Marschall von Richelieu, der Prinz von Soubise, der Herzog von La Trimouille, der Herzog von Brissac und andere.

Sonderbar war es, daß mir der Herzog von Richelieu vom ersten Tag an mißfiel. Diesen ersten Eindruck habe ich niemals losbekommen. Aus allen möglichen Gründen war ich später gezwungen, ihn zu meinem Berater zu machen. Da hatte es wohl den Anschein, als stünde ich ihm freundlich gegenüber. Das ist auch die einzige Heuchelei, die man mir in meinen politischen Handlungen vorwerfen kann. Bei Frau von Lagarde machte mir Herr von Richelieu den Hof, aber ich glaube, nur, um nicht aus der Rolle des galanten Mannes zu fallen. Später dann, in Versailles, machte er von unserer Beziehung bei Frau von Lagarde Gebrauch, um sich meinen alten Freund nennen zu dürfen. Jetzt will ich aber wieder mit der Schilderung meiner eigenen Erlebnisse fortfahren.

Der ältere der beiden Brüder Lagarde legte eines Tages eine Kassette mit einer Schnur wundervoller Perlen auf meinen Toilettentisch. Der Jüngere schenkte mir in Gegenwart seiner Mutter eine sehr schöne Uhr. Einige Tage später erhielt ich beinahe gleichzeitig von meinen beiden Anbetern Briefe. Beide verlangten Antwort auf ihre unzweideutigen Liebeserklärungen. Dem einen sollte ich den Bescheid in eine Bronzevase in den Garten legen, dem anderen in eine Holztruhe. Ich war leichtsinnig genug, beiden zu antworten, und da ich zu faul war, zwei verschiedene Briefe zu schreiben, schrieb ich nur einen einzigen in zwei Ausgaben. Der Ältere erhielt das Original, der Jüngere die Kopie. In den Briefen beklagte ich mich, daß sie an meiner Tugend zweifelten, und bat um Einstellung der Aufmerksamkeiten, jedenfalls aber ersuchte ich die beiden Verliebten, bei ihren Bemühungen mehr Vorsicht an den Tag zu legen.

Vielleicht hätte ich an einem der Brüder Gefallen gefunden, wenn sich nicht zu gleicher Zeit im gleichen Hause ein sechzehnjähriger junger Mann befunden hätte, der mir gefiel. Seinen Stand will ich verschweigen, weil ich mich schäme. Er war schön, liebenswürdig und hieß Noël.

Der Junge hatte die Kühnheit gehabt, mir seine Liebe zu gestehen, und ich war schwach genug gewesen, ihn nicht beim Fenster hinauswerfen zu lassen; denn schließlich war meine Stellung im Hause die eines adeligen Fräuleins. Während alle Welt mir mit Ehrerbietung entgegenkam, vernachlässigte Noël den guten Ton. Wenn eine Frau aber das erste Mal eine Unverschämtheit duldet, dann wird sie sie auch weiterhin dulden müssen. Noël wußte das zweifellos und versagte mir jede Achtung. Ich war genötigt, ihn einmal nachts in meinem Zimmer zu empfangen. Ich tat es, um ihn zu bitten, von seinen Nachstellungen abzulassen. Der Erfolg meiner Bitte war gering. Nach heftigem Kampfe – ich schwöre, daß ich mich mit allen Kräften gewehrt habe – bin ich meiner Zuneigung und seiner körperlichen Stärke erlegen.

Ich bewohnte einen Pavillon auf dem Hof, der die Verbindung zwischen dem Herrenhause und den Gesindewohnungen herstellte. Eines Nachts, als ich gerade mit Noël im Kampfe lag, klopfte es plötzlich an die Türe meines Zimmers. Ich verlor den Kopf und antwortete aufs Geratewohl. Eine Stimme, die ich für die einer Frau hielt, befahl mir, sofort zu öffnen, da Frau von Lagarde krank sei. Noch mehr erschreckt und im Glauben, daß Noël schon das Weite gesucht habe – er hätte durch die andere Türe entwischen können – öffne ich. Eintritt – der jüngere der beiden verliebten Brüder. Er glaubte meine Hand zu fassen, erwischte aber die Hand Noëls und im Wege dieser Hand überschüttete er mich mit Küssen. Er flehte mich an, ihn zu erhören und keinen Lärm zu machen. Ich beginne zu schreien, er bekommt Angst, gibt die Hand Noëls frei und geht. In der Eile seiner Flucht schlägt er sich die Nase heftig an die Türe an, die ich sofort hinter ihm schließe.

Am nächsten Morgen versucht der junge Herr seine geschwollene Nase vor seiner Mutter zu entschuldigen. Ich konnte mich eines Lächelns nicht erwehren, trotzdem seine vergehenden Blicke um Mitleid baten. Von diesem Tage an wurden seine Briefe noch glühender. Er bat mich um Verzeihung für den nächtlichen Besuch und flehte um ein Stelldichein. Gleichzeitig beschwor mich sein älterer Bruder, meine Widerspenstigkeit aufzugeben. Ich aber empfing Nacht für Nacht den jungen Noël.

Trotzdem gelang es mir nicht, Zusammenkünfte mit den Herren von Lagarde zu vermeiden. Sie waren ständig hinter mir her wie Hunde hinter dem Hasen.

Noël, dem ich schließlich davon Mitteilung machte, quälte mich unaufhörlich mit Eifersucht. Er machte mir Vorwürfe und ließ sich sogar einmal dazu hinreißen, mich zu schlagen. Er bildete sich ein, daß ich im geheimen Dudelay dem älteren Bruder vorziehe, und beschloß, Herrn von Lagarde und sich mit einem Schlage zu rächen.

Ich hatte Noël alles anvertraut, hatte ihm die Briefe gezeigt und sie sogar bei unseren nächtlichen Zusammenkünften gemeinsam mit ihm beantwortet. Er wußte also, daß ich der Hartnäckigkeit des Herrn Dudelay nachgegeben und ein Rendezvous angenommen hatte. Trotzdem ich Noël versprochen hatte, mich dabei durchaus anständig aufzuführen, ließ er in seiner Eifersucht von einem Freunde einen Brief an Herrn von Lagarde schreiben, in dem Stunde und Ort bezeichnet wurden, wo man mich mit dem jüngeren Bruder erwischen könne. Ahnungslos ging ich zum Rendezvous in den Garten. Es war abends. Kaum sah ich mich Herrn Dudelay gegenüber, kaum hatte er meine Hand geküßt und mich begrüßt, als plötzlich Herr von Lagarde, der sich hinter einem Baume versteckt hatte, vor uns stand. Bei seinem Anblick blieb ich bewegungslos vor Schreck. Er machte mir die bittersten Vorwürfe wegen meines Doppelspieles, warf seinem Bruder meine Briefe vor die Füße und verließ uns.

Herr Dudelay hob die Briefe auf und las sie. Man kann sich sein Entsetzen nicht vorstellen, als er sah, daß die Briefe den gleichen Inhalt hatten, wie die von ihm empfangenen. Er beschimpfte mich mit den gröbsten Worten und ließ mich stehen.

Die Folge davon war, daß ich am nächsten Morgen entlassen wurde.

Ich zog zu meiner Mutter, die nicht besonders erfreut war, mich zu sehen. Weinend versuchte ich, mich vor ihr zu rechtfertigen, und versprach ihr, mich zu bessern.

Obwohl ich nicht wußte, daß Noël schuld an meinem Mißgeschick war, hatte ich ihn beinahe vergessen. Zumindest hätte ich ihm erlaubt, meiner nicht mehr zu gedenken. Er aber besuchte mich. Ich empfing ihn ziemlich kühl. Da seine Eitelkeit durch mein gleichgültiges Verhalten gekränkt war und er mir beweisen wollte, daß er mich schon im vorhinein dafür bestraft habe, gestand er mir sein heimtückisches Benehmen. Ich war so empört darüber, daß ich ihm eine Ohrfeige gab. Ich fürchtete einen Augenblick, daß Noël mich zurückschlagen werde, aber er drehte sich einfach um und ging.

Trotz der Versprechungen, die ich meiner Mutter gemacht hatte, führte ich mich nicht zum besten auf. Mein Eintritt in die große Welt hatte ein schlechtes Ende genommen. Die Folgen entsprachen dem Beginn. Ich führte ein sehr, sehr leichtsinniges Leben.

Kurze Zeit darauf starb mein Onkel. Aus Dankbarkeit für seine Güte nahm ich seinen Namen an. Ich nannte mich also von nun an Fräulein Lange.

IV

Wenn ich mich, als ich Frau von Lagarde verließ, an einen der reichen Finanzmänner oder einen anderen vornehmen Besucher ihres Hauses hätte wenden wollen, hätte ich meine Lage sehr schön verändern können. Ich hatte auch schon den Gedanken gefaßt, aber die Angst vor einer festen Beziehung ließ mich davor zurückschrecken. Ich zog es vor, nach meinem Gutdünken zu leben und die Freiheit, wie immer sie auch wäre, schien mir so angenehm, daß ich sie nicht gegen den schönsten Käfig eingetauscht hätte. Ich bedaure nicht die Zeit, die ich bei Frau von Lagarde zugebracht habe; sie war weder für meine Erziehung noch für mein Vergnügen bedeutungslos, denn ich hatte mich gewöhnt, der Gesellschaft anzugehören und konnte mich nun überall zeigen, ohne daß mein Benehmen Anstoß erregt hätte.

Zu dieser Zeit führten die entzückenden Schwestern Verrières großes Haus in Paris; sie waren die Königinnen der Halbwelt und unterhielten einen Spielsalon, wahrscheinlich, um ihre Gäste besser zugrunde richten zu können. Bei ihren Empfängen traf sich die glänzendste, wenn auch nicht die beste Gesellschaft. Große Herren und Finanzleute kamen täglich dorthin.

Da an einem Orte, an dem es Finanzleute und große Herren gibt, schöne Frauen notwendig sind, fand ich mich bei den Schwestern Verrières ein. Dort begegnete ich zum ersten Male dem Chevalier von Morlière und dem Chevalier d'Arc. Diese beiden Herren verbanden mit einem einnehmenden Äußeren die abgrundtiefste Niedrigkeit der Gesinnung. Wenn ich ein genaues Bild dieser beiden zweifelhaften Chevaliers geben sollte, müßte ich alle Niederträchtigkeit, die es gibt, aufzählen. Ich will nur einen kleinen Zug des Chevaliers d'Arc schildern. Er war aus irgend einem Grunde mit seiner Geliebten, einer Herzogin, deren Namen ich nicht nennen will, unzufrieden. Um sich an ihr zu rächen, rahmte er einen Brief, der die Dame bloßstellte, ein und legte ihn nachlässig auf den Tisch, wo er spielte. Jedermann konnte dann die ausschweifenden Liebesbeteuerungen der Herzogin lesen. Als der König davon erfuhr, sandte er einen Kammerherrn zum Chevalier und der zweifelhafte Ehrenmann mußte den Brief vor den Augen des Abgesandten verbrennen.

Der Prinz von Soubise war ein würdiger Spielgefährte dieser Herren. Trotz seines ungeheuren Vermögens, seines geistvollen und angenehmen Wesens und der herzlichen Freundschaft, die ihn mit dem König verband, wurde er weder in der Stadt noch bei Hofe geachtet. Wo es möglich war, in eine peinliche Begebenheit hineingezogen zu werden, war er zur Stelle. Er begnügte sich nicht, verrufene Häuser zu besuchen, er rief sie sogar ins Leben und sorgte für ihren Unterhalt.

Ich ging nicht zu den Fräulein Verrières, um später die Eigenschaften ihrer Besucher schildern zu können, sondern um dort Bekanntschaften zu suchen.

Herr Radix von Saint-Foix, ein kleiner Finanzmann, wie ich damals glaubte, ein großer Beutemacher, wie ich heute weiß, war so liebenswürdig, daß ich schwach wurde und mich in ihn verliebte. Seine Frage, ob ich frei sei, beantwortete ich bejahend.

Es gibt Augenblicke, wo eine schöne Frau einem geistvollen Manne nicht »nein« sagen kann, besonders dann nicht, wenn er Finanzmann ist. Ich lebte also mit Herrn von Saint-Foix, allerdings nicht lange, da er mich für seine ehrgeizigen Pläne ausnutzen wollte und ich mich dazu nicht hergab. Ich erklärte es ihm gerade heraus. Er erregte sich. Ich antwortete. Wort gab Wort. Und plötzlich war ich wieder auf der Straße.

Sicherlich hätte ich Beschützer gefunden, aber da meine Lage nicht schlecht war, ließ ich mir Zeit mit der Wahl. Ich begab mich zu einigen gesellschaftlich sehr hochstehenden Frauen, die Bekanntschaften vermittelten und in deren Häusern der Adel verkehrte. Zu dieser Zeit befaßten sich viele Frauen mit diesem Geschäft. Der Aufenthalt dort war wirklich sehr angenehm. Man sah viele Menschen, konnte sich nützliche Beziehungen schaffen, tanzte und war vergnügt.

In einem dieser Häuser begegnete ich Jean Dubarry, der damals unter dem Namen eines Grafen von Serre auftrat. Er war nicht mehr ganz jung, vier- bis fünfundvierzig Jahre alt, doch hätte man ihn für älter gehalten. Er besaß kein Vermögen und lebte vom Spiel.

Der Graf von Serre hatte gute und schlechte Seiten. Er fluchte wie ein Lakai, war grob aus Gewohnheit, Spieler, Weiberheld und siebenmal in der Woche betrunken. Andererseits war er großzügig, geistvoll und kunstverständig. Eher eine Spieler- als eine Lumpenseele. Seine Börse war jedermann offen.

So ungefähr stand es um meinen künftigen Schwager. Wie

dem auch immer sei: er gewann vom ersten Augenblick an meine Zuneigung. Graf Jean, wie ich ihn von nun an nennen werde, fand mich schön und trug mir eine freie Verbindung an. Er werde die Lasten des Haushaltes tragen und ich die Annehmlichkeiten genießen. Die Unabhängigkeit, um derentwillen ich kurz vorher alles geopfert hatte, begann mir schwer zu fallen. Ich sah mich allein und hilflos in der Welt und fühlte, daß ich einer Stütze bedürfe. So nahm ich sein Anerbieten an. Wir bezogen eine Wohnung in der Rue Petits-Champs und empfingen zahlreiche Gesellschaft.

Mein Lebensgefährte war nicht eifersüchtig und überwachte mehr seine Interessen als mein Benehmen. Das Zutrauen, das er mir bewies, zwang mich, ihn nur selten zu betrügen. Übrigens war er ein geistvoller Mensch, der nur sah, was er sehen wollte, und hörte, was ihm angenehm war zu hören.

Eines Abends begegnete mir am Opernball der Herzog von Lauzun, erzählte mir, daß ihm Fitz James von meiner Schönheit gesprochen habe, und bat mich, ihn in den Kreis meiner Anbeter aufzunehmen. Ich ließ mich hinreißen, ihm zu gestehen, daß er mir besonders gut gefalle. Es war ihm leicht, beim Grafen Jean empfangen zu werden, und ich war durchaus geneigt, für ihn alle Dummheiten, die es gibt, zu begehen. Leider hat er sich durch eine plötzliche Laune hinreißen lassen, mich beinahe unfreundlich zu verlassen.

Obwohl meine Eitelkeit durch dieses unerwartete Ereignis verletzt worden war, machte ich gute Miene dazu und schien mich mit Herrn Fitz James zu trösten. Aber es geschah nur, um Herrn von Lauzun zu zeigen, daß ich ihn nicht wirklich liebe. Frauenrache ist oft unverständlich.

Herr von Fitz James hatte keinen Geist, wollte aber immer geistreich scheinen und erzählte mir lang und breit, daß seine Familie gerechten Anspruch auf den Thron Englands habe.

V

Herr von Sartines war zu dieser Zeit Polizeiminister. Er hatte diese Stelle seit 1759 inne und stand im Rufe außerordentlicher Geschicklichkeit. Man erzählte von ihm die wunderbarsten Geschichten. Die verstecktesten Geheimnisse in den einzelnen Familien seien ihm bekannt und er entdecke die geschicktesten Diebe in ihren verstecktesten Schlupfwinkeln. Nichts entgehe seinen Argusaugen. So hieß es allgemein. In Wirklichkeit aber war Herr von Sartines nur davon unterrichtet, was ihm da und dort unvorsichtigerweise anvertraut worden war. Ich habe später vom König erfahren, daß die meisten dieser wunderbaren Geschichten, die den Ruf des Polizeileutnants begründeten, frei erfunden waren, oder daß er selbst Fälle konstruiert habe, um die Ehre zu haben, sie aufdecken zu können. Er bezahlte Agenten, die die Kunde von seiner Allwissenheit verbreiteten, und festigte dadurch seine Stellung, bis er unersetzlich schien. Ich will natürlich nicht anstehen, zuzugeben, daß Herr von Sartines ein geschickter und gewiegter Polizeimann war. Er kannte durchaus den polizeilichen Apparat. Ich will nur sagen, daß er bei weitem nicht so bedeutend war, wie es den Anschein hatte. Ich habe die Personsbeschreibung des Herrn von Sartines vorweggenommen, da ich vor meinem Aufstieg einmal Gelegenheit hatte, mit ihm zu sprechen.

Eines Tages hatte ich ein sonderbares Abenteuer. Ich ging durch die Tuilerien, als ich merkte, daß mir jemand folge. Ich drehte mich um und sah einen jungen Mann von sehr gutem Aussehen, der hinter mir herging, ohne mich anzusprechen. Ich machte einen Besuch, und als ich das Haus wieder verließ, stand er wie eine Schildwache vor dem Tor und begleitete mich wieder, ohne eine Wort zu sprechen, bis zu meiner Wohnung. Ich wurde neugierig, stellte mich zum Fenster und sah, wie er auf der gegenüberliegenden Seite der Straße auf und ab ging und von Zeit zu Zeit die Türe meines Hauses beobachtete. Diese Hartnäckigkeit beunruhigte mich um so mehr, da ich ihn am nächsten Morgen wieder vor dem Hause sah, als ich ausging. Ich betrachtete ihn genau und konnte feststellen, daß er eine durchaus schöne Erscheinung sei. Nur in seinem Gesichte war ein geheimnisvoll finsterer Zug, der mir mißfiel. Er trug ein einfaches, aber vornehmes Gewand aus blauer Seide, mit goldenen Tressen eingefaßt, und eine silbergestickte Weste. Hut, Degen und Locken zeugten von gutem Geschmack und waren eher vornehm als reich.

Ich fragte mich, warum mein Unbekannter sich in Schweigen hülle. Warum sprach er mich nicht an, wenn er in mich verliebt war? Ich bekam Lust, ein Gespräch mit ihm anzuknüpfen. Die entferntesten Alleen der Tuilerien schienen mir noch zu belebt, da ich fürchtete, daß ihn Schüchternheit abhalte. Aber er folgte mir, begleitete mich wieder bis nach Hause, blieb hinter mir wie ein Schatten und sprach kein Wort.

Es war mir unmöglich, meine Neugierde länger zu zügeln. Ich hatte eine Kammerfrau, die in meine Geheimnisse eingeweiht und mir sehr ergeben war. Zu Hause angekommen, rief ich Henriette, zeigt ihr den Unbekannten und bat sie, von ihm zu erfahren, wer er wäre und was er von mir wolle.

Henriette erklärte sich sofort bereit, ihn zu befragen.

Ich beobachtete beide, hinter dem Vorhange eines Fensters versteckt. Sie sprachen erst sehr lebhaft, nachdem der junge Mann eine tiefe Verbeugung gemacht hatte, dann verließ sie ihn laufend. Ich ging Henriette bis ins Vorzimmer entgegen, und als sie eintrat, teilte sie mir zu meinem größten Erstaunen mit, daß der eigentümliche Unbekannte erklärt habe, nicht einen Augenblick an mich zu denken und daß er leugne, mir gefolgt zu sein.

Allerlei Gedanken gingen mir durch den Kopf, aber ich

konnte mir keine Meinung bilden. Zwei Tage später ging ich bei gutem Wetter spazieren. Es war im Winter 1767. Mein Weg führte mich an den Tuilerien vorbei. Es ist wohl nicht nötig, daß ich erzähle, daß mir mein Schatten wieder folgte. Diesmal aber hielt er einen größeren Abstand ein. Ich war bei den Champs Elysées angelangt, als plötzlich ein dichter, kalter Nebel niederging. Man konnte kaum ein Ding vom andern unterscheiden. Ein wenig unruhig ging ich meines Weges, als ich knapp hinter mir Schritte vernahm. Erschreckt drehte ich mich um und fand mich meinem Unbekannten gegenüber.

»Was wollen Sie,« schrie ich, »ich habe Ihnen nichts getan, warum verfolgen Sie mich?«

Während ich sprach, lächelte der Unbekannte, nahm meine Hand und küßte sie achtungsvoll. »Fräulein«, sagte er mit weicher, aber fester Stimme, »versprechen Sie, mir die erste Gnade, um die ich Sie bitten werde, zu bewilligen, wenn Sie Königin von Frankreich geworden sind.«

Nach diesen Worten sah ich wohl, daß ich es mit einem Wahnsinnigen zu tun habe. »Gewiß, lieber Herr,« erwiderte ich, »werde ich Ihnen jede Gnade bewilligen, wenn ich einmal Königin von Frankreich geworden bin.«

Allerdings begleitete ich meine Worte mit einem verachtungsvollen Lächeln. Er bemerkte es und sagte: »Sie glauben, daß ich nicht bei Verstande bin. Hegen Sie eine bessere Meinung von mir, ich bitte Sie darum, und leben Sie wohl. Übrigens wird es in Ihrem Leben außer Ihrer Erhebung nichts so Außerordentliches geben wie Ihr Ende.«

Der Unbekannte betonte diese Worte in ganz eigenartiger Weise, grüßte und verschwand im Nebel. Von diesem Augenblick an verfolgte er mich nicht mehr.

Nach Hause zurückgekehrt, konnte ich mich nicht enthalten, dem Grafen Jean mein Abenteuer zu erzählen.

»Königin von Frankreich,« sagte er, »das ist sonderbar. Ein drolliger Gedanke; aber schließlich haben sich auch wunderlichere Weissagungen erfüllt.«

»Wissen Sie, Graf Jean,« erwiderte ich, »daß ich an Ihrem Verstande ebenso zweifle, wie an dem des Unbekannten? Ich – Königin von Frankreich? Wo denken Sie hin?«

»Königin nicht gerade. Aber beinahe. Wie Frau von Pompadour zum Beispiel. Scheint Ihnen auch das unmöglich?«

Ich lachte: »Es ist ein weiter Weg vom König zu mir.«

»Ja«, sagte Graf Jean, »genau so weit wie von jeder neuen Geliebten zu ihm. Wer weiß? Eine Laune kann alles zustande bringen. Dieser Gedanke geht mir nicht aus dem Kopf. Im übrigen wird sich Ihr Prophet rühmen können, mir schlaflose Nächte bereitet zu haben.«

»Warum schlaflose Nächte?«

»Weil ich an ein Mittel denken werde, um seine Prophezeiung wahr zu machen.«

In diesem Augenblicke trat jemand in das Zimmer und unser Gespräch wurde unterbrochen. Seit damals trug sich Graf Jean mit dem Gedanken, aus mir eine Königin in der Art der Frau von Pompadour zu machen. Ich überließ ihn seinen Träumen, kümmerte mich nicht um künftige Größe und lebte toll in den Tag.

In diesem Jahre machte ich die Bekanntschaft des Herrn von Dillon, Erzbischofs von Narbonne. Er fand mich schön, sagte es mir und wollte mir Beweise seiner Zuneigung erbringen. Ich empfand keine Abneigung gegen ihn, nur seine Soutane machte mich ängstlich. Trotzdem überredete er mich, mit ihm einen Abend in seinem Absteigquartier zu verbringen. Ich stellte die Bedingung, daß er mich nicht als Kirchenfürst, sondern als Dragoneroberst empfange. Er müsse militärisches Gewand anlegen, wenn er mir gefallen wolle. Der Erzbischof lachte über meinen Wunsch und versprach, ihn zu erfüllen.

Am besprochenen Tage hüllte ich mich in einen weiten Mantel und fuhr in sein kleines Haus. Kaum eingetreten, fand ich mich einem glänzenden Obersten gegenüber, der mir die Hand reichte. Ich legte meinen Mantel ab und stand in der Kutte einer Nonne vor ihm. Der verkleidete Oberst sah mich sprachlos an, seiner Verwunderung folgte herzliches Lachen, und man kann sich vorstellen, welches Vergnügen der so angebrochene Abend brachte. Herr von Dillon fand mich reizend in diesem Gewandte und bat mich, in gleicher Kleidung noch ein zweitesmal zu ihm zu kommen. Seine Bitte, die ich übrigens erfüllte, hatte den Zweck, mich in diesem Aufzuge drei oder vier befreundeten Prälaten zu zeigen.

Während die Halbwelt sich so unterhielt, lebten die Damen von Welt nicht weniger lustig. Sie liebten nicht nur ihresgleichen, sondern suchten gerne Geliebte unter ihrem Stande. Frau von Stainville zum Beispiel hatte sich einen Schauspieler zum Vergnügen gedungen, um dessentwillen sie die dümmsten Streiche beging. Sie begnügte sich nicht damit, ihn Tag und Nacht bei sich zu empfangen, sondern suchte ihn, als Arbeiterin oder Wäscherin verkleidet, im Theater auf. Warnungen waren vergebens. Sie erfand immer neue Verkleidungen, um ihren Geliebten zu überraschen. Ihr Mann hatte, solange sich die Öffentlichkeit nicht damit befaßt hatte, beide Augen zugedrückt. Dann aber, als es ihm zu bunt geworden war, sperrte er Frau von Stainville im Kloster von Nancy ein. Er wollte sich jedoch nicht mit einem Opfer begnügen und hätte am liebsten auch den Schauspieler zugrunde gerichtet. Aber Herr von Choiseul widersetzte sich diesem Ansinnen und sagte seinem Bruder: »Dem Volk von Paris ist es ganz gleichgültig, ob meine Schwägerin in Nancy ist oder hier, aber es würde toben, wenn man Clairval einsperrte. Er hat seine Pflicht getan, hat sich lieben lassen, und wir können ihn dafür nicht bestrafen.«

Meine Beziehungen zum Grafen Jean ermöglichten es mir, den Adel der Gascogne und des Languedoc zu empfangen. Wenn die Herren miteinander sprachen, hörte ich zu und lernte die Meinung der Männer über das Benehmen der Frauen kennen. Aber ich will nicht von den Liebschaften und Erlebnissen anderer Frauen erzählen, sondern von den meinen.

Noch ein klein wenig Geduld, der Augenblick ist nahe, der die großen Ereignisse mit sich bringen sollte.

Graf Jean hatte mir nicht die Unwahrheit gesagt, die Prophezeiung des Unbekannten hatte mehr als einmal seine Ruhe gestört. Er dachte nur mehr an meine Erhebung, und um zum Ziele zu gelangen, entwickelte er ohne mein Wissen die regste Tätigkeit. Ein weniger unternehmender Mann wäre müde geworden.

Eines Morgens war ich allein in meinem Zimmer, als Graf Jean eintrat. Er machte ein sorgenvolles Gesicht, lief mit großen Schritten auf und ab, rieb sich die Hände und sprach mit sich selbst. Ich sah sehr gut, daß etwas nicht nach seinem Wunsche ging, aber das störte mich nicht besonders. Seit ich mit ihm zusammen wohnte, war ich an plötzliche Vermögensänderungen gewöhnt und leichtsinnig genug, um nichts zu fürchten. Ich ließ ihn also machen, was er wollte.

Plötzlich blieb er vor mir stehen, kreuzte die Arme über der Brust und sagte: »Ich bewundere die Kaltblütigkeit, die Sie bewahren, während ich in siedendem Öl schwimme.«

»Das ist ein heißes Bad,« erwiderte ich, »aber warum sind Sie hineingestiegen?«

»Der Teufel soll Ihren Unbekannten holen, dessen Prophezeiung daran schuld ist, daß mich eine fixe Idee verfolgt; ich werde nicht früher ruhen, bevor nicht der König von Frankreich mein Nachfolger geworden ist.«

»Wie? Sie denken noch immer daran?«

»Gewiß, meine Schöne, ich denke Tag und Nacht an nichts anderes und habe schon hundert fruchtlose Versuche gemacht. Aber ich werde noch tausendmal alles daran setzen, um zum Ziele zu gelangen.«

Sagte es und sang zwei Verse aus einer Oper, die ich nicht kenne: »Schön ist's, wenn sich ein Sterblicher zum Himmel hebt, schön, auch wenn er dann hinunterfällt.«

»Das leugne ich,« rief ich, »wenn Sie Lust haben zu fallen, bitte! Mich reizt die Möglichkeit eines Sturzes keineswegs.«

»Dann sind Sie dümmer, als ich glaubte. Bedenken Sie, liebe Freundin, daß die Stelle der Frau von Pompadour frei ist. Es liegt an Ihnen, sie zu bekommen.«

»Was Sie sagen, ist sicher schön und gut, aber wie dazu gelangen?«

Graf Jean stieß mit dem Fuß auf den Boden, fluchte fürchterlich und schrie: »Wenn ich es nicht erreiche, will ich weder Durst noch Hunger stillen!«

»Haben Sie vergessen, wer ich eigentlich bin?« fragte ich.

»Eine sehr schöne Frau, die imstande ist, einen klügeren Kopf zu verdrehen als den des Königs. Die Gleichartigkeit seiner Liebschaften muß ihm langweilig geworden sein, man bringt ihm nur Jungfrauen oder Frauen, die sich jungfräulich stellen. Die Ehrerbietung, die sie ihm bezeigen, stört sein Vergnügen. Das sind Statuen, Puppen ohne Leben und Seele, zum Teufel! Sie aber, Sie würden den König behandeln können.«

»Oh, dessen können Sie sicher sein, daß ich ihn, wenn er auch König ist, nach meiner eigenen Art behandeln würde.«

»Gut, dann bitte ich Sie, heute mit dem dicken Morand besonders freundlich zu sein.«

»Mit diesem Scheusal?«

»Ja, mit ihm selbst. Wir werden ihn dringend brauchen.«

»Ich glaube, er ist schon verliebt in mich.«

»Umso besser, denn um zum Herrn zu gelangen, muß man durch Vorzimmer gehen.« Graf Jean verließ mich lachend.

Herr Morand ist ein hoch aufgeschossener Mensch. Auf einem Schwanenhals schaukelt der Kopf und krumme Beine tragen den aufgequollenen Körper. Seine Augen sind immer rot umrändert und sein Mund reicht von einem Ohr zum andern. Wenn er ihn öffnet, sieht man nur fünf bis sechs lange Zähne. Dafür ist seine Nase tabakbraun. Er trägt immer denselben nußfarbenen Anzug mit einer Hose aus gleichem Zeug und einer silbergestickten Weste. Sein Degen ist so lang wie das Schwert eines Kreuzritters und seine Schuhe sind mit glitzernden Straßsteinen geschmückt.

Die Schilderung der äußeren Person Morands ist leicht. Seine Beschäftigung hingegen ist schwerer zu erklären. Es ist leichter zu sagen, womit er sich nicht beschäftigt, als womit er sich beschäftigt. Sein Leben ist ein Rätsel: morgens ist er bei Hofe der Kammerdiener des Königs, und abends empfängt er bei sich die vornehmsten Herren und die schönsten Frauen. Wenn ein junger Mann oder ein alter Herr Gesellschaft sucht, wendet er sich an Herrn Morand. Man muß nur reich sein, und das Gewünschte ist in fünf Minuten zur Stelle. Morand entzündet gegenseitige Sympathien; Morand stiftet Ehen. Will man Möbel verkaufen, Morand kauft. Er verkauft auch, wenn man will. Er betreibt jeden Handel. In jedem Beruf ist er Genie.

So konnte ich nichts dagegen haben, daß Morand als Bevollmächtigter eines Dritten bei mir erscheine. In eigener Sache hätte ich ihn nie empfangen.

An diesem Abend hatten wir wenig Gesellschaft: den Prinzen von Salm, den Dichter La Harpe, einen Vikar des Bischofs von Toulouse, dessen Namen mir entfallen ist, Fräulein Guimard von der Oper und Herrn Morand, zu dessen Ehren wir empfingen.

Der Prinz von Salm machte seinem berühmten Namen wenig Ehre. Sein Leben verbrachte er damit, Schulden zu machen, die er, wenn nur irgend möglich, nicht bezahlte. Zu diesem Zeitpunkt schuldete er einem reichen Unternehmer eine ungeheure Summe. Ich will erzählen, wie er sich der Zahlung entzog. Eines Tages, sagte er seinem Gläubiger: »Sie haben eine reizende Tochter. Ich werde sie zur Prinzessin machen. Ein Sohn meiner Schwester, ein junger Mann, der zu den schönsten Hoffnungen berechtigte, ist schwer lungenkrank. Ein hoffnungsloser Fall. Ich erwarte täglich seine Ankunft in Paris. Als Vormund kann ich über seine Handlungen verfügen. Ich verpflichte mich, ihn dazu zu bewegen, daß er Ihre Tochter zur Frau nimmt. Er wird kaum noch lange leben, Ihre Tochter ist dann Prinzessin und kann sich jeden Herrn vom Hof zum Gatten nehmen.«

Herr von Salm erzählte uns bei Tisch diesen neuen Streich, den er vorhatte. Er fügte hinzu, daß er die Existenz seines Neffen erfunden habe, um Zeit zu gewinnen. Er sei nicht in der Lage, seine Schulden zu bezahlen, und reise in den nächsten Tagen nach Deutschland. Dort möge ihn sein Gläubiger suchen. Dieses Vorgehen war gewiß eine Gaunerei und einer Durchlaucht unwürdig, aber weder er noch wir fanden etwas Besonderes daran. Man war in Paris ebensowenig voreingenommen wie in Versailles. Wir haben noch andere große Herren empfangen, die ebensolche Gauner gewesen sind wie der Prinz von Salm, und viele große Damen, die diebisch wie Elstern und zuchtlos wie Pagen waren. Fräulein Guimard war gleichzeitig die Geliebte des Prinzen von Soubise, des Herrn von Laborde und eines Bischofs. Außerdem unterhielt sie Liebschaften mit anderen Herren. Diese Frau war ein Abgrund, der das ganze Gold der Erde hätte verschlingen können, so verschwenderisch war das Leben, das sie führte. In ihren fabelhaft eingerichteten Salons traf sich die vornehmste Gesellschaft. Sogar die Damen vom Hofe kamen hin. Allerdings setzten sie sich in vergitterte Logen, die um die Empfangsräume angeordnet waren, um nicht gesehen zu werden.

Fräulein Guimard war weiß und mager wie eine Spinne. Ihr Gesicht war reizend, wenn sie vergaß, sich zu zieren. Sie tanzte gut, ohne sich darauf etwas einzubilden, umso schlechter sang sie und war stolz darauf. Ihre Feinde fanden sie dumm, ihre Freunde geistreich. Beide hatten unrecht. In Wirklichkeit gelang es ihr, manchmal gute Worte zu sagen, deren Wirkung aber meistens Einleitung oder Nachrede abschwächten. Die Frauen ihres Standes konnten sie wegen ihrer glänzenden Stellung nicht leiden. Ich allein neidete ihr nichts. Wenn ich bei ihren Gesellschaften war, fühlte ich mich ebenso wohl wie zu Hause.

Herr Morand saß mir gegenüber, damit er mich besser beobachten könne. Meine Freundlichkeit machte ihn verlegen, da ich ihn bisher immer gleichgültig behandelt hatte. Allmählich aber fühlte er sich wie im Himmel, öffnete seine kleinen Augen so weit als möglich, um mich anzusehen, und verzog seinen breiten Mund in der lächerlichsten Weise.

Fräulein Guimard, die sah, daß ich mich um ihn bemühe, konnte mein Verhalten nicht verstehen und fragte mich, ob ich das Haus zu wechseln beabsichtige. Ich erwiderte, daß ich im Begriffe sei, ein besseres zu finden.

Nach dem Essen setzte ich mein Spiel mit Morand fort. Er war außer sich und sprang um mich herum wie ein Jagdhund um sein Wild. Schließlich fand er einen leeren Stuhl hinter dem meinen und flüsterte mir ins Ohr: »Sie sind reizend. Viel zu schön für mich alten Sünder. Aber es gibt in Frankreich einen Menschen, dessen Bekanntschaft Ihnen nützlich sein wird. Herr Lebel ist ein sehr artiger Mann, schönen Frauen ergeben und gerne bereit, ihnen zu helfen.«

Ich fragte, ob sich Lebel nicht nur im Dienste eines anderen um Frauen bewerbe.

»Das ist nicht ganz richtig,« meinte Morand, »er ist oft Jagdherr für eigene Rechnung. Niemand weiß das besser als ich, sein bester Freund. Wir haben gemeinsam verschiedene Geschäfte, und wenn Sie gestatten, will ich ihn Ihnen vorstellen.«

»Wen immer Sie mir bringen, wird gut empfangen werden.«

»Sie werden gut daran tun, ihm freundlich entgegenzukommen, denn sein Wohlwollen kann Ihnen sehr nützlich werden. Aber sagen Sie bitte dem Grafen Jean nichts von dem, was wir besprochen haben. Er ist ein Grobian, und ich will keine Ungelegenheiten haben.«

Graf Jean verbrachte die folgende Nacht schlaflos. Er hatte gesehen, daß Morand sich mir genähert und geheimnisvoll mit mir gesprochen hatte. Um zu erfahren, ob der Vogel auf den Leim gegangen sei, besuchte er mich des Morgens und ich erzählte ihm Wort für Wort mein Gespräch mit Morand. Graf Jean war sehr zufrieden. »Alles geht nach Wunsch,« sagte er, »dieser Esel Morand glaubt nur für Lebel zu arbeiten. Aber Lebel kennt mich bereits. Ich hätte ihn zu mir einladen können, doch es ist mir lieber, wenn er aus eigenem Antrieb kommt. Nehmen Sie sich zusammen, Jeanne, wir setzen alles auf eine Karte: Lebel muß den Kopf verlieren.«

Von diesem Augenblick an beschäftigte sich Graf Jean fast ausschließlich mit meinem Aussehen. Nichts konnte ihn zufrieden stellen. Er brachte meine Kammerzofe und die Schneiderinnen zur Verzweiflung.

Auch außer Haus beschäftigte er sich nur mit unserem Vorhaben und suchte überall Hilfe, um alle Hindernisse aus dem Wege zu räumen. Die größte Angst hatte er vor dem Herzog von Choiseul und dessen Schwester, der Herzogin von Grammont. Der Herzog war erster Staatsminister und seine Schwester, der es nie gelungen war, das Herz Ludwigs XV. zu erobern, war auf der Hut, daß keine Nebenbuhlerin zum Ziele gelange. Wenn sie unsere Absichten geahnt hätte, wären wir sofort durch Haftbriefe verbannt worden.

Wir erwarteten Herrn Lebel mit größter Ungeduld. Der Kammerdiener des Königs stand bei seinem Herrn in hohem Ansehen. Er war der Gelegenheitsmacher des königlichen Vergnügens. Kein leichtes Geschäft: Lebel war allmächtig in seinem Amte, er bewilligte oder verweigerte die Ehre des königlichen Beisammenseins. Seit dem Tode der Frau von Pompadour war er Alleinherrscher. Er mußte sich nur gelegentlich Ratschläge vom Herzog von Richelieu einholen, der als erster Kammerherr des Hofes gerne aus der Stellung Lebels ein Hofamt gemacht hätte.

VI

Morand hatte uns den Besuch Lebels schon mehrmals für die nächste Woche angesagt. Lebel aber ließ auf sich warten. Sicherlich verdanke ich ihm mein Glück, aber es gibt noch immer Augenblicke, wo ich ihm böse bin, wenn ich an die peinliche Zeit meines damaligen Wartens denke. Graf Jean hatte mir so oft wiederholt, ich würde dem König gefallen, daß ich schließlich selbst davon überzeugt war und jede Verzögerung als Kränkung empfand. Ich war erstaunt, daß man in dieser Weise das Glück des Königs verzögern könne. Warum hatte er es nicht eiliger, mich kennen zu lernen, wenn man ihm von der Schönheit der Gräfin Dubarry schon so viel erzählt hatte? Diesen Titel und Namen hat mir Graf Jean bereits im Dezember 1767 verliehen. Er hatte einige Brüder im Languedoc, so daß es glaubhaft war, daß ich mit einem von ihnen verheiratet sei. Als Schwägerin durfte ich bei ihm wohnen, was sonst nicht passend gewesen wäre. Graf Jean sah die Zukunft besser voraus als ich. Ich hatte ihm gehorcht, den Namen angenommen und mich auf jedes Ereignis vorbereitet. Zu dieser Zeit habe ich eine Eroberung gemacht, die mich völlig zufriedengestellt hätte, wenn ich nicht ehrgeizig gewesen wäre. Unter den Anbetern des Fräuleins Guimard war Herr von Laborde. Er war Kammerdiener des Königs und Kunstfreund, musizierte, dichtete, und da er nicht malen konnte, kaufte er Bilder. Sein Ehrgeiz war, als Mäzen genannt zu werden. Außer diesem kleinen Fehler ist nichts Schlechtes von ihm zu sagen. Ich begegnete ihm bei Fräulein Guimard, deren er überdrüssig zu werden begann. Er machte mir den Hof, erzählte mir Geschichten und schwor, daß er für mich seinen Kopf verlieren möchte.

»Wenn ich Sie nun beim Wort nehme«, fragte ich.

»Versuchen Sie es«, erwiderte er.

Ich blieb still und spielte mit meinem Fächer. Am nächsten Morgen erhielt ich ein wunderbares Geschenk aus Gold und Porzellan. Auf dem Deckel der Kassette stand in eine goldene Tafel geritzt: »Versuchen Sie es.«

Graf Jean war anwesend, als man mir das Geschenk überbrachte, und ich konnte mich nicht zurückhalten, ihm zu erzählen, was sich am vergangenen Abend zugetragen hatte.

»Sind Sie verrückt?« fragte er. »Wollen Sie den Diener erhören, wenn Sie den Herrn haben können?«

Trotz dieses Ratschlages empfing ich Herrn von Laborde, um mich bei ihm zu bedanken. Später habe ich diesem liebenswürdigen Mann bewiesen, daß mir sein angenehmes Wesen in Erinnerung geblieben ist, und ich schmeichle mir, dazu beigetragen zu haben, daß sich sein Vermögen beträchtlich vermehrt hat.

Bei Herrn von Laborde habe ich Fräulein Clairon, eine bekannte Schauspielerin, und Herrn Molé kennen gelernt. Molé war der Liebling des Publikums, die Seele der Comédie Française, liebenswürdig im Gespräch und wunderbar auf der Bühne. Er wurde mir vorgestellt und ich konnte mich schon im ersten Augenblick seiner Zudringlichkeit nicht erwehren, aber sein Wesen war so verführerisch, daß ich seine Unverschämtheiten wortlos über mich ergehen ließ. Die ganze Nacht dachte ich an ihn und träumte. Am Morgen übergab mir meine Kammerfrau einen Brief Molés. Er bat mich in schlechtem Stil um ein Rendezvous, er sei auch gerne bereit, zu mir zu kommen, aber nur, wenn ich ihn allein erwarte. Vernünftigerweise hätte ich ihm gar nicht antworten sollen. Trotzdem teilte ich ihm mit, daß ich an starkem Kopfschmerz leide und weder ausgehen noch empfangen könne. Nur in geschäftlichen Dingen sei ich zu sprechen. Ich wußte, daß Graf Jean in Versailles sei, um Lebel aufzusuchen, und war begierig, Molé zu sehen. Eine Stunde später wurde ein Notar bei mir gemeldet. Es war Molé. Wir lachten sehr über seine Verkleidung. Er hielt mich wegen des Namens, den ich angenommen hatte, für eine Dame vom Hofe und benahm sich sehr ausgelassen. Ich war genötigt, ihm zu sagen, daß mir sein Benehmen mißfalle. Mein Widerstand verwunderte ihn. Jedenfalls schien er nicht daran gewöhnt zu sein. Kaltblütig erzählte er mir, wie er das erstemal bei der Herzogin X und bei der Marschallin Z empfangen worden sei. Er nannte die Damen bei ihren vollen Namen. Ich hätte ihn wegen seines Mangels an Verschwiegenheit verachten sollen, aber eine Laune machte mich blind und ich erlaubte ihm, mich wieder zu besuchen.

Ungefähr zur gleichen Zeit lernte ich den Marquis von Chabrillant kennen, einen der bekanntesten Spieler Frankreichs. Er erzählte mir, daß er eines Tages im Café de la Régence mit einem Provinzoffizier gespielt und ihm schließlich vierzehn- bis fünfzehnhunderttausend Francs abgewonnen habe. Der arme

Offizier besaß nicht mehr als hundert Louis Rente, er war verzweifelt und entschlossen, sich eine Kugel vor den Kopf zu schießen. »Herr Leutnant,« sagte ihm der Marquis, »borgen Sie mir von der Summe, die Sie mir schulden, ein Goldstück, um eine Droschke nehmen zu können, und für den Rest betrachte ich mich bezahlt.«

Man sollte meinen, daß solche Begebenheiten das Spiel unleidlich machen. Keineswegs! Man spielt mehr denn je, und zu dem Zeitpunkt, da ich schreibe, geben zwei Prinzen aus königlichem Haus das verhängnisvolle Beispiel.

Ein Fräulein Mazarelli, die Tochter eines Schauspielers, heiratete den Marquis von Saint-Chamond. Sie hatte ein lockeres Leben geführt und war schon in eine Strafsache verwickelt gewesen. Dieser Tatsache verdankte sie ihre fragwürdige Berühmtheit. Ihre Ehe mit einem Herrn vom Hofe machte in der Halbwelt großes Aufsehen. Fräulein Verrières erzählte mir davon und meinte, daß es mir ebenso gut gehen könne, wenn ich ein wenig Glück habe. Ich wiederholte diese Worte dem Grafen Jean, der der Meinung war, daß die Bekanntschaft mit solchen Frauen für eine Dame meines Ranges unpassend sei. Da er übrigens auch bemerkt hatte, daß sich Molé häufiger mit mir befasse, machte er mir Vorwürfe. »Jetzt denken Sie daran, sich mit solchen Dummheiten abzugeben! Warum erlauben Sie diesem Lausejungen, Ihnen den Hof zu machen? Wenn Sie eine Dame von Stand wären, könnte ich nichts dagegen sagen; aber Sie sind es nicht, Sie geben sich nur den Anschein, es zu sein. Warten Sie doch, bis Sie wirklich eine große Dame sind, dann können Sie sich von Schauspielern nach Herzenslust lieben lassen.«

Ich leugnete, er aber schnitt mir das Wort mit seinen gewöhnlichen Flüchen ab und sagte: »Ich war für meine Person noch niemals eifersüchtig, ich werde es aber im Namen meines

Bruders werden und übrigens will ich nicht, daß Molé Sie besucht.«

In diesem Augenblick meldete man Molé, den sein böser Stern hierhergeführt hatte. Graf Jean drehte sich um und sagte: »Herr Molé, es macht mir sehr viel Vergnügen, Sie auf der Bühne zu sehen, aber hier sind Sie mir lästig. Ich ersuche Sie daher, die Schwelle meines Hauses nicht mehr zu überschreiten, wenn Sie nicht durch das Fenster hinausfliegen wollen.«

Diese in heftigem Ton vorgebrachte Grobheit erschreckte den Schauspieler, er wurde abwechselnd rot und blaß und versuchte zu scherzen. Aber Molé hat nur den Geist der Rollen, die er spielt, und den Mut der Helden auf der Bühne. Im Leben ist er feig und dumm. Es wurde ihm unmöglich, sich ehrenvoll zu entfernen. Graf Jean wiederholte seine Aufforderung und drohte handgreiflich zu werden, falls er sich nicht sofort verabschiede. Molé vergaß, mich zu grüßen und suchte das Weite. Ein Feigling kann einer Frau nicht lange gefallen: von diesem Tag an war meine Zuneigung verschwunden.

Graf Jean warf sich auf eine Ottomane und lachte aus vollem Halse. »Der Feigling«, sagte er, »hat unter der Haut des Löwen den Hasen nicht gesehen.«

So machte sich mein Schwager selbst über seine eigene Ängstlichkeit lustig. Ich machte mir seine gute Laune zu Nutze, um ihm seine Grobheit vorzuwerfen.

»Sie haben recht,« sagte er, »ein Kavalier soll niemals einen Mann beleidigen, mit dem er sich nicht schlagen darf.«

Am nächsten Morgen glaubte ich, daß Molé nicht mehr an mich denken werde, aber ich bekam einen Brief von ihm. Er bat mich um ein Rendezvous außer Haus und flehte mich an, den eifersüchtigen Tyrannen, den ungeheuerlichen Mann zu betrügen. Ich las seinen Brief und warf ihn ins Feuer. Er sandte mir noch einige Aufforderungen, ihn zu besuchen, denen ich nicht Folge leistete.

VII

Von diesem Zeitpunkt an werden meine Denkwürdigkeiten genauer. Bis jetzt habe ich sie nur nach meinen Erinnerungen niedergeschrieben, von jetzt ab schreibe ich sie nach Aufzeichnungen. Seit Graf Jean und ich unser Spiel begannen, habe ich über seinen Wunsch jeden Abend aufgeschrieben, was ich tagsüber gesagt, getan und gehört habe. Das sei das einzige Mittel, meinte er, sich die Begebenheiten der Vergangenheit vor Augen zu halten. So erfahre man am besten, wie man sich in der Zukunft zu benehmen habe. Ich begriff die Trefflichkeit seines Rates und befolgte ihn. Ohne ihn wären diese Denkwürdigkeiten nie geschrieben worden.

Eines Morgens besuchte mich Graf Jean und reichte mir einen Brief. »Lesen Sie,« sagte er mit strahlendem Gesicht, »der Sieg ist unser. Nachrichten von Morand. Lebel kommt zu uns. Wir sind am Wendepunkt angelangt, meine Hoffnungen beruhen auf Ihrer Schönheit und auf Ihrer Kunst zu gefallen. Ich glaube auf Sie rechnen zu können, vergessen Sie aber um Gottes willen nicht, daß Sie meine Schwägerin sind.«

»Lieber Schwager,« sagte ich lachend, »ist es nicht nötig, daß ich endlich erfahre, mit welchem Mitgliede Ihrer Familie ich verheiratet bin? Es ist nicht Brauch, daß eine Frau im Besitze einiger Brüder ist.«

»So etwas gibt es nur in Venedig«, erwiderte der Graf. »Mein Bruder Elli ist zu jung, bleibt Wilhelm.«

»Also gut, ich bin die Gräfin Wilhelm Dubarry, ausgezeichnet! Man will doch wissen, mit wem man verheiratet ist.«

Nach dieser Besprechung wollte Graf Jean durchaus meiner

Toilette beiwohnen, quälte während zwei Stunden meine Kammerfrau und lief aufgeregt von meinem Ankleidekabinett in die Küche und zurück. Er wußte, daß Lebel kein Frauen- und Kostverächter sei, und wollte mit einem Schlage alle seine Sinne gewinnen.

Um ein Uhr war ich bereit, meinen Schicksalsbringer zu empfangen. Als ich den Salon betrat, untersuchte Graf Jean zum letztenmal mein Aussehen. Seine ernste Miene dabei machte mir sehr viel Spaß. Schließlich glättete sich seine Stirne und ein Lächeln der Zufriedenheit flog um seine Lippen, während er sagte: »Sie sind göttlich schön, Jeanne, und Lebel gehört an den Galgen, wenn er nicht vor Ihnen in die Knie fällt.«

Kurz darauf wurden die beiden Flügel der Türe geöffnet und ein Lakai meldete Herrn Lebel, ersten Kammerdiener Seiner Majestät, und Herrn Morand. Der Graf ging den Kommenden entgegen, und da ich Lebel zum erstenmal sah, stellte er ihn mir mit folgenden Worten vor: »Meine Schwester, hier ist Herr Lebel, erster Kammerdiener des Königs, der uns die Ehre gibt, mit uns zu speisen.«

Ich sah Lebel zärtlich an und sagte, daß es uns nicht nur eine Ehre, sondern auch ein Vergnügen sei, ihn bei uns zu empfangen. Mein Blick verfehlte seine Wirkung nicht. Lebel sah mich an und blieb stumm vor Begeisterung. Schließlich stieß er ein paar Worte hervor, die nichtssagend waren, die sich aber wie Komplimente anhörten. Der Graf beobachtete Lebel ängstlich, während Morand sich die Hände rieb und fragte: »Nun, mein Lieber, was sagen Sie zu dieser göttlichen Schönheit?«

»Daß sie eines Thrones würdig ist«, erwiderte Lebel und verbeugte sich vor mir.

Diese Antwort war vielleicht ein Zufall, aber ich ließ sie als Vorzeichen gelten.

»Sie sind die schönste Frau, der ich jemals begegnet bin,«

fügte Lebel hinzu, »trotzdem es wenig Menschen gibt, die so viele schöne Frauen gesehen haben wie ich.«

»Das heißt, Sie haben schöne Frauen gezeigt«, sagte Graf Jean.

Über diese Bemerkung hörte Lebel hinweg. Seine erste Begeisterung war verflogen und er maß mich nun vom Kopf bis zu den Füßen, so als ob er sich meine Gestalt genau einprägen wollte, aber ich hielt seinen Blicken mit Ruhe und Gelassenheit stand.

Der Diener des Königs war ein Mann aus dem Volke, der seinen Weg gemacht hatte. Die Gewohnheit, am Hofe zu leben, hatte sein Wesen beeinflußt, trotzdem konnte er seine dunkle Herkunft nicht verbergen. Die Leitung des Hirschparkes verschaffte ihm Einfluß auf den König, der zufrieden war, einen Menschen zu haben, der seine Liebschaften vermittelte. Die Tätigkeit Lebels setzte ihn in ständige Verbindung mit den Ministern, dem Polizeileutnant und den Finanzämtern, und die höchsten Herren des Hofes bewarben sich um seine Freundschaft. Die meisten Höflinge hätten gerne ihre Gattin, Schwester oder Tochter zur Geliebten des Königs gemacht. Der Weg zum Bett Seiner Majestät ging über Lebel.

Ich hatte mich nie über ihn zu beklagen. Die Anhänglichkeit, die er mir vom ersten Tag an bewies, hat niemals nachgelassen. Er lieh mir seine Hilfe, so oft sie mir nötig war, und auch zur Zeit, da die Gunst des Königs mich erhoben hatte, aber der ganze Hof mich zu stürzen versuchte, war Lebel auf meiner Seite. Ich gestehe, daß es nur seiner Wachsamkeit zu danken ist, daß ich vielen Fallen, die man mir stellte, entging.

Während des Essens lobte mich Lebel unaufhörlich, und zwar so sehr, daß ich Angst bekam, er habe sich in mich verliebt und werde mich nicht einem andern gönnen. Erfreulicherweise war er ein guter Diener seines Herrn.

Nach Tisch sagte er mir allerlei Freundlichkeiten. Aber plötzlich zog er seine Uhr hervor, sprach von einem Rendezvous und ging, ohne eine weitere Zusammenkunft zu vereinbaren.

Sein schneller Abschied beunruhigte den Grafen Jean und mich, nur Morand war zufrieden. »Schöne Gräfin,« sagte er, »die Zahl Ihrer Anbeter hat sich um einen vermehrt. Sie haben bei Lebel eine Eroberung gemacht, und ich bin sicher, daß Ihr Anblick unauslöschlichen Eindruck auf ihn gemacht hat.«

»Ich hoffe, daß wir ihn wiedersehen werden«, meinte Graf Jean.

»Können Sie daran zweifeln?« fragte Morand.

Einige Leute traten ein und Morand sagte mir leise: »Sie können seiner sicher sein. Wollen Sie, daß ich ihm etwas ausrichte?«

»Aber Herr Morand,« erwiderte ich, »eine Frau meines Standes wirft sich doch nicht jedem sofort an den Hals.«

»Ohne Zweifel! Aber ein gutes Wort für einen guten Freund hat noch niemals geschadet.«

»Gewiß, und Herr Lebel hat mir sehr angenehm Gesellschaft geleistet, es wird mich immer freuen, ihn bei mir zu sehen.«

Morand wollte nicht mehr wissen und empfahl sich.

Zwei Tage vergingen, ohne daß etwas geschah. Graf Jean verbrachte sie in qualvoller Erwartung. Er war gerade abwesend, als am Morgen des dritten Tages Henriette in mein Zimmer kam und mir meldete, daß der erste Kammerdiener des Königs im Salon warte. Diese Nachricht überraschte mich sehr. Lebel kam unangesagt. Ich lag noch im Bett. Schnell sprang ich auf und sah in den Spiegel. »Lassen Sie Herrn Lebel eintreten,« rief ich, setzte mich an den Toilettetisch und wenige Augenblicke später folgte er meiner Kammerfrau auf dem Fuße.

»Es gibt keine andere Frau,« sagte er, nachdem er mich begrüßt hatte, »die man so zeitig am Morgen überraschen darf. Ihre Schönheit hat es nicht nötig, sich zu schmücken.«

Ich beantwortete dieses Kompliment bescheiden. Das Gespräch kam in Fluß. Ich hörte heraus, daß mich Lebel wirklich für die Schwägerin des Grafen Jean halte, und ließ ihn in seinem Glauben, der mir nur nützen konnte. Er erzählte mir lang und breit, welche Rolle eine Frau wie ich in Frankreich spielen könne.

Um mich nicht bloßzustellen, antwortete ich nicht. Ich glaube, daß ich gut daran getan habe, aber es geschah nicht aus Geschicklichkeit, sondern aus Angst, etwas Ungeschicktes zu sagen. Während ich ein ruhiges Gesicht zeigte, war ich innerlich durch die Abwesenheit des Grafen Jean sehr gestört. Glücklicherweise kam er. Ein Zufall hatte ihn durch unsere Straße geführt, und als er die Livree des Königs vor unserem Tor erblickte, beeilte er sich zu kommen.

»Herr Graf,« sagte Lebel, als mein Schwager eintrat, »Ihre Frau Schwägerin weigert sich in ihrer Bescheidenheit, mir zuzuhören. Ich möchte ihr manches erklären.«

»Wollen Sie ihr etwas sagen, das ich für sie hören kann?« fragte Graf Jean.

»Ich bin der Botschafter einer großen Macht, Sie sind Bevollmächtigter der Gräfin, und wenn Sie nichts dagegen haben, begeben wir uns in Ihr Arbeitszimmer und legen die Punkte des geheimen Vertrages fest, den ich Auftrag habe, mit Ihnen abzuschließen. Was sagen Sie dazu, Gräfin?«

»Ich gebe im vorhinein meine Zustimmung zu allem, was mir ein solcher Botschafter bringt.«

Graf Jean nahm Lebel bei der Hand und führte ihn hinaus. Als die beiden Herren allein waren, sagte Lebel: »Ihre Schwägerin ist eine verführerische Schönheit. Seitdem ich sie kenne, beschäftigt sie unausgesetzt meine Gedanken. In meiner Begeisterung konnte ich mich nicht enthalten, von ihr an einer hohen Stelle zu erzählen. Ich habe sie so sehr gelobt und meiner Bewunderung so lebhaften Ausdruck gegeben, daß Seine Majestät mit ihr zu sprechen wünscht und beurteilen will, ob ich Schönheit noch immer entsprechend würdigen kann.«

Diese Worte verwunderten den Grafen Jean einen Augenblick lang, aber er faßte sich schnell und sagte: »Ich bin Ihnen sehr dankbar, Herr Lebel, daß Sie sich so freundlich über die Gräfin Dubarry geäußert haben. Wir beide lieben und achten Seine Majestät, aber meine Schwägerin ist bei Hofe noch nicht vorgestellt worden und so sehe ich keine Möglichkeit, wie sie dem König ihre Ehrerbietung bezeigen könnte.«

»Das soll Sie nicht beunruhigen, es handelt sich nicht darum, daß sie an Festen in Versailles teilnimmt, der König will Ihre Schwägerin in einem vertrauten Kreise sehen. Weigern Sie sich, Seiner Majestät dieses Vergnügen zu gewähren?«

»Das wäre ein Majestätsverbrechen«, meinte Graf Jean lachend. »Ich muß Sie aber bitten, daran zu denken, daß meine Familie gewisse Rücksichten verdient. Wir würden uns nicht mit einer vorübergehenden Gunst zufrieden geben.«

»Erhoffen Sie alles von den Reizen der Gräfin. Ich bin dessen gewiß, daß sie Erfolg haben wird, aber eine bindende Gewähr kann ich Ihnen leider nicht geben. Sie muß ihr Glück versuchen.«

»Gut, dann stützen wir die Zukunft meiner Schwägerin auf Ihr Wohlwollen. Wann soll diese Zusammenkunft stattfinden?«

»Sofort. Der König ist ungeduldig und will die Gräfin sehen. Ich habe ihm versprochen, sie morgen in meiner Wohnung in Versailles zu empfangen.«

»Und wie wird sie dem König vorgestellt werden?«

»Ich werde vier meiner Freunde einladen. Den Baron von Gonesse – unter diesem Namen verbirgt sich der König –, den Herzog von Richelieu, den Marquis von Chauvelin, den Herzog von La Vauguyon.«

»Den Frömmler?«

»Ein Scheinheiliger, aber das tut nichts zur Sache. Das Wichtigste ist, daß die Frau Gräfin den König nicht erkennt, oder zumindest so tut. Wollen Sie Ihre Schwägerin davon in Kenntnis setzen?«

»Gewiß, wenn sie angeln geht, soll sie auch wissen, welche Fische schwimmen.«

Während die beiden Herren über mich verfügten, war ich allein in meinem Zimmer. Mit unsagbarer Ungeduld erwartete ich das Ergebnis ihrer Besprechung. Die Aussichten, die sich mir eröffneten, waren wundervoll, aber ich fürchtete den Mißerfolg. Ich hörte schon den peinlichen Lärm von tausend Pfiffen, die mich aus Versailles vertrieben, und hatte Angst vor allen Schwierigkeiten, die sich mir in den Weg stellen könnten. Allmählich wurde ich ruhiger und sah mich auf den Thron von Frankreich erhoben. Meine Einbildung umgab mich mit allem Glanz des Lebens. Dann rief ich mir meine Vergangenheit ins Gedächtnis. Vielleicht hatte ich Gewissensbisse: Die heimliche Geliebte des Küchenjungen Nikolaus errötete vor der künftigen Freundin Ludwigs XV. Tausend Gedanken jagten durch meinen Kopf. Wenn denken leben bedeutet, habe ich in dieser Viertelstunde ein ganzes Jahrhundert gelebt. Schließlich hörte ich Türen gehen, ein Wagen rollte auf der Straße und Graf Jean betrat mein Zimmer. »Sieg!« schrie er und umarmte mich. »Sieg, Jeanne, den morgigen Abend werden Sie mit dem König verbringen.«

Bei dieser Nachricht begann ich zu zittern, erblaßte und meine Kräfte verließen mich. Ich war genötigt, mich zu setzen, oder besser gesagt auf einen Lehnstuhl fallen zu lassen. Nachdem ich mich ein wenig erholt hatte, schilderte mir Graf Jean seine Besprechung mit Lebel.

Der Titel des Barons von Gonesse machte mir Spaß und ich nahm mir vor, den König so zu behandeln, als ob ich sein Inkognito nicht kennen würde. Sorge machte mir nur der Herzog von Richelieu, der mich seinerzeit bei Frau von Lagarde gesehen hatte, aber ich hoffte, daß er mich nicht erkennen werde. Graf Jean wiederholte mir mehrmals, wie ich mich zu benehmen habe. Ich habe mir seine Reden gemerkt und kann sie noch immer auswendig. »Denken Sie daran,« sagte er, »daß der erste Eindruck entscheidend ist, und daß unsere Zukunft davon abhängt. Sie müssen für den König die Zerstreuung bedeuten, die er so lange vergebens sucht. Er ist wie ein Herrscher aus dem Altertum, der die Hälfte seines Königreiches für das Geheimnis eines noch unbekannten Vergnügens zu geben bereit ist. Lebel findet es langweilig, jede Woche eine neue Frau für ihn zu suchen. Er ist durchaus geneigt, Ihnen zu dienen, aber Sie müssen ihm dabei behilflich sein. Sie werden der Gegenstand des Hasses aller Höflinge und aller Damen von Welt werden. Man wird eine Hetzjagd gegen Sie beginnen, weil Sie ein Gut erobern werden, auf welches alle Familien von Stand Anspruch erhoben haben. Im ersten Augenblicke werden Sie allein sein, aber später werden sich unter Ihrer Fahne die Herren des Hofes vereinigen, die weder Schwester noch Gattin oder Tochter haben, das heißt die, welche dem König keine Geliebte anbieten können. Sie müssen sich diese Leute durch Gunstbezeigungen anhänglich machen, an sie müssen Sie zuerst denken, dann erst an mich.«

»Das ist alles sehr schön und gut, aber ich bin noch nicht so weit.«

»Zum Teufel,« schrie Graf Jean mit seinem gewöhnlichen

Tonfall, »von morgen an werden Sie herrschen! Aber wir müssen uns noch um das Morgen kümmern. Beeilen Sie sich, gnädige Gräfin, laufen Sie in alle Geschäfte und morgen seien Sie reizvoll, lustig und klug. Das ist die Hauptsache, Gott sorgt für den Rest.«

Er sagte diese Lästerung lachend, und ich kann nicht leugnen, daß ich herzlich mitlachte. Im übrigen aber beeilte ich mich, meine Besorgungen zu machen.

VIII

Es war tausend gegen eins zu wetten, daß unser Unternehmen mißlingen werde. Meine niedere Herkunft und meine Vergangenheit sprachen gegen den Erfolg. Der schlechte Ruf des Grafen Jean war auch keine Empfehlung. Trotzdem war ich während der Nacht, die einem so bedeutungsvollen Tag voranging, nicht einen Augenblick unruhig und schlief so gut, als ob ich am nächsten Tag nur einen Spaziergang auf den Boulevards oder in das Bois de Boulogne zu machen hätte.

Dem Grafen Jean erging es nicht so gut. Ehrgeiz war an Stelle seines natürlichen Leichtsinnes getreten. Er verbrachte die Nacht schlaflos, und als der Morgen dämmerte, stand er auf, begutachtete meine Kleider und ließ mich nicht in Ruhe, bevor ich nicht angezogen war.

Endlich machten wir uns auf den Weg nach Versailles, wo wir seit einem Monat ein Absteigquartier gemietet hatten, um für alle Fälle vorbereitet zu sein. Dort stiegen wir ab und gingen nach einem kurzen Aufenthalt zu Lebel, in dessen Wohnung wir uns für den Abend umkleiden sollten.

Als wir das Schloß betraten, sagte Graf Jean: »Hier sind Sie zu Hause.«

Ich erwiderte, daß ich glücklich wäre, wenn mein junger Prophet die Wahrheit gesagt hätte. Mein Begleiter meinte lachend: »Sie sollten über die Stiege fallen, das wäre eine Besitzergreifung im Sinne des Altertums.«

»Nein, nein, keinesfalls,« entgegnete ich, »das bringt kein Glück in Frankreich.«

Wir gingen durch eine lange Reihe von Empfangsräumen und gelangten endlich dorthin, wo wir erwartet wurden. Es war vereinbart, daß wir auf eine bestimmte Weise an die Türe pochen sollten. Man öffnet und wir stehen Lebel gegenüber. »Gräfin,« sagt er, »ich fürchtete schon, daß Sie nicht kommen. Sie werden mit Ungeduld erwartet.«

»Ich bin nicht minder ungeduldig,« erwiderte ich, »denn Sie wissen wenigstens, wer zu Ihnen kommt, ich aber weiß nicht, wen ich sehen werde.«

»Versuchen Sie nicht, es zu erraten. Stellen Sie sich vor, daß Sie nur gute Freunde kennen lernen werden, die bei mir speisen sollen. Ich allerdings werde mich nicht mit Ihnen zu Tische setzen.«

»Wie, Sie werden nicht bei uns bleiben?«

»Keinesfalls, ich und Er an einem Tisch, was fällt Ihnen ein? Man wird mich zu Beginn des Mahles abberufen und ich werde erst nachher wieder in Erscheinung treten.«

Mir war an der Anwesenheit Lebels nichts gelegen, trotzdem gab ich mir den Anschein, als wäre ich betrübt. Kaum kommt man in Berührung zum Hofe, nimmt man schon so viel Falschheit an, daß auch das beste Gemüt verdorben werden muß.

Lebel führte mich sehr zuvorkommend in ein Zimmer, in dem sich einige Kammerfrauen befanden, die mir bei meiner Toilette behilflich sein sollten. Sie wuschen mich mit duftenden Essenzen vom Kopf bis zu den Füßen, salbten und kämmten mich wie eine Odaliske. Als Lebel mich wiedersah, trat er zwei Schritte zurück: »Sie sind die neue Sonne, die sich über Versailles erheben wird.«

Graf Jean trat ein und machte mir ebenfalls Komplimente. Plötzlich hörte man den scharfen Klang einer Glocke.

»Der hohe Freund kommt,« lächelte Lebel, »Sie müssen ihm entgegen gehen. Haben Sie aber um Gottes willen keine unnötige Angst vor ihm.«

Diese Aufmunterung Lebels war überflüssig. Weniger Mut als ich hatte Graf Jean. Ich glaube, er war in Sorge, ob er gut genug aussehe, um vor seinem Herrscher zu erscheinen, noch dazu in Gegenwart einer Frau, die nicht seine Schwägerin war und die er dafür ausgab.

Wir begaben uns in den Speisesaal, wo uns die Herren erwarteten. Lebel ging voran, Graf Jean hinter mir.

Es ist, wie ich glaube, nicht überflüssig, meine Erzählung zu unterbrechen, um von den vier Herren zu sprechen, mit denen ich die Ehre hatte zu speisen.

Ludwig XV., König von Frankreich, der sich an diesem Abend Baron von Gonesse nannte, war ein sentimentaler Egoist, der sich einbildete, seine Untertanen zu lieben, der aber niemanden außer sich selbst liebte. Er langweilte sich ständig, trotzdem er vielleicht der liebenswürdigste und geistvollste Mann seines Königreiches war. Er hatte eben die Langeweile zu einem königlichen Amt erhoben. Künste und Literatur waren ihm verhaßt, da er keinerlei Bildung genossen hatte. Er verachtete Schriftsteller, Maler und Bildhauer und schätzte die Menschen nur nach der Höhe ihres Adels. Nach dem letztrangigen Landjunker kam in seiner Achtung lange nichts und dann: Voltaire. Er war mit seiner Stellung als König zufrieden, aber trotzdem genügte ihm dieser bloße Titel nicht. Er wäre gerne noch sonst etwas Außerordentliches gewesen. Da es ihm aber nicht gelang, irgend etwas, das außerhalb seiner Königswürde lag, zu erreichen, neidete er Friedrich dem Großen seinen Ruhm und verbarg niemals seine schlechte Laune, wenn man von seinem königlichen Bruder in Preußen sprach. Die Gewohnheit zu befehlen und der ewig gleichbleibende Gehorsam aller Menschen hatten ihm einen Ekel vor dem Leben eingeflößt, den er Melancholie nannte. Trotzdem war ihm jeder Widerstand gegen seinen Willen verhaßt. Nicht deshalb allerdings, weil ihm der Widerstand als solcher mißfiel, sondern weil er seine eigene Schwäche kannte und befürchtete, Stärke zeigen zu müssen, die er nicht besaß. Vor dem Klerus hatte er abergläubische Angst. Er ehrte Gott, weil er sich vor dem Teufel fürchtete, und bildete sich ein, daß ein gutes »Absolvo« seines Beichtvaters ihm volle Freiheit gebe zu sündigen. Er ängstigte sich vor Schmähschriften und Liedern, insbesondere wegen des Urteils der Nachwelt. Dennoch war sein Benehmen das eines Menschen, der nicht viel auf die Meinung anderer gibt. Ich werde noch Gelegenheit haben, alle Seiten seines Wesens zu schildern und ein vollständiges Bild seiner Persönlichkeit zu geben.

Der Herzog von Richelieu, der zu dieser Zeit zweiundsiebzig Jahre zählte, war trotz seines Alters jugendlich geblieben. Zahlreiche Glücksfälle, die er eigentlich nicht verdiente, haben ihn berühmt gemacht. Er war nichts als ein abgeschmackter Geck, ein schwer und müde gewordener alter Schmetterling. Wenn er nicht den jungen Mann spielen wollte, war sein Benehmen angenehm und unterhaltend. Er war nur in landläufigem Sinne geistreich, ohne gebildet zu sein, konnte nicht rechtschreiben und war stolz darauf. Vielleicht deshalb, weil er mit allem, was er tat, zufrieden war. Seelengröße durfte man nicht von ihm erwarten. Er war ein schlechter Gatte und Vater, aber auch ein schlechter Freund. Sein Grundsatz war, daß man die Menschen töten müsse, die einem auch nur irgendwie schaden könnten.

Die Toten sprechen nicht, hat er mir wiederholt gesagt. Trotzdem gab es einen Menschen, den er haßte und dem er dennoch schmeichelte: Voltaire.

Der Marquis von Chauvelin, ein guter Soldat und Diplomat, war liebenswürdig und geistreich. Sein großes Wissen trug er mit Bescheidenheit. Wenn man ihn kannte, mußte man ihm zugetan sein. Selbst der König war ihm sehr gewogen. Der Marquis war ein durchaus bemerkenswerter Mann, leider ist er für mich und den König zu früh gestorben. Seine guten Ratschläge sind zu bald verloren gegangen. Auch die auswärtigen Höfe haben sein Hinscheiden sehr bedauert, ich werde bei Gelegenheit wieder von ihm sprechen. Sein Bruder war ein kleiner, häßlicher Buckliger, den der König haßte, trotzdem er ein tüchtiger Feldherr war.

Der vierte Herr der Tischgesellschaft war der Herzog von La Vauguyon, Erzieher der Kinder des Hauses von Frankreich. Er war im Krieg tapfer gewesen und auch sonst nicht unbegabt, war aber Jesuit bis über die Ohren und benahm sich mir gegenüber dementsprechend. Auch von ihm werde ich noch manches zu erzählen haben.

Kaum hatte uns Lebel in den Speisesaal geführt, als er gerufen wurde und sich verabschiedete. Der König kam auf mich zu und begrüßte mich sehr höflich. Sein freundliches Benehmen und seine vornehme Erscheinung gefielen mir so gut, daß ich die Unruhe verlor, die mich im Augenblick seines Eintretens befallen hatte. Er sprach einige Worte mit dem Grafen Jean und beobachtete ihn genau, um sich sein Aussehen einzuprägen; dann kam er wieder zu mir zurück.

Niemals wieder habe ich eine derartige Begeisterung gesehen und niemals hat sich eine Zuneigung so rasch entwickelt. Wir hatten uns kaum zu Tisch gesetzt und schon betete er mich an. Der Anblick der drei Höflinge wurde mit jedem Augenblick lächerlicher. Ihre Aufmerksamkeit wuchs von Sekunde zu Sekunde mit der Höflichkeit des Königs. Sie spitzten die Ohren und durchbohrten mich mit ihren Blicken. Wenige Minuten früher war ich ein Niemandskind gewesen, jetzt gaben mir einige liebenswürdige Worte des Königs das Recht auf höchste Achtung.

Noch später lagen sie, bildlich gesagt, vor mir auf den Knien.

Graf Jean hüllte sich in tiefes Schweigen. Ich selbst benahm mich ohne Zwang und plauderte darauf los. Aber gerade das gefiel dem König. Ich wußte, daß er unanständige Redensarten liebe, und gebrauchte so viele als möglich. Die Unterhaltung bei Tisch war sehr schlüpfrig. Allerdings sprach man auch von einigen Schriftstellern und vom Theater, sonst aber nur von Hofintrigen. Der Baron von Gonesse erzählte eine Geschichte, die ihm von einem Provinzintendanten geschickt worden war. Ich muß hinzufügen, daß die Verwaltung den Auftrag hatte, alle skandalösen, pikanten, schrecklichen und lächerlichen Ereignisse aufzuzeichnen, die sich in ihrem Gebiet ereigneten, und dem König zu senden. So zerstreute sich Seine Majestät, und auch ich habe auf diese Weise sehr merkwürdige Geschichten erfahren.

Nach dem Essen blieben die Freunde des Königs nur mehr kurze Zeit. Während die Herren mich bewunderten, laut genug, damit es der König hören könne, lehnte sich der Baron von Gonesse an meinen Sessel und sagte mir eine Schmeichelei nach der andern. Er war sehr liebenswürdig, und was ihm an Jugend fehlte, ersetzte er durch Hoheit und Güte. Schließlich erschien Lebel und machte mir ein Zeichen. Ich erhob mich, und da das Inkognito des Königs gewahrt wurde, empfahl ich mich so, als ob ich ihn nicht erkannt hätte.

Lebel führte mich in ein angrenzendes Zimmer. Als wir eingetreten waren, wandte er sich zu Graf Jean, der uns gefolgt war, und sagte: »Sie können nach Paris zurückfahren oder in Versailles bleiben, wie es Ihnen beliebt. Die gnädige Gräfin hingegen wird diese Nacht im Schlosse verbringen, da man annimmt, daß sie müde ist.«

Mein Schwager und ich entnahmen diesen Worten, daß ich gefallen hatte. Wir hätten vielleicht gewünscht, daß alles etwas langsamer vor sich gehe. Unsere Zukunft erschien uns nicht sichergestellt. Aber wir befanden uns in einem Hause, wo jedermann den Launen des Herrn gehorchte, da mußten wohl auch wir nachgeben.

Von den Einzelheiten der folgenden Nacht will ich nichts erzählen. Ich habe zwar schon oft mit einigen Herren vom Hof darüber gesprochen, aber ich weiß nicht, warum meine Feder schamhafter ist als mein Mund.

Alles, was ich erzählen kann, ist, daß ich schließlich am Morgen allein war. Lebel trat in das Zimmer und verbeugte sich tief vor meinem Bette. »Sie sind hier Königin«, sagte er. »Als man Sie verließ, hat man nicht das gewohnte Zeichen des Abscheus gemacht, sondern mir gesagt, daß Sie entzückend sind. So habe ich auch den Auftrag bekommen, Ihnen diese Kassette nicht zu geben.«

»Was ist denn darin?« fragte ich mit kindlicher Neugierde. »Eine Kleinigkeit: fünfhundert Goldstücke und eine Schnur aus Smaragden, die denselben Wert hat. Das ist vielleicht genug für eine flüchtige Bekanntschaft. Man hat aber gefunden, daß ein so geringes Geschenk Ihrer nicht würdig sei.«

»Er will mich also wiedersehen?«

»Morgen abend, wenn es Ihnen beliebt.«

»Ich bin immer bereit.«

»Wollen Sie noch, bevor Sie aufstehen, den Grafen Jean sprechen, er wartet seit sieben Uhr früh ungeduldig vor der Türe, um von Ihnen empfangen zu werden.«

»Er kann eintreten.«

Wenige Minuten später stand Graf Jean vor mir, und ich sah seinem vergnügten Gesicht an, daß er mit Lebel schon gesprochen hatte. Er trat mit offenen Armen an mein Bett und umarmte und beglückwünschte mich zu meinem Erfolg. Dann stellte er einige Fragen an mich, die ich nicht gleich beantworten wollte. Meine plötzliche Diskretion mißfiel ihm. Er ärgerte sich und fluchte grauenhaft. Ich bin überzeugt, daß die Wände des Raumes, in dem wir uns befanden, nie vorher solche Flüche gehört haben. Lebel war ganz erschrocken und legte ihm die Hand auf den Mund, fragte, ob er den Verstand verloren habe und nicht wisse, wo er sich befinde. Ich fürchtete, daß er eine Dummheit begehen werde, und lächelte ihm zu.

Schließlich setzten er und Lebel sich auf mein Bett und ich war weniger verschwiegen, als ich es mit der Feder in der Hand bin. Nachdem ich meine Erzählung beendet hatte, wollte ich nach Paris zurückkehren. Man ließ mich gehen.

Kaum war ich eine Stunde zu Hause, als man mir vom König eine wunderbare Diamantagraffe im Werte von hundertsechzigtausend Francs brachte und eine Brieftasche, die zweihunderttausend Francs enthielt. Graf Jean und ich hatten noch niemals eine solche Summe gesehen. Wir deuchten uns unglaublich reich. Er teilte die Banknoten in zwei gleiche Teile, steckte den einen Teil in seine Tasche und verwahrte den Rest in meinem Schreibtisch. Ich ließ ihn tun und fand es ganz selbstverständlich, daß er für sich sorge.

Auch meiner Kammerfrau schenkte ich zweitausend Francs. Dann kaufte ich für ein Viertel meines Schatzes die unnötigsten Dinge, ohne mir Gedanken darüber zu machen, daß eine Laune des Königs mich am nächsten Morgen wieder zum armen Mädchen machen könne, das ich gewesen war.

Den Abend verbrachte ich sehr angenehm mit dem Grafen

Jean. Wir sagten uns erst, daß ein Glück, das auf einem Vergnügen beruht, niemals sicher sei. Dann gab er mir Ratschläge für die Zukunft, die ich mir zu befolgen vornahm. Schließlich trieben wir allerlei Dummheiten und bauten Luftschlösser, die sich wunderbarerweise in acht Tagen bewahrheiten sollten. Wir stürzten Ministerien, verliehen Staatsämter, verbannten, kerkerten ein und verteilten Orden. Ich spielte die Herrin hohen Personen gegenüber, die Graf Jean darstellte.

Das Leben ist doch nichts anderes als eine Komödie, und ich sehe nicht ein, warum eine schöne Frau nicht die Hauptrolle darin spielen sollte.

IX

Am frühen Morgen des nächsten Tages erhielt ich eine Botschaft vom König. Er sandte mir Blumen, die mit einem Band aus Diamanten zusammengehalten waren. Dieses Geschenk war von einem kleinen Brief begleitet, dessen Inhalt ich wörtlich wiedergeben würde, wenn man ihn mir nicht mit zahlreichen anderen Briefschaften gestohlen hätte. Meine Antwort war kurz; da ich mir eine Abschrift aufbewahrt habe, schreibe ich sie nieder:

»Nichts kann meiner Freude gleichen, Herr Baron! Das Briefchen, das Ihre liebe Hand geschrieben hat, macht mich glücklich. Vielen Dank für Ihre Blumen, sie sind reizend, wenn sie auch morgen verwelkt sein werden. Die Gefühle aber, die Sie mir einflößen, werden bleiben. Sie schildern so lebhaft die Ungeduld mich zu sehen, daß es mir scheint, als sprächen Sie mit meinen Worten. S i e möchten in meinen Armen liegen und i c h gerne mein ganzes Leben zu Ihren Knien verbringen. Auf Wiedersehen, Herr Baron, und da Sie mir verboten haben, Ihnen ehrerbietungsvoll zu schreiben, so begnüge ich mich damit, Ihnen zu sagen, daß ich Sie liebe.

Gräfin Dubarry. «

Ich beging einen Fehler, daß ich den Brief mit diesem Namen unterschrieb, aber da wir so weit gegangen waren, gab es kein Zurück. Im übrigen schrieb ich nicht dem König, sondern dem Baron von Gonesse. Auch Ludwig XV. hatte nicht den Mut, seinen wahren Namen zu unterschreiben. Ich wußte, daß auch Franz I. einmal diesen Namen angenommen hatte, aber bei einer ganz anderen Gelegenheit: in Erwiderung eines Briefes Karls V., der sich mit allen Titeln unterschrieben hatte, wo er, Franz, Herr von Gonesse, zeichnete. Ludwig XV. gab sich gerne verschiedene Namen. Die Eitelkeit eines gewöhnlichen Sterblichen nimmt einen Titel an, der ihn erhöht. Den Königen bleibt nichts anderes übrig, als in der Rangleiter des Lebens herunterzusteigen, wenn sie sich verstecken wollen.

Ich hatte in meinem Brief an den Baron vergessen, ihm ins Gedächtis zu rufen, daß ich ihn am Abend wiedersehen solle, aber trotzdem versäumte ich nicht das Stelldichein. Ich kam pünktlich in Versailles an und begab mich in die Wohnung Lebels, wo ich die Frauen meines Dienstes fand. Denn von diesem Tage an hatte ich schon einen Dienst.

Als der König hörte, daß ich schon in der Nähe sei, konnte er seine Ungeduld nicht beherrschen und kam, um meiner Toilette beizuwohnen. Er stand, solange als sie dauerte, vor mir, und ich war wirklich verwirrt, wagte aber nicht, ihm zu sagen, daß er Platz nehmen möge. Ich tat gut daran, denn es widerspricht der guten Lebensart, den König, der überall in seinem Reiche zu Hause ist, aufzufordern, sich zu setzen. Ludwig XV. lächelte zu meinen kleinsten Worten, küßte meine Hände, wickelte meine langen Haare um seine Finger und war übermütig vor Vergnügen: er hatte in meiner Gegenwart die Jugend wiedergefunden.

An diesem Abend hatten wir andere Gesellschaft. Es waren nur zwei Herren erschienen. Der Herzog von Duras, erster Kammerherr des Königs, und der Herzog d'Ayen, der den Ruf hatte, geistvoll zu sein. Meiner Meinung nach war er ein Dämon. Seine Worte brannten wie Vitriol, und wenn er jemand verwundete, war es unheilbar. Ich erinnere mich, daß Herr von Fleury dem König einmal in meiner Gegenwart sagte: »Sire, was ich am meisten auf der Welt nach Herrn d'Ayen fürchte, ist der Biß eines tollen Hundes.«

Ich fürchtete ihn in der Folgezeit nicht weniger, und tatsächlich sagte er dem König, als Ludwig XV. bei irgend einer Gelegenheit erwähnte, daß er der Nachfolger von Herrn von Saint-Foix sei: »Sire, genau so, wie Sie der Nachfolger von Pharao sind.«

Ich habe ihm diese Bosheit vergolten.

An diesem Abend jedoch zeigte er sich höflich. Ich war ihm unbekannt und er hielt mich für einen Meteor, der vierundzwanzig Stunden über dem Schloß von Versailles leuchten und am nächsten Morgen verschwinden würde.

Der Herzog von Duras war nicht bösartig, aber dafür grenzenlos dumm. Verstand war in dieser Familie überhaupt nicht zu finden. Vater und Sohn, übrigens gute Edelleute, hielten diesen traurigen Ruf des Hauses aufrecht. Eines Tages fragte der König den Herzog von Duras, was eigentlich mit den alten Monden geschehe. »Sire«, erwiderte der Herzog, »ich weiß nichts davon, ich sehe den Mond immer nur am Himmel, aber wenn Sie es befehlen, werde ich Herrn von Cassini danach fragen.« So ungefähr stand es mit diesem guten Mann. Man beauftragte seinen Sohn und ihn, den König von Dänemark gelegentlich einer Reise zu begleiten. Dieser Fürst sagte dann einem verläßlichen Menschen, der es mir wiederholte: »Man erzählt immer von dem Geist der Franzosen; ich hätte nie daran geglaubt, wenn ich mir nach diesem Beispiel ein Urteil hätte bilden sollen.«

Trotzdem kann ich mich über die Herren von Duras nur lobend aussprechen, sie haben sich mir gegenüber immer freundschaftlich verhalten, ich sah sie gerne bei mir und habe immer versucht, ihnen zu dienen.

Dieser Abend war nicht ebenso lustig wie der vorhergegangene. Der Herzog von Ayen fand niemand in der Gesellschaft, dem er Bosheiten hätte sagen können, und der Herzog von Duras sprach so wenig als möglich, um keinen Unsinn zu sprechen. D'Ayen versuchte mich zwar ein- oder zweimal lächerlich zu machen, aber glücklicherweise hörte der König nicht hin, da er mit mir viel zu sehr beschäftigt war.

Auf ein Zeichen des Königs entfernten sich beide Herren. Als der Herzog d'Ayen das Zimmer verlassen hatte, sagte ich Ludwig XV.: »Dieser Kavalier gefällt mir nicht, er sieht so aus, als ob er mir nicht wohlwollte.«

»Glauben Sie, Gräfin?«

»Ich bin dessen gewiß, und ein Feind in der Nähe meines Königs macht mir bange.«

»Seien Sie unbesorgt. Sie haben in mir einen Verteidiger gewonnen, der Sie niemals im Stiche lassen wird. Ich bin von nun ab Ihr Beschützer, und wehe dem, den Sie hassen.«

Die Nacht verbrachte ich mit dem König. Als er mich verließ, bat er, daß ich nicht nach Paris zurückkehren möge, da er mich die ganze Woche bei sich behalten wolle.

Lebel kam, um mir mitzuteilen, daß ich über die Räume, in denen ich mich befand, verfügen könne und daß er den Auftrag habe, meinen Hausstand auf großen Fuß einzurichten.

Henriette, die ich zu meiner ersten Kammerfrau ernannte,

meldete mir am selben Tag den Besuch eines adeligen Herrn, der sich nicht habe nennen wollen. Es war der Herzog von Richelieu, der in großer Gala bei mir eintrat.

Er verbeugte sich tief und sagte: »Ich muß mich sehr über Sie beklagen, Gräfin, entweder wollen Sie mir nicht wohl, oder ist Ihr Gedächtnis daran schuld, daß Sie Ihren alten Freund nicht wiedererkannt haben.«

»Der Fehler liegt auf beiden Seiten,« erwiderte ich, »auch Sie haben mir nicht die Ehre erwiesen, mich zu erkennen.«

»Das liegt daran, daß Sie jetzt noch tausendmal schöner sind! Als ich Sie das letztemal sah, waren Sie eine Nymphe, jetzt sind Sie eine Gottheit.«

Der Herzog fügte noch ein paar Worte über das Haus der Frau von Lagarde hinzu, aber mit ausgezeichnetem Takt fühlte er, daß diese Erinnerung mir nicht angenehm sein könne, und ging darüber hinweg. Er bat mich um die Erlaubnis, mir den Herzog d'Aiguillon vorstellen zu dürfen, um, wie er sagte, einen Minister an meinem Hof zu haben, der ihn ersetzen könne, wenn ihn der Dienst nach der Gascogne rufe. Dann ersuchte er mich, ihn mit dem Grafen Jean bekannt zu machen. Die dritte Gnade, um die er mich bat, war, daß ich ihn dem König möglichst oft nenne, um ihn zu unseren Abendunterhaltungen heranzuziehen. Ich versprach ihm alles, da er mir scheinbar Freundschaft bewies. In kurzer Zeit, meinte er, werde der ganze Hof zu meinen Füßen liegen. »Aber Sie werden auch bald Feinde haben. In erster Linie die Herzogin von Grammont. Sie hat sich fünf- oder sechsmal in das Bett des Königs eingeschlichen und wird wütend sein, wenn eine würdigere Frau die Stelle einnimmt, die sie erschlichen hat. Sie und ihr Bruder werden alles mögliche dazu tun, um Sie zu vertreiben. Sie sind verloren, wenn Sie nicht beide dem Grabe weihen.«

»Woran denken Sie, Herr Marschall, wollen Sie, daß ich mit einem Mord beginne?«

»Sie nehmen das zu wörtlich. Ich will nur sagen, daß Sie weder den Herzog von Choiseul noch die Herzogin von Grammont schonen dürfen.«

»Kaum bin ich angekommen, verlangen Sie schon Intrigen von mir.«

»Nehmen Sie sich in acht, Sie sind zu gut, zu offenherzig. Hier gibt es nichts als Scheinheilige. Fürchten Sie jeden Menschen, selbst den, der Ihnen die besten Ratschläge gibt.«

»Dann müßte ich mich in erster Linie vor Ihnen fürchten, Herr Marschall von Richelieu.«

»Gräfin, es ist nicht schön, daß Sie mich mit den Waffen, die ich Ihnen gebe, verwunden wollen.«

Kaum hatte mich der Herzog verlassen, als sich schon Herr von La Vauguyon anmelden ließ. Er gab mir keine Ratschläge, er begnügte sich nur damit, im Laufe des Gesprächs zwei- oder dreimal zu erwähnen, daß er ein Freund der Jesuiten sei. Ich ließ ihn ruhig reden und seine Anhänglichkeit für diese widerlichen Menschen erwähnen, die mein Geschlecht so wenig lieben.

Der Herzog von La Vauguyon zog sich sehr zufrieden zurück.

Dem Grafen Jean, der nach ihm kam, machte ich Mitteilung, was sich zwischen mir und meinen beiden Besuchern zugetragen hatte. »Lassen wir uns um Gottes willen nicht von diesen großen Herren zum Narren halten. Bevor wir uns auf die eine oder andere Seite schlagen, müssen wir erst festen Fuß gefaßt haben. Warten Sie, bis Ihre Stellung bei Hof nicht mehr zu erschüttern ist.«

»Dazu muß ich wirklich verheiratet sein!«

»Seien Sie unbesorgt, das wird bald geschehen sein. Ich habe meinem Bruder Wilhelm den Auftrag gegeben, sofort nach Paris zu kommen. Der dicke Junge wird Sie gerne heiraten!«

Ich gab dem Grafen Jean durch ein Zeichen zu verstehen, daß ich mich weiter seinem Willen fügen wolle.

Auch der König kam einen Augenblick zu mir. »Sie haben mir nicht gestanden, meine schöne Freundin,« sagte er, »daß Sie den Herzog von Richelieu kennen. Er war aufrichtiger als Sie und hat mir erzählt, daß er Sie schon bei Frau von Lagarde gesehen hat, wo Sie die beste Freundin dieser Dame gewesen sind.«

»Sire,« erwiderte ich, »ich dachte nur an Sie und an sonst nichts auf der Erde.«

Meine Worte schmeichelten ihm, er lächtelte: »Sie lieben mich also?«

»Ich werde Sie immer lieben.«

»Damit werden Sie nur meine Gefühle erwidern.« Er küßte meine Hand und verließ mich.

Ich kann ehrlich sagen, daß ich dem König wirklich zugetan war, wenn ich ihn auch nicht von Herzen liebte. Er war so aufmerksam und gut zu mir, daß ich schlecht gewesen wäre, wenn ich ihn nicht gerne gemocht hätte.

Er hatte mir versprochen, abends wiederzukommen, um bei mir zu speisen. Für diesen Abend waren der Prinz von Soubise, der Herzog von Duras, der Marschall von Richelieu, der Marquis von Chauvelin und der Graf von Flamarens eingeladen. Die Zeit verging lustiger als am vorhergegangenen Abend. Richelieu erzählte uns ein Abenteuer aus der alten Zeit. Es war nichts Besonderes, aber er erzählte so gut, daß wir alle lachten. Graf Jean beobachtete mich aufmerksam und schien zufrieden zu sein. Der König war außer sich, machte mir unausgesetzt Komplimente und überhäufte mich mit Freundlichkeiten.

Nach dem Abendbrot versuchte er mich davon zu überzeugen, daß meine Stellung bei ihm gesichert sei. Er hätte das nicht nötig gehabt, denn am nächsten Morgen konnte ich aus der Zahl der Besucher, die man mir meldete, ersehen, daß man am ganzen Hofe wußte, daß ich die heimliche Geliebte des Königs geworden war.

Ich war, um den Ausspruch Lebels zu wiederholen, der Stern, der sich über Versailles erhoben hatte. Es war unmöglich, an meinem Glück zu zweifeln, wenn man die vornehmen Herrschaften sah, die sich darum bewarben, mir ihre Dienste anzubieten.

X

Der Herzog von Richelieu, der nach der Guienne verreisen mußte, stellte mir den Herzog d'Aiguillon vor. Sein Neffe war nicht mehr jung, aber Gestalt und Gesicht waren noch immer schön. Er war ein aufrichtiger Freund, unbedingt ergeben, höflich, mutig und ein gefürchteter Gegner, der keinen Widerstand kannte. Er zählte die ganze Magistratur zu seinen Feinden. Aber sein Ehrgeiz war durch überlegenen Verstand begründet, und wenn er sich gelegentlich zu strenge gezeigt hat, war es auf seine Selbstbeurteilung zurückzuführen, da er mit anderen nicht gnädiger umgehen wollte als mit sich selbst.

So sehr der erste Eindruck seinem Onkel bei mir schadete, so sehr war er dem Neffen nützlich. Ich erkannte in ihm eine vornehme Seele und einen Menschen, der zu allem geeignet ist.

Ohne Zweifel sah der Herzog d'Aiguillon in mir zuerst nichts als eine Frau, die ihm bei seinen Plänen nützlich sein könne, dann aber war er mir von Herzen zugetan. Der König stand dem Neffen Richelieus freundlich gegenüber, während er dessen Sohn, dem Herzog von Fronsac, nicht geneigt war. Fronsac war ein schlechter Kerl, ohne auch nur eine gute Eigenschaft oder Tugend.

Die Woche verfloß und jeder Tag festigte meine Stellung. Die Liebe des Königs nahm zu und er überhäufte mich mit Geschenken und Ehren.

Die Aufmerksamkeiten, die mir Ludwig XV. erwies, waren kaum bekannt geworden, als sich schon die beiden Feinde erhoben, vor denen man mich gewarnt hatte. Der Herzog von Choiseul und seine Schwester, die Herzogin von Grammont. Während der Bruder sich mit stiller Mißachtung begnügte, benahm sich die Herzogin wie eine Rasende. Ich hatte ihre weibliche Eigenliebe verletzt und sie konnte mir nicht verzeihen. Ich habe schon erzählt, daß sie einmal den Versuch gemacht hat, sich Ludwig XV. zu bemächtigen. Sie war einer königlichen Orgie zugezogen worden, und als Ludwig XV. mit heißem Kopf vom Tische aufstand, erwartete sie ihn in seinem Bette, um ihm gewissermaßen Gewalt anzutun. Kaum hatte diese vornehme Dame von der Liebe des Königs zu mir erfahren, als sie schon nach meiner Herkunft zu forschen begann. Man hat mich über alle Schritte, die sie zu diesem Zwecke unternommen hat, auf dem laufenden gehalten. Sie begnügte sich aber nicht damit, die Geschichten, die man ihr erzählte, zu verbreiten, sondern setzte sich sogar mit Herrn von Sartines ins Einvernehmen.

Der Polizeileutnant, der nicht wußte, daß ich in Gunst stand, und den Choiseuls ergeben war, hetzte seine Spürhunde auf meine Vergangenheit, und man erzählte ihm allerlei Lügen, die er der Herzogin weitergab. Diese Geschichten fanden bald im Schlosse Verbreitung. Sie hoffte, daß der König davon erfahren und sich von mir lossagen werde. Schmähschriften und Schmählieder erschienen in den Zeitungen, die von Frau von Grammont beeinflußt waren. Aber man bringt einen Liebhaber nicht von seiner Geliebten ab, indem man sie anschwärzt. Ich erzählte auch dem König nichts davon, ich wollte nicht, daß um meinetwillen das Leben am Hofe gestört werde, und beschloß nur, mich zu rächen, und ich glaube, daß es mir gelungen ist.

Eines Tages war ich in Begleitung Henriettens in den Garten gegangen. Es war am Morgen zu früher Stunde. Wir hörten Schritte hinter uns, Henriette drehte sich um und sagte mir, daß die Damen von Grammont und Brionne hinter uns gingen. Ich kannte die eine nur wenig, die andere gar nicht. Da ich nicht wußte, was sich zutragen werde, war ich erfreut, ihnen zu begegnen. Die beiden Damen waren aber nicht zufällig im Park; sie wußten, daß ich die Gewohnheit hatte, um diese Zeit auszugehen, und wollten mich aus der Nähe betrachten. Sie gingen an uns erhobenen Kopfes, mit stolzem Gesicht vorüber, sahen mich verachtungsvoll mit herabgezogenen Mundwinkeln an, lachten unhöflich und entfernten sich.

Obwohl mich dieses Benehmen kränkte, verdarb es nicht meine Laune. Ich fand es selbstverständlich, daß Frau von Grammont gegen mich eingenommen sei. Henriette war nicht meiner Ansicht, sie war empört darüber, daß man eine Frau, die der König liebe, so beleidigen dürfe, und veranlaßte mich, den beiden Damen nachzugehen. Sie hatten sich auf eine Bank gesetzt, wo sie allem Anscheine nach mein Vorbeikommen erwarteten, denn als ich an ihnen vorüberging, erhob die Herzogin von Grammont ihre Stimme und sagte: »Es scheint ein einträgliches Geschäft zu sein, mit aller Welt zu schlafen.«

Die Wut riß mich fort und ich erwiderte: »Man wird mir zumindest nicht vorwerfen können, mich gewaltsam in ein Bett gedrängt zu haben.«

Der Schlag saß. Das Gesicht der Herzogin wurde bleich mit Ausnahme ihrer Lippen, die sich blau färbten. Sie hätte die Beleidigung wahrscheinlich erwidert, wenn nicht Frau von Brionne, die ruhig war, weil die Sache sie nichts anging, die

Hand auf den Mund ihrer Begleiterin gelegt hätte. Henriette und ich entfernten uns, Tränen lachend.

Die Herzogin von Grammont, die nun keine Lust mehr hatte zu lachen, erzählte die Begebenheit ihrem Bruder. Herr von Choiseul, der sie sehr, vielleicht zu sehr liebte, beruhigte sie und erklärte, daß sie in einem offenen Kampf gegen mich den kürzeren ziehen müsse. Frau von Brionne mußte versprechen, nichts zu erzählen. Sie konnte es aber nicht über sich bringen zu schweigen und teilte der Herzogin-Mutter d'Aiguillon mit, was sich zugetragen hatte. Durch die alte Herzogin erfuhr ihr Sohn von meinem Abenteuer, kam aufgeregt zu mir und fragte mich, was daran wahr sei. Ich wollte ihm aber nichts davon erzählen. Meine Verschwiegenheit mißfiel ihm, und er schrieb mir einen Brief. Da ich mich gerne mit allem befasse, was mir diesen liebenswürdigen Freund in Erinnerung rufen kann, will ich ihn wiedergeben: »Ich bin sehr unglücklich, Gräfin. Ich glaubte, Ihr Vertrauen gewonnen zu haben, aber Ihr hartnäckiges Schweigen hat mich bitter enttäuscht. Gestatten Sie, daß ich Sie berate. Unsere Umgangsformen und Gebräuche sind Ihnen fremd. Ein Freund, der Sie führt und berät, ist Ihnen nötig. Warum erwählen Sie sich nicht einen Freund, der Ihnen und dem König gleich ergeben ist? Ich könnte Ihnen noch viel von mir schreiben, aber nichts ist so gefährlich, als eine Feder in der Hand zu halten, wenn das Herz voll ist. Seien Sie nicht so zurückhaltend. Ich bitte Sie inständigst darum.«

Ich las diesen Brief immer wieder und er gefiel mir vom Anfang bis zum Ende.

Zwischen den Zeilen las ich eine Leidenschaft, die mir nicht mißfiel.

Es fehlte mir tatsächlich ein Vormund, und ich beschloß, dem Herzog d'Aiguillon mein Vertrauen zu schenken. Ich teilte es ihm brieflich mit.

Einige Tage später wollte mir auch der Prinz von Soubise Ratschläge geben, hatte aber nicht denselben Erfolg. Für einen Mann von Welt benahm er sich dabei recht ungeschickt und bediente sich des Fräuleins Guimard als Zwischenträgerin. Sie hatte nicht genug Geist, um den ungeheuren Abstand zu ermessen, den einige Tage zwischen uns errichtet hatten. Eine Tänzerin, die der Prinz von Soubise aushielt, und die Geliebte des Königs von Frankreich! Ich versuchte ihr den Unterschied zu erklären, aber es gelang mir nicht. Sie nannte mich weiter ihre liebe Freundin und versicherte mir, daß ihr Prinz mich protegieren werde. Es war lustig, daß sie so zu mir sprach, da doch ihr Prinz meine Protektion anstrebte. Sie benahm sich so albern, daß ich ihr schließlich ins Gesicht lachte, aufstand, läutete und einem Diener befahl, ihr einen Wagen zu holen. Alle Muskeln ihres Gesichtes waren wutgespannt. Nichtsdestoweniger hielt sie sich, so gut es ging, zurück, grüßte mit gespielter Verehrung und ging unverrichteter Dinge.

Kaum war sie eine Stunde fort, als ich schon einen Brief vom Prinzen von Soubise erhielt. Er bat mich um eine kurze Unterredung, die ich ihm noch am selben Tage gewährte.

»Ich bin sehr unglücklich, Gräfin,« sagte er, »daß Fräulein Guimard schlecht vorgebracht hat, was ich Ihnen sagen ließ.«

»Prinz,« erwiderte ich, »Sie hätten sich selbst bemühen sollen. Sie kennen meine Stellung und hätten nicht so lächerlich mit mir gesprochen, wie sie es getan hat.«

Herr von Soubise fragte mich ängstlich, was sie mir denn gesagt habe.

»Sie hat mir Ihr Wohlwollen angetragen unter der Bedingung, daß ich Ihre Ratschläge befolge.«

»Ich bin zugrunde gerichtet, ich habe ihr nur den Auftrag gegeben, Ihnen meine Dienste anzubieten, und lege mich Ihnen zu Füßen.«

»Stehen Sie auf, Prinz, ich mache Sie nicht für die Dummheit Ihrer Freundin verantwortlich und verspreche Ihnen, mit keinem Menschen darüber zu sprechen. Doch lassen Sie es sich gesagt sein, daß ich hier nur die Pflicht habe, dem König zu gefallen. Beehren Sie mich mit Ihrer Freundschaft. Ich biete Ihnen die meine, jede andere Beziehung ist unmöglich.«

Damit endete dieses Gespräch. Es paßte mir nicht, Herrn von Soubise Hoffnungen zu machen. Er und alle anderen Rohans hätten daraus Nutzen gezogen, und da sie Bauernfänger waren, hätte es nicht lange gedauert und mein Name wäre in irgend eine schmutzige Angelegenheit verwickelt worden. Alle Mitglieder dieser Familie waren maßlos geizig und hätten am liebsten das ganze Gold des Landes verschluckt. Wenn der König eine Rohan zur Geliebten genommen hätte, hätten die Finanzen Frankreichs, meiner Meinung nach, nicht länger als ein Jahr ihren Bedürfnissen standhalten können.

Ich hätte den Prinzen von Soubise gerne zum Abendessen behalten, aber ich wollte nicht, daß er auch nur die geringste Herrschaft über mich gewinne. Ich wäre viel zu schlecht von einem Menschen geleitet worden, der sich nicht einmal selbst leiten konnte. Seine Verwandte, Frau von Marsan, hatte bei mir nicht mehr Erfolg als der Prinz von Soubise. Sie war eine bedeutende Frau und allen Mitgliedern der Familie überlegen, sie war ehrgeizig, und jeder Schritt, den sie unternahm, war berechnet. Sie wäre imstande gewesen, ein Königreich zu beherrschen, den König, die Königin, die Prinzen, die Prinzessinnen, die Höflinge, die Geliebten, den Hof, die Stadt, die Parlamente und die Armee. Nichts war für sie unmöglich. Die Vorsehung hat sie aber niemals in die Lage gesetzt, ihre Begabung zu entfalten. Ihr blieb bestimmt, ihre Familie zu beherrschen, und das war nicht viel. Trotz des mißglückten Versuches bewahrte Frau von Marsan mir gegenüber eine gewisse Neutralität. Manchmal nur sah sie mich so an, als ob sie mich mit ihren Blicken durchbohren wollte. Wenn sie mit mir zusammen war, sagte sie mir tausend Schmeicheleien, obwohl sie mich haßte, und ich, die sie nicht leiden konnte, erwies ihr tausend Freundlichkeiten. Da ich von lauter Scheinheiligen umgeben war, wurde ich selbst scheinheilig. Man lernt mit den Wölfen heulen.

XI

Der Prinz von Soubise war nicht der einzige, der die Stelle des Mentors bei uns übernehmen wollte. Auch der Herzog von La Vauguyon wollte meiner Jugend als Führer dienen. Er war zu sehr Jesuit, um nicht eine feine Nase zu haben, merkte sofort, wie sehr ich in Gunst stand, und kurze Zeit nach seinem ersten Besuch wurde mir die Ehre eines zweiten zuteil. Trotzdem die freie Liebe nicht nach dem Sinn des Frömmlers war, zeigte er sich freizügig und wiederholte immer wieder, eigentlich ohne Grund, daß der König nicht mehr durch die Bande einer Ehe gefesselt sei und es ihm freistehe, sich eine angenehme Lebensgefährtin zu nehmen. Seine Wahl hätte nicht besser ausfallen können. Am Morgen nach diesem Besuch sandte mir der Herzog einen wunderbaren Blumenstrauß, eine Aufmerksamkeit, die er oft wiederholte. Dann besuchte er mich noch ein drittes Mal. Wir sprachen über die Verlegenheiten, die einem Neuling in Versailles bereitet werden könnten, und er machte sich erbötig, mir den Weg zu zeigen, wie ich allen Unannehmlichkeiten entgehen könne. »Sie können sich garnicht vorstellen,« sagte er, »was die Kabale alles gegen Sie unternehmen wird. Sie werden nicht nur die Choiseuls sondern auch alle frommen Leute zu fürchten haben, die in Ihrer Verbindung mit dem König – Sie verzeihen meine Offenheit –

einen schreienden Skandal erblicken, der keinen Vorteil für die Religion mit sich bringt.«

»Wenn alle Frommen sich mit denen, die es nicht sind, verbinden, um mich zugrunde zu richten, wird ganz Frankreich gegen mich sein.«

»Das nicht, aber das ganze Schloß. Es gibt jedoch ein Mittel, diesem Sturm zu entgehen. Sie müssen sich auf die Seite der zu Unrecht verleumdeten Jesuiten schlagen. Die Philosophie, unterstützt durch die Choiseuls, hat sie vertrieben. Aber der hohe Klerus und die Damen des königlichen Hauses sind eng mit ihnen verbunden, und Sie würden sie sich gewogen machen, wenn Sie sich für die guten Patres einsetzen würden.«

»Wie, Herr Herzog,« rief ich, »die Herren vom Klerus und die königlichen Damen samt ihrem Gefolge würden sich mit mir befreunden, wenn ich die Brüder von der Gesellschaft Jesu vor dem König verteidigen würde?«

»Gewiß, Gräfin, ich kann es Ihnen sogar versprechen. Ich gebe Ihnen mein Ehrenwort, daß, wenn Ihnen die Rückberufung der Jesuiten gelingt, es keinen unter uns gibt, der Ihnen nicht mit Eifer dienen würde.«

»Ich habe zweifellos das Verlangen, Ihren Freunden zu gefallen, aber ich stehe schon seit meinem ersten Auftreten bei Hof in offenem Krieg mit den Choiseuls und den Parlamenten.«

»Was liegt daran? Allerdings gebe ich zu, daß der Sieg nicht ganz leicht sein wird, aber man darf auch nicht die Schwierigkeit übertreiben. Es ist wahr, der König achtet den Herzog von Choiseul, Sie aber liebt er, und das gilt mehr. Überdies haßt er die Parlamente. Schon seit einer Reihe von Jahren redet man ihm zu, sich von den Magistraten zu befreien, und dazu wird man mit Gottes und Ihrer Hilfe gelangen.«

»Das wird ein zu großes Stück Arbeit für mich sein.«

»Haben Sie nur Vertrauen zu mir. Als Bindeglied zwischen

Ihnen und meinen Freunden werde ich Sie führen und gut führen, das kann ich Ihnen versprechen. Was halten Sie davon, verehrte Gräfin?«

»Ich kann nicht im ersten Augenblick eine Antwort auf diese schwerwiegende Frage finden. Ich begnüge mich damit, Ihnen zu sagen, daß ich Sie ebenso achte, wie ich Ihnen vertraue, und daß ich glücklich bin, Ihr Wohlwollen erlangt zu haben.«

»Mein Wohlwollen, Gräfin? Sie scherzen! Ich wäre sehr geehrt durch Ihre Freundschaft.«

»Die ist Ihnen sicher, aber ich bin noch nichts bei Hofe und kann auch nichts sein, bevor ich nicht vorgestellt sein werde. Für meine baldige öffentliche Vorstellung müssen sich meine Freunde einsetzen.«

»Sie können überzeugt sein, Gräfin, daß wir alles dazu tun werden, und wenn Sie mir erlauben, von Zeit zu Zeit mit Ihnen zu plaudern, werde ich alle nötigen Maßregeln mit Ihnen besprechen.«

»Ich freue mich auf Ihre Besuche.«

Das Gespräch war zu Ende und ich glaube, daß ich mich gut aus den Fesseln gezogen habe, die mir der gute Herzog anlegen wollte. Ich wußte, daß seine Stellung in Versailles vorsichtiges Verhalten erfordere. Er war bei den Töchtern des Königs gut eingeführt und war Vertrauensmann des jungen Dauphins und der Prinzen. Übrigens betrog er mich wie ein wahrer Jesuit, als er mir sagte, daß die Töchter des Königs mir geneigt seien. Allerdings betrog auch ich ihn mit dem Versprechen, daß er meines Zutrauens und meiner Freundschaft sicher sein könne.

Fast gleichzeitig mit dem Herzog von La Vauguyon versuchte der Marquis von Chauvelin mich zu seiner Schülerin zu machen. Er bat mich, ihn in seinem und meinem Interesse anzuhören, und sagte: »Der König ist mir zugetan, und ich hänge an ihm mit Leib und Seele. Er liebt Sie sehr und deshalb macht es mir keine Mühe, Sie ebenfalls zu lieben. Da ich aber nicht mehr jung genug bin, in Ihnen Leidenschaft zu erwecken, begnüge ich mich mit Ihrer Freundschaft. Ich habe am Hofe keinen Feind, will auch niemand schaden, auch ist es nicht meine Absicht, Sie in irgend eine Intrige zu verwickeln. In erster Linie muß man aber dem Haß des Volkes entgehen. Ich bin verzweifelt, Gräfin, daß ich Ihnen eine so strenge Rede halten muß, eigentlich sollte man mit Ihnen nur über Ihre Reize sprechen, aber in der Stellung, in der Sie sich befinden, kann Ihre Schönheit dem Interesse Frankreichs dienen, das mir am Herzen liegt. «

Ich antwortete Herrn von Chauvelin mit gleicher Offenheit, sagte ihm, daß ich die Absicht habe, mich darauf zu beschränken, dem König zu gefallen, keinesfalls aber in Staatsangelegenheiten verwickelt werden wolle. Ich fügte hinzu, daß ich trotzdem gegebenenfalls von seinem freundschaftlichen Anerbieten Gebrauch machen und seinen Rat einholen würde. Der Marquis von Chauvelin war zu klug und weltkundig, um nicht unter dieser Höflichkeit die versteckte Absage zu erkennen.

Mein Herz hatte mir den Herzog d'Aiguillon zum Berater bestimmt. Der Marquis begnügte sich damit, noch einmal meine Freundschaft zu verlangen, deren ich ihn gerne vergewisserte.

Als vierter Anwärter erschien der Prinz von Mont-Barrey, ein boshafter habgieriger Weiberheld, voll von Hochachtung für sich selbst und für sein Haus, der bei jeder möglichen und unmöglichen Gelegenheit seinen Stammbaum aufzählte. Ich kannte ihn schon von meinen Pariser Zeiten her. Eines schönen Morgens nun kam er, gepudert, geschminkt und in großer Gala, lächelte hochmütig und schaute mich unverschämt an. Er wollte nicht meine Freundschaft erbitten, sondern mir Gehorsam befehlen. Teilte mir mit, daß er mich maßlos liebe und daß ich natürlich auch an ihm Gefallen finden müsse. Ich ließ ihn reden und unterhielt mich. Als er seine lange Liebeserklärung beendet hatte, sagte ich: »Empfehlen sie mich doch der Frau von Merefort.«

Es war dies eine Dame, die einen Spielsalon unterhielt, in dem ich seinerzeit Herrn von Mont-Barrey kennen gelernt hatte. Meine Antwort verwirrte ihn, er sah, daß er nicht den rechten Weg eingeschlagen habe, und empfahl sich sehr verlegen. Als ich mit dem Grafen Jean über diesen Besuch sprach, wollte er an die Unverschämtheit des Prinzen nicht glauben. Übrigens hoffte mein Schwager, daß ich ihn als ausschließlichen Ratgeber behalten würde. Aber ich fand ihn nicht mehr genügend geschickt. Er fluchte, nannte mich eine Undankbare, und konnte nur durch eine runde Summe beruhigt werden.

Eines Tages kam Lebel mit traurigem Gesicht und maß mich mit strengen Blicken. Ich glaubte, daß meine Zeit schon vorüber sei und daß ich den Platz würde räumen müssen. Ich wartete mit unsagbarer Ungeduld, bis er zu sprechen begann:

»Sie haben boshafte Feinde, die hartnäckig an Ihrem Untergang arbeiten. Sie verbreiten das Gerücht, daß Sie nicht verheiratet seien. Was sagen Sie zu dieser ungeheuerlichen Verleumdung?«

»Ist es nichts als das? Diesmal verleumdet man mich nicht.«

»Mein Gott,« sagte Lebel und erblaßte, »Sie sind nicht verheiratet?«

»Nein.«

»Sie sind nicht die Gattin des Grafen Dubarry?«

»Nein.«

»Sie haben also den König betrogen und mich zugrunde gerichtet.«

»Lebel, nehmen Sie einen anderen Ton an. Niemand kann

sich beklagen. Sie haben mich dem König vorgestellt, damit ich ihm gefalle. Ich gefalle ihm, und der Rest kümmert niemand.«

»Pardon, Gräfin, der Rest kümmert mich. Ich bin dadurch bloßgestellt und Sie mit mir.«

Er erzählte mir ganz außer sich, daß ihn die Herzogin von Grammont habe kommen lassen, um ihm Vorwürfe über die Geliebte zu machen, die er dem König zugeführt hatte. Sie legte ihm klar, daß ich ein Geschöpf ohne Familie und nicht verheiratet sei. Es gehöre zu den Pflichten ihres Bruders, den König diese Einzelheiten wissen zu lassen, und Herr von Choiseul werde seine Pflicht erfüllen, falls ich, die sich für eine Gräfin Dubarry ausgäbe, nicht sofort nach England fliehe, wo mir ein großer Betrag ausbezahlt werden würde.

»Nein, mein lieber Lebel, ich denke nicht daran zu fliehen. Ich bleibe in Frankreich, in Versailles, im Schloß. Ich bin zwar nicht verheiratet, aber ich werde heiraten, das läßt sich nicht schwer machen.«

Lebel bat mich, den Grafen Jean zu rufen und begann vor ihm sein Wehgeschrei von neuem.

»Sie werden sich in einem Glas Wasser ertränken«, sagte ihm mein künftiger Schwager, der ihn allmählich weniger ehrerbietig behandelte. »Gehen Sie zurück zur Herzogin von Grammont und sagen Sie ihr, daß die Gräfin in Toulouse geheiratet hat. Sie wird Nachforschungen anstellen. Inzwischen aber trifft mein Bruder in Paris ein und wir feiern die Hochzeit. Dann werden wir den Unzufriedenen eine echte Gräfin Dubarry zeigen, und übrigens liegt dem König von Frankreich nichts daran, ob meine Schwägerin seit gestern oder seit sechs Monaten Gräfin ist.«

Nach diesem Gespräch entledigte sich Lebel seiner Botschaft bei der Herzogin von Grammont, die ihm sagte, daß sie nach Toulouse schreiben werde.

War es aber sicher, daß mich mein künftiger Gatte heiraten wolle, gab es keine Schwierigkeiten zu fürchten? Nein, Graf Wilhelm war arm und ehrgeizig, er liebte den Luxus und hätte sich mit des Teufels Großmutter verheiratet, um reich zu werden, umsomehr mit mir.

Graf Jean hätte niemals gewagt, diese Heirat seinem andern Bruder, dem Grafen von Hargicourt, dem man in Versailles den Beinamen »der Anständige« gegeben hatte, anzubieten. Diese Unterscheidung konnte übrigens den beiden Brüdern wenig schmeicheln.

Am selben Abend traf die ganze Familie ein und wurde mir am nächsten Morgen vorgestellt. Meine beiden künftigen Schwägerinnen mißfielen mir erst wegen ihres kleinstädtischen Benehmens und ihres provençalischen Dialektes. Nach einer Stunde konnte ich mich aber davon überzeugen, daß die Fräulein Dubarry zwar wenig hübsch, aber recht liebenswürdig waren. Die eine hieß Isabella, die andere Fanchon, man nannte sie aber nur Chon. An sie schloß ich mich bald herzlich an, sie hatte gesunden Naturverstand, schien einfach und aufrichtig und war dabei boshaft und klug. Auch der König freundete sich bald mit ihr an, es machte ihm Spaß, sie im Dialekt sprechen und provençalische Verse vortragen zu hören. Er nahm sie auf die Knie und spielte mit ihr wie mit einem Kinde, trotzdem sie nicht mehr jung war. Was ihm aber am meisten Spaß machte, war, daß er sie mit ihrem Beinamen rief. »Kleine Chon, große Chon,« sagte er ihr bei jeder Gelegenheit, »tu das oder jenes.«

Auch seinen Töchtern gab Ludwig XV. Beinamen, wenn er mit ihnen nicht gerade böse war. Ich selbst nannte ihn wiederholt »La France«. Er war niemals böse darüber und lachte Tränen, so oft ich ihn so nannte. Er hatte die Gewohnheit, sich nach dem Essen selbst den Kaffee zu kochen. Als das

Wasser einmal zu sieden begann und sich über die Kanne ergoß, rief ich ihm zu: »He, La France, dein Kaffee geht dir durch!«

Man hat sich bei Hof darüber aufgehalten, aber der König und ich haben herzlich gelacht.

Wenn ich ihm gegenüber diesen Kasernenton anschlug, geschah es nur deshalb, weil es ihn freute.

Meine Hochzeit fand in aller Stille im Kirchspiel von St.-Laurent statt. Ich glaube, daß der König davon wußte, obwohl er mir kein Wort darüber sagte. Ich hütete mich natürlich, davon zu sprechen.

Einige Tage später erhielt Graf Jean einen Brief vom Marquis von Bonrepos aus Toulouse. Der Ratsherr teilte meinem Schwager mit, daß man ihn ersucht habe, bei allen Notaren und in den Registern der Kirchspiele nach dem Tage meiner Hochzeit zu forschen. Er warnte uns und stellte sich uns zur Verfügung. Dieses Vorgehen verpflichtete uns sehr und mein Schwager bedankte sich bei ihm in meinem und seinem Namen, verständigte ihn, daß die Neugierigen ihre Untersuchungen nicht in Toulouse, sondern in Paris im Kirchspiel St.-Laurent fortsetzen mögen. Herr von Bonrepos gab unsere Antwort der Herzogin von Grammont weiter. Man kann sich die Wut dieser Dame vorstellen.

Aber auch die Gräfin von Grammont war nicht minder gereizt gegen mich. Sie war bei weitem nicht so klug wie die Herzogin, und man kann ihr nur Fehler nachsagen. Sie benahm sich so unhöflich und unverschämt, daß ich mich gezwungen sah, zu dulden, daß sie schließlich um meinetwillen verbannt wurde.

Der König entschädigte mich durch seine Güte für alle Quälereien, mit denen man mich plagte. Er zeigte sich erfreut, mich im Kreise der Familie meines Gatten zu sehen, und reihte den Vicomte Adolphe Dubarry, den Sohn des Grafen Jean, bei den Pagen ein. Auch die Familie meines Gatten bewies mir herzliche Freundschaft.

Nicht weniger Zuneigung fand ich beim Herzog d'Aiguillon, mit dem ich mich von Tag zu Tag besser verstand. Er verbarg mir sorgfältig alle Neuigkeiten, die mir hätten mißfallen können. Wenn kurze Zeit verging, ohne daß wir uns gesehen hatten, schrieb er mir. Diese Korrespondenz festigte meinen Stil. Ich unterhielt auch einen Briefwechsel mit meiner Schwägerin, allerdings von Zimmer zu Zimmer. Als ich einmal eine Kristallvase zerbrach, die ich ihr geschenkt hatte, teilte ich ihr dieses Unglück mit so feierlichen und schmerzerfüllten Worten mit, daß sich die ganze Familie über diesen lustigen Brief unterhielt. Der König wollte ihn sehen, war entzückt und nahm ihn mit sich. Am nächsten Morgen sandte er mir eine Kristallvase, die mit Gold und Edelsteinen besetzt war. Ich schenkte sie Chon.

XII

Bis jetzt hatte ich immer in Paris oder Versailles, je nach dem Wunsch des Königs, gewohnt, aber ich hatte Seine Majestät noch auf keiner Reise begleitet. Der König wollte einige Tage auf seinem reizenden Schloß von Choisy, das an den Ufern der Seine gelegen ist, verbringen. Es wurde beschlossen, daß ich ihn begleite, allerdings sollte ich für diese Reise den Namen der Baronin von Pamklek, einer deutschen Dame, annehmen. Ich war noch nicht bei Hofe vorgestellt und daher nicht hoffähig. Dieses Inkognito sollte darüber hinweghelfen.

Der Prinz von Soubise und die Herzoge von La Trimouille, d'Ayen und d'Aiguillon waren unsere Reisebegleiter. Der König verbrachte beinahe die ganze Zeit mit mir und hielt in meiner Wohnung Hof. Eines Tages betrat Ludwig XV. mit einem Brief in der Hand mein Zimmer.

»Ich erwarte einen Besuch,« sagte er, »der mich kaum unterhalten wird. Mein Bruder von Dänemark reist durch Europa und will auch nach Frankreich kommen. Diese reisenden Könige sind wirklich unbequeme Leute. Warum bleiben sie nicht in ihrem Königreich? Es scheint mir, daß man sich im eigenen Hause am wohlsten fühlt.«

»Gewiß, Sire, aber ich glaube, daß diese Könige Eure Majestät nicht nur von ferne bewundern, sondern auch persönlich kennen lernen wollen.«

Mein Kompliment freute den König, er rieb sich die Hände und lächelte. Das tat er immer, wenn er zufrieden war. »Die fremden Könige sind mir nicht so zugetan wie Sie, Gräfin«, sagte er. »Sie wollen Frankreich besuchen und nicht mich. Ich erinnere mich an den Besuch des Zaren Peter, ich war damals noch sehr jung. Er war gewiß ein bedeutender Herrscher, aber er benahm sich wie ein Bauer und verbrachte seine Zeit in Akademien, Bibliotheken und Fabriken. Ich habe niemals einen schlechter erzogenen Menschen gesehen. Bei unserer ersten Zusammenkunft nahm er mich in seine Arme und trug mich herum wie es einer meiner Diener hätte tun können. Er war schmutzig, grob und schlecht angezogen. Trotzdem sind alle Franzosen zusammengelaufen, um sich ihn anzusehen. Man hätte glauben können, daß sie niemals ein königliches Gesicht gesehen hätten.«

»Sie hätten es nicht nötig gehabt, so weit zu gehen, um ein schönes Königsantlitz zu betrachten.«

»Schweigen Sie, Frau Baronin Pamklek, Sie sind eine Schmeichlerin. Es gibt noch ein anderes gekröntes Haupt, das seit dreißig Jahren wünscht, Frankreich zu besuchen, aber ich stelle mich immer taub, wenn man mir davon spricht.«

»Sire, wer ist der König, den Sie dadurch unglücklich machen, daß Sie ihm Ihre Gegenwart entziehen?«

»Wer? Der König der Philosophen, der Rivale Voltaires, mein Bruder von Preußen. Eine widerliche Seele, die mich haßt. Es gäbe einen großen Skandal, wenn er hierher käme. Groß und klein würde sich ihm zu Füßen werfen und man würde mich ganz einfach verlassen.«

»Sie glauben, Sire?«

»Gewiß, die Franzosen lieben ihren König nicht mehr. Die Fronde wird bald wieder beginnen. Übrigens glauben die Philosophen, daß Friedrich II. sie begünstigt, aber der Ehrenmann macht sich lustig über sie wie über mich.«

»Lustig über Sie, Sire? Unmöglich!«

»Ich kenne alle Unverschämtheiten, die er über mich erzählt, aber er täte besser daran, zu schweigen. Ich mache in meinem Königreich schönen Frauen den Hof und nicht meinen Pagen. Wenn er nach Versailles käme, würde er einige Edelknaben verführen.«

Der König rieb sich wieder die Hände, entzückt, eine Bosheit gesagt zu haben.

»Sire,« erwiderte ich, »ich bin erstaunt, daß man so viel Lärm um seinetwillen macht, wenn dieser Prinz so schändliche Launen hat . . .«

»Er hat auch gute Eigenschaften. Er läßt sich nicht betrügen. Wissen Sie, daß er genau weiß, was mit seinem Geld geschieht?«

»Sire, er ist ein Geizhals.«

»Nein, Gräfin, er ist ein ordnungsliebender Mensch.«

Damit endete dieses Gespräch.

Meine Freunde wünschten dringend meine Vorstellung, um dadurch meine Lage im Schloß endgültig zu sichern. Ich war den Launen des Königs preisgegeben, konnte weder am Spiel noch an öffentlichen Empfängen teilnehmen und man hätte mich ohne weiteres wegschicken können wie ein Mädchen aus dem Hirschpark.

Der Herzog d'Aiguillon, dessen Zuneigung zu mir von Tag zu Tag wuchs, meinte, daß mich die offizielle Einführung bei Hof so einflußreich machen würde, wie es Frau von Pompadour gewesen war. Er zweifelte nicht daran, daß Herr von Choiseul sich weigern würde, in meiner Wohnung mit dem König zu arbeiten, und dieser Widerstand würde seinen Sturz herbeiführen.

Damit meine Vorstellung stattfinden könne, war es nicht nur nötig, daß der König zustimme, sondern es ausdrücklich verlange. Seiner Zustimmung war ich gewiß, aber mit einer Willensäußerung war nicht zu rechnen. Ludwig XV. war außerordentlich ängstlich. Die Galeriegespräche von Versailles flößten ihm einen wahren Schrecken ein. Trotzdem unterhielt er an seinem Hof und an auswärtigen Höfen geheime Agenten, deren Dienst lediglich darin bestand, ihm von der Unzufriedenheit des Volkes und von den Scherzen der guten Gesellschaft zu berichten. Diese Agenten aber waren, ohne daß der König es wußte, auch den Parlamenten, also den Feinden der Höflinge und Hofdamen, ergeben. Durch ihre Mitteilungen hatte der König von dem Haß der Bevölkerung gegen Frau von Pompadour erfahren und fürchtete die Unzufriedenheit des Volkes hervorzurufen, wenn er mich öffentlich als seine Geliebte erklärte. Ebenso ängstigte er sich vor der schlechten Laune seiner Kinder. Er liebte sein Vergnügen sehr, aber seine Ruhe nicht weniger.

Graf Jean riet mir, um allen Schwierigkeiten ein Ende zu bereiten, vom König selbst die Gunst, die ich erstrebte, zu verlangen. Seine Meinung schien mir vernünftig. Ich erfuhr, daß die Damen des Schlosses behaupteten, ich werde niemals den Fuß in die großen Empfangsräume setzen und die geheime Geliebte des Königs bleiben. Alle diese Dinge betrübten mich und störten meine gute Laune. Der König bemerkte meine Traurigkeit: »Was quält Sie?« fragte er.

»Was mich quält?« erwiderte ich. »Ich möchte lieber tot sein als unausgesetzt die Zielscheibe aller boshaften Weiber des Hofes.«

Der König erwiderte nicht, um nicht etwas zu erfahren, das ihm unangenehm sein könnte. Er klopfte mit seinem Finger eine Melodie auf dem Kaminsims. Wenige Minuten später trat Chon ins Zimmer. Der König war erfreut, sie zu sehen, umarmte sie und fragte nach ihrer Gesundheit. Sie entzog sich seiner Umarmung, machte eine tiefe Verbeugung und sagte: »Sire, wie kann ich mich wohl fühlen, wenn die Verzweiflung meine Familie zugrunde richtet.«

»Was ist euch denn geschehen?«

»Man beleidigt mich, man beschimpft mich, man sagt mir, daß ich das Unglück habe, nicht mehr die Gunst des Königs zu genießen.«

»Das ist erlogen!« rief der König, lachte und küßte mich auf die Stirne. »Sie sind die Frau, die ich liebe und die ich mit Ehren überhäufen werde.«

»Majestät überhäufen mich mit Güte,« sagte ich, während meine Schwägerin das Zimmer verließ, um bei der folgenden Auseinandersetzung nicht zu stören, »aber trotzdem fallen meine Feinde über mich her und hetzen mich zu Tode.«

»Sie sehen aus wie ein kleiner Teufel, Jeannette.«

»Ich wäre gerne ein großer Teufel, um die bösen Zungen zu strafen, da es keinen König in Frankreich gibt, der mich rächt.«

»Das ist ein hartes Wort«, erwiderte Ludwig XV. und drehte mir sein Gesicht zu, das er in strenge Falten zu ziehen versuchte. Aber ich merkte, daß sein Versuch mißlang.

»Sire, es ist für mich unerträglich zu hören, daß ich Ihre Freundschaft nicht verdiene und Ihnen nur ein vorübergehendes Abenteuer bedeute.«

»Kleine Närrin, was soll ich für Sie tun? Wen soll ich verbannen?«

»Niemand, Sire. Ich bitte Sie nur um Ihre hohe Hilfe.«

Erleichtert sagte der König: »An Ihrer Stelle hätte Frau von Pompadour schon ganz Frankreich einsperren lassen.«

»Vielleicht liebte sie die Rache mehr als ihren König. Ich wäre verzweifelt, wenn sich irgend eine Familie über Sie beklagen würde.«

Dem König gefielen meine Worte und er umarmte mich einigemal zärtlich. »Wenn Ihre Feinde Sie jetzt gehört hätten, wären sie Ihnen zu Füßen gefallen. Aber wenn wir weder einsperren noch verbannen, wie werden wir dann Angst erwecken?«

»Sire, befehlen Sie, daß ich Ihnen öffentlich vorgestellt werde, und alle meine Wünsche sind erfüllt.«

»Ich sehe nicht ein, was Sie davon hätten. Sie würden sich bei mir und meinen Töchtern langweilen. Gott bewahre Sie vor höfischen Pflichten, dabei unterhält man sich nicht. Haben Sie schon daran gedacht, was für Intrigen da beginnen werden? Der Hof und das Volk werden sich gegen mich erheben, man wird schreien, seufzen und tuscheln. Pamphlete in Versen und Prosa werden geschrieben werden. Sie werden zuerst angegriffen werden, und dann wird sich der Haß vielleicht sogar gegen mich wenden. Im Namen der Parlamente werden die einen sagen, im Namen der Jesuiten die anderen.«

Der König hielt inne, sein Gesicht wurde traurig und sein Kopf senkte sich auf die Brust. So blieb er eine Weile still. Ich versuchte zu lächeln, sagte: »Ich werde den Damen von Grammont also schreiben, daß sie dem Mißvergnügen, das ihnen meine Anwesenheit im Schlosse bereiten könnte, entgangen sind«, ging in mein Zimmer und schlug die Türe zu.

Der König folgte mir nach und fand bei mir Chon, die an einer Stickerei arbeitete.

»Fräulein Dubarry, ich gebe den nettesten Teufel Frankreichs in Ihr Gewahrsam. Ich hoffe und bitte zu Gott, daß Ihnen dieser Teufel nichts anhabe.«

Nach diesem Scherz entfloh er, glücklich, dieser Szene, die begonnen hatte ernst zu werden, durch einen Scherz ein Ende bereitet zu haben.

Als ich mit meiner Schwägerin allein war, erzählte ich ihr, was sich begeben hatte. »Ich sehe,« sagte sie, »daß der König Angst vor dem Herzog von Choiseul hat und seinen Töchtern nicht mißfallen will. Wir müssen uns aber trotzdem zu einem Schritt entschließen. Wäre es nicht gut, wenn irgend ein Herr vom Hofe mit ihm sprechen würde? Wenn Richelieu nicht verreist wäre!«

»Aber haben wir nicht seinen Neffen, den Herzog d'Aiguillon? Er steht beim König in Gunst und ich bin dessen sicher, daß er sich für mich einsetzt.«

»Ich zweifle nicht daran,« sagte Chon mit boshaftem Lächeln, »also schreiben Sie ihm und besprechen Sie mit ihm das Nötige.«

Diese Meinung war nach meinem Geschmack. Ich setzte mich gleich an den Schreibtisch, der übrigens ein Geschenk des Königs war. Eine Zusammenstellung aus Vermeil und wunderbar bemalten Porzellanplatten. Wenn ich ihn öffnete, sprang ein Spiegel heraus. Ich setzte mich also an diesen reizenden Schreibtisch und schrieb dem Herzog: »Sie werden zufrieden sein, ich brauche Ihre Dienste.« Ich bat ihn, um fünf Uhr nachmittags zu mir zu kommen. Kurze Zeit darauf brachte man mir seine Antwort. Sein Brief war so liebevoll und zartfühlend, daß ich den Nachmittag kaum erwarten konnte.

Inzwischen wurde mir Herr von Soubise gemeldet. Gleich nach den ersten Worten sagte der Prinz: »Nun, Gräfin, wann findet Ihre Vorstellung statt?«

»Ich weiß es nicht, Herr Marschall. Die Räder rollen nicht nach Wunsch. Ich glaube, gewisse Leute wollen ihren Einfluß auf den König zu meinen Ungunsten mißbrauchen.«

»Ich sehe, daß Seine Majestät zögert, trotzdem er Sie gerne mit Ehren überhäufen würde, und glaube, daß es nur darum geht, den König anzueifern und ihm zu sagen, daß er der Herr sei, und wenn er bei dieser Gelegenheit Schwäche zeige, man daraus ableiten könne, daß er sich immer beherrschen lasse.«

Die Worte des Prinzen von Soubise freuten mich sehr, ich dachte nicht daran, daß er einen Hintergedanken haben könnte, aber er brachte mich selbst gleich darauf. »Sie wären nicht dort, wo Sie jetzt sind, wenn Sie mich besser behandelt hätten, Gräfin. Ich kenne den König und weiß, wie man mit ihm umgehen muß. Ich bin davon überzeugt, daß Sie schon vorgestellt wären, wenn Sie meine Ratschläge nicht verachtet hätten.«

»Auf wessen Seite ist die Schuld?« fragte ich. »Hätte ich Fräulein Guimard als Botschafterin empfangen sollen?«

»Sie haben recht, ich habe mich so benommen, wie man sich in Ihrem Alter benehmen könnte und nicht in meinem. Aber ist nicht noch immer Zeit, um es gut zu machen?«

»Gewiß, Prinz.«

»Sie wollen mich also zum Berater?«

»Von dem Augenblicke an, da ich vorgestellt sein werde, werden Sie mein Führer, mein Mentor. Es ist bedeutungsvoll, daß meine Vorstellung nicht verzögert wird. Ich zähle darauf, daß Sie noch heute mit dem König sprechen, der gewiß den ungeheuren Dienst, den Sie mir leisten, würdigen wird.«

Diesmal spielte die junge Frau den alten Höfling, Herr von Soubise ging auf den Leim, entschuldigte sich nochmals höflich und verpflichtete sich, mit dem König zu sprechen. Tatsächlich setzte er sich für mich ein, aber er erreichte nichts. Weder er noch andere. Ich gelangte nicht leicht zur Erfüllung meiner Wünsche. Aus diesem Anlaß gab es viele Verhandlungen und Beratungen für und wider. Ich glaube, es hat nicht so viel Mühe gekostet, Amerika den Krieg zu erklären.

XIII

Ich dachte noch an die Geschicklichkeit, die ich in meiner Besprechung mit dem Prinzen von Soubise entfaltet hatte, als der Herzog d'Aiguillon eintrat.

»Mein Gott,« sagte er, »in welche Unruhe hat mich Ihr Brief versetzt! Warum haben Sie mir nicht erlaubt, Sie sofort zu besuchen?«

»Ich konnte es nicht. Es schien mir gefährlich, Sie in Gegenwart des Königs herbeizurufen, ohne daß Sie gewußt hätten, worum es sich handelt.«

»Ist Seine Majestät durch meine Besuche befremdet?« fragte mich der Herzog nicht ganz ohne Bewegung.

»So weit sind wir noch nicht,« erwiderte ich. »Die Bosheit meiner Feinde ist noch nicht so weit gediehen, als daß sie mich der Ratschläge eines Freundes berauben könnte. Da es sich aber darum handelt, daß Sie mit dem König zu meinen Gunsten sprechen, möchte ich nicht, daß er weiß, daß dies über meine Bitte geschieht.«

Ich erzählte dem Herzog von meiner Unterredung mit dem König.

»Ihre Stellung ist schwierig,« sagte er, »beunruhigen Sie sich aber nicht, der König ist schwach, wir werden ihm Mut machen.«

Ich erzählte dem Herzog auch, was sich zwischen mir und dem Prinzen von Soubise zugetragen hatte. Er meinte, daß ich nichts vom Prinzen zu erwarten habe. Er werde ohne Zweifel für mich sprechen, aber aus der ganzen Sache einen Scherz machen. »Wenn Sie glauben, daß er Ihnen dienen kann, schenken Sie ihm Ihr Vertrauen.«

»Niemals!« erwiderte ich. »Die Wahl eines Vertrauten tut sich nicht so leicht ab. Das Herz desjenigen, der für mich beim König spricht, muß für mich schlagen. Ich wiederhole, daß ich dem Herrn von Soubise in keiner Weise zugetan bin. Übrigens ist meine Wahl getroffen.«

Der Herzog schwor mir, meine Angelegenheit mit allen Kräften zu unterstützen. Ich gab ihm die Versicherung, daß ich mich seiner Ergebenheit und seinem Verstande anvertraue.

Graf Jean und wir beide beschlossen zu dritt, daß ich dem König nichts mehr von meiner Vorstellung sprechen möge, bevor nicht der Herzog d'Aiguillon mit ihm gesprochen habe. Ich möge mich damit begnügen, mich von Zeit zu Zeit zu beklagen.

Der Prinz von Soubise schien sich genau so benommen zu haben, wie es Herr d'Aiguillon vorausgesehen hatte. Am nächsten Morgen kam er mit geheimnisvollem Gesicht und sagte mir, daß er den König ohne Erfolg belästigt habe, daß Seine Majestät die Dinge, so wie sie sind, für richtig befinde und keine Änderung wünsche.

»Das betrübt mich sehr, Herr Marschall,« erwiderte ich, »so lange ich mich in dieser peinlichen Situation befinde, werde ich nichts für meine Freunde machen können, auch nicht für Sie.«

»Im Gegenteil, Gräfin! Der König wird Ihnen geneigteres Ohr schenken, so lange er sich einbildet, daß man Ihren Einfluß nicht kennt.«

Ein wenig böse rief ich: »Ihr Höflinge denkt an nichts als an Politik. Daran liegt mir nichts. Ich wünsche einen Titel und öffentliche Ehren. Meine Eigenliebe leidet darunter, daß ich gegen die Angriffe der Damen von Grammont und einiger anderer Frauenzimmer ihrer Art wehrlos bin.«

Den Prinzen erschreckte die Offenheit, mit der ich über die Frauen sprach, die den höchsten Rang bei Hofe bekleideten. Er bat mich um Mäßigung und Geduld. Dadurch verlor Herr von Soubise den letzten Rest meiner Achtung und die zweite Stelle, die ich ihm in meinem Rate eingeräumt hätte! Ich erzählte dem Herzog d'Aiguillon, der kurz darauf zu mir kam, von der Erfolglosigkeit dieses Versuches. Er sagte mir, daß er nichts anderes erwartet habe, begab sich zum König und schmeichelte sich, daß er mehr Erfolg haben werde.

Die Töchter Ludwigs XV. hatten mit einer durch nichts gerechtfertigten Wut gegen mich Stellung genommen. Unaufhörlich sprachen sie von meiner skandalösen Vergangenheit, so als ob es am Hofe nur Heilige gegeben hätte. Sie hatten sich selbst genug leichtsinnige Handlungen vorzuwerfen. Das ganze Schloß kannte ihre Liebhaber, und es gab sogar einen lebenden Beweis des Liebesbedürfnisses der Prinzessin Adelaïde. Nur Prinzessin Louise, die ein Engel auf Erden war, schimpfte nicht auf mich.

Der König gab sich den Anschein, als ob er seine Töchter liebe. Er trug ihnen gegenüber Güte zur Schau, die er selbst väterliche Liebe nannte. Wenn aber die königlichen Prinzessinnen zu schimpfen begannen, hielt er sich die Ohren mit beiden Händen zu und schien stolz zu sagen: »Bin ich nicht ein guter Vater, sind meine Töchter nicht glücklich, daß ich sie ganz nach Belieben schreien lasse?«

Der Herzog d'Aiguillon fand den König in ängstlicher Stimmung. Nachdem mein Botschafter zu Ende gesprochen hatte, fragte ihn dieser, ob er ebenso wie der Prinz von Soubise in meinem Auftrage gekommen sei. Der Herzog, den dieser Empfang nicht einschüchterte, erklärte, daß ich ihn selbst gebeten habe, nichts zu sagen. Ludwig XV. meinte darauf lachend: »Warum befolgen Sie dann nicht den Auftrag der Gräfin?«

»Weil ich einerseits ein ehrliches Anhänglichkeitsgefühl für Sie empfinde, anderseits darunter leide, daß man sagt, daß gewisse Leute den König beherrschen.«

»Ich möchte gerne die Menschen kennen lernen, die derartige Unverschämtheiten sagen.«

»Sie sind von solchen Leuten umringt, Sire. Es gibt am ganzen Hofe keine Frau, die nicht behauptet, daß Sie niemals wagen werden, die Vorstellung der Gräfin zu beschließen.«

»In allem bin ich der Herr und werde das bei Gelegenheit zeigen. Aber der Augenblick ist noch nicht gekommen. Die Gräfin weiß ganz gut, wie sehr ich sie liebe, und wenn sie mir ihre Freundschaft bezeigen will, verhält sie sich eine Zeitlang ruhig.«

Jetzt glaubte der Herzog schweigen zu müssen. Er kam zu mir und erzählte mir die Unterredung. »Nehmen Sie sich in acht,« sagte er, »der König wird Sie nicht besuchen, wenn Sie ihm schlechte Laune zeigen. An Ihrer Stelle würde ich ihm schreiben. Ein freundliches Wort würde ihn beruhigen.«

Ich befolgte seinen Rat und schrieb: »Sire, ich höre, daß man Sie um meinetwillen gequält hat; ich habe keinen Grund, mich zu beklagen. Sie haben so viel für mich getan, daß ich mich glücklich schätzen muß. Ihre hohe Freundschaft tröstet mich über jeden Kummer hinweg. Kommen Sie, und ich werde nicht mehr schmollen. Ich werde das beste Schäflein auf der Erde sein und mich an meinen Schäfer lehnen. Denn ich hoffe, daß Sie noch immer der Hirt sind . . .«

Bald darauf brachte mir ein Page eine wunderbare Kassette mit Süßigkeiten und Ohrgehänge aus Rubinen, die mit Diamanten eingefaßt waren. Dabei lag ein Brief: »Gewiß, Sie sind mein geliebtes Schäfchen und werden es immer sein. Der Hirt hat eine harte Rute, mit der er alle schlagen wird, die Ihnen übel wollen. Haben Sie Vertrauen zu ihm und Ihre Zukunft wird gesichert sein.«

Des Abends besuchte mich der König. Er war verlegen, aber ich zeigte ihm ein lachendes Gesicht und sprach nur von seinem Geschenk. Ich hatte die Ohrgehänge angesteckt und schüttelte den Kopf, damit die Steine glänzten. Meine Spielereien machten ihm Vergnügen, und er verließ mich an diesem Abend nicht. Am Morgen des nächsten Tages waren wir die besten Freunde.

Einige Tage später brachte mir Graf Jean zwei Artikel, die in den *»Nouvelles à la main«* abgedruckt waren. Selbstverständlich waren diese Artikel gegen mich gerichtet und so boshaft geschrieben, daß ich darüber verzweifelt war. Trotzdem legte ich sie auf den Kamin, daß jeder, der ins Zimmer kam, sie sehen konnte. Als der Herzog von Duras sie gelesen hatte, sagte er: »Verstecken Sie diese Ungeheuerlichkeiten vor dem König.«

Ich erwiderte: »Er soll sie lesen und endlich erfahren, wie man über den Gegenstand seiner Zuneigung denkt und wie die Polizei von Paris das Interesse des Thrones wahrt.«

Meine letzten Worte erschreckten Herrn von Duras. Es bestand eine enge Beziehung zwischen ihm und Herrn von Sartines. Der Herzog war dem Polizeileutnant zu Dank verpflichtet. Dieser hatte für die Überwachung einer jungen Kokotte gesorgt, in die sich der Herzog von Duras, dumm wie gewöhnlich, verliebt hatte. In Sorge um seinen lieben Freund Sartines, schrieb er ihm und ließ ihm den Brief in Eile zustellen.

Der König kam des Abends zu mir, stand wie immer an den Kamin gelehnt und las, um sich die Zeit zu vertreiben, ein Schriftstück nach dem andern, das darauf lag. Auch die *»Nou-*

velles à la main« gerieten in seine Hände. Er las sie einmal, ein zweites Mal und warf sie dann, ohne ein Wort zu sagen, ins Feuer. Ich beobachtete ihn. Er war aufgeregt und suchte es zu verbergen. Aber seine Beherrschung sollte nicht lange dauern.

Der Prinz von Soubise, der an diesem Abend mit uns speiste, fragte den Herzog von Duras, ob er die *»Gazette de France«* gelesen habe.

»Nein,« erwiderte der Gefragte, »ich lese diese Albernheiten selten.«

»Gut tun Sie daran«, rief der König. »Es ist heutzutage Mode, Ungehörigkeiten zu schreiben. Wozu dient, frage ich, dieser Überfluß an Büchern und Schmähschriften, die Frankreich überschwemmen? All das ist nur dazu gut, um Widersetzlichkeiten zu züchten. Nicht jedermann sollte das Recht haben, zu schreiben. In einem Staat, in dem die Polizei funktioniert, sollte es nicht mehr als sieben bis acht Schriftsteller geben, und die sollten unter der Aufsicht der Regierung schreiben. Die Schriftsteller verpesten Frankreich. Es wird ein böses Ende nehmen.«

Wenn ich in diesem Augenblick vom Herzog von La Vrillière eine *»lettre de cachet«* gegen einen Schriftsteller verlangt hätte, hätte der König seine Unterschrift nicht verweigert. »Übrigens scheint es,« fügte Ludwig XV. etwas stiller hinzu, »daß sich die Polizei nicht genügend um diese Dinge kümmert.«

»Herr von Sartines macht, was er kann«, sagte der Herzog von Duras.

»Warum duldet er dann diese Dummheiten?! Ich werde ihn meine Unzufriedenheit wissen lassen.«

Herr von Duras wagte kein Wort mehr zu sprechen.

Es war dann von der bevorstehenden Ankunft des Königs von Dänemark die Rede. »Herzog von Duras,« sagte Ludwig XV., »Sie und Ihr Sohn werden den Dienst bei der nordischen Majestät übernehmen. Ich hoffe, daß Sie sich bemühen werden, den jungen König zu unterhalten.« – »Gewiß, Sire.« – »Geben Sie acht, Sie wissen nicht, wozu Sie sich verpflichten. Es ist nicht leicht, einen König zu zerstreuen.«

Ich konnte mich täglich davon überzeugen, denn unser Monarch war nicht allzu leicht zu unterhalten. Oft, wenn er in meine Wohnung kam, setzte er sich auf eine Ottomane und gähnte. Gähnte zum Steinerweichen. – Es gab nur ein Mittel, um ihn aus dieser Stimmung zu reißen. Ich sprach von den Parlamenten und ihrem Widerstand gegen die Krone; dann sprang der König auf, ging erregt durch das Zimmer und wetterte gegen die Schwarzröcke. So nannte er die Parlamentsräte.

Ich muß aber gestehen, daß ich zu diesem langweiligen Auskunftsmittel nur in der äußersten Not griff.

Der König hatte die *»Nouvelles à la main«* nicht vergessen und beschloß, mich zu rächen. Einige Tage später lud er die Herzogin und die Gräfin von Grammont, Frau von Forcalquier, die Prinzessin von Marsan, die Marschallin von Mirepoix, die Gräfinnen von Coigny und von Montbarey zum Abendessen ein. Man setzte sich zu Tisch, lachte und unterhielt sich, sprach davon, wie angenehm es sei, unter sich zu sein und keine Eindringlinge zu sehen. Man machte sich lustig über mich, ohne mich zu nennen, man triumphierte.

Indessen lachte sich der König ins Fäustchen. Er hatte mit dem Herzog d'Aiguillon vereinbart, daß dieser fragen werde, ob Seine Majestät an diesem Tage schon die Gräfin Dubarry gesehen habe. Er fragt und der schreckliche Name wirkt wie explodierendes Pulver. Alle Damen sehen sich zuerst stillschweigend an und schauen dann erstaunt auf den Herzog d'Aiguillon und den König. Seine Majestät erwidert, heute noch nicht das Glück gehabt zu haben, mich besuchen zu können, hält eine lange Lobrede auf mich und sagt dem Herzog: »Wenn Sie die Gräfin vor mir sehen, vergessen Sie nicht, ihr zu sagen, daß ich dieses Glas auf ihr Wohl geleert habe.«

Die Damen konnten nicht mehr an sich halten. Die Herzogin von Grammont erbleichte bis über die Ohren, und wenn sie nicht die Etikette gescheut hätte, wäre sie in Raserei verfallen. Ich habe nachher durch die Marschallin von Mirepoix erfahren, daß die Herzogin an diesem Abend bei sich zu Hause einen Tobsuchtsanfall bekommen hat.

Der König erzählte mir von diesem Scherz so stolz, als hätte er die mutigste Handlung begangen.

Sehr zeitig am nächsten Morgen besuchte mich meine Schwägerin. Sie fragte, ob ich den Grafen Jean, der mit Herrn Sartines vor der Türe stehe, empfangen wolle. Ich erklärte mich dazu bereit.

Der Polizeileutnant trug eine ungeheure weiß gepuderte und aufs sorgfältigste frisierte Perücke. Er verbeugte sich scheinheilig vor mir und sagte: »Man hat mich davon verständigt, Gräfin, daß ich bei Ihnen in Ungnade gefallen bin. Darf ich den Grund erfahren?«

»Sie sollten den Grund wissen. Ich bin zum zweitenmal in einem Monat in der schmutzigsten Weise beleidigt worden. Sie hätten das vermeiden können.«

Herr von Sartines, den meine Lebhaftigkeit überrraschte, versuchte sich zu rechtfertigen.

»Herr Polizeileutnant,« sagte Graf Jean, »was Sie uns da sagen, ist wertlos. Die Tatsache spricht gegen Sie. Sie behaupten, daß Sie keine Schuld daran haben! Welchen Beweis können Sie uns dafür erbringen? Welche Nachforschungen haben Sie angestellt? Welche Maßnahmen haben Sie getroffen? Keine! Wozu besuchen Sie uns dann, wenn Sie unsere Feinde unterstützen?«

Herr von Sartines wollte würdig erscheinen. »Graf Dubarry,« sagte er, »ich werde dem König Rechenschaft ablegen.« »Ausgezeichnet!« rief ich. »Aber seien Sie davon überzeugt, daß ich weder vor Ihnen, noch vor den Choiseuls Angst habe!«

Herr von Sartines blieb stumm, meine Kühnheit setzte ihn in Erstaunen. Schließlich sagte er: »Sie sind mit Unrecht gegen mich erzürnt; ich bin eher nachlässig als schuldig. Es ist nicht nötig, daß Sie es dem König sagen.«

»Ich kann Ihnen nicht verhehlen, daß er alles weiß und nicht zufrieden mit Ihnen ist.«

»Ich bin verloren!« rief Herr von Sartines.

»Nicht ganz,« erwiderte Graf Jean; »aber Sie müssen sich entscheiden, zu welcher Partei Sie sich schlagen; wenn Sie zu uns halten, werden wir Ihnen helfen, wenn Sie im feindlichen Lager bleiben: Achtung vor dem Sturz! Wählen Sie!«

Nach einigen wechselseitigen Reden, die von Komplimenten begleitet waren, entschied sich Herr von Sartines für uns. Ich reichte ihm die Hand zur Versöhnung, er nahm sie ehrerbietig und küßte sie höflich. Bis dahin hatten wir stehend gesprochen. Nun nahmen wir Platz und legten die Maßnahmen fest, die wir zum Schutze meiner Ehre treffen wollten. Um mir seine Treue zu beweisen, machte mir Herr von Sartines den Autor der beiden Artikel, über die ich mich beklagt hatte, namhaft. Er hieß Ledoux und wurde mit zwölfhundert Francs jährlich bezahlt, um gegen die Leute zu schreiben, die Frau von Grammont mißfielen.

Nachdem uns Herr von Sartines alle Einzelheiten erzählt hatte, die wir erfahren wollten, und nachdem ich ihm versprochen hatte, ihn mit dem König zu versöhnen, verließ er mich entzückt. Man muß so schön sein, wie ich es war, um einen Polizeileutnant verführen zu können.

XIV

Abends erzählte ich dem König, daß ich die Bekanntschaft des Herrn von Sartines gemacht habe.

»Hat er Sie um Entschuldigung gebeten?«

»Gewiß. Übrigens schien er mir nicht so schuldig zu sein, wie ich es anfangs glaubte, er hat nur den Bitten meiner persönlichen Feinde nachgegeben.«

»Feinde haben Sie keine an meinem Hof, Gräfin, nur Neiderinnen. Der Polizeileutnant hätte gut daran getan, sie Ihnen nicht zu nennen.«

»Trotzdem bin ich ihm dankbar, denn ich weiß nun, vor wem ich mich in acht zu nehmen habe. Ich kenne auch den Autor der beiden Schmähschriften.«

»Irgend ein Haderlump, zweifellos.«

»Ein Herr Ledoux.«

»Sein schlechter Ruf ist bis zu mir gedrungen, aber diese Dinge müssen ein Ende nehmen.«

Ludwig XV. zog die Glocke so heftig, daß zehn Personen auf einmal heranliefen. »Herr von La Vrillière möge kommen! Wenn er nicht vorschriftsmäßig angezogen ist, soll er im Hausrock erscheinen. Aber sofort!«

Wenn ein Fremder diesen Befehl gehört hätte, hätte er geglaubt, daß die Monarchie in Gefahr sei, aber es handelte sich nur darum, einen armseligen Schreiber einzusperren. Ich versuchte, mich ins Mittel zu legen, aber der König, glücklich, eine Gelegenheit gefunden zu haben, wo er den König spielen könne, befahl mir, mich nicht darum zu kümmern. »Das geht Sie nichts an. Ich will von niemand beherrscht werden.«

Der Herzog von La Vrillière trat ein, machte seine Verbeugung, so tief als möglich, und war sehr verlegen, als ihm der

König befahl, Herrn Ledoux ins Gefängnis von St. Lazare sperren zu lassen.

Eine halbe Stunde später meldete er, daß der Auftrag vollzogen sei. Der König fragte ihn: »Kennen Sie die Gräfin?«

»Nein, Sire.«

»Dann befehle ich Ihnen, von nun ab die größte Rücksicht auf sie zu nehmen. Sie ist meine beste Freundin, und wer mir seinen Eifer bezeigen will, soll sie ehren und sich ihr angenehm erweisen.«

Daraufhin lud ihn der König zum Abendessen ein. Ich glaube, daß von allem, was er vorgesetzt bekam, ich ihm am meisten im Magen gelegen bin.

Einige Tage später machte ich die Bekanntschaft einer bedeutenden Persönlichkeit, die eine große Rolle in der Geschichte Frankreichs spielen sollte. Ich spreche von Maupeou, dem letzten Kanzler, der auch in Zeiten der Ungnade seinen Titel nicht niederlegen wollte. Herr von Maupeou war ein bedeutender Mensch, der einem Königreich den Stempel seiner Persönlichkeit aufdrücken konnte. Obwohl er seinen Ausgang von den Parlamenten genommen hatte, wurde er deren erbittertster Feind und ist aus einem Kampf auf Tod und Leben als Sieger hervorgegangen. Er war der Meinung, daß man das Königtum von den Ketten der Parlamente befreien müsse, und erklärte mir, daß die Könige in den vergangenen Jahrhunderten eine Volksmacht nötig gehabt hätten, um die Macht des Adels in Schach halten zu können. Die Mission der Parlamente sei erfüllt, der Adel sei niedergerungen worden, und sie seien nun ebenso furchtbare Feinde des Königtums wie die, zu deren Untergang sie beigetragen hatten. »In fünfzig Jahren«, fügte Herr von Maupeou hinzu, »werden in Frankreich die Könige nichts sein, die Parlamente alles.« Der Kanzler besaß alle Eigenschaften, die der glückliche Ausgang eines Unternehmens erfordert.

Er war davon überzeugt, daß alle Menschen käuflich seien und daß es nur nötig sei, zu wissen, mit welcher Münze man sie zu bezahlen habe. Gehaßt von allen Menschen, verachtete er die Masse und machte sich über den einzelnen lustig. Er war für Frauen wenig empfänglich, was vielleicht im Zusammenhang mit seinem Aussehen stand. Er war klein und häßlich und seine Haut war grünlich-gelb. Trotzdem war sein Gesicht so bedeutend, daß man sich über seine Häßlichkeit hinwegsetzen konnte.

Er war seinem Vater in der Stelle des Vizekanzlers nachgefolgt und durch die Gunst der Choiseuls auf die Stelle des Kanzlers vorgerückt, weshalb sie gehofft hatten, daß er ihr willfähriges Werkzeug sein werde.

Es war im Oktober, Henriette, die noch immer meine erste Kammerfrau war, teilte mir geheimnisvoll flüsternd mit, daß ein ganz schwarzer, häßlicher Herr mich zu sprechen wünsche. Sie habe ihm geantwortet, daß ich nicht zu sprechen sei.

Er habe aber darauf bestanden, von mir empfangen zu werden, und ihr einen Brief für mich übergeben. Ich öffnete und las: »Der Kanzler von Frankreich bittet um die Ehre, der Frau Gräfin Dubarry seine Aufwartung machen zu dürfen.«

»Lassen Sie ihn eintreten!« sagte ich zu Henriette.

»Ich wette, gnädige Frau,« meinte sie, »das ist irgend ein Bittsteller.«

Ich erwiderte, daß er häufiger Bittgesuche zu bewilligen als einzureichen habe.

Wenige Augenblicke später stand vor mir Seine Hoheit Monseigneur Nikolaus Karl Augustin von Maupeou, Ritter und Kanzler von Frankreich. »Die Frau Gräfin Dubarry hätte recht, sich über mich zu beklagen, wenn ich nicht käme, um mich ihr zu Füßen zu legen. Ich war umso ungeduldiger, ihr meine Ehrerbietung zu bezeigen, als ich befürchtet habe, daß sie gegen mich voreingenommen ist.«

»Und warum, Monseigneur?«

»Der Weg, den ich eingeschlagen habe, um ins Ministerium zu gelangen –«

»Ist mir freilich nicht angenehm, da meine Feinde Ihnen behilflich waren. Aber ich bin überzeugt davon, daß Sie nicht gegen mich Stellung nehmen werden.«

»Gewiß nicht, Gräfin, ich will Ihnen in jeder Hinsicht zur Verfügung stehen und hoffe, Ihre Freundschaft zu verdienen.«

Wir sprachen über allerlei Dinge, und er fragte mich, warum meine Vorstellung noch nicht stattgefunden habe. Ich sagte, daß die Choiseuls daran Schuld trügen.

»Das betrübt mich sehr,« erwiderte er, »erstens Ihrethalben und dann, weil Ihre Vorstellung ein Mittel wäre, um dem Koloß Angst einzuflößen, der den König bedroht. Sie wissen, Gräfin, wie gefährlich die Parlamente allen Ihren Freunden sind und mit welchem Haß sie den Herzog d'Aiguillon verfolgen.«

Wir sprachen eine Zeitlang von den Parlamenten und kamen überein, daß der Kanzler mich wieder besuchen werde. Er empfahl sich ebenso geheimnisvoll, wie er sich angemeldet hatte.

Als der König dann bei mir war, erzählte ich ihm, daß ich die Bekanntschaft des Kanzlers gemacht habe. Ich fügte hinzu, daß er mir gut gefalle und daß er hoffentlich Stellung für mich nehmen werde.

»Wo sind Sie ihm begegnet?«

»Hier, Sire.«

»Er hat Sie besucht?«

»Er bat mich sogar darum, mich häufiger besuchen zu dürfen.«

»Was Sie mir da erzählen, ist unglaublich. Er ist doch Parteigänger der Choiseuls. Der arme Choiseul hat sich für Maupeou eingesetzt. Er wird enttäuscht sein.«

»Jedenfalls werden Sie zugeben, Sire, daß Choiseul Ihnen einen klugen Diener verschafft hat.«

»Das ist wahr. Der Kanzler ist ein Mann, der meiner Krone vielleicht wieder die Macht geben wird, die sie verloren hat. Wenn Sie ihn aber vertraulich sprechen, dann raten Sie ihm, daß er mich nicht zu Gewaltmaßregeln zwingt. Ich habe den Wunsch, daß sich alles langsam, ohne heftige Ereignisse entwickelt.« Diese letzten Worte zeigten wieder die Ängstlichkeit des Königs.

»Übrigens wußte ich, daß er nicht der Diener der Choiseuls bleiben wird. Das Wichtigste ist, daß er m i r dient, dann bin ich zufrieden.«

Ludwig XV. war von seinem Kanzler befriedigt; weniger einverstanden war er aber mit dem Grafen Jean. »Ich mag ihn nicht,« wiederholte er immer wieder, »Ihren Vagabunden von Schwager. Diesen Affen. Ich hoffe, daß ich eines Tages hören werde, daß ihm der Teufel den Kragen umgedreht hat.«

Man kann nicht alle Welt zufriedenstellen.

XV

Der Kanzler wurde bald mein zweiter Vertrauensmann und vertrug sich ausgezeichnet mit Herrn d'Aiguillon. Beide bildeten dann mit dem Abbé von Terray, von dem ich noch später erzählen werde, das Triumvirat, das Frankreich nach dem Sturz des Herrn von Choiseul bis zum Tode des Königs beherrschte.

Ganz Paris freute sich auf Christian VII. von Dänemark, einen kaum zwanzigjährigen König, der durch Europa reiste, um sich zu bilden. Er war mit einer reizenden Frau, der Prinzessin Karoline Marianne, verheiratet, die er plötzlich verließ. Trotzdem man nicht viel in Paris über diesen Prinzen wußte, lief das Gerücht von seiner Galanterie durch die ganze Stadt. Die Halbwelt stürzte sich in Unkosten, um ihm zu gefallen. Alle Mädchen hofften, daß es ihnen gelingen werde, in seinen Geldsäcken zu wühlen. Herr von Sartines erzählte dem König und mir von den Vorbereitungen dieser Mädchen. Die einen fuhren dem jungen König auf halbem Wege entgegen, die anderen erwarteten ihn vor den Toren der Stadt. Die zwei vornehmsten Fräulein, die Gradi und die Laprairie, ließen sich malen und sandten ihm ihr Bild entgegen.

Christian VII. traf Ende Oktober 1768 in Paris ein. Herr von Duras begrüßte ihn im Namen des Königs und führte ihn nach Versailles. Dort war ein großer Streit darüber ausgebrochen, wie sich die erste Begegnung der beiden Könige gestalten sollte. Ludwig XV. vertrat den Standpunkt, daß sich der junge Herrscher einen Nachmittag gedulden müsse, bevor er ihn begrüße. Inzwischen machten die Höflinge und Minister von Frankreich dem fremden König ihre Aufwartung. Dann begaben sich alle in das Arbeitszimmer des Königs, wo zwei gleichhohe Fauteuils vorbereitet waren. Aber die dänische Majestät weigerte sich hartnäckig, Platz zu nehmen, beglückwünschte sich, einen König begrüßen zu können, dessen Ruf ganz Europa erfülle, und erklärte, daß es sein Bestreben sei, diesem hohen Beispiel nachzugeraten.

Unser König sprach von der Verschiedenheit des Alters und sagte: »Ich könnte Ihr Vater sein!«

»Mein Benehmen Ihnen gegenüber wird das eines Sohnes sein«, erwiderte Christian.

Nach dieser Zusammenkunft lobte Ludwig XV. seinen Bruder von Dänemark über alle Maßen. »Er ist ein Franzose durch und durch, und ich wäre gekränkt, wenn er mich unzufrieden verlassen würde.«

Am selben Abend besuchte Christian den Dauphin, den er allerdings nicht so liebenswürdig fand wie seinen Großvater. Die Unterhaltung war kurz und man brach sie aus Rücksicht für unseren Prinzen, der einige Worte stammelte, ohne etwas Zusammenhängendes sagen zu können, ab. Ich habe nie einen ängstlicheren jungen Mann gesehen als den Dauphin. Ich werde noch später von ihm und seinen Brüdern erzählen.

Der König von Dänemark speiste mit Ludwig XV. allein an einem Tisch. Es wurden vierundzwanzig Damen des Hofes ausgesucht, die sich durch Schönheit oder Geist auszeichneten, um den Königen Gesellschaft zu leisten.

Da Christian VII. unablässig Frau von Flavacourt bewunderte, forderte ihn Ludwig auf, das Alter der Dame zu schätzen.

»Ich denke, sie ist dreißig Jahre alt.«

»Herr Bruder, sie ist über fünfzig.«

»Ich habe falsch geraten, weil es an Ihrem Hof kein Alter gibt.«

Aber ich will nicht wiederholen, was die »*Gazette de France*« über den Aufenthalt des Königs von Dänemark geschrieben hat, da ich nicht die Denkwürdigkeiten dieses Fürsten, sondern die meinen aufzeichne. Der König von Dänemark stattete mir einen Besuch ab. Er war von ausgesuchtester Höflichkeit. Wir sprachen über schöne Frauen, und ich fragte ihn nach dem Aussehen der dänischen Damen. »Gräfin,« erwiderte er, »bevor ich Sie sah, war ich der Meinung, daß die Damen meines Reiches die schönsten Frauen Europas sind.«

Wir sprachen aber nicht nur von mir. Christian war von Paris begeistert und nannte unsere Stadt den Mittelpunkt der Erde. Er hatte unsere berühmtesten Gelehrten und Schriftsteller aufgesucht, lobte in erster Linie d'Alembert und Diderot und bedauerte sehr, daß er Voltaire nicht sehen könne, den Mann, der die ganze Erde belehre und unterhalte. Ich wiederhole seine Ausdrücke.

Der König von Dänemark blieb drei Stunden bei mir und sagte mir zum Abschied, daß er sich noch nie so gut unterhalten habe. Ludwig XV. war sehr zufrieden mit dem dänischen König, nur dessen Vorliebe für Kunst und Literatur war nicht nach seinem Geschmack, umsomehr, als er durch die letzte Arbeit Voltaires sehr geärgert war.

»La cour du roi Petaud« war zweifellos über Verlangen der Choiseuls geschrieben worden. Voltaire machte sich in dieser Satire in boshafter Weise über Ludwig XV. und mich lustig. Graf Jean brachte mir die Verse, die weniger Dichtung als Bosheiten enthielten. Ich las sie, war empört darüber und weinte.

Der Herzog d'Aiguillon traf mich in Tränen aufgelöst und fragte mich nach dem Grunde. »Lesen Sie«, sagte ich, »und urteilen Sie selbst, ob ich eine solche Beschuldigung ruhig dulden darf.«

Er nahm das Papier, flog es durch, zerknüllte es und steckte es in die Tasche. »Man hat schlecht daran getan«, meinte er, »Ihnen diese Dummheit zu zeigen. Ich kenne sie seit gestern und wollte mit Ihnen darüber sprechen.«

»Ich hoffe, daß mir der König Gerechtigkeit widerfahren lassen wird.«

»Wollen Sie in den Augen ganz Frankreichs verlieren? Sie würden einen großen Fehler begehen, wenn Sie Voltaire verfolgten. Nur ein Feind hat Ihnen diesen Rat geben können.«

»Dieser Feind war ich«, sagte Graf Jean.

»In diesem Fall ist Ihre Unvorsichtigkeit durch Ihren Eifer entschuldigt. Zum Hasse des Hofes gegen die Gräfin würde sich der Haß der Schriftsteller, der Frauen und der jungen Leute gesellen. Voltaire ist ein Gott, an den man nicht Hand anlegen darf.«

»Ich muß mir also alles gefallen lassen?« fragte ich.

»Zumindest für den Augenblick. Aber es wird nicht lange dauern. Ich werde Voltaire einen Brief schreiben.«

D'Aiguillon, dessen Onkel Richelieu mit Voltaire befreundet war, schrieb ihm, daß ich seine größte Verehrerin sei und daß er auf mich als Freundin zählen könne. Er möge es jedoch unterlassen, mich zu beleidigen. Jedenfalls wäre ich ihm auch ergeben, wenn er in seinen Kränkungen fortfahren würde. Während wir auf die Antwort Voltaires warteten, beschloß ich, mich an der Herzogin von Grammont, die seinen Angriff befohlen hatte, zu rächen. Überzeugt davon, daß sie die Schrift des Königs von Dänemark nicht kenne, ließ ich ihr folgenden Brief schreiben:

»Bis zum heutigen Tage habe ich mit mir gekämpft, Frau Herzogin. Ich wagte es nicht, Ihnen meine Ehrerbietung zu Füßen zu legen. Mein Rang aber gestattet mir, meine Kühnheit zu bemänteln. Nichts würde meiner Freude gleichkommen, wenn Sie heute Abend beim Empfang der Herzogin von Valentinois in einem blauen Kleid und blauen Federn im Haar erscheinen würden. Ich unterschreibe nicht, denn es gibt Namen, die sich nicht unter einer Liebeserklärung finden dürfen.«

Trotz ihres Verstandes erkannte die Herzogin von Grammont nicht, daß dieser Brief sie zum besten habe. Ihre Eigenliebe ließ sie glauben, daß sie trotz ihrer vierzig Jahre dem kaum zwanzigjährigen König gefallen könne. Sie zog sich ein blaues Kleid an, steckte blaue Federn in die Haare und begab sich zu Frau von Valentinois.

Durch einen Zufall war der König von Dänemark ihr Tischnachbar. Er sprach zwar sehr freundlich mit ihr, aber kein Wort von Liebe. Die Herzogin bildete sich ein, daß Christian schüchtern sei, rollte die Augen und machte das zärtlichste Gesicht, aber der junge König verstand nicht. Sie forderte eine Erklärung, was gleichfalls nicht verstanden wurde. Frau von Grammont war wütend über ihr Mißgeschick.

Der Herzog d'Aiguillon, der in ihrer Nähe saß, hatte alles gesehen und gehört und erzählte es mir am nächsten Morgen. Ich machte dem König Mitteilung von meinem Scherz und seinem Erfolg. Er lachte zuerst, machte mir aber Vorwürfe, da ich seinem dänischen Bruder Unannehmlichkeiten hätte bereiten können.

»Womit, Sire?« fragte ich. »Ich habe weder mit seinem Namen unterschrieben, noch seine Schrift nachgeahmt. Die Eitelkeit der Herzogin hat sich eben eingebildet, daß dieser Brief von ihm stamme; umso schlimmer für sie, wenn sie nicht befriedigt wurde.«

Ich begnügte mich aber nicht mit dieser Rache. Ein zweiter Brief mit derselben Handschrift wurde an sie gerichtet. Diesmal ließ ich sie wissen, daß man sich über sie lustig gemacht habe und daß sie mystifiziert worden sei.

Ich erfuhr durch Herrn von Sartines, der mir seit unserem Bündnis alles berichtete, was vorging, daß sie die Polizei in Bewegung gesetzt habe, um den Urheber dieser beiden Briefe kennen zu lernen. Ich machte diesen Nachforschungen ein Ende, indem ich Herrn von Sartines erklärte, daß ich die Schuldige sei. Er stellte nun der Herzogin die Sache so dar, daß sie nie mehr geklärt werden konnte. Indessen beantwortete Voltaire unseren Brief. Er leugnete, der Dichter der Satire »*La cour du roi Petaud*« zu sein, schrieb, daß dieses Werk zwar nicht viel wert sei, aber trotzdem nicht von ihm stamme, und bat den Herzog, mir mitzuteilen, daß man auf dieselbe Weise versucht habe, ihn mit Frau von Pompadour zu entzweien. Er sei weit davon entfernt, mich beleidigen zu wollen. Dieser Brief machte mir sehr viel Freude.

XVI

Trotz der Liebe der Herzogin von Grammont verreiste der König von Dänemark sehr bald.

Meine Vorstellung bei Hofe trat wieder in den Vordergrund des Interesses und meine Freunde bemühten sich sehr, mir zum Erfolg zu verhelfen. Der Kanzler, der mir immer mehr Anhänglichkeit bewies, eröffnete den Feldzug.

Als der König gegen die Parlamente wetterte, ergriff Maupeou die Gelegenheit, um zu sagen, daß die Kabale, die sich meiner Vorstellung widersetzte, nur soviel Widerstand zeige, weil sie hoffe, nötigenfalls von den Parlamenten unterstützt zu werden. Wenn der König, fügte der Kanzler hinzu, den Unzufriedenen gegenüber weniger Nachgiebigkeit zeige, würden sie seine Autorität mehr achten.

»Sie werden sehen,« erwiderte Ludwig XV., »daß gerade ihre Kühnheit mich dazu bringen wird, zu tun, was ich selbst nicht gerne möchte.«

Während der Haß des Kanzlers gegen die Parlamente mir in dieser Weise nützlich war, war mir auch die Anhänglichkeit des Herrn von La Vauguyon für die Jesuiten von Vorteil. Der gute Herzog sprach mit mir unausgesetzt von seinen lieben Jesuiten und ich erklärte immer wieder, daß ich mich nicht für sie einsetzen könne, solange ich nicht vorgestellt sei. Er war klug genug, um zu verstehen, daß ich erst an mich denken müsse und dann an die anderen.

Nachdem er sich mit den pfiffigsten Köpfen der Gesellschaft vom Herzen Jesu beraten hatte, bot er mir offen seine Hilfe an. Auch der Herzog von Richelieu, der im Jahre 1769 aus seinem Gouvernement nach Paris kam, stellte sich mir zur Verfügung. Er hatte sehr viel Einfluß auf den König, weil er Zeit seines Lebens Glück bei den Frauen gehabt hatte. Er konnte ihm alles sagen, was ihm gerade durch den Kopf ging. So sagte er ihm, daß sich die Choiseuls gerühmt hätten, daß der König von Frankreich ohne ihren Willen niemals seine Geliebte in die Empfangsräume von Versailles mitbringen dürfe. Man spreche auch schon in der Provinz darüber, und es habe sogar ein Kaufmann aus Bordeaux gewettet, daß die Gräfin Dubarry niemals vorgestellt werden würde.

Der König fragte ihn, warum er diesen Handelsmann nicht habe einsperren lassen.

»Weil es mir ungerecht schien«, erwiderte Richelieu, »das Echo der Pariser Gerüchte zu bestrafen.«

Rot vor Zorn sagte der König: »Ich werde mich immer so benehmen, wie es mir beliebt.« Dann lenkte er ein: »Ist es nicht ganz ungehörig von den einen, durchaus zu wollen, daß etwas geschieht, und von den anderen, diesem Geschehen so hartnäckig Widerstand entgegen zu setzen? Ich bin sehr unglücklich. Ich werde in grauenhafter Weise beherrscht.«

Der Herzog von Richelieu, der sich nicht den Anschein geben wollte, als sei auch er ein Tyrann des Königs, wechselte den Gesprächsstoff.

Der König war mit den Herren von Maupeou und von Richelieu bei mir, wir sprachen von gleichgültigen Dingen und Ludwig XV. war sehr ruhig, da er die Szene nicht ahnte, die ich vorbereitet hatte. Plötzlich sprang ich auf, ging auf ihn zu, machte eine tiefe Verbeugung und warf mich auf die Knie. Er wollte mich aufheben.

»Nein,« schrie ich, »ich bleibe, wo ich bin, bis Sie mir die Gunst, um die ich Sie bitten werde, bewilligt haben.«

»Wenn Sie auf Ihren Knien bleiben, Gräfin, werde ich ebenfalls niederknien.«

»Wenn Sie nicht wollen, daß ich vor Ihnen knie, dann werde ich mich wenigstens auf Ihre Knie setzen dürfen«, und ich setzte mich ohne Umstände auf seinen Schoß. »Hören Sie, mein lieber Herr«, sagte ich, »und haben Sie die Freundlichkeit, was ich Ihnen sage, dem König von Frankreich Wort für Wort zu wiederholen: Er muß meine Vorstellung anbefehlen! Wenn er es nicht tut, werde ich eines schönen Tages vor dem ganzen Hof bei einem Empfang erscheinen und wir werden sehen, ob er mich hinauswerfen wird.«

»Glauben Sie, daß sie imstande ist, ihre Drohung auszuführen?« fragte der König den Kanzler.

»Gewiß, Sire, eine junge Frau, die Sie mit Ihrer Liebe beehren, hat das Recht, alles zu tun.«

»Ist es nicht zum Verzweifeln,« fügte ich hinzu, »daß ich mich verstecken muß, ich, die der König mit seiner Gunst beehrt, während die Frauen, die er nicht leiden kann, ihm vor der Nase herumtanzen und ihn in großer Gala langweilen?«

»Die Gräfin hat recht«, meinte Herr von Richelieu. »Ich bemerke, daß Sie sie jeden Abend dort suchen, wo sie nicht ist und wo sie sein sollte.«

»Auch Sie teilen den Treubruch meines Kanzlers, Herzog?«

»Ich würde den Herren die Augen auskratzen, wenn sie anderer Meinung wären.«

»Oh,« sagte lachend der König, »das wäre keine Strafe für den obersten Richter und Kanzler: die Gerechtigkeit soll blind sein. Und Ihnen, Richelieu, bliebe noch immer Ihr Marschallstab. Aber diese Rebellion darf nicht länger anhalten. Es wird nötig sein, daß ich ein *lit de justice* einberufe.«

Durch einen Scherz brachte ich den König wieder in gute Laune. »Da Sie es also durchaus wollen,« sagte er, »werden Sie eben vorgestellt werden.«

Als ich das hörte, stieß ich einen Freudenschrei aus, fiel dem König um den Hals, dann drehte ich mich zu den beiden Herren, die mich so gut unterstützt hatten, und reichte jedem die

Hand. Inzwischen war Ludwig XV. nachdenklich geworden, er zischte fortwährend zwischen den Zähnen: »Ich wasche meine Hände in Unschuld. Man wird schreien. Man wird mir keine Ruhe lassen. Konnte ich mir helfen? Was hätte ich anderes tun sollen?«

Ich bemerkte die neuerliche Verstimmung des Königs und bemühte mich, ihn zu zerstreuen. Während ich mit ihm zärtlich war, erzählte Richelieu eine seiner Geschichten, die er so nett vortragen konnte. Am nächsten Morgen verbreitete sich das Gerücht im Schlosse, daß ich vorgestellt werden würde. Meine Freunde erzählten, daß ich das Wort des Königs habe. Eine große Ungeschicklichkeit ihrerseits. Sie schadeten meinem Interesse, um meiner Eitelkeit zu schmeicheln. Sie veranlaßten die Kabale Choiseul, gegen mich neuerlich Stellung zu nehmen, und ich fand keine Dame, die mir als Patin dienen wollte. Es war nämlich der Brauch, daß die Vorstellung durch eine bei Hof zugelassene Dame vollzogen wurde, die die Neuangekommene bei den Prinzessinnen einführte. Dieser Brauch war zwar ein ungeschriebenes Gesetz, aber es wäre erniedrigend gewesen, wenn ich keine solche Patin gefunden hätte.

Ich war verzweifelt. Meine Freunde beruhigten mich und Richelieu meinte, mit Geld und Versprechungen könne man alles bei Hofe erreichen, allerdings gebe es keinen Ort, wo die Gefälligkeit so hoch bewertet werde: »Seien Sie unbesorgt, wir werden eine Patin finden.«

Es meldeten sich auch einige Damen, die aber so übermäßig hohe Ansprüche stellten, daß wir sie nicht befriedigen konnten. Der Kanzler besuchte den Herzog von Choiseul, dessen Schwester anwesend war. Sie begrüßte ihn und sagte: »Es ist ein Glück, daß wir Sie einmal sehen, Herr Kanzler, über Ihren neuen Freunden haben Sie die alten ganz vergessen. Es ist nicht schön von Ihnen, daß Sie die aufgehende Sonne anbeten.«

»Das ist die Religion einer großen Anzahl von Völkern, Herzogin.«

»Sprechen Sie doch nicht in Bildern mit mir. Sie spielen den Unwissenden und wissen sehr gut, was ich meine. Ihre täglichen Besuche bei dieser Dirne.«

»Bei welcher, Frau Herzogin? Es gibt so viele an unserem Hofe.«

Der Herzog fürchtete, daß seine Schwester zu weit gehen werde, und ergriff das Wort: »Sie sind ein Anbeter der Gräfin Dubarry geworden.«

»Gewiß, Herr Herzog. Wollte Gott, daß Sie es in Ihrem eigenen Interesse auch würden.«

»Mein Bruder wird mit diesem Geschöpf nicht sprechen.«

»Warum nicht? Sie empfängt die beste Gesellschaft, sogar den König.«

»Herr Kanzler,« erwiderte der Herzog, »gestatten Sie die Frage, ob jemand, der für unser Haus Freundschaft empfindet, sich im Haus dieser Frau zeigen darf?«

»Warum nicht?« erwiderte Maupeou. »Ich sehe keinen Grund, weshalb man die Gräfin Dubarry verachten sollte.«

»Eine Frau mit schlechtem Ruf und schlechten Sitten?«

»Schlechte Sitten! Wo finden Sie heutzutage gute, Herzogin? Zu Zeiten der Frau von Pompadour war man weniger schwierig.«

»Ein Frauenzimmer, das mit Katze und Hund auf gutem Fuße steht!«

»Haben Sie es gesehen, Herzogin? Und wenn es wäre, gibt es nicht bei Hofe genug Frauen, die sich noch schlechter benehmen? Ich könnte sie Ihnen an den Fingern aufzählen, erstens die Frau Marschallin von Luxembourg, zweitens ...«

»Ich weiß schon, was Sie sagen wollen,« meinte der Herzog, »meine Schwägerin, die Gräfin von Choiseul. Wir wissen das so gut wie Sie, Herr Kanzler, aber darum handelt es sich nicht. Unsere Feinde haben sich um die Frau Dubarry geschart und Sie tun das gleiche, darüber beklage ich mich.«

»Sie sehen alles schwärzer als es ist, Herr Herzog. Wenn Sie aber den schlechten Einfluß dieser Dame auf den König fürchten, warum versuchen Sie es dann nicht, sie zu erziehen? Sie wäre entzückt, wenn Sie es täten.«

»Nein,« schrie die Herzogin, »mein Bruder wird sich mit so einem Frauenzimmer nicht abgeben. Wenn Sie uns Ihre Dankbarkeit damit beweisen, daß Sie sich mit dieser Frau verbünden, dann richten Sie ihr von mir aus, daß ich sie hasse und nicht ruhen werde, bis sie wieder in der Gosse ist, wohin sie gehört.«

»Herzogin, ich werde meine Dankbarkeit dem Herrn Herzog dadurch beweisen, daß ich der Gräfin nichts ausrichten werde«, erwiderte der Kanzler und empfahl sich. Er berichtete mir dieses Gespräch Wort für Wort und Chon schrieb es sich unter seinem Diktat auf, damit ich es dem König zeigen könne.

XVII

Ich zeigte Ludwig XV. die Abschrift der Unterredung, in der mich die Herzogin von Grammont so beleidigt hatte. Er hätte gute Lust gehabt, diese Dame seine Unzufriedenheit wissen zu lassen, aber die Rücksicht, die er gegen den Herzog und die Herzogin von Choiseul zu üben gezwungen war, hielten ihn davon ab. Die Gattin des Ministers war am ganzen Hofe wegen ihres guten Herzens beliebt. Selbst der König begegnete ihr ehrfurchtsvoll. Seine Achtung war so groß, daß er, gelegentlich der Ungnade des Herzogs, sie gewissermaßen um Verzeihung bat, daß er ihr Kummer bereiten müsse.

Der König, der sich nicht in diesen Weiberzwist einmengen konnte, wollte mir ein Zeichen seiner Anhänglichkeit geben. Ich hatte bis dahin im Schlosse die Wohnung Lebels innegehabt. Nun bestimmte man mir die Räume der Frau von Pompadour, die mir auch gebührten. Aber diese Wohnung war vom Grafen von Noailles, dem Gouverneur des Schlosses, bewohnt. Als man ihm den Auftrag des Königs mitteilte, begann er, dumm wie alle Mitglieder seiner Familie schon sind, laut zu jammern, lief zu Seiner Majestät und beklagte sich bitter. Nachdem er zu Ende gejammert hatte, fragte ihn der König: »Wer hat das Schloß erbauen lassen?«

»Ihr hoher Ahnherr, Sire.«

»Ich bin also Herr des Hauses. Sie werden Ihr Gouvernement dorthin verlegen, wo es Ihnen genehm ist, aber in zwei Stunden muß Ihre bisherige Wohnung geräumt sein.«

Der Gouverneur von Noailles zog sich mit langer Nase zurück, ließ die Möbel aus der Wohnung schaffen und ich richtete mich noch am selben Abend darin ein.

Herr von Maupeou teilte mir mit, daß er eine Dame gefunden habe, die meine Patin werden könne: eine geborene Gräfin Descharbagnac, eine streitsüchtige Frau, die ständig in Prozesse verwickelt war. Zu diesem Zeitpunkt hatte sie eine Erbschaftsklage gegen die Herren von Saluces angestrengt. Es handelte sich um dreihunderttausend Livres. Der Kanzler gab den Rat, sie verständigen zu lassen, daß er häufig bei mir sei und daß meine Protektion bei der Erledigung ihres Prozesses maßgebend sein könnte. Ich befolgte seinen Rat, und im Einverständnis mit dem Grafen Jean beauftragte ich damit Herrn Morand, den ich für die seinerzeit geleisteten Dienste reichlich belohnt hatte. Es war übrigens der letzte Dienst, den er für mich verrichtete, denn einige Monate nach meiner Vorstellung starb er an einer Verdauungsstörung. Ein würdiger Tod nach einem solchen Leben.

Herr Morand setzte sich also mit dem Anwalt der Gräfin von Bearn ins Einvernehmen und besuchte sie dann unter dem Vorwande eines kleinen Geschäftes, das er ihr vorzuschlagen hätte. Bei dieser Gelegenheit erzählte er ihr von meinen guten Beziehungen zum Kanzler. Der Anwalt, dem die Gräfin am selben Tag noch einen Besuch abstattete, wiederholte ihr dasselbe. Als echte Prozeßkrämerin hielt sie sich am nächsten Morgen bei Morand auf, erzählte ihm ihren Prozeß und bat ihn, sich für sie bei mir einzusetzen.

»Ich würde es gerne tun,« sagte unser Vertrauensmann, »wenn ich es nicht für richtiger hielte, daß Sie sich selbst zur Gräfin Dubarry begeben. Seien Sie davon überzeugt, daß sie Ihnen gerne helfen wird.«

Frau von Bearn ließ sich durch Herrn Morand zu mir führen. Wenn wir sie damals schon besser gekannt hätten, hätten wir nicht soviel Umstände mit ihr gemacht. Bei dieser ersten Begegnung wurde nur von meinem guten Willen, sie in ihrem Prozesse zu unterstützen, gesprochen.

Einige Stunden später erzählte der Vicomte Adolphe seinem Vater, daß ihn der junge Bearn gefragt habe, ob ich schon eine Patin für meine Vorstellung gefunden habe. Wenn dies nicht der Fall sei, und wenn es den Wünschen des Königs entspräche, würde seine Mutter mir zur Verfügung stehen.

Graf Jean und ich verstanden diese Andeutung sehr gut. Die Gräfin von Bearn wiederholte ihren Besuch, und ich sagte ihr wieder, daß ich ihr gerne nützlich wäre. Sie antwortete darauf, vielleicht ohne sich etwas dabei zu denken, daß auch sie mir in jeder Hinsicht gerne dienen würde. Ich nahm sie beim Wort und forderte sie auf, meine Patin zu werden. Sie sagte, daß sie immer den Befehlen des Königs gehorchen werde. Ich erwiderte, daß es sich bei alledem nicht um den König, sondern um mich handle.

»Gräfin,« meinte die Alte, »ich bin Ihnen gerne gefällig, aber ich muß wissen, daß es auch dem König angenehm ist.«

Ich machte ihr Vorwürfe, daß sie den König in die Angelegenheit mengen wolle, und fragte sie, ob sie mir behilflich sein wolle oder nicht.

»Gewiß! Aber Sie kennen selbst die Intrigen, die sich gegen Sie richten. Kann ich allein gegen alle kämpfen? Wer wird mich dann unterstützen?«

»Ich und der König! Glauben Sie mir, daß er für jeden Dienst, den man mir erweist, dankbar ist.«

»Geben Sie mir doch eine Zeile des Königs, die mir als Schutz dient.«

»Das werden Sie nicht bekommen«, sagte ich wütend. »Die Unterschrift des Königs soll durch diese Angelegenheit nicht an Ansehen verlieren. Ich will sie auch nicht von ihm verlangen. Beenden wir unser Gespräch, wenn Sie an Ihre Gefälligkeit eine solche Bedingung knüpfen.« Die Gräfin Bearn erhob sich und wir nahmen unzufrieden Abschied voneinander.

Mein Schwager, meine Schwägerin und der Kanzler hatten ungeduldig den Ausgang dieser Unterredung abgewartet. Ich teilte ihnen meinen Mißerfolg mit und schimpfte dabei auf die Gräfin.

»Kränken Sie sich nicht,« sagte der Kanzler, »Sie scheinen nicht zu bemerken, daß sich diese Frau kaufen lassen will. Sie gehört Ihnen mit Leib und Seele, will aber zuerst bezahlt sein.«

»Wenn es nichts ist als das,« meinte Graf Jean, »dann gibt man ihr eben Geld und sie tut, was man will.«

Wir beschlossen, daß mein Schwager am nächsten Morgen Herrn Morand mit der Durchführung dieser Sache betrauen sollte.

Nachdem Graf Jean ihm von dem Sachverhalt Mitteilung gemacht hatte, begann Morand herzlich zu lachen. Er erzählte, daß ihn die Gräfin Bearn am vorhergegangenen Abend habe kommen lassen und ihm gesagt habe, daß sie für die Ungelegenheiten, die ihr aus der Patenschaft erwachsen könnten, gewisse Entschädigungen wünsche, und zwar zweihunderttausend Livres bar, das schriftliche Versprechen, daß ihr Sohn Regimentskommandant werde und sie selbst eine Stellung als Hofdame bei der künftigen Dauphine erhalte. Letzteres war übrigens der Ehrgeiz des ganzen Hofes.

Graf Jean fand diese Forderung übertrieben. Er beauftragte Morand, der Gräfin Bearn hunderttausend Francs anzubieten und ihr zu sagen, daß man den König nicht früher in Ruhe lassen werde, bis der junge Bearn günstig untergebracht sei; was sie selbst anbelange, wäre die Erfüllung ihres Wunsches unmöglich.

Kaum war Graf Jean nach Versailles zurückgekehrt, als wir schon einen Brief von Morand erhielten, in dem dieser uns mitteilte, daß er mit der Gräfin Bearn gesprochen habe. Sie sei bereit, sich mit der Hälfte der verlangten Summe zu begnügen, jedoch könne sie nicht von den Forderungen für ihren Sohn und für sich abgehen und begehre ein schriftliches Versprechen des Königs. Morand erklärte ferner, daß er der Meinung sei, daß sich die Angelegenheit nur durchführen lasse, wenn wir mit diesen Bedingungen einverstanden seien.

Dieser Brief betrübte mich sehr. Ich sah meine Vorstellung auf unbestimmte Zeit hinausgeschoben und klagte meinen Freunden. Ihre einstimmige Meinung war, daß ich dem König davon sprechen müsse. Als mich Seine Majestät besuchte, empfing ich ihn in guter Laune und sagte: »Beglückwünschen Sie mich, Sire, ich habe eine Patin gefunden.«

»Ah, umso besser!« sagte er. Ich bin sicher, daß er sich im Grunde seines Herzens dachte: umso schlimmer! »Und wen?« fragte er mit einer gewissen Unruhe.

»Frau von Bearn.«

»Wie, sie hat sich bereit erklärt, Sie vorzustellen? Das ist sehr schön von ihr, und ich bin ihr zu Dank verpflichtet.«

»Nicht wahr, Sire, Sie werden Ihr das auch selbst sagen?«

»Gewiß, aber nach der Vorstellung.«

»Und warum nicht vorher?«

»Warum? Weil ich nicht den Anschein erwecken will, als ob ich Ihre Vorstellung erzwinge.«

»Gut,« sagte ich und stampfte mit dem Fuß auf den Boden, »Sie werden also für mich nicht dasselbe tun, was Sie für irgend eine fremde Frau täten. Danke für Ihre Zuneigung.«

»Jetzt schmollen Sie wieder! Der Zorn steht Ihnen nicht gut zu Gesicht.«

»Ebensowenig wie Ihnen die Gleichgültigkeit. Wenn Sie schon Angst haben, ein freundliches Wort zu sagen, was werden Sie dann machen, wenn Sie die Forderungen der Frau von Bearn hören werden?«

»Was begehrt denn diese gute Gräfin?«

»Ich wage es Ihnen gar nicht zu sagen. Erstens hunderttausend Livres.«

»Wenn es weiter nichts ist als das – das werden wir ihr geben, dann –?«

»Ein Regiment für ihren Sohn.«

»Mein Gott, er ist aus dem Holz, aus dem man Oberste schnitzt, und wenn er sich gut aufführt, steht dem nichts im Wege. Was noch?«

»Sie will dem Hofstaate der künftigen Dauphine angehören.«

»Das ist unmöglich. Die Stellen sind besetzt. Aber ich werde sie dadurch entschädigen, daß ich sie oder ein Mitglied ihrer Familie bei einem meiner Enkel unterbringe. Ist das alles?«

»Ja, Sire, das ist alles mit Ausnahme einer kleinen Formalität. Die Gräfin ist eine ordnungsliebende Dame und betrachtet nur geschriebene Verpflichtungen als gültig. Sie bittet um ein Wort von der Hand des Königs.«

»Unverschämtes Frauenzimmer«, schrie Ludwig XV. und lief mit großen Schritten im Zimmer auf und ab. »Sie glaubt mir nicht auf das Wort, verlangt einen Brief, eine Unterschrift! Man mißtraut mir wie einem Gauner! Meine Unterschrift! Solche Dummheiten mache ich nicht mit.«

»Aber Sire, wenn ein König die Absicht hat, sein Versprechen einzuhalten, warum kann er es dann nicht schriftlich geben?«

Ludwig XV. runzelte die Stirne, und da er einsah, daß ich recht habe, und nicht wußte, was er mir erwidern könne, ergriff er die Flucht. Ich lief ihm nach und faßte ihn beim Arm.

»Lassen Sie mich, Frau Gräfin!« sagte er und versuchte, ein strenges Gesicht zu machen, auf das ich ihm nicht hineinfiel. »Sie haben meine Ehre gekränkt!«

»Gut, *monsieur La France*,« erwiderte ich mit heiserer Stimme, »ich gebe Ihnen Genugtuung. Wünschen Sie Degen oder Pistole? Wählen Sie den Ort, wo wir uns schlagen. Ich werde mich einstellen. Wir werden sehen, ob Sie den Mut haben, eine Frau zu töten, die nur für Sie lebt und die Sie trotzdem unglücklich machen wollen.«

Der König gab mir einen Kuß und sagte lachend: »Ich sollte dafür sorgen, daß Sie heute in der Bastille schlafen.«

»Ich bin besser als Sie; ich hatte einen anderen Ruheplatz für Sie vorgesehen.«

Dieser Scherz stimmte den König heiter. Er selbst machte mir den Vorschlag, die Gräfin Bearn einzuladen. Ich sprach mit ihm von meiner Vorstellung und er verpflichtete sich – wenn auch nicht formell – alles zu tun, um mich zufriedenzustellen.

XVIII

Morand setzte sich also wieder in Bewegung und lud Frau von Bearn zu mir ein. Die Gräfin machte zuerst Schwierigkeiten unter dem Vorwande, daß sie sich fürchte, mir wieder einen Korb geben zu müssen. Morand sagte ihr, daß ein zwangloses Abendessen zu nichts verpflichte und daß sie selbstverständlich tun könne, was ihr beliebe. Sie ließ sich überreden und teilte mir brieflich mit, daß sie meine Einladung annehme. Wenn sie geahnt hätte, was wir mit ihr vorhatten, hätte sie sich eines Besseren besonnen. Aber ich ersah aus ihrem Schreiben, daß sie hoffte, der König werde mir das geschriebene Versprechen bewilligen, das ich für sie verlangt hatte.

Sie kam, und ich empfing sie nicht so freundlich wie sonst. Trotzdem verlief das Abendessen nicht schlecht, und meine Schwägerinnen, die meisterhaft heucheln konnten, machten ihr in liebenswürdigster Weise den Hof. Nach Tisch begann Graf Jean von meiner Vorstellung zu sprechen. Die Gräfin Bearn ergriff meine Hand und sagte: »Ich hoffe, daß Sie keine schlechte Meinung von mir haben, weil ich Bedingungen stellte. Ich würde Ihnen vom Herzen gern jede Gefälligkeit erweisen, aber die Lage meiner Familie ist so schlecht, daß ich mir helfen muß wie ich kann, und das, was ich verlange, ist nur eine Kleinigkeit für den König.«

»Mehr als Sie glauben«, erwiderte ich. »Übrigens liebt es der König nicht, wenn man an seinen geheiligten Worten zweifelt.«

»Gott behüte mich davor! Aber auch der König kann vergessen, was er verspricht. Genau so wie alle andern Menschen.«

Wir sprachen noch lange hin und her. Frau von Bearn versuchte alles mögliche, um ihr Begehren zu rechtfertigen, als plötzlich beide Flügeltüren geöffnet wurden und man den König meldete.

Die alte Dame begann zu zittern. Trotz der dicken roten Schminke, die ihre Wangen bedeckte, bemerkte ich, daß sie erblaßte. Sie begriff, daß wir ihr eine Falle gelegt hatten, und wünschte sich tausend Kilometer weit.

Ich nahm die zitternde Hand der Gräfin und stellte sie dem König vor. »Sire, ich tue für die Gräfin in meinem kleinen Salon, was sie später in den großen Empfangsräumen für mich tun wird.«

»Frau von Bearn wird Sie vorstellen?! Das freut mich sehr. Ihr Gatte war einer meiner treuesten Diener und ich bin mit Ihrem Sohne, der bei den Pagen dient, sehr zufrieden. Ich sehe, daß auch Sie mir Ihre Anhänglichkeit beweisen wollen. Ich danke Ihnen, Gräfin, Sie bereiten mir ein großes Vergnügen und ich werde Ihnen immer meine Zufriedenheit bezeigen.«

Mit jedem Wort, das er sprach, zerriß der König immer mehr das Herz der Gräfin. Trotzdem war sie gezwungen, ihm zu sagen, daß seine Worte sie stolz und glücklich machen und daß sie sich immer bemühen werde, ihm zu gefallen und er ihr immer seine Gunst erweisen möge.

»Sie können darauf rechnen, Gräfin,« erwiderte Ludwig XV., »umsomehr, wenn auch die Gräfin Dubarry mich darum bittet.« Dann wandte er sich mir zu und fragte: »Wann findet die Vorstellung statt?«

»An dem Tage, den der König bezeichnen wird«, erwiderte ich.

»Gut, ich werde Ihnen den Herzog von Richelieu senden, der alles Nötige mit Ihnen besprechen wird.«

Darauf plauderten wir nur von anderen Dingen, aber die Gräfin Bearn blieb schweigsam. Trotz aller Bemühungen, gute Miene zum bösen Spiel zu machen, zeigte sie ein verzweifeltes Gesicht und verließ uns traurig und böse.

Am nächsten Morgen suchten Graf Jean und meine Schwägerin sie auf. Sie bedauerten sehr, was am Abend geschehen sei, und erklärten, daß wir aus ihrer bedingungslosen Verpflichtung, mich vorzustellen, keinen Nutzen ziehen wollten. Wenn es uns auch nicht möglich gewesen sei, vom König Garantien zu erlangen, so würden wir trotzdem alle Punkte des Vertrages einhalten. Sie fügten hinzu, daß sie auch gekommen seien, um zu fragen, zu welchem Zeitpunkte sie die versprochenen hunderttausend Livres haben wolle. Die Gräfin antwortete, daß sie trotz ihres Mißgeschickes mir freundlich gesinnt sei und mir gerne dienen wolle, da auch ich sie gewiß beim König unterstützen werde. Graf Jean vereinbarte mit ihr den Tag der Zahlung. Der Betrag stehe ihr jederzeit beim Bankier des Königs, Herrn von Laborde, zur Verfügung.

Ich war also davon überzeugt, daß nichts mehr meine Vorstellung verhindern könne. Aber ich hatte die Rechnung ohne den Wirt gemacht. Ich kannte eben die Bosheit der Herren und Damen vom Hofe noch nicht gut genug. Herr von Choiseul und seine Schwester hatten zweifellos einen meiner Diener bestochen, denn sie wußten von allem, was bei mir geschah; sie erfuhren auch, daß Frau von Bearn zum Abendessen bei mir gewesen sei und daß nachher, gelegentlich eines Besuches Seiner Majestät, diese Dame zur Patin bestimmt worden sei. Um meine Vorstellung zu verhindern, sandten sie den Chevalier von Coigny zu Frau von Bearn. Dieser versuchte, den Aufträgen seines Ministers entsprechend, die Gräfin einzuschüchtern und von ihr zu erfahren, was eigentlich geschehen sei. Frau von Bearn sagte dem Chevalier, daß sie mich lediglich besucht habe, um meine Protektion beim Kanzler zu erbitten. Der Chevalier verließ sie, ohne daß sie ihm etwas gestanden hätte.

Dieser Mißerfolg entmutigte die Choiseuls nicht. Sie sandten den Bischof von Senlis und erster Almosenier des Königs, Herrn von Roquelaure, zu Frau von Bearn. Dieser Prälat war bei Hof sehr beliebt und ich freundete mich später mit ihm an. Jedoch bei dieser Gelegenheit bereitete er mir große Unannehmlichkeiten. Herr von Roquelaure erklärte der alten Gräfin, daß man genau unterrichtet sei, welche Beziehungen zwischen ihr und mir bestünden. »Glauben Sie nicht,« sagte er, »daß Sie durch den Einfluß der Gräfin Dubarry erreichen werden, was Ihnen versprochen wurde; im Gegenteil, Sie werden sich dadurch die Feindschaft der mächtigsten und hochgestelltesten Personen zuziehen. In erster Linie werden die Prinzessinnen gegen Sie Stellung nehmen und Sie bei der künftigen Dauphine anschwärzen. Der König ist alt und seine Gesundheit ist nicht die beste. Man kann nie wissen, was geschieht und wie sich dann Ihre Stellung bei Hofe gestalten wird.«

Der alte Bischof predigte der Frau von Bearn so gut, daß sie ihm, in Tränen aufgelöst, erklärte, mich unter keinen Umständen vorstellen zu wollen, bevor die Prinzessinnen ihr nicht ausdrücklich den Befehl dazu gegeben hätten.

Herr von Roquelaure überbrachte den Choiseuls triumphierend diese Botschaft. Frau von Grammont glaubte das Spiel gewonnen zu haben und lud die Gräfin zum Abendessen ein. Aber das behagte der alten Dame nicht. Sie hätte sich entscheiden müssen, während es in ihrem Interesse lag, ehrenhafte Neutralität zu bewahren. Sie schrieb sowohl mir als auch der Herzogin von Grammont, daß sie sich den Fuß verbrannt habe und es ihr unmöglich sei, auszugehen.

Als ich diesen Brief erhielt, fühlte ich mich verlassen und verraten. Graf Jean und ich hatten den Verdacht, daß die Gräfin ihr Leiden bloß vortäusche, und wir begaben uns so schnell als möglich zu ihr. Sie empfing uns freundlich, beklagte sich aber darüber, daß ich gerade in dem Augenblick gekommen sei, wo sie den Verband wechseln müsse, und sagte, daß sie damit warten wolle.

Ich bat sie, doch in meiner Gegenwart das Verbandzeug zu erneuern und sich durch mich nicht stören zu lassen. Mein Schwager begab sich in das Nebenzimmer. Vorsichtig begann Frau von Bearn die Leinenstreifen, mit denen sie Fuß und Bein umwickelt hatte, aufzubinden. Ich erwartete, daß ich sie bei ihrer Lüge ertappen werde. Zu meiner Überraschung sah ich eine grauenhafte Brandwunde.

Ich konnte nicht daran zweifeln, daß sich Frau von Bearn dieses schreckliche Leiden selbst verursacht hatte, um nicht mit mir oder den Choiseuls in Feindschaft zu geraten. Ich verfluchte ihren Mut und hätte meine heroische Patin am liebsten zu allen Teufeln geschickt.

So verzögerte sich meine Vorstellung durch das Fußleiden der Gräfin von Bearn. Diese Widerwärtigkeiten aber verminderten nicht den Eifer meiner Freunde. Einerseits hatte Graf Jean, nachdem er Himmel und Erde in Bewegung gesetzt hatte, eine Gräfin d'Aloigny gefunden, die knapp vor ihrer eigenen Vorstellung stand. Sie versprach, nachdem sie selbst bei Hof eingeführt worden sei, meine Patin zu werden, und begehrte dafür achtzigtausend Livres und den Ersatz aller Kosten. Aber die Prinzessinnen empfingen sie so schlecht, als man sie selbst vorstellte, daß mein Rat beschloß, von ihrer Hilfe Abstand zu nehmen. Man dankte also der Gräfin d'Aloigny und sandte ihr als Geschenk des Königs für ihre Bereitwilligkeit zwanzigtausend Livres.

Während Graf Jean Mißerfolg hatte, hatte der Herzog d'Aiguillon mehr Glück. Er war mit Frau von Bearn entfernt verwandt und besuchte sie. Er setzte ihr auseinander, daß die Choiseuls ihr weder etwas geben noch versprechen, sie also unrecht habe, sich für sie zu erklären. Wenn sie sich hingegen auf meine Seite schlüge, würde sie für immer das Wohlwollen des Königs erlangen. Frau von Bearn ließ sich gerne überzeugen, fügte sich dem Wunsche des Herzogs und beauftragte ihn, mir zu sagen, daß sie mir vollkommen ergeben sei; sie schrieb mir auch, daß ich nach ihrer Genesung auf sie rechnen könne. Was aber in Wirklichkeit den Entschluß der Gräfin zeitigte, war die Angst, daß ich mich schließlich mit den Diensten der Gräfin d'Aloigny begnügen könnte.

Endlich war es mir also gelungen, einer Patin sicher zu sein, und ich dachte nur noch daran, das letzte Hindernis zu beseitigen. Ich spreche von der Unzufriedenheit der Prinzessinnen. Über die Prinzessin Louise kann ich mich nur lobend äußern, aber die andern, besonders die Prinzessin Adelaïde, setzten mir allen Widerstand entgegen.

Prinzessin Adelaïde hätte am wenigsten das Recht gehabt, sich über andere aufzuhalten. Trotzdem ließ sie sich über mein skandalöses Vorleben aus und ich war, ohne den Grund zu kennen, bei ihr in Ungnade gefallen. Schließlich erfuhr ich die Ursache der Mißstimmung: Die Wohnung, die ich Herrn von Noailles hatte wegnehmen lassen, hatte die Prinzessin Adelaïde vom König verlangt. In Unkenntnis dieses Wunsches hatte ich mich dort eingerichtet. Als ich es erfuhr, bot ich der Prinzessin die Wohnung, die sie begehrt hatte, an und sie zog ein. Indessen mußte man auch für mich irgend eine Unterkunft finden und der König gab mir die ehemaligen Räume seiner Tochter. Das nannte dann Adelaïde einen Akt der Tyrannei. Sie erklärte, daß ich sie von ihren Schwestern trennen wolle, und daß die Liebe ihres Vaters sich durch mich in Haß verwandelt habe. Diese Ungerechtigkeit brachte mich zur Verzweiflung. Ich ließ den König zu mir bitten, warf mich ihm zu Füßen und bat ihn, seine Tochter unter allen Umständen zu beruhigen und mich fortzuschicken, da ich die Ruhe seiner Familie störe. Daraufhin besuchte der König die Prinzessin Adelaïde, machte ihr bittere Vorwürfe und drohte ihr, sie öffentlich zu maßregeln, wenn sie sich nicht ruhig verhalte. Die Prinzessin erschrak über die Strenge ihres Vaters und schimpfte nicht mehr, oder besser gesagt, schimpfte nur mehr mit halber Stimme.

XIX

Der Wutanfall der Prinzessin Adelaïde hatte meinen Feinden Mut gemacht. Die Stimmen gegen mich wurden immer lauter; man hoffte, den König einzuschüchtern und meine Vorstellung für immer zu verhindern. Aber all das beschleunigte sie nur. Eines Abends sagte mir der König in Anwesenheit des Marschalls von Richelieu: »Diese Zwistigkeiten müssen ein Ende finden. Solange Sie nicht vorgestellt sein werden, wird man davor immer Angst haben und mich nicht einen Augenblick in Ruhe lassen. Es bleibt uns nichts anderes übrig, als Sie bei Hofe einführen zu lassen.«

»Sire,« sagte der Marschall, »geben Sie Ihren Willen kund, und der ganze Hof wird sich fügen.«

»Auch meine Töchter?«

»Die Prinzessinnen wissen am besten, daß man Ihnen Gehorsam schuldet.«

»Trotzdem steht mir eine peinliche Stunde bevor«, erwiderte der König.

»Sire, beauftragen Sie einen von uns mit der Benachrichtigung der Prinzessinnen; den Bischof von Senlis zum Beispiel oder Herrn von La Vauguyon. Ich bin überzeugt davon, daß dieser oder jener Ihren Auftrag zum besten ausführen wird.«

»Ich möchte nur keinen Gewaltakt begehen«, meinte der König. »Ich will nicht der Schrecken meiner Familie werden.«

Wir berieten, wer die Benachrichtigung der Prinzessinnen übernehmen könne, und bestimmten schließlich Herrn von La

Vauguyon. Ich zog die Glocke und befahl, den Herzog im Auftrage des Königs zu holen.

»Schon jetzt?« fragte Ludwig XV.

»Die Gräfin hat recht,« meinte der Marschall, »man muß das Eisen schmieden, solange es heiß ist.«

Der König ging im Zimmer auf und ab, wie er es immer tat, wenn er unruhig war.

Herr von La Vauguyon trat ein, begrüßte ihn und fragte scheinheilig, was er begehre.

»Ein wahres Zeichen Ihres Eifers«, sagte der König.

»Und Ihrer Galanterie«, fügte der Marschall hinzu.

Ludwig XV. war glücklich, daß ein anderer für ihn das Wort ergriff. Herr von Richelieu fuhr fort: »Seine Majestät wünscht, daß die Gräfin Dubarry vorgestellt werde. Seine Majestät wünscht gleichfalls, daß Sie die Prinzessinnen dazu bewegen, unsere liebe Gräfin freundlich zu empfangen, wenn sie ihnen ihre Ehrerbietung darbringt.«

Da sich Herr von La Vauguyon nicht beeilte, den Auftrag entgegenzunehmen, fügte der Marschall hinzu: »Sire, es gibt in Ihrem Königreich nur zwei Männer, die diesem Auftrag gerecht werden könnten, den Herrn Herzog und den Herrn Bischof von Senlis.«

Der Marschall wußte, daß der Gouverneur der Kinder des Hauses von Frankreich und der erste Almosenier des Königs in ständiger Eifersucht lebten. Tatsächlich erklärte sich Herr von La Vauguyon sofort bereit, die Befehle des Königs auszuführen, um sich mir angenehm zu erweisen.

»Sie wollen mir also helfen?« fragte ich.

»Gräfin,« erwiderte der Herzog mit Würde, »man lernt seine Freunde bei solchen Gelegenheiten kennen.«

Ich ging auf den Herzog zu und küßte ihn auf beide Wangen. Der arme Mann ließ alles mit sich geschehen.

»Das freut mich,« sagte der König, »Sie sind ein ausgezeichneter Mensch, La Vauguyon. Hören Sie, ich wünsche unbedingt, daß die Gräfin Dubarry vorgestellt wird. Ich wünsche es, was immer auch geschehen möge. Mein Zorn wird alle treffen, die meinem Willen Widerstand entgegensetzen. Sagen Sie meinen Töchtern, daß ich alle jene Personen bestrafen werde, die sie beraten, wenn sie mir nicht gehorchen. Ich allein bin der Herr, das werde ich beweisen. Richten Sie sich danach, mein lieber Herzog.«

»Misericordia,« sagte leise der Herzog von Richelieu und schlug sich an die Brust, »der König hat seine ganze Kraft in diesen Worten verbraucht, er wird sich nicht mehr helfen können, wenn man ihm widerspricht.«

La Vauguyon erklärte, daß er für den Gehorsam der Prinzessinnen einstehen könne.

»Glauben Sie?« fragte der König. »Ich bin ein guter Vater und will nicht, daß meine Töchter mir Grund geben, böse mit ihnen zu sein. Sagen Sie der Prinzessin Adelaïde, daß sie kürzlich ein Unrecht begangen hat, das sie jetzt gut machen kann. Die Prinzessinnen wissen ganz gut, daß ich schon über manches hinweggesehen habe. Das genügt. Und jetzt sollen sie mir einmal ihre Anhänglichkeit beweisen. Warum wehren sie sich gegen die Vorstellung der Gräfin? Zu Zeiten der Frau von Pompadour waren sie weniger zurückhaltend.«

Ich konnte mich nicht enthalten, zu lachen.

Am nächsten Morgen kündigte mir ein Brief den Besuch des Herzogs von La Vauguyon an. Ich empfing ihn und erfuhr bald den Zweck seines Besuches. Er forderte, daß ich mich dazu verpflichte, die Jesuiten zu begünstigen. Sein Ton war so scheinheilig, daß ich mich mühsam des Lachens enthielt, nur der Ernst meiner Lage hielt mich davon ab. Ich teilte dem Herzog mit, daß ich von Liebe und Achtung für die Jesuiten erfüllt sei, und daß ich keinen größeren Wunsch hege, als sie möglichst bald wieder in Frankreich zu sehen. Der Herzog küßte meine Hand mit Feuer und sagte: »Sie sind die gütigste Frau, die es gibt; es ist furchtbar, wie man Sie verleumdet hat.«

»Ich weiß nicht, weshalb das geschehen ist,« erwiderte ich, »denn ich habe keinem Menschen etwas Böses getan. Erklären Sie den Prinzessinnen, daß es mich zur Verzweiflung bringt, ihnen zu mißfallen, und daß ich glücklich wäre, wenn ich, da ich ihre Freundschaft nicht erlangen kann, von ihnen wenigstens nicht gehaßt werden würde.«

Der Herzog gab mir die feierliche Erklärung, daß er alles für mich tun werde, was in seinen Kräften stehe. So bin ich eine Anhängerin der Jesuiten geworden.

Herr von La Vauguyon hatte es nicht leicht, die Töchter des Königs für mich zu gewinnen. Am schwersten fiel es ihm bei der Prinzessin Victoire, die unter dem Einfluß der Choiseuls stand. Diese hatten ihr nämlich eingeredet, daß sie allein die Energie ihres Ahnherrn Ludwigs XIV. geerbt habe, und gaben ihr den Rat, bei dieser Gelegenheit von ihrem Erbe Gebrauch zu machen und offenen Widerstand gegen den König zu zeigen. Zum Überfluß hetzte eine ihrer Hofdamen, die Gräfin Bercheny, gegen mich, und zwar so nachdrücklich, daß ich schließlich davon erfuhr. Ich schickte ihr einen ergebenen Freund, der sie darauf aufmerksam machte, daß sie der König von Versailles verbannen werde, wenn sie nicht aufhören wolle, mich zu verfolgen.

Die Gräfin Bercheny bekam Angst und verließ unter dem Vorwande, eine Reise machen zu müssen, den Hof.

XX

Die Abreise der Gräfin Bercheny wurde den Prinzessinnen so vorsichtig mitgeteilt, daß sie darüber nicht böse sein konnten. Trotzdem verbreitete sich in Versailles das Gerücht, daß die unvorhergesehene Abreise der Gräfin über Wunsch des Königs geschehen sei, der die Beschimpfungen meiner Person nun satt habe. Das genügte, um alle Höflinge in Angst vor ähnlicher Ungnade zu versetzen. Allerdings wurde der Kabale dadurch kein Ende bereitet. Man begnügte sich damit, in der Stille gegen mich zu arbeiten. Der Herzog von La Vauguyon hat es schließlich mit Hilfe der hohen Geistlichkeit dazu gebracht, daß auch die letzte Prinzessin mir ihr Wohlwollen mitteilen ließ. Ich war so glücklich darüber, daß ich ihn wieder umarmte.

Einige Tage später brachte mir der König einen Diamanten im Werte von sechsunddreißigtausend Livres, den ich über seinen Wunsch dem Herzog schenken sollte. Ich fürchtete ihn aber durch dieses Geschenk zu beleidigen.

»Man beleidigt niemand bei Hofe,« sagte der König, »wenn man ihm ein Geschenk macht. Aber machen Sie es auf eine nette Weise.« Er dachte einen Augenblick nach und fügte hinzu: »Stecken Sie den Ring der Pagode an, die auf Ihrem Kamin steht, und schicken Sie diesen chinesischen Mandarin dem Herzog. Niemand kann das Geschenk einer Porzellanstatue zurückweisen.«

Ich befolgte den Rat des Königs und sandte Herrn von La Vauguyon das Geschenk, der sich so liebenswürdig bedankte, daß der König ihm noch ein zweites Geschenk schickte.

In Versailles herrschte große Bestürzung, als man erfuhr, daß nun nichts mehr meine Vorstellung aufhalten könne. Die allgemeine Wut richtete sich gegen Herrn von La Vauguyon, und die Gunstbezeigungen des Königs waren nur eine kleine Entschädigung für das, was der arme Herzog auszustehen hatte. Aber meine Feinde wurden durch diese Neuigkeit noch schlimmer getroffen. Die tolle Prinzessin von Guéménée lief zu Frau von Grammont, um ihr die Nachricht zu bringen. Die Herzogin fiel zu Boden wie vom Schlage gerührt. Sie weinte und schrie und machte sich durch ihre Verzweiflung geradezu lächerlich. Dann unternahm sie einen Sturmlauf gegen die Prinzessinnen. Sie begab sich zuerst zur Prinzessin Adelaïde, wo sie sich höchst ungehörig benahm. Aber die Prinzessin war schon so eingeschüchtert, daß sie sich alles gefallen ließ, und sogar versuchte, sich vor der Herzogin zu rechtfertigen, indem sie sich hinter dem ausdrücklichen Willen des Königs verschanzte, dem sie nicht habe Widerstand leisten können. Auch die anderen Prinzessinnen entschuldigten geradezu vor den Damen des Hochadels ihren Vater, der sich ohne deren Zustimmung eine Geliebte erwählt hatte.

Die Intrigen und die langsame Genesung der Frau von Bearn verzögerten den Tag meiner Vorstellung bis Ende April 1770. Am 21. April teilte der König seinem ersten Kammerherrn mit, daß am nächsten Morgen meine Vorstellung stattfinden werde. Schon einige Tage vorher hatte er mir durch Böhmer, den Juwelier der Krone, ein Diamantendiadem im Werte von hundertfünfzigtausend Livres geschickt. Glücklich über dieses Geschenk, sorgte ich dafür, daß meine Kleidung am Tage der Vorstellung dem Schmucke entspreche. Ich beschäftigte mich eine Woche lang mit nichts anderem als mit der Auswahl von Stoffen und Spitzen, und meine Wohnung sah einem Lagerraum ähnlich.

Am Morgen des 22. April war ganz Paris und Versailles auf den Beinen. In den Straßen, auf den Plätzen der Stadt und auf den Gängen des Schlosses drängten sich die Menschen. Aufgeregte Rufe ertönten, so als ob die Monarchie in Gefahr gewesen wäre. Kuriere kamen und gingen, um die Neuigkeit zu verbreiten. Die Wut und Niedergeschlagenheit meiner Feinde stand in schroffem Gegensatz zu der Freude meiner Parteigänger, die sich unter die ungeheure Menge gemischt hatten, um mein Lob zu verbreiten. Man erwartete mein Kommen mit unsagbarer Ungeduld und zählte die Minuten, während Haarkünstler und Schneiderinnen mich daran vergessen ließen, daß Stunden vergingen.

Sogar der König war von Unruhe erfaßt. Der Tag schien ihm kein Ende zu nehmen, und das Verlangen, mich zu sehen, verstärkte noch das peinliche Gefühl, das meine Verspätung hervorrief. Allerlei Mutmaßungen wurden laut; man sagte, daß meine Vorstellung infolge der Verspätung überhaupt nicht stattfinden werde, erzählte, daß die Prinzessinnen sich im letzten Augenblicke geweigert hätten, mich zu empfangen, schließlich wurde sogar berichtet, daß ich entführt worden sei. Der König ging von einem Fenster zum andern und wurde schlecht gelaunt, da er meinen Wagen nicht kommen sah. Angeblich soll er schon den Auftrag gegeben haben, daß die Vorstellung verschoben werde, aber der Herzog von Richelieu soll diesen Auftrag eigenmächtig widerrufen haben. Doch daran ist kein wahres Wort.

Endlich erschien ich. Ich hatte mich wohl verspätet, hatte aber nie zuvor so schön ausgesehen. Meine Patin, die Gräfin Bearn, begleitete mich. Sie war geschmückt wie ein Altar und glücklich, sich in solchem Glanze zeigen zu können. Die Prinzessinnen empfingen mich so gut, daß ich darüber erstaunt war. Die wohlwollenden Worte, die sie mir sagten, waren Messerstiche für die Damen ihrer Umgebung, die mich mit ihren Blicken durchbohrten. Die Prinzessinnen duldeten nicht, daß ich vor ihnen das Knie beuge, und hoben mich auf, als ich die ersten Bewegungen des großen Hofknickses machte. Den größten Triumpf jedoch bereitete mir das Benehmen des Königs. Er hatte mir tags zuvor gedroht, daß er mich bei der Vorstellung niederknien lassen werde. Ich hatte mit ihm gewettet, daß er nicht zulassen würde, daß ich die Knie beuge. Als ich mich ihm näherte, ergriff er meine Hand, um meiner Verbeugung zuvorzukommen.

»Sie haben verloren, Sire,« sagte ich.

Er machte mir ein entzückendes Kompliment, das allseits gehört wurde. Meine Feinde waren völlig niedergeschlagen. Aber am meisten kränkte sie mein Aussehen und meine gute Haltung. Man hatte allgemein verbreitet, daß ich das Benehmen einer Kuhmagd hätte und daß man meinen Bewegungen die niedere Herkunft und mein vergangenes Leben anmerke. Zu meiner größten Freude hörte ich nichts als Lob, denn nichts an meiner Haltung verriet meine Herkunft, und von diesem Tage an machte mir niemand mehr mein Benehmen zum Vorwurf. Die öffentliche Meinung hatte mir Gerechtigkeit widerfahren lassen.

Am selben Abend fand ein großer Empfang bei mir statt. Anwesend waren der Kanzler, der Bischof von Orléans, Herr von Saint-Florentin, Herr Bertin, der Prinz von Soubise, die Herzoge von Richelieu und La Trimouille, von Duras, d'Aiguillon und d'Ayen. Letzterer war nur gekommen, um Stoff für Bosheiten zu sammeln. Von meinen Freunden fehlte nur der Herzog von La Vauguyon. Ich wußte, daß er nicht kommen werde. Dieses Opfer mußte er der Kabale bringen. Von den Damen des Hofes waren nur die Gräfinnen Bearn und d'Aloigny und meine Schwägerinnen anwesend, für die anderen Damen vom Hofe war ich noch ein räudiges Schaf, dem sie um jeden Preis ausweichen wollten. Der König umarmte mich beim Eintreten vor allen Leuten. »Sie sind eine reizende Frau,« sagte er, »und der Erfolg Ihrer Schönheit erinnert mich an meinen glorreichen Ahnherrn.«

Auch der Herzog d'Ayen machte mir Komplimente und

lobte mein Benehmen. »Herzog,« sagte ich, »ich hatte Zeit zu lernen, und meine Vorbilder waren der König und seine Vorgänger bis zu Pharao.«

Meine Anzüglichkeit hatte Erfolg. Der Herzog erblaßte. Es war aber die gerechte Rache für die Bosheit, die er dem König über mich gesagt hatte.

Der Kanzler flüsterte mir zu: »Sie haben großen Eindruck gemacht und Ihren Feinden die Möglichkeit genommen, Sie zu verleumden.«

»Haben sich die Leute denn eingebildet,« fragte ich, »daß ich weder reden noch schweigen, weder sitzen noch gehen kann?«

»Da man gewünscht hat, daß Sie linkisch und unwissend seien, hat man es auch angenommen. Wenn man jemand haßt, sagt man zuerst, daß er zu allem fähig ist, dann, daß er alles mögliche begangen hat, und schließlich ist man selbst davon überzeugt, daß das wahr ist, was man vorher erfunden hat.«

»Hatten Sie keine Angst?« fragte mich der König.

»Verzeihung, Sire,« erwiderte ich, »ich fürchtete nur, Eurer Majestät zu mißfallen, und hatte den Wunsch, die Prinzessinnen von meiner Ehrerbietung zu überzeugen.«

In Wahrheit war ich sehr besorgt gewesen; die Unfreundlichkeit auch nur einer Prinzessin hätte mir die Freude an der Vorstellung nehmen können.

Am glücklichsten über meinen Erfolg waren der Herzog d'Aiguillon und Graf Jean, der sich meiner nun nicht mehr zu schämen brauchte und wußte, daß die Zukunft seines Hauses gesichert sei. Ich habe ihn niemals vernachlässigt und die Börse des Königs stand ihm jederzeit offen. Er schöpfte daraus mit vollen Händen.

Am nächsten Tag empfing ich den Besuch des Kanzlers. »Endlich sind Sie am Ziel Ihrer Wünsche«, sagte er mir. »Sie müssen es so einrichten, daß der König bei Ihnen alle Zerstreuungen findet. Er liebt keine großen Empfänge. Ein kleiner Kreis genügt ihm, in dem er immer wieder denselben Menschen begegnet. Wenn Sie mir folgen, empfangen Sie wenig Frauen, und die Sie empfangen, suchen Sie sich gut aus.«

»Welche soll ich aussuchen, da ich keine kenne?«

»Das soll Ihnen keine Sorgen machen«, erwiderte er. »Die eine wartet darauf, daß die andere sich bei Ihnen melde. Wenn sich aber die erste dazu entschlossen hat, kommen alle. Es muß nur der Anfang gemacht werden. Die Marschallin von Mirepoix war zu lange die Freundin der Marquise von Pompadour, um sich nicht gerne der Gräfin Dubarry anzuschließen.«

Ich sagte, daß ich sehr glücklich wäre, wenn ich die Freundschaft dieser Frau erlangen könnte, die man mir als geistvoll und liebenswürdig gerühmt hatte.

»Das ist sie,« meinte lachend Herr von Maupeou, »sie ist die echte Frau vom Hofe, eine Mischung von Würde und Biegsamkeit, von majestätischem Benehmen und Kriechertum. Es scheint, daß sie dazu bestimmt ist, den Freundinnen unseres königlichen Herrn ihr Leben lang Gesellschaft zu leisten. Es gibt noch andere Damen, die ich Ihnen später nennen werde. Was die Marschallin anbelangt, glaube ich mich verpflichten zu können, sie Ihnen als erste zu bringen. Sie hat mich um eine Audienz bitten lassen, um sich mit mir über einen Prozeß zu beraten. Ich werde die Gelegenheit benützen und mich mit ihr in Ihrem Sinne auseinandersetzen. Sie ist den Choiseuls nicht zugetan. Davon bin ich überzeugt, seitdem ich sehe, daß sie der Familie des Ministers so ergeben den Hof macht.«

XXI

Unter den Leuten, die mich am Abend nach meiner Vorstellung besuchten, befand sich auch der Graf von La Marche, Sohn des Prinzen von Conti und daher Prinz von Geblüt. Er war seit jeher für die Launen Ludwigs XV. eingenommen und machte mir, nachdem er von meinem Einfluß auf den König erfahren hatte, den Hof. Ich war sehr stolz, eine so hohe Persönlichkeit empfangen zu dürfen, um so mehr, als ich damit bewies, daß ich den König nicht allen Mitgliedern seiner Familie entfremdete. Der Graf von La Marche genoß zwar keinen guten Ruf, aber sein Rang als Prinz des königlichen Hauses entschädigte für alle Fehler. Die Freundschaft, mit der er mich beehrte, war meinen Feinden ein Dorn im Auge. Sie versuchten daher mit allen Mitteln, ihn mir abspenstig zu machen. Man setzte auch die Marquise von Beauvoir in Bewegung, die er aushielt, obwohl sie nicht seine erklärte Geliebte war. Beeinflußt von den Choiseuls, machte sie dem Prinzen lächerliche Vorwürfe und zog über mich her. »Meine Liebe,« sagte er, »da in den Augen der Welt jede Frau, die mit einem Manne zusammen lebt, mit dem sie nicht verheiratet ist, für liederlich gilt, glaube ich, daß man am besten daran tut, die Schönste zur Geliebten zu nehmen. Und wenn diese Regel gilt, ist der König im Augenblick besser daran als seine Untertanen!«

Man kann sich vorstellen, wie diese Antwort der Marquise von Beauvoir gefiel. Sie schrie, weinte und bekam einen Nervenanfall. Der Graf von La Marche sah ihr erst ruhig zu. Da sie aber nicht aufhörte, Lärm zu machen, ging er gelangweilt fort. Die Marquise, die fürchtete, ihren reichen Liebhaber zu verlieren, sandte ihm einen Brief, in welchem sie, um sich zu rechtfertigen, gestand, daß sie im Auftrage der Damen von Grammont und Guéménée über mich geschimpft habe. Der Graf von

La Marche zeigte mir dieses Schreiben. Ich nahm es trotz seines Widerstandes an mich, um es meinem König zu zeigen. Als dieser mich das nächstemal besuchte, las er den Brief, zuckte wie gewöhnlich die Achseln und sagte: »Das sind Teufel, und noch dazu von der schlechtesten Sorte. Sie wollen Ihnen mit allen Mitteln schaden, aber sie werden keinen Erfolg haben. Ich selbst bekomme täglich anonyme Briefe, die sich gegen Sie richten. Lassen Sie sich durch diese Bosheiten nicht beunruhigen. Zu Zeiten der Frau von Pompadour war es ebenso. Sooft ich eine Frau bevorzuge, zieht die Kabale gegen sie los. Übrigens verfolgt die Frau von Grammont Sie so hartnäckig, weil sie davon überzeugt ist, zum Ziele gelangen zu können. Machen Sie sich aber nichts daraus!«

Da ich mich wütend umdrehte, lachte der König und fragte: »Sind Sie am Ende gar eifersüchtig auf Frau von Grammont?«

Ich besprach mit dem König, daß ich mich bei dem Schwiegervater der Frau von Guémenée über sie beklagen wolle. Auch der König sagte mir zu, mit ihm darüber zu sprechen. Am nächsten Morgen besuchte mich der Prinz von Soubise. Zufälligerweise war er so liebenswürdig wie nie zuvor. Er hielt eine lange Lobrede auf mich und machte mir in unzweideutiger Weise Komplimente. Als er seine Hymne beendet hatte, sagte ich: »Herr Marschall, Sie sind so gütig, daß ich wünschte, alle Mitglieder Ihrer Familie wären so wie Sie.«

Als echter Höfling gab er sich den Anschein, mich nicht zu verstehen, antwortete nicht und hoffte wahrscheinlich, daß ich dem Gespräch eine andere Wendung geben würde.

Trotz seines Schweigens fuhr ich fort: »Weit entfernt davon, mich so gut zu behandeln wie Sie, nimmt Ihre Frau Schwiegertochter gar keine Rücksicht auf mich, sondern behandelt mich wie eine Feindin. Wenn das so weitergeht, werde ich gezwungen sein, mit ihr den offenen Kampf aufzunehmen.«

Man muß Höfling sein am Hofe eines Königs, dem von früh bis abends geschmeichelt wird, um die Lage zu begreifen, in die mein offener Angriff den Prinzen von Soubise versetzte. Er stammelte einige unverständliche Worte, und seine Verlegenheit war so groß und offenkundig, daß ihm sogar der Marquis von Chauvelin, der ihm nicht sehr zugetan war, zu Hilfe eilte. Der König, der mit halbem Ohr zugehört hatte, gab sich den Anschein, nichts gehört zu haben, und sprach mit Chon.

Herr von Chauvelin sagte mir: »Sie sind heute mit dem linken Fuß aufgestanden, Gräfin. Sie können doch den Prinzen, der Ihr Freund ist, nicht für den Haß seiner Schwiegertochter verantwortlich machen.«

»Ich habe nicht die Absicht«, erwiderte ich, »dem Herrn Marschall, den ich vom Herzen liebe, eine Ungelegenheit zu bereiten. Ich wollte ihm nur mein Bedauern zeigen, daß nicht alle Mitglieder seiner Familie ihm gleichen. Das ist alles. Ich wäre verzweifelt, wenn ich ihm etwas gesagt hätte, das ihn verletzt haben könnte. Wenn dies der Fall ist, so bitte ich aufrichtig um Verzeihung.«

Dann reichte ich dem Prinzen meine Hand, die er küßte. »Sie sind gleichzeitig grausam und liebenswürdig,« sagte er, »aber wenn Sie das traurige Glück haben werden, bei Hofe zu altern, werden Sie sehen, daß Kinder nicht immer die Ergebenheit und Achtung für ihre Eltern an den Tag legen, die sie ihnen schulden. Wenn meine Schwiegertochter Ihnen indes nicht zugetan ist, so liegt das vielleicht auch an mir. Ich mag den Fehler begangen haben, Sie zu laut vor ihr zu loben, und ihre Eifersucht wurde dadurch geweckt.«

»Das ist gütig von Ihnen, und von nun an will ich mit Rücksicht auf Sie der Prinzessin von Guéménée nichts nachtragen.«

Trotzdem Herr von Soubise vorgegeben hatte, keinen Einfluß auf seine Schwiegertochter zu haben, machte er ihr, wie ich später erfuhr, am nächsten Morgen bittere Vorwürfe. Er bat sie, sich gegen mich besser zu benehmen und sich stiller zu verhalten, da ihre Stellung bei Hof gefährdet werden könnte. Die Prinzessin, deren Hochmut ihrer Sittenlosigkeit gleichkam, erwiderte ihm, daß sie viel zu hoch über einer Frau meiner Art stehe, um fürchten oder nachgeben zu müssen. Mein Aufenthalt im Schloß werde nicht von langer Dauer sein, während sie ihr ganzes Leben daselbst verbleiben könne. Sie sei unter keinen Umständen bereit, nachzugeben. Schwäche entspräche weder ihrem Charakter noch ihrem Range.

Der König, der sich während der ganzen Dauer meines Gespräches mit dem Marschall weggewendet und mit Chon unterhalten hatte, sagte mir nachher: »Sie haben den armen Prinzen zu hart angefaßt.«

»Um so schlimmer für ihn, Sire,« erwiderte ich, »wenn ein Vater sich nicht den Gehorsam seiner Kinder verschaffen kann. Wenn der Marschall von der Öffentlichkeit geachtet würde, wäre er es auch von seiner Familie.«

Meine Antwort war vielleicht ein wenig zu scharf, um so mehr, als sie der König auf sich beziehen konnte. Er erwiderte nichts und schien gekränkt. Aber ich machte mir nichts daraus, da ich die Gewohnheit hatte, mit ihm zu sprechen, wie mir der Schnabel gewachsen war.

Schließlich sagte mir der König mit rotem Kopf: »Ich werde Frau von Guéménée dazu bringen, daß sie sich ruhig verhält, aber kümmern Sie sich nicht mehr um diese Angelegenheit. Schaffen Sie sich selbst nicht noch mehr Feinde, als Sie schon ohnehin haben. Es wäre mir lieber, wenn Sie sich mit Ihren Gegnern versöhnen würden, anstatt neue zu bekommen.«

Obwohl mir der König diese Worte in gewichtigem Tone sagte, begann ich zu lachen, und um ihm Angst einzuflößen, sagte ich ihm, daß ich seine Hilfe nicht brauche und mich allein zur Wehr setzen werde. Mein Entschluß, den ich eigentlich nur im Scherze vorgebracht hatte, brachte ihn zur denkbar drolligsten Verzweiflung. Er sah schon alles am Hofe drunter und drüber gehen und rief, daß er lieber hundert Feldzüge gegen den König von Preußen und den Kaiser von Deutschland führen wolle als gegen drei oder vier Frauen vom Hofe.

So entschloß er sich aus Angst zu einer mutigen Handlung und ließ den Herzog von Choiseul kommen. Der Einfluß dieses Ministers war ungeheuer und stützte sich auf vier Mächte: die Parlamente, die Philosophen, die Schriftsteller und die Frauen. Die hohe Magistratur fand in ihm einen öffentlichen und heimlichen Protektor und sammelte ihm einen großen Anhang in der Provinz. Die Philosophen unter Führung Voltaires, der ihr Gott war, kannten seine Zuneigung für die Wissenschaften und wußten, daß sie im Kampfe gegen den Klerus seiner Hilfe sicher sein konnten. Die Schriftsteller waren ihm ergeben, weil er mit seinem Jahrhundert Schritt hielt und Neuerungen nicht abhold war. Die Frauen liebten seine Artigkeit. Ich war vielleicht die einzige Frau am Hofe, der er keine Liebenswürdigkeiten erwies, und dennoch war ich nicht die Häßlichste und Ärgste.

Diese vier Mächte lobten ihn vielleicht über Gebühr, wenn er auch große Verdienste hatte. Daß Frankreich von den Jesuiten befreit worden war, ist auf Herrn von Choiseul zurückzuführen, und diese Wohltat sichert ihm den Dank des ganzen Reiches.

Der König kannte die allgemeine Achtung, die man seinem Minister entgegenbrachte, und war selbst davon überzeugt, daß Herr von Choiseul sich gelegentlich der Anbahnung der Allianz mit dem kaiserlichen Hause um Frankreich sehr verdient gemacht habe. Trotzdem war seine Anhänglichkeit für den Minister irgendwie erzwungen, wenn er auch Grund gehabt hätte, ihm von Herzen dankbar zu sein. Eine Intrige, an der auch ich teilhatte, war daran schuld, daß er ihn später aus seinen Diensten entließ.

Nach meiner Vorstellung mußte ich wiederholt mit dem Herzog von Choiseul zusammentreffen, was uns beiden äußerst unangenehm war. Der König suchte uns zu versöhnen und es wäre ihm wahrscheinlich nicht zu schwer gefallen, wenn er nur den Widerstand des Herzogs und seiner Frau zu beseitigen gehabt hätte. Aber Frau von Grammont, die ihren Bruder beherrschte, war nicht zu beruhigen. Ihr Einfluß auf den Minister war so groß, daß sogar gewisse Gerüchte ihren Beziehungen andere als geschwisterliche Gründe unterschoben. Diese Frau zu zähmen, war beinahe unmöglich. Ludwig XV. versuchte es im Wege ihres Bruders und dessen Gattin.

Nachdem er gelegentlich einer Audienz des Herzogs die Staatsgeschäfte erledigt hatte, bat er seinen Minister, doch auch zu den Abendgesellschaften zu kommen, die er gebe und bei denen sich so angenehme Menschen versammeln.

»Sire,« erwiderte ihm der Herzog, »die Vielfältigkeit der Arbeiten, die ich im Dienste Eurer Majestät versehe, überbürdet mich so sehr, daß ich keine Zeit für Vergnügungen erübrigen kann.«

»Oh, Sie sind nicht so sehr beschäftigt, daß Sie nicht einige Stunden für die Damen meines Hofes erübrigen könnten; und ich glaube, Ihnen häufig genug bei Frau von Pompadour begegnet zu sein.«

»Sire, sie war meine Freundin.«

»Und warum sind Sie nicht auch mit der Gräfin Dubarry befreundet? Sie kennen sie doch nicht. Die Gräfin ist eine ausgezeichnete Frau, die Sie nicht nur nicht haßt, sondern sogar wünscht, mit Ihnen auf gutem Fuße zu stehen.«

»Ich glaube es, wenn es mir der König sagt; aber, Sire, die zahllosen Staatsgeschäfte –«

»Sind keine genügende Entschuldigung. Ich wünsche, daß Sie heute Abend anwesend sind.«

»Ich weiß, daß ich Seiner Majestät Gehorsam schulde«, erwiderte Herr von Choiseul und verneigte sich tief.

»Gut! Machen Sie erst aus Pflicht, was Sie später zum Vergnügen machen werden, Herr von Choiseul. Lassen Sie sich nicht durch Ratschläge beeinflussen, die Ihnen schädlich sein könnten. Was ich von Ihnen verlange, kann Ihnen nicht schaden. Antworten Sie mir nicht. Sie wissen sehr gut, was ich sage.«

Herr von Choiseul wurde trotzdem nicht mein Freund, aber er ließ mir gegenüber jede Rücksicht obwalten. Man hat boshafte Epigramme, die gegen mich erschienen sind, seiner Feder zugeschrieben, aber ich glaube nicht, daß er der Autor dieser Abscheulichkeiten gewesen ist. Mag sein, daß er sich gelegentlich einen Scherz erlaubt hat, aber mehr nicht. In meiner Gegenwart jedenfalls hat er nie ein Wort gesprochen, über das ich mich hätte beklagen können.

Voltaire hatte sich gelegentlich des Erscheinens der Schmähschrift »*La cour du roi Petaud*« durch den Herzog d'Aiguillon bei mir entschuldigen lassen und die Urheberschaft geleugnet. Der große Schriftsteller war Höfling durch und durch. Wahrscheinlich war ihm an der Protektion der Großen gelegen, weil er sie brauchte. Er hat sich auch von Jugend auf ständig bemüht, das Wohlwollen von Menschen zu erlangen, die einen hohen Rang bekleideten, was ihn nicht hinderte, ihnen hinter dem Rücken eine lange Nase zu drehen, solange sie die Macht hatten, und ihnen öffentlich Grimassen zu schneiden, wenn sie in Ungunst gefallen waren. Ohne Zweifel hatte er erfahren, daß sich mein Einfluß von Tag zu Tag vergrößerte, und glaubte daher, sich auf meine Seite schlagen zu müssen. Er zog den Herzog von Richelieu ins Vertrauen und bat ihn, die Verbindung mit mir herzustellen. Der Marschall kam mit geheimnisvoller Miene, sah sich im Salon um, ob niemand anwesend sei, schüttelte die Vorhänge, guckte unter die Tische, ob sich niemand verberge, und sagte mir leise: »Ich überreiche Ihnen einen geheimen bedeutungsvollen Brief. Der Absender hat mich beauftragt, alle Vorsichtsmaßregeln bei der Überbringung walten zu lassen. Es ist das Friedensangebot einer bedeutenden Persönlichkeit.«

Ich glaubte, daß es sich um irgend eine Dame vom Hofe handle, vielleicht um eine Prinzessin, und bat ihn um den Namen der Frau, deren Freundschaft ich erringen sollte.

»Es handelt sich nicht um eine Frau,« sagte er, »ein bedeutender Mann schickt mich zu Ihnen, ein Mann, dessen Worte ganz Europa auswendig lernt, und von dem die Choiseuls geglaubt haben, daß er sich zu ihnen zähle.«

»Voltaire?« fragte ich.

»Sie haben es erraten!«

»Was will er von mir?«

»In Frieden mit Ihnen leben, sich erst heimlich auf Ihre Seite schlagen, um sich dann offen für Sie zu bekennen.«

»Warum tut er das nicht schon?« fragte ich gekränkt.

»Er fürchtet sich, und Sie dürfen ihm nicht böse sein. Seine Unruhe gaukelt ihm immer wieder neue Gefahren vor. Er glaubt sich überall Freunde machen zu müssen, links und rechts, in Frankreich und im Ausland. So ist es ihm unmöglich, den geraden Weg zu gehen. Die Choiseuls haben sich ihm nützlich erwiesen, und solange sie ihm noch nützlich sein können, will er sie nicht ganz verlassen. Wenn sie gestürzt sind, wird er sie offen verleugnen.«

»Ein schlechter Charakter!« sagte ich.

»Ich will Ihnen Voltaire nicht als Epaminondas oder Aristides darstellen. So, wie er ist, ist er ein geistvoller Schriftsteller und tiefer Denker; ein überlegenes Genie; unser Ruf hängt von seiner Feder ab. Wenn er uns schmeichelt, wird die Nachwelt es wissen, und wenn er sich über uns lustig macht, auch. Ich empfehle Ihnen, sich gut mit ihm zu verhalten.«

»Ich schließe mich Ihrer Meinung an,« erwiderte ich, »schon deshalb, weil ich ihn wie das Feuer fürchte.«

Der Marschall übergab mir den Brief und bat mich nochmals, nichts über diese geheime Korrespondenz verlauten zu lassen, Voltaire bitte mich inständigst, verschwiegen zu sein, und dies sei auch in meinem Interesse gelegen. In erster Linie möge ich dem König nicht den Brief zeigen, bevor ich ihn nicht selbst gelesen habe.

»Er liebt diesen außerordentlichen Mann nicht,« sagte mir der Herzog, »er klagt ihn an, ihm nicht die nötige Ehrfurcht erwiesen zu haben, und vielleicht finden Sie auch irgendwelche Ausdrücke, die ihm mißfallen könnten.«

Kaum hatte ich den Brief eingesteckt, als der König eintrat. »Wovon sprachen Sie eben so angeregt?« fragte er.

»Von Herrn von Voltaire«, erwiderte ich mit einer Geistesgegenwart, für die mir der Herzog von Richelieu Dank wußte.

Ludwig XV. begann hierauf über den großen Schriftsteller loszuziehen. Richelieu hätte gute Gelegenheit gehabt, seinen berühmten Freund zu verteidigen. Er tat aber nichts dergleichen, und ich wurde in meiner Überzeugung bestärkt, daß Voltaire der Mensch sei, den der Marschall am meisten haßte, weil er ihn wahrscheinlich zu sehr fürchtete, um ihm freundschaftlich gesinnt zu sein.

XXII

Aus der Art und Weise, wie der König über Voltaire gesprochen hatte, ersah ich, daß der Herzog recht hatte, mir Verschwiegenheit anzuraten. Ich wollte daher erst den Brief selbst gelesen haben, bevor ich ihn meinem königlichen Freund zeigte.

Voltaire bat mich, nicht alle schlecht geschriebenen Schmähschriften seiner Feder zuzuschreiben, versicherte mich seiner Anhänglichkeit und leugnete, sich von meinen Feinden leiten zu lassen. Er hüllte die Bitte um meine Gunst in Wolken von Komplimenten und empfahl sich meinem Wohlwollen. Ich beantwortete seinen Brief so höflich als möglich und gab ihm meine Freude zu erkennen, daß er meiner gedacht habe. Ich übergab den Brief Herrn von Richelieu mit der Bitte, ihn weiter zu befördern.

Herr von Maupeou hatte mir versprochen, die Marschallin von Mirepoix mit mir zu verbünden, aber als man mir ihren Besuch meldete, war ich so überrascht über ihr plötzliches Erscheinen, daß ich ihr gar nicht entgegenging. Sie half mir durch ihre Freundlichkeit über meine Verlegenheit hinweg, und wir verstanden uns sehr bald. Man hatte Frau von Mirepoix sehr oft vor mir gelobt, und ich muß gestehen, daß man mir nicht zuviel von ihr gesagt hatte. Sie konnte sich so gut den Anschein von Offenheit und Wahrheit geben, daß es unmöglich war, ihr nicht zu glauben. Ihre Herzensergüsse schienen mir so aufrichtig, daß ich sie bald lieb gewann. Wenn sie anwesend war, hatte man das Gefühl, in großer Gesellschaft zu sein, und langweilte sich nie. Ihre Laune war immer gleich gut, und was sie sagte, geistvoll. Sie sah ihre Aufgabe darin, zu gefallen und nicht zu lieben, und wurde innerlich immer kälter, je mehr sich die anderen für sie erwärmten. Ich habe niemals eine Frau kennen gelernt, die mit ihr hätte verglichen werden können. Sie war mit Betrübten traurig, scherzte mit Fröhlichen und hatte die Gewohnheit angenommen, niemals zu stören. Dem König machte ihre Anwesenheit immer Vergnügen. Er wußte, daß sie nur an seine Unterhaltung denke, und da er gewohnt gewesen war, sie bei Frau von Pompadour immer um sich zu sehen, hatte ihn ihr Fernbleiben in der ersten Zeit meiner Anwesenheit in Versailles geradezu betrübt. Als er ihr daher das erstemal bei mir begegnete, stieß er einen Freudenschrei aus und lief ihr wie ein Kind entgegen.

Als ich mich beim Kanzler für seine Bemühung bedankte, sagte er mir, daß ich ihm keinen Dank schulde. Die gute Marschallin fühle sich nur dann wohl, wenn sie mit der Frau befreundet sein könne, die der König jeweilig liebe, und es habe keiner Mühe bedurft, sie zu diesem Besuche zu veranlassen.

Man hatte sich im Schloß über den Herzog von La Vauguyon und die Frau von Bearn genügend aufgehalten; als man aber davon erfuhr, daß die Marquise von Mirepoix zu mir übergegangen sei, wuchs die Aufregung meiner Gegner ins Maßlose. Man verfaßte Schmähschriften gegen die Marschallin, und die Kabale unter Führung der Prinzessin von Guéménée und der Herzogin von Grammont versuchte meine neue Freundin unmöglich zu machen. Aber Frau von Mirepoix machte sich nichts daraus, das Wichtigste war ihr die Gunst ihres Königs, und dieser war sie sicher.

Der Herzog von Duras fragte die Marschallin vor Ludwig XV. und mir, warum sie ihre Diamanten schon einige Zeit nicht trage.

»Sie vertreten mich«, erwiderte sie.

»Wie, sie vertreten Sie?« fragte ich erstaunt.

»Gewiß, schöne Gräfin, sie vertreten mich, oder besser gesagt, meine Unterschrift bei einem Juden. Der Gauner wollte mir nicht die dreißigtausend Francs, die ich brauchte, auf mein Wort geben, so mußte ich ihm meine Diamanten lassen.«

Wir lachten herzlich, aber sprachen zu ihrem großen Bedauern nicht weiter über diese Angelegenheit. Ich glaube übrigens, daß das ganze Gespräch von ihr und von Herrn von Duras vorbereitet war, um den König zu rupfen.

Als ich mit Ludwig XV. allein war, sagte er mir: »Die arme Marschallin tut mir leid; ich hätte Lust, ihr fünfhundert Louis zu schenken.«

»Was soll sie mit dieser kleinen Summe machen?« fragte ich. »Sie wissen doch, wieviel sie braucht, und müssen ihr entweder alles geben oder sich still verhalten!« Der König schnitt eine Grimasse, antwortete nicht und lief im Zimmer hin und her.

Hm, dachte ich, jetzt habe ich ihn gekränkt. Ich tat ihm schön und bat ihn um die ganze Summe für die Marschallin. Er gab nach und versprach mir den Betrag am nächsten Morgen durch Lebel zu schicken, beauftragte mich aber, nichts von diesem Geschenk zu erzählen, da man sonst behaupten würde, daß mir die Marschallin ihre Besuche verkauft habe.

Lebel überbrachte mir eine wunderschöne Brieftasche, die mit Silberfäden und blonden Haaren bestickt war. Sie enthielt dreißigtausend Francs in Banknoten. Ich beeilte mich, zur Marschallin hinüber zu laufen. Wir befanden uns damals in Marly. Ich überreichte ihr das königliche Geschenk, und sie war glücklich über meinen kostbaren Besuch.

Als sie aber die Brieftasche näher betrachtete, begann sie herzlich zu lachen. »Sehen Sie sich das an, liebe Freundin!« sagte sie. »Wissen Sie, mit wessen Haaren diese Tasche bestickt ist? Die blonden Haare sind auf dem Kopfe der Frau von Pompadour gewachsen. Sie selbst hat diese Girlande gestickt und dem König die Tasche zum Geburtstag geschenkt. Er schwor damals, sich nie von diesem Andenken zu trennen.«

Dann öffnete sie die Brieftasche und suchte aufmerksam. Sie fand in einer geheimen Lage ein Papier. »Ich war davon überzeugt, daß er es darin gelassen hat«, fügte sie hinzu.

Es war ein Brief der Frau von Pompadour, den ich haben wollte und den mir die Marschallin ohne Mühe überließ. Die Banknoten blieben ihr ja.

Ich gebe hier den Inhalt des Briefes wieder: »Sire, ich bin krank, vielleicht sogar gefährlich krank. Ich habe das Verlangen, Ihnen ein Andenken zu geben, das mich Ihnen immer in Erinnerung rufen kann. Ich habe diese Brieftasche mit meinen Haaren bestickt. Nehmen Sie sie und trennen Sie sich niemals davon. Bewahren Sie dieses Andenken bei Ihren wertvollsten Papieren; ich bitte Sie inständigst darum. Verpflichten Sie sich, meine Bitte zu erfüllen, indem Sie mir es schriftlich geben. Ich beschwöre Sie, dies einer Kranken zuliebe zu tun.«

Auf der Rückseite stand: »Dieses Zeichen der Anhänglichkeit wird mich niemals verlassen. Ludwig.«

Ich war durch dieses Erlebnis peinlich berührt. Ich sah, wie wenig ich mit den Gefühlen des Königs rechnen konnte und daß die Marschallin von Mirepoix der Frau von Pompadour, deren beste Freundin sie gewesen, in keiner Weise nachtrauerte.

Frau von Mirepoix merkte meine Niedergeschlagenheit und sagte: »Wollen Sie bei Hofe sentimental sein? Man muß sich hier mit dem äußeren Schein begnügen und nicht in die Tiefe gehen.«

»Gibt es denn hier nichts Echtes?«

»Gewiß,« antwortete sie, »aber nur zwei Dinge: die Macht und das Geld. Der Rest ist blauer Dunst. Niemand liebt hier aufrichtig. Das einzige Gefühl, das feste Wurzeln schlägt, ist der Haß. Wenn Sie hoffen, bei Hofe eine echte Freundschaft oder Zuneigung gewinnen zu können, sind Sie auf dem Holzweg.«

»Sie sind mir also nicht zugetan?«

»Doch, mein lieber Engel. Ich habe Sie sogar sehr lieb. Ich bewies es, indem ich mich auf Ihre Seite schlug und Ihnen offen sagte, daß ich Ihre Stelle eher Ihnen gönne als einer andern Frau des Hofes. Aber meine Beziehung zu Ihnen ist nicht die Freundschaft von Pylades zu Orestes. Ich würde Sie belügen, wenn ich das behaupten wollte. Es gibt zuviel Intrigen und Streitigkeiten, als daß man Zeit hätte, an andere zu denken. Am Hofe lebt man ausschließlich sich selbst.«

Ich blieb gegen meine Gewohnheit stumm. Die Marschallin fuhr fort: »Wir würden in Philosophie verfallen, wenn wir uns weiter darüber unterhielten. Denken wir nicht mehr daran. Ich habe übrigens eine angenehme Nachricht zu bringen. Frau von Flavacourt hat mir gestern ihre Bereitwilligkeit kundgetan, sich mit Ihnen zu befreunden.«

Ich zeigte mich darüber sehr erfreut und vereinbarte, daß wir die Gräfin am nächsten Morgen *zufällig* im Parke treffen sollten.

Kaum hatte mich die Marschallin verlassen, als man mir Frau von Bearn meldete. Die alte Gräfin belagerte mich ohne Unterlaß. Sie war nicht zufrieden mit meinen neuen Freundschaften. Sie hätte gewünscht, die einzige Frau zu sein, mit der ich verkehre, um alle Gunstbezeigungen auf sich zu vereinigen. Mir selbst war es peinlich geworden, unausgesetzt diese Frau um mich zu sehen, deren offenkundige Bereitwilligkeit mir zu dienen zu sehr die Absicht verraten ließ. Ich wartete nur darauf, daß mein Kreis von Freundinnen sich vergrößere, um mich der Gräfin entledigen zu können.

Auch am nächsten Morgen hatte sie mich wieder beobachtet und war mir in den Park gefolgt, vielleicht mit der Absicht, neue Beziehungen, die ich anknüpfen könnte, zu verhindern. Als wir von weitem Frau von Mirepoix und die Gräfin Flavacourt erblickten, forderte mich Frau von Bearn auf, den beiden Damen auszuweichen. Zu ihrem größten Schmerz gab ich ihrem Wunsche nicht nach und ging ihnen entgegen.

Frau von Flavacourt empfing mich sehr liebenswürdig, und wir gingen gemeinsam spazieren. Die alte Gräfin konnte nun erkennen, daß nicht der Zufall diese Gelegenheit geschaffen habe. Das Stillschweigen, das sie offenkundig bewahrte, und ihr Schmollen während des Spazierganges waren bezeichnend.

Ich kränkte mich nicht über ihre schlechte Laune. Ich hatte die guten Dienste, die sie geleistet hatte, bezahlt und hatte den Beweis dafür, daß sie mir nur aus Eigennutz gedient hatte. Wir waren quitt und ich hatte nicht die Verpflichtung, isoliert zu bleiben, um ihr damit gefällig zu sein. Als wir heimgekehrt waren, verließ sie mich gegen ihre Gewohnheit plötzlich, woraus ich die Überzeugung gewann, daß sie ernstlich böse sei.

Im Laufe desselben Tages erhielt ich den Besuch der Gräfin Flavacourt. Sie benahm sich so offen und freundschaftlich, daß ich ihre Bosheit und Falschheit vergaß. Warf sich mir an den Hals und umarmte mich zärtlich. »Ich war gegen Sie voreingenommen«, sagte sie, »und hatte mir ein schlechtes Bild von Ihrer Person gemacht. Schon meine Beziehungen zu den Damen Egmont, Brienne und Grammont hatten mich natürlich Ihre Gegnerin werden lassen. Aber nachdem ich Sie gesehen und von der Ferne und aus der Nähe beobachtet habe, habe ich die Ungerechtigkeit Ihrer Feinde erkannt. Ich bin glücklich, daß auch die Marschallin von Mirepoix meine Meinung teilt und mich mit Ihnen verbunden hat.«

Wir umarmten uns nochmals und sie sagte: »Alles ist nun aufgeklärt, vergessen wir die Vergangenheit und tun wir so, als ob unsere Bekanntschaft erst vom heutigen Tage datiere.«

»Die Freundschaft, mit der Sie mir begegnen«, erwiderte

ich, »läßt mich nicht glauben, daß ich Sie erst seit heute kenne; ich habe das Gefühl, als wären Sie eine alte Freundin.«

Wir sprachen über den Haß, den mir die anderen Damen des Hofes entgegenbrachten. »Man haßt Sie aus zwei Gründen«, sagte die Gräfin. »Erstens, weil Sie eine Eroberung gemacht haben, um die Sie alle Welt beneidet, und dann, weil Sie nicht einer Familie von Rang angehören. Aber man hat bei Hof nicht die Gewohnheit, sich für lange Dauer in Gegensatz zu den Wünschen des Königs zu stellen. Sie können überzeugt sein, daß die meisten Frauen, die Ihnen böse sind, es eigentlich gegen ihren Willen sind. Wenn Sie noch die Frauen hinzuzählen, die unausgesetzt von ihren Gatten, ihren Söhnen, ihren Brüdern und ihren Liebhabern gedrängt werden, sich mit Ihnen zu versöhnen, so können Sie überzeugt sein, daß der Widerstand der Damen des Hauses Choiseul in Kürze überwunden sein wird. Die Kabale ist flügellahm geworden und sehnt sich nach einer Beziehung zu Ihnen. Beunruhigen Sie sich nicht. Bemühen Sie sich weiter um die Gunst des Königs, und Sie werden sehen, die Abneigung der Hofdamen wird sich ebenso verflüchtigen wie die der Prinzessinnen.«

Was die Gräfin von Flavacourt sagte, stimmte mit der Meinung der Frau von Mirepoix überein. Ich glaubte ihnen, da das Gesagte ihrer Erfahrung und der Kenntnis der Hofsitten entsprang.

XXIII

Indessen gewann ich immer mehr Einfluß auf Ludwig XV. Er wohnte öffentlich meiner Toilette bei, ging mit mir spazieren und trennte sich so wenig als möglich von mir. Die folgende Geschichte soll bezeugen, wie er die Leute behandelte, die mich öffentlich beleidigten. Ich betrat eines Tages in Marly den Salon und setzte mich auf einen leeren Stuhl neben die Prinzessin von Guéménée. Kaum hatte ich Platz genommen, als sich meine Nachbarin erhob und sagte: »Welch ein Greuel!« Gleichzeitig begab sie sich in die andere Ecke des Raumes. Ich war außer mir. Diese Beleidigung war zu öffentlich geschehen, als daß ich mein Rachegefühl hätte unterdrücken können. Auch hätten Graf Jean und meine Schwägerinnen, die gegenwärtig waren, es nicht erlaubt.

Ich beklagte mich also beim König, der der Prinzessin Guéménée befahl, sich augenblicklich von Marly zu entfernen und sich zur Prinzessin von Marsan zu begeben, die Erzieherin der Kinder des Hauses von Frankreich war. Niemals wieder hat eine so gerechte Strafe solches Aufsehen erregt. Es schien, daß der ganze Adel von Frankreich dadurch betroffen worden sei. Wenn man dem allgemeinen Geschrei hätte glauben wollen, hätte man annehmen müssen, daß die Prinzessin in das finsterste Staatsgefängnis geworfen worden sei. Mir selbst fügte diese Handlung des Königs nur großen Schaden zu, da meine Feinde Gelegenheit bekamen, mich rachsüchtig zu nennen. Trotzdem erlitt die Familie Choiseul einen großen Schreck. Obwohl ihr kurz vorher eine Gunst zuteil geworden war – das Gouvernement von Straßburg nämlich, das man den Schlüssel Frankreichs und des Elsaß nannte, war dem Grafen von Stainville verliehen worden – hinderte diese große Gnade die Herzogin von Grammont und die Damen ihres Hauses nicht, gegen den König und mich weiter zu intrigieren. Ich war also entschlossen, wenn der Ärger des Königs sich in gerechten Zorn verwandelte, ihn nicht mehr zu besänftigen.

Eines Morgens bat Herr von Choiseul den König nach der gewöhnlichen Arbeit um eine besondere Audienz. »Ich bewillige sie Ihnen jetzt«, erwiderte dieser. »Was haben Sie mir zu sagen?«

»Ich wollte Eurer Majestät auseinandersetzen, wie schwierig meine Stellung einigen Mitgliedern meiner Familie gegenüber geworden ist. Alle Damen meines Hauses, meine Schwester an der Spitze, haben sich in einen Streit verwickelt, in den ich mich nicht mengen will.«

»Sie tun gut daran, Herr Herzog«, sagte der König mit kalter Würde. »Ich bin sehr unzufrieden mit dem, was geschieht, und werde dem bald ein Ende bereiten.«

»Es ist schwer, Sire, Frauen Verstand beizubringen.«

»Das gilt nicht für alle Frauen! Ihre Frau zum Beispiel ist ein Muster an Verstand und gutem Benehmen.«

Der Herzog verstand, daß sich in diesem Kompliment des Königs eine Spitze gegen seine Schwester verbarg, und bedauerte sehr, daß nicht auch die Herzogin von Grammont des königlichen Wohlwollens teilhaftig werde.

»Sagen Sie Ihrer Schwester,« erwiderte Ludwig XV., »daß sie sich eine andere Art des Benehmens angewöhnen möge, wenn ich mich nicht gezwungen sehen soll, sie zu bestrafen.«

»Das ist eine böse Botschaft, Sire, die ich da überbringen soll.«

»Um so schlimmer für sie,« meinte der König und erhob die Stimme: »Wenn sie für ihren Bruder Freundschaft empfindet, muß sie es ihm bei dieser Gelegenheit beweisen; Ihr eigenes Interesse, Herr Herzog, muß ihr den Mund verschließen.«

Herr von Choiseul verstand die Drohung, die in den Worten des Königs lag, und beeilte sich, sein Bedauern über die Unzukömmlichkeiten zu äußern.

»Ich bin zufrieden mit Ihnen, Herr Herzog, und mit Ihren Diensten. Ich habe Ihren Bruder über Gebühr erhöht, aber ich verlange, daß man meine Freundschaften achtet. Auch glaube ich, daß man Ihnen, wenn Sie zu Hause nur etwas lauter sprächen, gehorchen würde.«

»Das läßt mich fürchten, Sire, daß Eure Majestät an der Aufrichtigkeit meiner Entschuldigung zweifelt, die ich mir eben die Freiheit genommen habe zu äußern.«

»Mein Gott, Sie lieben die Gräfin Dubarry eben nicht.«

»Ich liebe sie nicht und hasse sie nicht. Aber ich sehe, daß sie alle meine Feinde bei sich empfängt.« –

»Es ist Ihre Schuld. Wenn Sie zu ihr gekommen wären, hätte sie Sie mit Vergnügen empfangen, und ich muß gestehen, daß auch ich mich gefreut hätte, Sie bei der Gräfin zu treffen.«

»Sire, ist es unbedingt notwendig, daß ich mich bemühe, die Freundschaft der Gräfin zu erlangen?«

»Nein.«

»Würden Eure Majestät mehr Zutrauen in mich setzen, wenn es geschähe?«

»Nein.«

»Dann bitte ich, Sire, daß alles beim alten bleibe.«

Die Entscheidung war dem König nicht angenehm. Trotzdem ließ er den Herzog nichts davon merken. Er sagte ihm nur: »Ich will Sie nicht zwingen. Ich habe mit Ihnen wie ein Freund und nicht wie ein Herrscher gesprochen. Das einzige, was ich von Ihnen verlange, ist, daß Sie die Frau, die ich liebe, nicht quälen.«

So endete dieses Gespräch, aus dem der Herzog großen Nutzen hätte ziehen können. Es war das letzte Rettungsseil, das man ihm vor seinem großen Schiffbruch bot. Er verschmähte es. Wenn er sich offen mit mir befreundet hätte, wäre er von mir gewiß gut empfangen worden und Ludwig XV. hätte ihn an der Spitze des Ministeriums belassen. Aber der Stolz riß den Herzog fort, und er konnte das Joch nicht abschütteln, das ihm seine Schwester auferlegt hatte.

Die Reise nach Marly brachte eine Menge von Intrigen mit

sich, deren Gang wir durch die Polizei erfuhren. Seit dem Attentate des Königsmörders Damiens bewachten Agenten alle königlichen Wohnungen und beobachteten dabei die Liebschaften der Herren und Damen des Hofes.

Die Tochter des Herzogs von Richelieu, die Gräfin von Egmont, deren Jugend ihre Dummheiten nicht mehr entschuldigen konnte, liebte tolle Abenteuer. Wenn sie in Versailles keine finden konnte, begab sie sich nach Paris. Trotzdem kannte sie gegen mich keine Rücksicht. Diese Dame begnügte sich nicht immer mit großen Herren. Sie suchte ihre Geliebten in allen Gesellschaftsschichten, und oft errangen einfache Sterbliche, ja Leute aus den niederen Ständen den Vorzug vor den Halbgöttern. Ihr Verhalten in diesem Punkte entsprang wohl genauer Kenntnis der Dinge. Sie hatte die Gewohnheit, zu Fuß auszugehen, durcheilte so die Straßen von Paris, betrat Geschäfte, und wenn sie einen Mann mit breiten Schultern und sehniger Gestalt erblickte, dessen Gesicht nicht zu häßlich war, knüpfte sie eine Bekanntschaft an. Diese Unterhaltung, die für den Beteiligten angenehm begann, endete nicht selten traurig. Einen jungen Mann namens Moireau habe ich vor den Folgen dieser gefährlichen Liebschaft bewahrt. Die Gräfin Egmont, die sich diesem jungen Ladendiener als Witwe Rasin vorgestellt hatte, wollte ihn, nachdem er erfahren hatte, wer sie eigentlich sei, in einem Gefängnis verschwinden lassen. Ich stattete ihn mit dem nötigen Gelde aus, vielleicht weniger aus Nächstenliebe, als um meiner Feindin einen Streich zu spielen, und sorgte dafür, daß er nach England entfliehen könne. Ihr Vater, der Marschall von Richelieu, machte mir bittere Vorwürfe über mein Verhalten und insbesondere darüber, daß ich dem König von dieser Angelegenheit Mitteilung gemacht habe. Ich versprach ihm, weiterhin über diesen peinlichen Fall stillschweigend hinwegzugehen, und wir versöhnten uns.

Auch der Prinz von Soubise warf mir vor, daß ich die Verbannung seiner Schwiegertochter veranlaßt habe.

War es nicht sonderbar, daß diese großen Herren für ihre Angehörigen das Recht in Anspruch nahmen, mich ungestraft beleidigen zu können, und mir nicht das Recht einräumten, mich zu verteidigen?

XXIV

Ich war am Ziele meiner Wünsche angelangt. Meine Herrschaft war auf der Schwäche des Königs begründet, und seine Liebe nahm mit jedem Tage zu. Eine andere Frau an meiner Stelle hätte nun ihre Feinde verfolgt. Ich aber begnügte mich nur mit Abwehr, obwohl ihre Infamie so weit ging, daß sie mich beschuldigten, Lebel vergiftet zu haben.

Der Mann, dem ich meine Erhebung verdanke, mein ergebenster Freund, war gestorben. Welchen Grund hätte ich haben können, ihn vergiften zu lassen? Die Anschuldigung war so albern, daß darüber wohl kein Wort zu verlieren ist. Aber was auch immer geschah, wurde so gewendet, daß mir scheinbar die Schuld daran zufallen mußte.

Ich hatte Frau von Bearn brieflich für ihre Gefälligkeiten gedankt und damit unserer Beziehung ein Ende gesetzt; man sagte mir Undankbarkeit nach. Veranlaßt wurde dieser Brief durch die Tyrannei, die die alte Prozeßkrämerin auf mich ausüben wollte. Ich hatte meinen Kreis durch die Anwesenheit der Marquise von Montmorency und der Gräfin von l'Hopital vermehrt und schickte Frau von Bearn als Abschiedsgeschenk im Auftrage des Königs ein Paar Ohrgehänge und ein Diadem aus Smaragden und Diamanten.

Die Bekanntschaft mit Frau von l'Hopital hatte der Prinz von

Soubise vermittelt. Die Marquise war weder schön noch jung, dafür so lebhaft und geistvoll, daß man darüber ihr Aussehen vergessen konnte. Herr von Soubise liebte sie und zog sie Fräulein Guimard vor, die nur dem Anscheine nach seine Geliebte blieb. Es schickt sich für einen großen Herrn, eine Dame vom Theater auszuhalten: eine merkwürdige Anschauung von den Pflichten des Hochadels.

Frau von l'Hopital hatte eine Menge von galanten Abenteuern erlebt, von denen sie gerne erzählte. Ihr ehemaliger Geliebter, der Chevalier von Cussy, mußte über eine Leiter, um in das Schlafzimmer seiner Geliebten zu gelangen. Bei diesen nächtlichen Ausflügen begleitete ihn sein Kammerdiener. Während sein Herr bei der Marquise war, bestieg auch er die Leiter und gelangte durch das Fenster in das Nebengemach, das die Kammerfrau der Marquise bewohnte. Eines Nachts klirren die Fenster. Man hört den Fall eines Körpers. Denn wird es still. Der Chevalier springt aus dem Bett der Marquise, eilt zum Fenster, will seine Leiter fassen, sie ist fort. Er kehrt zurück zu Frau von l'Hopital, die ihn, außer sich vor Schreck, in ihrem Zimmer verbirgt. Wenige Augenblicke später erscheint der Marquis. Von allen Seiten ertönt der Ruf: »Fangt den Dieb!« Schuld an dem Lärm war der Lakai, der die Leiter zu schnell erstiegen hatte und mit ihr in ein Fenster gefallen war. Anstatt nun seinen Herrn von dem Zwischenfall zu verständigen, hatte er die Flucht ergriffen. Die zerbrochene Leiter im Hofe schien der sichere Beweis dafür, daß Diebe ihr Unwesen trieben. Es handelte sich also darum, sie zu fassen. Sie mußten sich im Schlosse befinden, da kein Tor offen war. Herren und Dienstleute begannen die Durchsuchung des Hauses. Bald aber bemerkte man die Abwesenheit des Chevalier von Cussy. Wo konnte er sein? Schlief er so fest, daß er nichts gehört hatte? Einer seiner Freunde machte sich auf, um zu sehen, was mit dem armen

Chevalier geschehen sein könne, als plötzlich Frau von l'Hopital ihren Gatten rief. »Marquis,« sagte sie ihm, »der Lärm, den wir eben hörten, war nicht durch Diebe verursacht, sondern durch die Kühnheit eines Mannes, der Namen und Rang nicht verdient. Der Urheber dieses Lärmes ist der Chevalier von Cussy, der bei meiner Kammerfrau einstieg. Er liegt in ihrem Bett. Sie können sich von seinem ungebührlichen Benehmen überzeugen. Daß sich derartiges in einem Hause ereignet, unter dessen Dache ich schlafe, berührt mich so peinlich, daß ich meinen Gefühlen kaum in Worten Ausdruck geben kann.« Der Marquis von l'Hopital nahm die Sache nicht ernst. Er beruhigte seine tugendhafte Frau, holte den Chevalier aus seinem Versteck und gab ihm den Rat, sich unauffällig zu den anderen zu gesellen. Am nächsten Morgen schrieb der Chevalier von Cussy einen Entschuldigungsbrief an die Marquise. Die Kammerfrau wurde mit hundert Louis für die schlechte Meinung, die Herr von l'Hopital von ihr bekam, entschädigt.

Da sich aber die Marquise mit den seltenen Besuchen des Chevalier von Cussy nicht zufrieden gab, lud sie einen jungen Verwandten zum Landaufenthalte ein. Als Frau von l'Hopital mit ihrem Cousin eines schönen Sommertages im Park lustwandelte, überhörten beide den Klang der Glocke, die zum Abendbrot läutete. Man sucht die Verirrten im Park, ruft nach allen Seiten ihre Namen, bis die Marquise und ihr junger Freund zu hören beginnen. Sie laufen schnell nach verschiedenen Richtungen auseinander, und niemand hätte geglaubt, daß sie zusammen gewesen waren. Der Marquis macht seiner Frau Vorwürfe. Sie behauptet, die Glocke nicht gehört zu haben. Einige Tage später geht Frau von l'Hopital mit ihrem Gatten und ihrem Cousin spazieren. Sie kommen zu dem Platz, wo die Marquise den Klang der Glocke verträumt zu haben vorgab. Herr von l'Hopital erklärt, daß man an dieser Stelle die Glocke unbedingt hören müsse. Die Marquise leugnet und plötzlich sagt sie scheinbar in Wut: »Gehen Sie ins Schloß, läuten Sie selbst die Glocke, mein Cousin bleibt bei mir und wir werden entscheiden, ob es möglich ist, daß man bis hierher hört.« Der Marquis dreht sich um und läuft zum Glockenturm. Die Marquise und ihr Cousin unterhalten sich indessen nicht gerade über den Klang der Glocke. Als der Ehemann zurückkommt und fragt, wer nun Recht behalten habe, erwidert der junge Mann errötend: »Sie sind im Recht, Marquis, wir haben die Glocke gehört.«

Frau von Mirepoix hatte sich mit ihrer ganzen Familie zerschlagen, als sie sich mit mir befreundete. Trotzdem machte ich ihr Vorwürfe, daß ihr Bruder, der Prinz von Beauveau, und dessen Frau fast täglich über mich herzogen. Sie beruhigte meinen Unmut durch Scherze, so daß mein Ärger verging und ich mich immer mehr an sie anschloß.

Der Prinz von Condé wollte dem König in Chantilly ein Fest geben, doch die Prinzessinnen erklärten, daß sie nicht hinkommen würden, wenn ich erschiene. Da der Prinz es sich weder mit ihnen noch mit mir verderben wollte, machte er mir einen Besuch und bat mich, nicht böse zu sein, wenn er mich diesmal nicht einladen könne. Er trug mir seine Bitte so liebenswürdig vor, daß ich ihm nichts nachtrug.

Indessen war der König über das Vorgehen seiner Töchter ungehalten. Er ließ den Bischof von Senlis kommen, den er immer für die Handlungen der Prinzessinnen verantwortlich machte.

Der arme Herr von Roquelaure rief alle Heiligen an, seine Unschuld zu bezeugen. Der König, der sich aber vorgenommen hatte, beim nächsten Ungehorsam seiner Töchter ihre Ratgeber zu bestrafen, sagte ihm: »Ich weiß, daß Sie Ihre Hand dabei im Spiele haben. Ich weiß, daß Sie ein Frauenjäger sind und die

Einkünfte Ihres Bistums und Ihrer Abteien den Mädchen von Paris zuwenden; aber daran liegt mir nichts, wenn Sie Ruhe geben und meine Töchter nicht aufhetzen.«

»Sire, ich beteuere meine Unschuld.« –

»Ich kenne Sie. Sie sind der Höfling meiner Töchter. Aber wenn Sie das Erzbistum von Albi oder von Sens aus den Händen der Gräfin empfangen würden, würden Sie nicht nein sagen!«

Diese Unterhaltung dauerte eine halbe Stunde und machte dem König so viel Spaß, daß er den ganzen Abend guter Laune war.

Herr von Roquelaure hingegen war außer sich und verständigte die Prinzessinnen vom Zorn ihres Vaters. Sie bekamen Angst und sahen ihr Unrecht ein. Da sie mich bei Hofe empfangen hatten, konnten sie keinen Anstoß daran nehmen, mir an anderen Orten zu begegnen. Sie hielten Rat und beauftragten den Bischof von Senlis, mir zu sagen, daß sie entzückt wären, wenn ich nach Chantilly zum Prinzen Condé käme.

Ich ließ mich den Prinzessinnen empfehlen und bedauern, daß es mir unmöglich sei, an dieser Reise teilzunehmen, da ich wisse, daß meine Anwesenheit einigen Damen ihres Hofes mißfallen würde.

»Misericordia, Gräfin!« rief Herr von Roquelaure. »Zwingen Sie mich nicht, diese Antwort den Prinzessinnen zu bringen.« –

»Dann sagen Sie eben, daß ich krankheitshalber nicht komme.«

Der Bischof verließ mich glücklich.

Die Reise nach Chantilly fand ohne mich statt. Der König, dem mein Benehmen in dieser Intrige sehr gut gefallen hatte, entschädigte mich mit einem liebevollen Brief. Der Kanzler von Frankreich war bei mir in Versailles geblieben. Herr von Maupeou und ich waren uns dadurch noch näher gekommen, daß er seine Verwandtschaft mit den Dubarrys feststellte. Er hatte dem Grafen Jean, meinen Schwägerinnen und mir seinen Stammbaum gezeigt und den Nachweis seiner Verwandtschaft erbracht. Seitdem nannte er mich Cousine und ich ihn Cousin.

Um diese Zeit entriß ich ein armes Mädchen, das man zu Unrecht hängen wollte, dem Galgen. Sie hatte eine Liebschaft mit dem Pfarrer von Liaucourt unterhalten, die nicht ohne Folgen blieb. Während der Zeit ihrer Schwangerschaft hatte sie gehofft, daß er ihr und dem Kinde seine mächtige Hilfe leihen werde. Aber er starb und das Mädchen gebar ein totes Kind. Der Richter des Ortes verurteilte sie wegen Kindesmord. Das Urteil wurde vom Parlamente bestätigt. Ich erhielt Kenntnis von diesem Fall durch den Brief eines schwarzen Musketiers, der sich der Unglücklichen angenommen hatte. Der Brief, den ich in dieser Angelegenheit dem Kanzler schrieb, wurde zwar in tausenden Exemplaren verbreitet, aber ich will ihn trotzdem nochmals niederschreiben.

»Herr Kanzler!

Ich verstehe nichts von den Gesetzen, aber sie sind ungerecht und barbarisch, stehen im Widerspruch zur Vernunft und Menschlichkeit, wenn ein armes Mädchen, das mit einem toten Kinde niedergekommen ist, zum Galgen verurteilt wird. Beiliegendes Bittgesuch wird Ihnen beweisen, daß ihr Verbrechen in Unkenntnis des Gesetzes bestanden hat. Ich empfehle sie Ihrer Gerechtigkeit. Diese Unglückliche verdient Nachsicht, und ich bitte Sie wenigstens um eine Umwandlung der Strafe. Ihr Zartgefühl wird Ihnen den richtigen Weg weisen.«

Ich war überzeugt, daß Herr von Maupeou meine Bitte nicht abschlagen würde, und beauftragte Herrn von Mandeville, den braven Musketier, der mir geschrieben hatte, sich zum Kanzler zu begeben und ihn nicht früher zu verlassen, bevor dieser nicht meine Bitte erfüllt hätte.

Herr von Maupeou empfing ihn, las die Bittschrift und meinen Brief. »Das genügt, mein Herr!« sagte er. »Verständigen Sie meine Cousine, die Gräfin Dubarry, daß das Gnadengesuch bewilligt ist, wovon Sie sich gefälligst überzeugen können.« Er gab sofort den Auftrag, die Hinrichtung aufzuschieben. Herr von Mandeville überbrachte die gute Nachricht dem armen Mädchen, das einige Tage später begnadigt und so dem Tode entrissen wurde. Das Mädchen, das übrigens sehr schön war, besuchte mich in Gesellschaft des Musketiers, um sich bei mir zu bedanken. Ich schenkte ihr im Auftrage des Königs fünfzig Louisdor.

Einige Zeit später fuhren wir nach Compiègne, wo ich mich sehr gut unterhielt. Der König hatte die Damen von Egmont, Brienne und Grammont auf diese Reise nicht mitgenommen. Während des Aufenthaltes speiste ich einigemal bei meinem Schwager Cléon Dubarry, Kapitän im Regimente de Beauce. Er und die anderen Offiziere, die dort stationierten, machten sich die Ehre streitig, mir Aufmerksamkeiten zu erweisen. Man gab mir Feste und zerstreute mich nach besten Kräften, so daß ich Compiègne sehr zufrieden verließ.

Der König bemühte sich, mir meine Wünsche zu erfüllen, und schenkte mir das reizende Lustschloß Lucienne, das der Herzog von Penthièvre nach dem Tode seines Sohnes, des Prinzen von Lamballe, verkauft hatte. Ich habe daraus einen entzückenden Wohnsitz gemacht, auf dem ich hoffe, meine Tage beschließen zu können.

Der junge Mann, der mich seinerzeit so hartnäckig verfolgte und mir die bedeutungsvollen Voraussagen gemacht hatte, war meinem Gedächtnis entfallen. Eines Sonntags nach meiner Rückkehr von meiner ersten Reise nach Compiègne befand ich mich in der Kapelle von Versailles. Plötzlich bemerkte ich einen jungen Mann, der sich an die Rückwand des Altars lehnte. Ich sah aufmerksam hin und meine Überraschung läßt sich nicht schildern, als ich in ihm den Menschen erkannte, der meinen Aufstieg prophezeit hatte. Ich errötete und bedeckte mein Gesicht mit den Händen. Durch die Finger sah ich seine schönen Züge und bemerkte sein Lächeln. Er streift mit der Hand seinen Kopf im Kreis, als wollte er mir sagen: »Sind Sie nicht Königin von Frankreich?«

Ich wollte ihm antworten, aber plötzlich verdunkelte eine Wolke meine Augen, und als ich sie wieder aufschlug, war der junge Mann fort. Sein plötzliches Verschwinden betrübte mich und ich sehnte mich danach, meinen Zauberer wieder zu sehen.

Am selben Abend erzählte ich Chon von meinem Erlebnis. Sie gab mir den Rat, mich an Herrn von Sartines zu wenden. Es schien mir aber etwas ungerecht, gegen einen Menschen, der mir nichts getan hatte, die Polizei zu hetzen, und ich fürchtete auch, daß ein solches Vorgehen nicht ungestraft bleiben würde. Andererseits hätte ich viel Geld darum gegeben, mit meinem Propheten sprechen zu können. Meine Schwägerin aber benachrichtigte Herrn von Sartines und dieser begann dem Unbekannten nachzuspüren.

Kurze Zeit darauf erhielt ich einen Brief, der mit fünf schwarzen Marken und einem Totenkopf verziert war. Ich glaubte erst eine Todesnachricht zu erhalten, aber als ich den Brief öffnete, las ich erschreckt: »Gräfin! Sie scheinen nicht zu wissen, daß man mich in Ihrem Auftrage verfolgt und daß die Polizei alles daransetzt, um zu erfahren, wo ich wohne und wer ich bin. Geben Sie Herrn von Sartines den Auftrag, seine Untersuchungen einzustellen, sie sind unnötig und Ihrem Glücke nicht zuträglich. Ich habe Ihnen Ihr Schicksal vorausgesagt und mich nicht geirrt. Sie werden mich noch zweimal wiedersehen. Wenn ich Ihnen aber zufälligerweise ein drittes Mal begegnen sollte, sagen Sie Ihrem Leben Adieu.«

Ich war außer mir und beklagte mich, daß man gegen meinen Willen etwas unternommen habe. Auch Chon war von Schreck erfüllt. Sie gestand mir, daß sie Herrn von Sartines in Bewegung gesetzt hätte, und machte sich erbötig, ihn nun zu bitten, seine Verfolgungen einzustellen. Ich selbst schrieb dem Polizeileutnant, bedankte mich für seine Bemühungen und teilte ihm mit, unser Unbekannter habe uns selbst gesagt, was wir wissen wollten, und daß uns weitere Nachforschungen nicht erwünscht wären. Herr von Sartines stellte seine Bemühungen ein, und bis zum Tode des Königs habe ich nichts von diesem eigentümlichen Wesen gehört.

XXV

Um mir seine Aufmerksamkeit zu bezeigen, lud der Prinz von Condé den König zu einem neuen Aufenthalt nach Chantilly ein. Diesmal fuhr ich mit, und der König strich aus der Liste der Eingeladenen alle jene Damen vom Hofe, deren Anwesenheit mir hätte unangenehm sein können.

Unser Aufenthalt brachte eine Reihe von Vergnügungen und Festen. Ich begleitete Seine Majestät auf Schritt und Tritt, und wenn seine Anhänglichkeit für mich auch bis zu diesem Zeitpunkte zweifelhaft gewesen wäre, seit damals war es unmöglich, nicht daran zu glauben. Ludwig XV. suchte in allem mein Vergnügen, und die Prinzessinnen folgten seinem Beispiel. Ich wurde wie eine Königin behandelt. Gedichte und Komödien wurden zu meinem Lobe aufgeführt, und der König zeigte seine Zufriedenheit über die Ehren, die man mir erwies.

Nach der Rückkehr von Chantilly besuchte ich Frau von Lagarde. Sie war sehr überrascht, mich bei sich zu sehen, und
meine Anwesenheit versetzte sie in große Verlegenheit. Das
war die schönste Rache für ihr ehemaliges Vorgehen gegen
mich. Ich bemühte mich aber, ihre Unruhe nicht zu erhöhen,
sondern benahm mich einfach und gutmütig, sprach von der
Vergangenheit und erkundigte mich nach dem Ergehen ihrer
Familie. So sehr ich mich auch bemühte, sie nicht zu verletzen,
da doch mein Aufstieg für sie erniedrigend war, konnte sie trotz
aller Bemühungen ihre Wut nicht verbergen. Mir lag aber
nichts daran und ich forderte sie auf, mich zu besuchen. Sie
hätte gerne davon Abstand genommen, doch ihr Sohn, der
meine Rache fürchtete, bat sie, bei mir zu erscheinen. Sie kam,
den Tod im Herzen und gelb vor Haß und Neid. Trotzdem
erniedrigte sie sich so sehr, daß sie sich im eigenen und im Namen ihrer Kinder für alles entschuldigte, was sie mir angetan
haben konnte.

»Madame,« sagte ich, »ich habe die Gewohnheit, mich nur
angenehmer Erlebnisse zu erinnern. Seien Sie überzeugt, daß
ich Sie nicht besucht hätte, wenn ich das mindeste Rachegefühl
gegen Sie empfunden hätte. Ich wiederhole das Angebot, das
ich Ihnen gemacht habe, und bin Ihnen gerne dienlich.«

Jedes meiner wohlwollenden Worte war für sie ein Messer-
stich. Trotzdem aber wiederholte sie nochmals ihr tiefes Bedauern und sprach solange von ihren innigen Gefühlen für mich,
bis ich nach ihrem Abschied überzeugt war, mir in ihr eine
Feindin auf Tod und Leben gemacht zu haben. Ich habe mich
nicht geirrt.

Dudelay, ihr Sohn, hatte die Frechheit, sich mir vorstellen
lassen zu wollen. Ich ließ ihm antworten, daß ich zu meiner
engeren Gesellschaft nur Personen heranziehe, die der König
kenne, und wenn er sich an diesen wenden wolle, würde ich

mich gerne dem Willen des Königs fügen. Er betrachtete diese Antwort mit Recht als eine blutige Rache, die er mir niemals verzieh. Ich trug ihm zwar die Vergangenheit nicht nach, aber ich hatte keinen Grund, ihn vertraulich zu empfangen. Seinem Bruder gegenüber hätte ich mich vielleicht anders benommen, der aber versuchte nicht, seine alten Beziehungen zu mir zu erneuern und begnügte sich damit, mich seiner Ergebenheit versichern zu lassen.

Der Herzog von Choiseul versuchte, von Angst geleitet, sich mir zu nähern, und erschien einige Male bei mir zum Abendessen. Ich konnte also mit Recht annehmen, daß der Minister, einen besseren Rat als den seiner Familie befolgend, aufhören würde, mir feindlich gesinnt zu sein.

Diese gute Stimmung hielt jedoch nicht lange an, und der Herzog begann mir seinen bösen Willen zu zeigen, als er erfuhr, daß mir Herr von La Tour du Pin, Oberst des Regimentes, in dem mein Schwager diente, militärische Ehren erwiesen habe. Der Minister machte dem Offizier Vorwürfe und sagte ihm, daß man solche Ehrerbietungen nur Prinzessinnen von Geblüt oder etwa Herzoginnen, keinesfalls aber einfachen adeligen Damen erweise. Ich erfuhr davon und wurde dadurch in meiner Zuneigung zum Minister nicht bestärkt. Ich revanchierte mich, indem ich mich beim König für Herrn von La Tour du Pin einsetzte.

Ein Zufall half mir, den Hochmut des Ministers zu dämpfen. Durch den Tod des Herzogs von Chaulnes wurde die Stelle des Kapitäns der Chevauxlegers frei; über meine Bitte wurde sie Herrn d'Aiguillon zugesprochen. Man kann sich die Stimmung des Ministers vorstellen, der dem König Vorschläge bezüglich der Besetzung dieses Amtes machen wollte und dabei erfuhr, daß es der Mann erhalten habe, den er am meisten haßte. Indessen wußte mir der Herzog d'Aiguillon großen Dank für diese Gunst, die es ihm erleichterte, gemeinsam mit dem Kanzler gegen die Choiseuls vorzugehen.

An Stelle des Herrn von Mainon d'Invau, eines Menschen, der mir durchaus mißfiel und der überdies die Partei meiner Feinde ergriffen hatte, wurde der Abbé Terray Generalkontrollor der Finanzen. Ursprünglich Mitglied des Parlamentes von Paris, hatte er sich dem Hofe verkauft und aß von zwei Raufen. Er war außerordentlich groß und mager, hatte ein häßliches, gemeines Gesicht und eine schlechte Haltung. Doch unter diesem grotesken Äußern versteckte sich ein feiner, durchdringender Verstand. Er galt als guter Arbeiter und verständiger Mensch. Aber der gute Ruf, den er hatte, ging bald verloren. Herr von Maupeou war schon gehaßt, aber das war noch gar nichts gegen die öffentliche Wut, die man dem Generalkontrollor entgegenbrachte. Ich muß gestehen, daß ich, die zu seiner Ernennung beigetragen hatte, manchmal dadurch erschreckt wurde. Sein Eintritt in den Rat wurde als mein Werk betrachtet, und um mich zu strafen, entfesselten die Choiseuls durch die Parlamente der Bretagne und von Paris neue Verfolgungen gegen den Herzog d'Aiguillon. Die Bretonen haßten meinen Freund, beschuldigten ihn der Feigheit, Erpressung und des Angebertums. Sie behaupteten sogar, daß er den Versuch gemacht habe, Herrn von Chalotais zu vergiften. Trotzdem er an all diesen Infamien und Verbrechen unschuldig war, hatte er das Unglück, daß sich die öffentliche Meinung gegen ihn stellte. Er fühlte seine Machtlosigkeit gegenüber einer ganzen Provinz, und selbst seine bevorzugte Stellung bei Hofe konnte ihn nicht dafür entschädigen. Er wurde so niedergeschlagen, daß es sogar dem König auffiel.

»Was quält den Herzog d'Aiguillon?« fragte er mich.

»Sein Prozeß und dessen voraussichtlich böser Ausgang.«

»Die Schwarzröcke«, fügte der König hinzu, »sind gegen ihn

aufgebracht. Sie hassen alle, die mir gut dienen. Fragen Sie den Herzog, wie ich ihm behilflich sein kann.«

Der gute Wille des Königs machte mir Vergnügen und ich benachrichtigte d'Aiguillon von der Frage Ludwigs XV.

»Dieser elende Prozeß wird mich zugrunderichten,« sagte er, »und ich weiß nicht, wie er enden wird. Ich bin glücklich, daß der König meine Partei ergreift. Ich werde meinen Advokaten befragen, was er für mich machen kann, und werde mir erlauben, es Ihnen zu sagen.«

Von diesem peinlichen Prozeß werde ich noch später sprechen und will jetzt von einem heiteren Ereignis berichten.

Es war zu Beginn des Winters 1770. Der Bischof von Tarbes war auf der Reise nach Versailles. Der Prälat, dessen Sitten besser waren als die seiner Amtskollegen, sah auf der Straße einen Wagen, dessen Räder gebrochen waren, daneben eine Dame im besten Alter, fürstlich gekleidet, im Kot stehen. Er erbarmte sich ihrer Verlegenheit, forderte sie auf, bei ihm einzusteigen und mit ihm nach Versailles zu fahren. Die Dame bedankte sich, wollte aber von seinem Anerbieten keinen Gebrauch machen, indem sie erklärte, einen Kirchenfürsten nicht belästigen zu wollen. Über nachdrückliches Verlangen des Bischofs steigt sie ein und fährt mit ihm weiter. Ein Gespräch kommt in Gang; die Unbekannte unterhält den Prälaten ganz vorzüglich und erzählt, daß auch sie im Schlosse von Versailles zu tun habe. Dort angelangt, reicht er ihr die Hand, führt sie durch Höfe, über Korridore und Stiegen bis zur Wohnung des Herzogs von Richelieu. Dort empfiehlt er sich. Auf seinem Wege durch das Schloß hatte er weder das Achselzucken gesehen, noch das unterdrückte Gelächter der Leute gehört, die ihm begegneten. Die Dame, die der Herr Bischof so liebenswürdig begleitet hatte, war niemand anderer als Frau La Gourdan, die berüchtigtste Kupplerin und Bordellbesitzerin ihrer Zeit, die im allgemeinen unter dem Namen »Die kleine Gräfin« bekannt war. Sie war natürlich glücklich, in der Person des Bischofs den hohen Klerus kompromittiert zu haben, und hatte nichts Eiligeres zu tun, als dem Marschall lachend ihr Abenteuer mitzuteilen. Herr von Richelieu erzählte mir diese Begebenheit in Anwesenheit des Königs. Wir konnten uns erst vor Lachen nicht fassen, dann sagte Seine Majestät: »Dieses Vorgehen beweist die guten Sitten und die Unschuld des Bischofs von Tarbes. Er ist, wie ich glaube, der einzige Bischof von Frankreich, der die Gourdan nicht kennt und von ihrer Hilfe bei Liebeshändeln nicht Gebrauch gemacht hat.«

Diese Geschichte war wahr. Allerdings erzählte man in Versailles täglich eine Menge von galanten Anekdoten, die meistens aus der Luft gegriffen waren. So sagte man mir eine Liebschaft mit dem Herrn von Jarente nach; aber man kann mir glauben, daß ich lieber eine Nacht mit einem Offizier verbracht hätte als mit dem Bischof von Orléans.

Der König hatte um diese Zeit die Markteinkünfte von Nantes zu vergeben, die ungefähr dreißigtausend Livres jährlich betrugen. Frau von Mirepoix bewarb sich um dieses Geschenk und bat mich, es vom König für sie zu begehren. Ich war gerne dazu bereit, da ich der guten Marschallin zugetan war. Als ich dem König davon sprach, sagte er mit kaltem Tone: »Es tut mir leid, aber ich muß Ihnen die Bitte abschlagen.« –

Schweigen.

Nach einer Weile fuhr er fort: »Die Einkünfte von Nantes gehören seit gestern abends einer Dame vom Hofe.«

Ärgerlich fragte ich: »Vielleicht dieser widerlichen Herzogin von Grammont?«

»Nein,« erwiderte der König, »der liebenswürdigen Gräfin Dubarry.« –

»Mir, Sire?«

»Ja, Ihnen, und ich freue mich um so mehr, daß ich sie Ihnen geschenkt habe, da Sie sich jetzt als eine so gute Freundin zeigten.«

»Sire, ich bin Ihnen sehr dankbar, aber ich hätte mich noch mehr gefreut, wenn Sie dieses Geschenk der Frau von Mirepoix gemacht hätten.«

»Ich werde etwas anderes für sie tun, denn wir schulden ihr eine Entschädigung für die Zwistigkeiten in ihrer Familie. Ihr Bruder und dessen Frau sind weit davon entfernt, ihre Freunde zu sein.«

Einige Tage später gab mir der König eine Anweisung auf hunderttausend Francs, die ich ihr selbst überreichte.

Dieses Jahr war reich an großen Ereignissen. Am 11. April zog sich Prinzessin Louise, die jüngste der Töchter Ludwigs XV. in das Kloster der Karmeliter von Saint Denis zurück. Schon seit ihrer Kindheit hatte sie sich mit der Absicht getragen, Nonne zu werden, und hatte sich in der Zeit ihres Hoflebens abseits von den großen Festen gehalten. Sie war tugendhaft und gut wie ein Engel und die Lieblingstochter des Königs.

Ludwig XV. hatte lange Jahre ihren Absichten heftigen Widerstand entgegengesetzt, aber schließlich mußte er nachgeben.

Am Aschermittwoch, um sieben Uhr morgens, bestieg die Prinzessin eine Karosse des Königs und verließ Versailles, ohne von ihren Schwestern oder von sonst jemand Abschied zu nehmen. Die bösen Zungen des Hofes sagten, daß Prinzessin Louise sich ins Kloster zurückziehe, um den Weg ins Paradies zu finden, wo sie sicher sein könne, niemandem von ihrer Familie zu begegnen.

Den König aber betrübte die Weltabkehr seiner Tochter sehr.

XXVI

Die bevorstehende Hochzeit der Erzherzogin Marie Antoinette mit dem Dauphin lenkte bald die Aufmerksamkeit des Hofes von diesem Ereignis ab. Der Herzog von Choiseul hatte diese Verbindung angebahnt und zu Ende geführt. Die Kaiserin Maria Theresia, eine tugendhafte, bedeutende Frau, hatte schon lange den Wunsch gehabt, einer ihrer Töchter die Krone Frankreichs zu verschaffen. Verschiedene Bedenken gab es erst zu überwinden, insbesondere die öffentliche Meinung, daß der Einfluß des Hauses Österreich für Frankreich immer schädlich gewesen sei. Die Kaiserin hatte aber mit Hilfe der Choiseuls die Hindernisse aus dem Wege geräumt und vom König die Zustimmung zu dieser Ehe erlangt. Dieser Beschluß war noch zu Zeiten der Frau von Pompadour gefaßt worden, die von der Kaiserin so gut behandelt worden war, daß sie beim König für diese Verbindung eintrat.

Mir machte die bevorstehende Ankunft der Dauphine Sorgen. Ich stellte mir sie so vor, wie sie in Wirklichkeit war: jung, schön und liebenswürdig. Einmal in Versailles, dachte ich, würde sie die Choiseuls unterstützen und meine Stellung zu untergraben suchen. Ich fürchtete ihren Rang, ihren Geist und den Einfluß, den sie möglicherweise auf ihren Großvater ausüben würde. All das brachte mich zur Verzweiflung und machte meine Freunde besorgt. Sie rieten mir, noch vor Ankunft dieser neuen Feindin Stellung gegen sie zu nehmen.

Unter den Damen, die mich besuchten, war eine offenkundige Bewegung ausgebrochen. Eine wie die andere dachte darüber nach, wann sie den Verkehr mit mir aufgeben würde. Nur die Marschallin von Mirepoix blieb mir scheinbar treu. »Fürchten Sie nichts,« sagte sie mir, »der König liebt neue Bekanntschaften nicht, und die Dauphine wird ihm mißfallen, schon deshalb, weil er nicht an sie gewöhnt ist.«

»Gebe es Gott!« erwiderte ich. Sie fügte hinzu, daß die Marquise von Pompadour häufiger als ich solche Ängste ausgestanden habe, daß aber die Stellung, in der ich mich befinde, dadurch unerschütterlich sei, daß meine Wohnung neben der des Königs liege, er mich liebe und sich von einer Gesellschaft umgeben sehe, an die er gewöhnt sei. Diese Annehmlichkeiten könne ihm die Dauphine nicht bieten. Ich möge daher unbesorgt sein.

»Nun, meine schöne Freundin,« sagte mir der König, »eine neue Prinzessin kommt an. Ich wette, daß sie sich schmeichelt, ganz Versailles zu ihren Füßen zu finden. Mit ihrem Mann kann sie machen, was sie will, aber mit mir ist das eine andere Sache. Ihre Mutter hat ihr gewiß Verhaltungsmaßregeln gegeben, und die Erzherzogin wird versuchen, im Dienste des kaiserlichen Hauses soviel Einfluß als möglich in Frankreich zu gewinnen.«

»Hoffentlich wird ihre Ankunft mir nicht die Liebe meines Königs rauben.«

»Darüber zerbrechen Sie sich nicht den Kopf. Sie sind mir ebenso wichtig wie der Fürst Kaunitz der Kaiserin Maria Theresia. Ich werde die Erzherzogin als guter Vater lieben, aber wenn sie zu intrigieren versucht und die Königin spielt, werde ich ihr zeigen, daß ich der Herr bin.«

»Trotzdem fürchte ich, daß Herr von Choiseul, der im Einverständnis mit der neuen Prinzessin steht, alles tun wird, was im Interesse der österreichischen Regierung liegt.«

»Sie sind im Irrtum, liebe Gräfin, der Herzog von Choiseul wird sich wahrscheinlich um die Gunst der Dauphine bemühen, aber er liebt sein Vaterland zu sehr, um die Interessen Frankreichs zu vernachlässigen. Sie schätzen ihn schlecht ein, wenn Sie gegenteiliger Meinung sind.«

Ich konnte aus diesem Gespräche ersehen, daß der Herzog von Choiseul bei seinem Herrn noch immer in Gunst stand und daß der König auf seine Redlichkeit poche. Ich sah, wie schwer es sein würde, ihn in Ungunst zu bringen, und als ich das nächstemal mit Herrn d'Aiguillon und dem Kanzler beisammen war, teilte ich ihnen mit, was ich mit dem Monarchen gesprochen hatte.

Herr von Maupeou sagte: »Der einzige Mensch, den wir zu fürchten haben, ist der Herzog von Choiseul. Wenn er seinen Einfluß behält, müssen wir ihn stürzen. Der König wird nicht dem doppelten Einfluß des Ministers und der Prinzessin widerstehen können. Eine Krankheit oder irgend ein anderer Zufall kann Ihnen verderblich werden. Kommen wir um Gottes willen einer Änderung zuvor und untergraben wir den Einfluß eines Gegners, der fürchterlicher ist, als es scheint.« Das war auch die Meinung des Herzogs d'Aiguillon und die meine.

Meine Feinde hatten das Gerücht verbreitet, die Kaiserin habe vom König gewissermaßen als Hochzeitsgeschenk verlangt, daß ich ihrer Tochter nicht vorgestellt werde oder wenigstens nur gemeinsam mit einer großen Zahl anderer Damen vom Hofe, so daß die Dauphine sich den Anschein geben könne, nicht zu wissen, wer ich sei. Dieses Gerücht verursachte mir unruhige Nächte. Ich vertraute zwar dem König, aber ich hatte verabsäumt, mit ihm darüber zu sprechen, welche Verhaltungsmaßregeln ich gelegentlich der Ankunft der Dauphine ergreifen müßte. Ich wollte einige Male mit Ludwig XV. darüber sprechen, aber eine falsche Scham hielt mich davon ab. Gelegentlich eines Gespräches des Grafen Jean mit dem König fragte ihn dieser in meiner Gegenwart, was man in Paris von der Hochzeit halte.

»Ich höre ein sonderbares Gerücht«, sagte der Graf. »Man

erzählt sich, daß die Gräfin der Dauphine nicht vorgestellt werden wird.«

»Nicht vorgestellt! Und warum?«

»Weil Ihre Majestät die Kaiserin verlangt hat, daß meine Schwägerin nicht vor ihrer Tochter erscheine.«

»Das ist eine Unverschämtheit!« sagte Ludwig XV. »Glaubt man denn wirklich, daß ich mir solche Bedingungen auferlegen lasse? Ich wette, daß diese Dummheit ihren Ausgang von Versailles genommen hat, und die Pariser glauben alles, was man ihnen erzählt. Sie werden aber nicht lange bei ihrem Glauben bleiben. Ich lasse mich nicht durch das Ausland leiten und ich schwöre, daß die Gräfin Dubarry die erste Frau ist, die der Dauphine vorgestellt wird.«

In meiner Freude hätte ich am liebsten den Grafen Jean umarmt, aber ich begnügte mich damit, dem König Dank zu sagen und meinem Vergnügen Ausdruck zu geben, daß ich als erste in die Gesellschaft der Dauphine aufgenommen werden sollte.

»Sie werden ihr den Hof vor allen anderen Damen machen. Noch am Tage ihrer Ankunft wird sie erfahren, was ich wünsche.«

Ludwig XV. hatte diese Ehe niemals vom ganzen Herzen gutgeheißen. Er war nicht Österreicher, wenn auch in seinen Adern österreichisches Blut floß, und die Prinzessin flößte ihm ein solches Mißtrauen ein, daß er fürchtete, sie käme nach Frankreich, um für Österreich zu intrigieren. Er sah mit Besorgnis voraus, daß die Schwäche des Dauphins keine genügende Garantie für die nationalen Interessen biete und daß der Thron in Versailles von Wien aus beherrscht werden würde. Der Herzog von Berry, seit dem Tode seines Vaters Dauphin von Frankreich, ließ schon von Kindheit an alle Eigenschaften vermissen, die einem großen König nicht fehlen dürfen. Er war übertrieben einfach, bescheiden und ängstlich, und wenn er sprach, unfreundlich. Er nahm sich keine Mühe, die Offenheit seiner Meinung hinter höflichen Redensarten zu verbergen. Hingegen waren seine Züge liebenswürdig und vertrauenerweckend. Obwohl seine Erziehung vernachlässigt worden war, war er beinahe ein Gelehrter. Er hatte eine besondere Vorliebe für Geographie und nautisches Wissen, hingegen überstieg seine Verachtung für die Literatur die seines Großvaters.

Das Angebinde aller Prinzen des Hauses Bourbon, die besondere Vorliebe für das weibliche Geschlecht, mangelte ihm völlig. Er haßte galante Abenteuer und war infolgedessen auch mir nicht gewogen. Sooft er von mir sprach, verunzierte er meinen Namen mit boshaften Bemerkungen und gab mir Titel, die sicherlich nicht zur Anwesenheit bei Hofe berechtigt hätten.

Ludwig XV. sagte von ihm in engerem Kreise: »Man liebt mich nicht, aber wenn mein Enkel zwei Jahre regieren wird, wird man mir nachweinen. Der gute Junge wird so viel Dummheiten machen, daß er seinen Nachfolgern die Krone in traurigem Zustande hinterlassen wird.«

Ich selbst fürchtete für mein Schicksal, wenn er König sein würde. Allerdings hat mich die Zukunft in Bezug auf ihn angenehm enttäuscht.

Der nächstältere Bruder des Dauphins, der Graf von Provence, war schön wie ein Engel und klug wie ein Teufel. Er war gebildet, hatte ein liebenswürdiges Benehmen und eine gute Haltung. Er sprach selten, und jedes Wort, das er sagte, war abgewogen. Die Mühe, die er sich nahm, seine Gedanken zu verschleiern, hielt man für Verstellung und nannte ihn ehrgeizig. Es ist auch richtig, daß er weniger Freunde als Parteigänger suchte. Er war haushälterisch, um nicht zu sagen geizig, machte sich über die öffentliche Meinung und den Hof lustig und verkehrte mit Frauen nur, damit man glaube, daß sie sein Leben ausfüllen. Aber seine Galanterie war mittelmäßig, er spielte den

Prinzen auch dort, wo Temperament und Leidenschaft seine Würde hätten vergessen lassen sollen.

Der König, der seine Entwicklung mit Besorgnis beobachtete, sagte mir: »Wenn der Graf von Provence zur Zeit der Fronde des Herzogs von Orléans gelebt hätte, wäre die Krone nicht auf dem Haupte meines Ahnherrn Ludwigs XIV. verblieben.«

Mir selbst zeigte der Prinz immer ein wohlwollendes Gesicht. Man hat mir auch später berichtet, daß er nach dem Tode seines Großvaters für mich Stellung genommen hat, wofür ich ihm sehr dankbar bin. Der dritte Bruder, der Graf von Artois, war allgemein beliebt. Er war lustig und verliebt und gefiel so sehr, daß man nicht darüber nachdachte, ob er klug sei. Alle Frauen waren toll nach ihm. Er war mit aller Welt befreundet. Zu allen Vergnügungen und Streichen war er zu haben. Im Gegensatz zu seinen Brüdern, die das Geld liebten und sparsam waren, verstreute der Graf von Artois, was er hatte, unter seine Geliebten und Freunde. Man wollte ihn gegen mich aufbringen, aber nachdem er mich gesehen hatte, sagte er: »Sie ist zu schön, als daß ich ihr böse sein könnte. Und wenn ich mein Großvater wäre, würde ich diese Frau auch niemandem andern gönnen.«

Er lächelte mir, unbekümmert um die Meinung seiner Angehörigen, immer freundlich zu und hat sich mir gegenüber stets rücksichtsvoll erwiesen.

Die Ankunft der Dauphine in Versailles war ein bedeutungsvolles Ereignis. Man wußte, daß sie von ihrer Mutter ein Büchlein mit auf den Weg bekommen habe, in dem ihr Verhalten den einzelnen Familien des Hofes gegenüber vorgezeichnet war. Jedermann war besorgt, ob diese Notiz zu seinen Gunsten oder Ungunsten ausgefallen sei. Die allgemeine Meinung bestand aber darin, daß die Dauphine sich nur bei den Choiseuls Rat holen werde, was mir große Sorgen verursachte. Indessen stritt sich der ganze Hof um die Ehre des ersten Tanzes. Der König hatte über Wunsch der Kaiserin dem Fräulein von Lothringen als einziger Prinzessin die Erlaubnis gegeben, beim ersten Ball mit den Mitgliedern der königlichen Familie zu tanzen. Der ganze Adel nahm gegen diese Verfügung Stellung, sogar die Kirche legte sich ins Mittel, um auch für die heimischen Prinzessinnen, die dem königlichen Hause nicht angehörten, diese Ehre zu erwirken. Es gab Parteien für und wider. Beratungen wurden abgehalten. Aber nichts nützte: die Prinzessin von Lothringen behielt den ersten Tanz.

XXVII

Als Herr Bouret, der Sekretär des Ministers, dem König den Akt überbrachte, der die Übergabe der Dauphine zum Gegenstand hatte, fragte ihn der König, wie ihm die Erzherzogin gefallen habe.

»Ausgezeichnet, Sire.«

»Ja, ich höre, sie hat das Gesicht einer Königin. Das soll auch so sein, wenn man für den Thron bestimmt ist. Aber hat sie einen schönen Busen?«

Bouret, den diese Frage in Verlegenheit brachte, erzählte, daß die Erzherzogin schöne Augen, eine durchscheinende Haut und einen frischen kleinen Mund habe.

»Darum handelt es sich nicht, lieber Freund. Ich frage, ob meine Enkelin einen schönen Busen hat. Ja oder nein? Antworte!«

Der König, der Bouret sehr gern mochte, duzte ihn.

»Sire,« sagte Bouret und errötete, »ich habe nicht gewagt, nach solchen Dingen zu sehen.«

»Dann bist du entweder ein Esel oder ein Scheinheiliger.

Wenn ein Mann eine junge Frau sieht, schaut er sich immer zuerst den Busen an.«

Als Bouret uns verlassen hatte, sagte mir der König, daß Choiseul von ihm die Erlaubnis erbeten habe, der Dauphine bis Compiègne entgegenzufahren. Mich beunruhigte diese Bewilligung sehr, da ich fürchtete, daß der Herzog die Prinzessin gegen mich einnehmen werde. Der König versicherte mir, daß ich unbesorgt sein könne. Bei dieser Gelegenheit fiel sein Taschentuch auf die Erde und ich kniete nieder, um es aufzuheben.

»Sie zu meinen Füßen!« rief Ludwig XV. und kniete neben mir nieder. Dieser Beweis seiner Liebe und Achtung beruhigte mich sehr; ich half dem König aufstehen und umarmte ihn vom ganzen Herzen.

Der Abend verlief sehr angenehm. Wir lasen den Bericht des Generalintendanten der Post und fanden einen Brief aus Berlin, den ein Franzose seinen Verwandten geschrieben hatte. Er erzählte von einem Ausspruch des preußischen Königs: Gelegentlich einer Unterredung, die Friedrich mit einem Minister hatte, wurde eines Ereignisses in Frankreich Erwähnung getan. Es entstand eine Meinungsverschiedenheit, zu welchem Zeitpunkt dieses stattgehabt habe, worauf der König von Preußen gesagt haben soll: »Sie sind im Irrtum, das war nicht unter der Regierung Cotillons I., sondern unter der Cotillons II.« Der König von Preußen unterschied nämlich drei Herrschaftsperioden in Frankreich: Cotillon I.: Frau von Chateauroux, Cotillon II.: Frau von Pompadour und Cotillon III.: meine Wenigkeit.

Ludwig XV. mißfiel dieser Scherz sehr und er trug ihn seinem Bruder von Preußen nach. Wenn er länger gelebt hätte, wäre vielleicht aus seinem persönlichen Haß ein Krieg entstanden.

Endlich kam die Dauphine an. Sie war in Compiègne vom Herzog von Choiseul erwartet worden, aber dessen Bemühungen mir zu schaden waren fruchtlos verlaufen. Die Prinzessin hatte von ihrer Mutter den Auftrag erhalten, sich mir gegenüber klug und vorsichtig zu benehmen. Die Dauphine möge mich zwar nicht aufsuchen, aber mir auch nicht ausweichen.

Am Abend vor der Ankunft der Dauphine sagte mir der König: »Machen Sie sich schön für morgen. Es gilt meiner Enkelin zu beweisen, daß ich Geschmack habe.«

Ich schmückte mich also so gut es ging und begab mich ins Schloß. Meine Anwesenheit versetzte den ganzen Hof in Erstaunen, das noch mehr anwuchs, als der König meine Hand ergriff und mich seiner Enkelin vorstellte. Sie empfing mich ungemein liebenswürdig und sagte mir freundliche Worte. Mein Triumpf war vollständig. Der König konnte sich nicht enthalten, die Dauphine zu fragen, wie ich ihr zu Gesicht stehe. Die Prinzessin erwiderte, daß sie es sehr gut begreifen könne, daß ich allgemein gefalle. Auch ich betrachtete die Prinzessin und erwiderte innerlich ihr Kompliment.

Sie war damals fünfzehn bis sechzehn Jahre alt und weniger schön als reizvoll, hatte blondes Haar, einen glänzend weißen Teint und ein regelmäßiges Gesicht mit lebhaftem Ausdruck. Am selben Abend betrachtete ich den Dauphin und dachte mir, wie glücklich er sein müsse, eine so hübsche Frau zu bekommen. Ich war erstaunt zu sehen, wie gleichgültig er sich benahm. Er schenkte seiner künftigen Gattin kaum einen Blick, während sein Großvater sie mit Augen betrachtete, die mir untreu wurden. Der König bemerkte wie jedermann die Traurigkeit des Dauphins und sagte mir leise: »Ich wette, den armen Jungen setzen seine Pflichten in Verlegenheit, er weiß offenbar nicht, wie er sich zu benehmen haben wird. Der Herzog von La Vauguyon hätte ihn darüber unterrichten sollen. Der Erzieher der Prinzen sollte seine Schüler auch die natürlichen Pflichten der Ehe lehren.«

Nach diesen Worten rief er den Herzog und zog ihn beiseite: »Wissen Sie auch, ob der Dauphin sich richtig benehmen wird?«

»Gewiß, Sire, ich habe ihm alles Nötige gesagt.«

»Haben Sie ihn seine Aufgabe üben lassen?«

»Nein, Sire!«

»Haben Sie ihm wenigstens den Vorschlag gemacht?«

»Ja, Sire!«

»Er hat abgelehnt?«

»Ja, Sire.«

»Der Affe!« Der König rieb sich die Hände und zuckte die Achseln.

Während diese scherzhafte Unterhaltung mit dem König stattfand, näherte sich Herr von Choiseul dem Dauphin. Ich war überrascht, wie kühl ihm dieser begegnete. Es mengte sich sogar etwas wie Haß und Strenge in das Verhalten des Prinzen.

Einige Tage später erfuhr ich vom Marschall von Richelieu den Grund der Zurückhaltung des Dauphins.

»Sie wissen nicht den Grund?« fragte mich der Marschall. »Der Prinz beschuldigt den Herzog von Choiseul, seinen Vater vergiftet zu haben.«

»Den Vater des Herzogs?«

»Nein, Gräfin, den Vater des Dauphins.«

»Das ist eine ungeheuerliche Verleumdung!«

»Keine Erfindung von mir,« sagte der Marschall, »die Quelle, der ich diese Geschichte verdanke, ist zuverlässig. Die Jesuiten, die den Herzog als ihren ärgsten Feind hassen, beschuldigen Choiseul, den Dauphin ermordet zu haben. Ihren Freunden, die sich in der Umgebung des jungen Dauphins breit machen, ist es gelungen, ihn von diesem Verbrechen zu überzeugen. Und ich bin überzeugt davon, daß, wenn der Prinz oder einer seiner Brüder auf den Thron gelangt, Herr von Choiseul nicht am Hofe bleiben kann.« Diese Nachricht überraschte mich sehr.

Der Hofstaat der Dauphine wurde zusammengestellt: der Erzbischof von Chartres, Herr von Fleury, die Gräfin von Noailles und die Herzogin von Cossé. Die erstere war eine tugendhafte Dame, dafür aber das Langweiligste, das es gibt. Sie war zur Repräsentation geboren und ging in den starren Formen der Etikette auf. Die Dauphine machte sich über sie lustig und nannte sie »Madame l'étiquette«. Aber meisten Einfluß bei der Dauphine hatte ein einfacher Vorleser, der Abbé de Vermond. Dieser philosophische Pfarrer hätte nur ein Wort sagen müssen, um Bischof oder Kardinal zu werden, aber sein Vergnügen, oder besser gesagt sein Ehrgeiz bestand darin, Bischöfe und Kardinäle ernennen zu lassen, ohne es selbst werden zu wollen. Er war nach Wien geschickt worden, um zur Erziehung der Dauphine sein Scherflein beizutragen, und so gut von der Kaiserin aufgenommen worden, daß er dem Hause Österreich mit Leib und Seele ergeben war. Er lebte und dachte überhaupt nur für dieses Haus, und ich fürchte, daß seine Ratschläge es dahin bringen werden, daß Marie Antoinette die Liebe ihrer Untertanen verlieren wird. Ludwig XV. sah in den Handlungen des Abbé nichts Schlechtes, er war ihm eher zugetan. Er sagte mir einmal:

»Sehen Sie, das ist ein vernünftiger Pfarrer, der wird die Dauphine nicht bigott machen. Wenn man nicht seine Soutane sähe, könnte man ihn für einen Kavalleriekapitän halten.«

XXVIII

Am Morgen nach der Hochzeit war im Schloß das Gerücht verbreitet, daß der junge Ehemann seinen Pflichten nicht nachgekommen sei. Der König schimpfte mit dem Herzog von La Vauguyon und machte ihm Vorwürfe.

»Sire,« erwiderte dieser, »die Ratschläge und das Beispiel eines Erziehers sind nur dort wirksam, wo die Natur nicht widerspricht. Was kann ich dafür, wenn die Natur des Prinzen ihre Pflichten nicht erfüllt hat?«

Der König lachte erst und sagte dann ernst: »Wie kommt es, daß ich durch meinen leiblichen Enkel so schlecht vertreten werde? Wenn er als König nicht geschickter sein wird, dann bedaure ich die Nation.«

Man könnte glauben, daß Ludwig XV. diese Worte im Scherz gesagt hat, aber dem ist nicht so. Ich kannte ihn gut genug, um die heimliche Freude, die ihm die Ungeschicklichkeit seines Enkels einflößte, zu bemerken. Es machte ihn stolz, daß er in sich die Kräfte vereinigte, die dem Dauphin scheinbar mangelten, und in seiner Eitelkeit fühlte er sich geschmeichelt.

Da aber das Unvermögen des Prinzen andauernd war, ließ man die Ärzte des Königs kommen. Doktor Quesnay zuckte die Achseln bei dieser Beratung und sagte: »Hier ist nichts zu machen, da kann nur die Zeit helfen.«

Man hörte aber nicht auf Quesnay und wollte die Ansicht seiner Berufskollegen wissen. Diese erklärten, daß eine gewisse Operation nötig sei. Man machte dem Dauphin den Vorschlag, sich den Messern der Ärzte anzuvertrauen. Er wollte aber nichts davon wissen.

Man berichtete dem König. »Wenn mein Enkel nicht will,« sagte Ludwig XV., »ist das zwar unverständlich, aber man darf ihn nicht zwingen. Lassen wir ihn vorläufig in Ruhe.« Er fügte dieser Antwort noch einige Worte hinzu, die ich mich schäme, niederzuschreiben.

Über die Feierlichkeiten, die die Hochzeit begleiteten, will ich nicht viel berichten, auch nicht über die fürchterliche Katastrophe, die das Feuerwerk nach sich zog. Diese Vorzeichen sagten nichts Gutes für die Ehe des jungen Paares voraus.

Der Herzog d'Aiguillon hatte gemäß dem Rate seiner Advokaten verlangt, daß sein Prozeß der Pairskammer und nicht den Parlamenten vorgelegt werde. Der Herzog hatte wiederholte Besprechungen mit dem Kanzler, der der Ansicht war, daß der König der Parlamentssitzung vorstehen müsse, wenn der Prozeß trotz der Versuche des Herzogs vor den Parlamenten verhandelt würde. Herr von Maupeou hatte dabei den Hintergedanken, daß die Parlamentsräte bei dieser Sitzung dem König offenen Widerstand leisten würden und dieser ihren Trotz als persönliche Beleidigung auffassen würde. Dann konnte man gemeinsam mit ihm an die Zerstörung der Magistratur schreiten.

Beinahe aber wäre das Gegenteil geschehen. Die Magistratur war stolz darauf, daß der König ihr die Ehre erwies, den Vorsitz führen zu wollen und es wurde festgesetzt, daß der Prozeß nicht vor der Pairskammer, sondern vor den Parlamenten verhandelt werde.

Am 3. April 1770, am Vorabend des Tages, an dem sich das Parlament in Versailles versammeln sollte, war der König mit der Rolle, die er spielen sollte, sehr beschäftigt.

»Also morgen werde ich mich den Schwarzröcken gegenüber sehen«, sagte er. »Ich weiß nicht, wie sich die Sitzung gestalten wird; aber wenn sich einer dieser Herren widerborstig zeigt, werde ich ihm zeigen, daß ich der Herr bin.«

»Oh, ich bin überzeugt, daß die Schwarzröcke gehorsam sein werden«, erwiderte ich. »Sie bellen von weitem, aber wenn sie in der Nähe sind, beißen sie nicht.«

»Ich muß gestehen, daß, wenn es nicht die Angelegenheit unseres lieben Herzogs wäre, ich entzückt von dieser Verhandlung wäre. Es ist schön, Recht zu sprechen wie der heilige Ludwig.«

Dieser Gedanke verfolgte Ludwig XV. seit einigen Tagen. Er bildete sich ein, daß ganz Frankreich die Sitzung mit Aufmerksamkeit verfolgen werde. Die große Sitzung konnte dem Herzog von Aiguillon verderblich weden, wenn er verurteilt würde, oder dem König, wenn er gegen die öffentliche Meinung Recht sprechen würde. Nur der Kanzler war mit allem einverstanden, er erhoffte das Beste von dem Konflikt, der sich notgedrungen aus der Eigenliebe des Königs und der Eitelkeit der Parlamente entwickeln mußte. Als Sitzungsort wurde das Vorzimmer der Königin bestimmt. Man hatte Bänke mit lilienbestickten Decken aufgestellt und einen Thron errichtet.

Als der Hof versammelt war, erschien der König mit den Prinzen von Geblüt. Die Huissiers des Parlaments versahen den Dienst, Wachen waren nicht anwesend.

Der Kanzler ergriff im Namen des Königs das Wort und erklärte, daß es der ausdrückliche Wunsch des Herrschers sei, daß die Meinungen frei geäußert würden. Nach ihm hielt der Präsident des Parlaments eine Rede, dann wurde die Anklage des Parlaments der Bretagne gegen den Herzog d'Aiguillon verlesen.

Der König liebte feierliche Veranstaltungen, da er dabei seine vornehme Ruhe zeigen konnte. Als er mich nachher besuchte, drückte er mir seine Zufriedenheit aus. Der Herzog d'Aiguillon war an diesem Abend nicht zu mir gekommen. Es war ihm peinlich gewesen, daß der König die gegen ihn geführte Anklage gehört hatte, und er wagte nicht zu erscheinen. Ludwig XV. bemerkte seine Abwesenheit und fragte den Herzog von Richelieu: »Wo ist Ihr Neffe? Fürchtet er vor seinem

Richter zu erscheinen? Dieses Zartgefühl macht ihm Ehre, aber er soll doch kommen, denn ich glaube, daß mich niemand meiner Richterstelle entkleiden wird, wenn ich freundschaftlich mit ihm verkehre.«

Der Marschall ließ den Herzog holen, der alsbald erschien. Als er eintrat, sagte der König: »Seien Sie beruhigt. Ich weiß, daß Sie um meinetwillen leiden, und trage dem Rechnung. Lassen Sie geschehen, was geschieht. Ich werde allem durch einen Willensakt ein Ende setzen, wenn die Parlamente nicht zur Einsicht gelangen.«

Die zweite Sitzung fand am 7. April statt. Der Generalstaatsanwalt erhob die Anklage gegen den Herzog d'Aiguillon und verlangte, daß das Urteil des Parlaments der Bretagne für nichtig erklärt werde, da dieses nicht berechtigt sei, in der Angelegenheit eines Pair Recht zu sprechen. Dieser Antrag wurde angenommen und ein diesbezüglicher Beschluß gefaßt.

Der König verließ auch diese Sitzung ungemein befriedigt, erklärte, daß er von nun ab ständig Gerichtsverhandlungen beiwohnen wolle, und gab den Auftrag, daß man zu diesem Zwecke in Versailles einen Saal einrichten möge.

Diese Absichten gefielen weder dem Kanzler noch den Herren vom Hofe. Besonders Herr von Maupeou, der bei seinen ehemaligen Amtskollegen verhaßt war, befürchtete eine Annäherung dieser an den König. Da Ludwig XV. aber bald bemerken mußte, daß er zu Unrecht mit der Gefälligkeit der Parlamentsräte gerechnet hatte, kam er auf halbem Wege den Absichten des Kanzlers entgegen.

Der König hatte gehofft, daß die Verfolgung des Herzogs d'Aiguillon eingestellt werden würde, aber der Prozeß wurde rachsüchtiger denn je geführt. Herr von Maupeou erklärte ihm, daß, wenn das Parlament den Herzog d'Aiguillon, den Kommandanten, der das Vertrauen des Königs genossen hatte, verurteile, das nur geschehe, um die königliche Macht zu schwächen und um die neu erstehende Macht der Gesellschaft zu stärken.

»Glauben Sie und können Sie auf Ihre Ehre beschwören, daß das die geheime Absicht der Schwarzröcke ist?« fragte Ludwig XV. den Kanzler.

»Ja, Sire, das ist der einzige Zweck, den sie verfolgen.«

»Dann muß man sie bestrafen, noch bevor sie ihre Absicht ausführen.«

Herr von Maupeou erklärte hierauf dem König die Schritte, die das Parlament unternommen hatte, um die königliche Macht zu untergraben. Bei den Worten des Kanzlers spiegelte sich in den Zügen des Königs die tiefe Bewegung wider, die ihn erschütterte. Er versuchte erst zu scherzen, aber nachdem uns Herr von Maupeou verlassen hatte, ließ er seinem Zorn die Zügel schießen und erklärte, daß ihm die Zukunft der Monarchie große Besorgnisse bereite.

In der Folgezeit gab er den Parlamenten den Auftrag, die ungerechte Verfolgung des Herzogs d'Aiguillon einzustellen.

Am 27. Juni versammelte der König nochmals die Magistratur in Versailles. Doch diesmal geschah es nicht, um den Vorsitz in der Verhandlung zu führen und sich an der Arbeit der Räte zu beteiligen, sondern es wurde in einem öffentlichen Thronlager Recht gesprochen. Die Zeremonie fand mit großem Pomp statt. Die Parlamente hatten die Erniedrigung, die man ihnen bereitete, nicht erwartet. Der Kanzler erklärte im Auftrage des Königs, daß dieser mit den Urteilssprüchen der Richter unzufrieden sei, die sich erlaubt hätten, seine königlichen Handlungen zu beurteilen. Er fügte hinzu, daß der Haß, den die Parlamente dem Herzog d'Aiguillon entgegenbringen, gleichzeitig die Achtung, die man dem Herrscher schulde, verletze, und daß der König sich vorbehalte, diese Angelegenheit nach freiem Ermessen zu Ende zu führen. Die bei einem solchen Thronlager gebräuchlichen Sitten machten jede Widerrede unmöglich. Die Parlamentsräte bewahrten Schweigen und schworen sich im Innern ihrer Herzen zu, nicht zu gehorchen.

Wir machten am selben Tage eine Reise nach Marly. Der Herzog d'Aiguillon, den der König eingeladen hatte, speiste mit uns. Als ich mit dem Herzog einen Augenblick allein war, fragte ich ihn, ob er zufrieden sei.

»Nein,« erwiderte er, »ich habe zwar die Güte des Königs erfahren, aber gerade dadurch wird soviel Haß gegen mich entfesselt, daß ich nicht weiß, ob ich mich beglückwünschen soll.«

»Fürchten Sie, daß die Parlamente ungehorsam sein werden?«

»Ich bin dessen gewiß. Sie werden mich noch hartnäckiger als früher verfolgen.«

Ich versuchte den Herzog zu beruhigen, aber was ich ihm auch sagen mochte, nichts konnte ihn von der Angst befreien; er sah die Rache der Parlamente voraus, die dann tatsächlich noch schrecklicher eintraf, als er befürchtet hatte.

Am 2. Juli, als wir uns in Marly befanden, verfügte das Parlament, daß der Herzog d'Aiguillon bis zu dem Zeitpunkte, wo die Pairskammer ihn verurteilen würde, seiner Pairsstellung entkleidet sei. Dieser Beschluß wurde in zehntausend Exemplaren verbreitet. Graf Jean brachte mir das Manifest. Ich war verzweifelt über das Unglück des armen Herzogs, als der König eintrat. Er war bleich, seine Lippen zitterten, er konnte vor Aufregung nicht sprechen. Schließlich aber beherrschte er sich und schrie: »Ich weiß nicht, was mich daran hindert, meine Musketiere gegen das Parlament reiten zu lassen und die Schwarzröcke niederzuhauen. Ich werde diese Rebellen in die Bastille sperren lassen.«

Meine Aufregung war so groß, daß ich bewußtlos wurde. Als

ich wieder zu mir gekommen war, warf ich mich dem König zu Füßen und beschwor ihn, sich in acht zu nehmen, damit das Volk nicht in Aufruhr gerate.

Er antwortete mir nicht, wandte sich an meine Schwägerin Chon und fragte: »Was würden Sie an meiner Stelle tun, wenn man Sie so unverschämt beleidigen würde?«

»Sire, ich würde in Betracht ziehen, daß die Schuldigen meine Kinder sind, und verzeihen.«

Der Zorn des Königs hatte sich allmählich gelegt, und da ich ihm Schmeicheleien sagte, wurde er bald ganz ruhig.

Die Herren von Maupeou, Saint Florentin, Bertin, der Bischof von Orléans, der Abbé Terray, der Marschall von Richelieu und der Prinz von Soubise traten ein.

Man hielt in meiner Gegenwart Rat.

Es wurde beschlossen, daß das Manifest des Parlaments für nichtig erklärt werde, der Herzog d'Aiguillon seine Rechte als Pair behalten solle und dem Parlament das Verbot zugestellt werde, weiterhin diese Angelegenheit zu verfolgen.

Dieser Beschluß hätte alles erledigen sollen, aber die Angelegenheit wurde später auf die Spitze getrieben.

XXIX

Die Herzogin von Grammont, die sich seit der Ankunft der Dauphine sicher fühlte, beleidigte mich wieder ohne Zurückhaltung. Ich erfuhr, daß sie in einer Privataudienz abscheuliche Dinge über mich gesagt habe. Sie rühmte sich sogar dessen so laut, daß auch meine Freunde davon erfuhren. Ich beklagte mich beim König und bat ihn, die unverschämte Frau zurechtzuweisen. Der König mochte die Herzogin nicht. Da aber die Dauphine ihr Wohlwollen erwies, wollte er seiner Enkelin keine Unannehmlichkeiten bereiten. Er beschied mich also, geduldig zu warten. Ich begnügte mich damit, in Gegenwart des Königs zwei Orangen in die Luft zu werfen und dabei »saute Choiseul, saute Praslin« zu rufen.

Praslin war der Vetter des Herzogs von Choiseul, der das Marineministerium innehatte.

Ich machte einige Tage später der Dauphine meine Aufwartung. Auf dem Wege dahin begegnete ich der Herzogin von Grammont. Sie trat auf mich zu und stieg lachend auf der Schleppe meines Kleides herum, bis sie zerriß. Der König, der im selben Augenblick eintrat, war Zeuge dieser Beleidigung. Er gab mir durch ein Zeichen zu verstehen, daß ich schweigen möge, und ich begriff, daß er mich rächen werde. Ich drehte mich um und kehrte weinend in meine Wohnung zurück.

Ludwig XV. empfahl sich von seiner Enkelin und folgte mir. »Sprechen Sie nicht und verlangen Sie nichts von mir!« sagte er. »Ich erkläre Ihnen, daß Ihre Sache die meine ist. Ich werde in meinem Namen strafen und nicht in Ihrem. Morgen jage ich die Herzogin von Grammont öffentlich vom Hofe.«

Er verließ mich zeitig und sandte den Herzog d'Ayen zur Herzogin von Grammont mit dem Auftrage, ihr mitzuteilen, daß der König ihr eine Privataudienz bewilligt habe.

Die Herzogin erklärte, daß sie keine Audienz verlangt habe.

»Herzogin,« sagte der Botschafter, »vielleicht will Ihnen der König eine Aufmerksamkeit erweisen. Sie wissen, wie sehr er Schönheit und Geist bewundert.«

Frau von Grammont, die die böse Zunge des Herrn d'Ayen kannte, wußte nun, woran sie sei. Sie begab sich sofort zu ihrem Bruder, mit dem sie sich zwei Stunden einschloß. Trotzdem ich bei den Choiseuls Spione unterhielt wie sie bei mir, konnte ich den Inhalt ihrer Beratung nicht erfahren. Ich erfuhr nur, daß die Herzogin ihren Bruder mit roten, verweinten Augen verlassen hatte. Am nächsten Morgen sandte der Herzog von Choiseul zum König mit der Bitte, ihn sofort zu empfangen. Der König erklärte, daß er in diesem Augenblicke niemanden empfangen könne, daß er aber bereit sei, seinen Minister nach dem Besuche der Herzogin von Grammont zu sprechen. So mußte sich denn die Herzogin diesem peinlichen Besuch unterziehen.

Ludwig XV. empfing sie mit beleidigend kalter Höflichkeit. Trotzdem forderte er sie auf, Platz zu nehmen.

»Sire,« sagte die Herzogin und versuchte ihr Lächeln reizvoll zu gestalten, »Eure Majestät hat mir das Glück bewilligt, Sie aus der Nähe zu sehen, ohne daß ich diese Gunst erbeten habe. Aber Ihre geringsten Wünsche sind für mich geheiligte Gesetze, wie sich Eure Majestät gewiß erinnern werden.«

»Was zwischen uns gewesen ist, habe ich vergessen, Herzogin«, sagte Ludwig XV. so streng als möglich. »Ich sehe nur das Heute und bin unzufrieden.«

»Mit mir, Sire?«

»Nimmt Sie das wunder? Seit zwei Jahren nehmen Sie jede Gelegenheit wahr, mir Unannehmlichkeiten zu bereiten. Aber ich habe es satt. Bis jetzt habe ich aus Rücksicht für Ihren Bruder geschwiegen. Jetzt bin ich gezwungen, eine Maßnahme zu treffen, die mir peinlich ist. Ich bin Herr in meinem Hause, und wenn man sich meinem Willen nicht fügt, muß man es verlassen.«

»Sie jagen mich fort, Sire?«

»Ihre Dummheiten zwingen mich dazu. Ich war gestern bei der Frau Dauphine anwesend. Sie werden doch nicht leugnen?«

»Ich hasse diese Frau!«

»Der Haß ist frei, Herzogin. Aber ich bestrafe nicht Ihren Haß, sondern Ihre Unhöflichkeiten, die ich nicht dulden kann. Ich gebe Ihnen den Befehl, den Hof zu verlassen und sich auf Reisen zu begeben.«

»Sie beharren bei Ihrer Strenge?«

»So wie Sie bei Ihrer Unhöflichkeit. Sie haben zwei Jahre meinen Zorn gereizt. Ich verbanne Sie für zwei Jahre.«

Nach diesen Worten erhob sich der König und machte das gewöhnliche Zeichen, daß die Audienz beendet sei. Frau von Grammont wollte sich auf die Knie werfen, aber er kam ihr zuvor, nahm ihre Hand und führte sie zur Türe, wo er sie mit einer tiefen Verbeugung beehrte.

Die Herzogin lief zu ihrem Bruder, den sie in Gegenwart seiner Gattin antraf, warf sich auf ein Sofa und erzählte unter Schreien und Schluchzen, was sich ereignet hatte. Herr und Frau von Choiseul hörten ihr schreckerfüllt zu. Sie sahen ihre eigene Ungnade voraus. Der Herzog bedauerte, seine Schwester unterstützt zu haben, und hätte gewünscht, daß alles anders gekommen wäre. Da ihn aber Frau von Grammont flehentlich bat, beim König ihre Begnadigung zu erwirken, begab er sich, ohne sich allerdings Erfolg zu versprechen, zum König.

Ludwig XV. war, wie alle schwachen Menschen, nach dieser Anstrengung wieder in seine gewöhnliche Ängstlichkeit verfallen. Überdies machte ihn die Gegenwart seines Ministers immer verlegen. Er bereitete ihm daher den denkbar besten Empfang. Der Herzog, der die Schüchternheit des Königs bemerkte, fragte ihn beinahe scharf:

»Sire, es scheint, daß meine Schwester das Unglück hat, in Ungnade gefallen zu sein?«

»Das ist wahr«, erwiderte der König, wieder energisch geworden.

Diese Antwort enttäuschte den Herzog und er sagte mit bittender Stimme: »Meine Schwester ist in Verzweiflung, Ihnen mißfallen zu haben. Ich bitte Sie, die Strafe, die sie zweifellos verdient, zu mildern.«

»Herzog,« erwiderte der König, »wenn man die Frau von

Grammont oder die Damen von Beauveau oder Brienne ein einziges Mal so beleidigt hätte, wie man seit zwei Jahren die Gräfin Dubarry beleidigt, hätten sie sich furchtbar gerächt und nicht so lange gewartet wie ich. Ihre Schwester hat meine Geduld mißbraucht. Ich will also, daß sie sich vom Hofe entfernt; aus Rücksicht für Sie geschieht das ohne Lärm und ohne Haftbrief. Das ist alles, was ich Ihnen zuliebe tun kann. Erwarten Sie nicht mehr!«

Der Herzog sah ein, daß er nichts erreichen könne, und empfahl sich dem König.

Als mich Ludwig XV. besuchte und wir allein waren, sagte er: »Sie sind gerächt. Die Herzogin geht und darf erst zurückkehren, wenn sie verspricht, sich gut zu benehmen.«

Der König nahm mir das Versprechen ab, nichts über den Grund der Verbannung der Herzogin von Grammont verlauten zu lassen. Ich machte nur Herrn d'Aiguillon und meinem Schwager Mitteilung davon.

Einige Tage nach der Abreise der Herzogin faßte ihr Bruder den Entschluß, sich mir zu nähern. Er wählte zur Mittelsperson Frau von l'Hopital, die diesen Auftrag gerne entgegennahm. Als sie mir davon Mitteilung machte, erkannte ich, daß ich von dieser Verbindung keinen Vorteil mehr haben könne, Herr von Choiseul sich nur mit mir aussöhnen wolle, um Zeit zu gewinnen, keinesfalls aber, weil er Freundschaft für mich empfinde. Ich weigerte mich also, den Minister zu empfangen.

Frau von l'Hopital redete mir zu und ich zog meine Schwägerin zu Rate. Chon war der Ansicht, daß ich diesen Annäherungsversuch freundlich entgegennehmen müsse. Ich gehorchte ihr, da ich neugierig war zu erfahren, was mir der Herzog sagen könne. Die Zusammenkunft wurde für den nächsten Morgen bestimmt.

Herr von Choiseul hatte in der letzten Zeit einen Herrn von

Lisle beauftragt, Epigramme und Lieder gegen mich zu schreiben, die die gute Gesellschaft gerne las, wenn sie auch widerlich waren, oder vielleicht gerade deshalb. Da der Minister aber mit den Schriften dieses schwachen Talentes nicht das Auslangen fand, versuchte er mir von einer anderen Seite her zu schaden. Er wandte sich an Voltaire, nicht damit dieser mich beleidige, sondern um durch ihn den Frieden mit mir zu erlangen. Aus einem Brief, den ich von dem berühmten Schriftsteller erhielt, konnte ich ersehen, daß er im Auftrage Choiseuls geschrieben sei. Leider ist er mir gestohlen worden, und ich kann ihn daher nicht wörtlich wiedergeben.

Ungefähr zur gleichen Zeit widmete mir der Chevalier von La Morlière, der mich haßte und mich später verfolgte, eines seiner häßlichen Werke. Ich beging die Dummheit, die Widmung anzunehmen und ihn zu empfangen. Die Gefälligkeit, die ich damit dem Prinzen von Soubise erwies, der diesen zweifelhaften Künstler protegierte, schadete mir sehr. Wenn sich der Marschall in der Schlacht von Roßbach so viel Mühe gegeben hätte, wie um den Empfang des Chevaliers durchzusetzen, hätte er diese Schlacht nicht verloren.

Der König erblickte das Buch Morlières auf dem Kamin meines Salons und sagte: »Sie sind die Muse dieses nichtswürdigen Kerls? Ich mache Sie darauf aufmerksam, daß ich an dem Tag, an dem man ihn hängen wird, nicht für Sie zu sprechen bin, da ich ihn nicht begnadigen werde.«

»Seien Sie unbesorgt, ich werde nichts für ihn verlangen, denn ich kenne nur einen Platz, wohin er gehört, und das ist der Platz der Grève.«

Es fehlte übrigens nicht viel, daß der Chevalier kurze Zeit nach dieser Unterredung auf das Schofott gekommen wäre, denn er hatte sich einer unglaublichen Gaunerei schuldig gemacht. Ein junger Mann aus der Provinz, dessen Vertrauen er sich erlistet hatte, behob für Rechnung seines Vaters fünfzehntausend Livres. Morlière lud ihn für denselben Abend zum Abendbrot ein und beraubt ihn mit Hilfe zweier Gleichgesinnter. Nicht genug damit. Er schrieb am nächsten Morgen dem Vater des jungen Mannes, daß sein Sohn ein Lump sei, und beunruhigte den alten Mann so sehr, daß er seinen Sohn in die Festung Saint Lazare werfen ließ. Gibt es eine größere Gemeinheit und einen ärgeren Verbrecher als diesen Chevalier von La Morlière?!

Ich hatte mit Frau von l'Hopital die Stunde der Begegnung mit dem Herzog von Choiseul vereinbart. Sie hatte mich, wahrscheinlich gemäß seinem Auftrage, gebeten, daß die Zusammenkunft in den Alleen von Versailles oder in den Gärten von Marly stattfinden möge, damit der Schein des Zufalls gewahrt werde. Ich hatte erwidert, daß es mir nicht genehm sei, außerhalb meiner Wohnung einen Herrn zu sprechen, der mich um eine Unterredung gebeten habe. Trotz ihrer wiederholten Bitten hatte ich nicht nachgegeben, und es blieb ihm nichts anderes übrig, als sich meinem Willen zu fügen. So erschien er zur festgesetzten Zeit bei mir. Er bemühte sich, seine Verlegenheit zu verbergen, aber ich merkte an seiner übertriebenen Höflichkeit, daß ihm dieser Besuch keine Freude bereite.

»Gräfin,« sagte er und machte zwei tiefe Verbeugungen, »endlich ist der von mir lange ersehnte Augenblick gekommen.«

»Daß es so lange gedauert hat, Herr Herzog,« erwiderte ich, »lag nicht an mir; ich habe Ihnen mein Haus nicht verboten.«

»Wenn ich das gewußt hätte! Ich habe immer geglaubt, daß Sie mich nicht gut empfangen würden.«

»Sie befinden sich im Irrtum. Wenn man von einem Mann wie Sie beleidigt wird, kann man sich über ihn beklagen, aber ihm keinesfalls Achtung versagen.«

»Sie hätten mich also gut aufgenommen, Gräfin?«

»Sie gewiß, Herr von Choiseul. Die Ihren nicht, denn ich will offen sein, mit Ausnahme der Frau Herzogin, die ich durchaus verehre.«

»Sie tun recht daran, eine gute Meinung von meiner Frau zu haben. Wenn ich ihre Ratschläge befolgt hätte, würden Sie mich nicht zu Ihren Feinden zählen.«

»Sie geben also zu, mein Feind zu sein?«

»Ich hoffe, Gräfin, daß Sie meine Phrase nicht so ernst nehmen, wie sie klingt. Ich gelte für Ihren Feind, ohne es zu sein.«

»Nein, Herr Herzog, Sie waren mein Feind und sind es noch immer. Ihr Besuch bei mir hat den Zweck, Frieden zu schließen.«

»Von Krieg oder Frieden ist nicht die Rede, Gräfin. Ihre Ankunft in Versailles, Ihre Schönheit, Ihr Verstand und Ihre Liebenswürdigkeit haben Eifersucht gegen Sie entfesselt. Es war das erstemal, daß eine schöne Frau mir Angst gemacht hat. Ich habe Sie erst zu verteidigen gesucht, dann hat mich der allgemeine Sturm mitgerissen.«

»Und Sie fürchten jetzt, daß Sie dieser böse Wind zu weit treibt; Sie wollen festen Fuß fassen.«

Bei diesen ironischen Worten glitt über das Gesicht des Herrn von Choiseul der Ausdruck schlechter Laune. Er hielt sich einige Augenblicke still wie ein Mensch, der nicht weiß, was er sagen soll, und erwiderte dann mit gekränktem Ton:

»Als ich das Verlangen äußerte, Sie zu sehen, Gräfin, geschah es, um mich gut mit Ihnen zu stellen; wenn ich Ihnen jetzt mit Bitterkeit antwortete, wäre alles umsonst gewesen. Also dürfen auch Sie mir keine Bosheiten sagen, da Sie ohnehin im Vorteil sind.«

»Sie haben recht, Herr Herzog. Schlechte Scherze haben keinen Zweck. Sprechen wir lieber davon, was geschehen soll.«

»Das habe ich von Ihnen erwartet. Wollen wir uns nun ernst unterhalten?«

»Bitte, Herr Herzog!«

»Was geschehen ist, tut mir leid, Gräfin. Ich bedauere, daß meine Freunde und ein Teil meiner Familie Ihnen Unannehmlichkeiten bereitet haben. Ich verspreche Ihnen daher, daß diese Feindseligkeiten beendet werden, und biete Ihnen jede Genugtuung, die Sie verlangen, da ich den Wunsch hege, mich mit den Freunden des Königs zu verbinden.«

»Davon bin ich überzeugt, Herr Herzog, und will gerne glauben, daß Sie an den Unannehmlichkeiten, die man mir zugefügt hat, unschuldig sind. Vergessen wir also die Vergangenheit und einigen wir uns über die Zukunft. Ich habe Freunde, die dem König dienen wollen und Anspruch auf diese Ehre erheben. Wie können Sie meinen Freunden helfen?«

»Gräfin, ich muß wissen, um wen es sich handelt.«

»Wozu sie mit Namen nennen? Sie wissen sehr gut, wen ich meine. Ich habe die Absicht, sie an der Gunst, mit der der König mich beehrt, teilhaben zu lassen.«

»Sie verlangen also meinen Untergang?«

»Nein, ich verlange nur eine Teilung. Sie können nicht alles haben. Unsere Versöhnung darf nicht nur Ihnen allein Vorteile bringen.«

»Ich bedachte nicht, Gräfin, als ich hierher kam, daß Sie ein Opfer von mir verlangen würden. Wenn ich das Ministerium verlassen muß, bleibt mir nichts als eine ungeheuere Schuldenlast.«

Die Unterredung wurde immer hitziger, unsere Wangen wurden rot wie Feuer, und wir maßen uns mit glänzenden Augen.

»Ich hatte gehofft, daß wir uns einigen würden«, sagte er.

»Und ich dachte, Herr Herzog, daß Sie zu mir gekommen

seien, um Frieden zu schließen. Aber nein, der Geist Ihrer Schwester ist in Sie gefahren.«

»Lassen Sie meine Schwester aus dem Spiel, Gräfin. Sie ist fort, das genügt. Sprechen wir nicht von ihr.«

»Ich wünschte, daß auch sie nicht von mir spräche. Ich weiß, daß sie mich ebenso von der Ferne wie aus der Nähe verleumdet. Man könnte glauben, daß sie ihre Reise nur unternommen hat, um ganz Frankreich gegen mich zu hetzen.«

»Man täuscht Sie, Gräfin. Meine Schwester –«

»Tut dasselbe in der Provinz, was sie in Paris getan hat. Sie haßt mich, weil ich jung und schön bin. Ich wollte, ihr Haß würde ewig dauern.«

»Ich nicht, Gräfin, weil Sie durch Ihre Schönheit eine zu gefährliche Gegnerin sind. Sie wollen also nicht den Frieden?«

»Nein! Jetzt wird der Krieg wenigstens offen sein!«

Der Herzog entgegnete einige höfliche Worte und wir trennten uns als ärgere Feinde denn je.

Der erste, dem ich von dieser Unterredung erzählte, war der Herzog d'Aiguillon. Er nahm meine Hand und küßte sie freundschaftlich. »Ich beglückwünsche Sie, daß Sie sich nicht mit Herrn von Choiseul versöhnt haben. Die Folge davon wäre Ihr Untergang gewesen. Die Choiseuls hätten Sie in ihre Netze gezogen, von Ihren Freunden getrennt und Sie zugrunde gerichtet. Sagen Sie jedenfalls dem König, daß Sie der Herzog besucht hat, daß Sie eine Zeit lang mit ihm geplaudert haben und daß er Ihnen auch weiter durchaus mißfällt.«

Ich befolgte den Rat des Herrn d'Aiguillon und machte dem König davon Mitteilung. Einige Tage später, als ich meinen Küchenchef entlassen hatte und der König erstaunt war, ein neues Gesicht zu sehen, sagte ich ihm: »Sire, ich habe mich meines Choiseuls entledigt, wann werden Sie den Ihrigen fortschicken?« Statt jeder Antwort lachte der König, und ich

sah mich gezwungen, mit ihm zu lachen, ohne mehr zu erreichen.

Es gab in meiner Wohnung drei Lebewesen, die eine große
Rolle spielten. Dorine, Zamore und Henriette. Dorine war drei
Monate alt, als Frau von Montmorency sie mir in ihrem Ärmel
mitbrachte. Sie trug ein Halsband aus Gold mit dem Wappen
der Dubarry. Seither ist diese kleine Hündin meine beste
Freundin.

Der zweite Gegenstand meiner Zuneigung war Zamore, ein
afrikanisches Negerkind, das mir der Herzog von Richelieu geschenkt hatte. Ich sah ihm in seiner Jugend seine Bosheiten
nach. Wenn ich ihn damals für seine kleinen Streiche bestraft
hätte, hätte er sich später vielleicht besser aufgeführt. Er riß
Herrn von Maupeou wiederholt die Perücke vom Kopf, so daß
sich dieser nackten Hauptes in der Gesellschaft des Königs
schämte. Aber niemand konnte ihm böse sein. Er stand auf gutem Fuß mit meinen Freunden und verachtete auch nicht die
Gesellschaft des Königs. Dieser hatte ihn scherzhalber zum
Gouverneur des Schlosses Lucienne ernannt und ihm ein Gehalt von tausend Francs ausgesetzt. Am meisten zugetan war
Zamore der Marschallin von Mirepoix, die ihm immer ein Geschenk oder Süßigkeiten mitbrachte. Wenn sie eintrat, klatschte
er in die Hände, schlug Purzelbäume, sprang ihr an den Hals und
schrie: »*Mame la Chale*« (Madame la Maréchale). Wenn der König
in Gegenwart der Marschallin mit Zamore spielte, ließ er den
kleinen Neger den Namen eines Herzogs jüdischer Herkunft
hersagen. Zamore sprach ihn so eigenartig aus, daß er wie ein
gewisses schamloses Wort klang, und meine Freundin war immer beleidigt. Nur vor dem Grafen Jean hatte der kleine Afrika-
ner Angst. Wenn mein Schwager ins Zimmer trat, gab er Zamore einen Fußtritt, und dieser zog sich sofort heulend zurück.

Meine Kammerfrau Henriette war das Wesen, das ich am

liebsten hatte. Sie war deshalb im ganzen Schlosse verhaßt. Ich verheiratete sie und verschaffte ihrem Gatten eine gute Stelle, ohne mich allerdings von ihr zu trennen. Ihr Mann stürzte sich in einem Fieberanfall aus dem Fenster und starb. Böse Zungen behaupteten, daß die Zügellosigkeit seiner Gattin ihn in den Tod getrieben habe. Unter den Frauen, die den Dienst bei mir versahen, befand sich auch ein junges Mädchen, namens Sophie. Wie ich durch Henriette erfuhr, machte ihr Herr von Villeroi den Hof. Bis dahin hatte ich geglaubt, daß er sich um meinetwillen fast den ganzen Tag in meiner Wohnung aufhalte. Seine auffällige Ergebenheit hatte mir an ihm gefallen. Als ihn aber meine Feinde um den Grund dieser sonderbaren Anhänglichkeit befragten, antwortete er, daß er nicht um meiner schönen Augen willen zu mir komme, sondern daß ihm meine Kammerfrau besser gefalle als ich und er mich mit seinen Komplimenten von früh bis abend zum besten halte. Ich wollte Henriette nicht glauben, daß der Herzog dieser Perfidie fähig sei, und erkundigte mich bei meinen Freunden, ob dieses Gerücht auf Wahrheit beruhe. Mühsam erfuhr ich die Wahrheit.

Ich schrieb Herrn von Villeroi folgenden Brief: »Ich liebe meine Freunde, auch wenn sie Fehler haben, aber nicht, wenn sie falsch sind. Da Sie, wie ich höre, nur zu mir kommen, um meine Kammerfrau zu sehen, teile ich Ihnen mit, daß ich mit dem heutigen Tage Sophie aus meinen Diensten entlasse. Ich hoffe, daß Sie dann Ihre Besuche einstellen werden.« Mein Brief erschreckte den Herzog, der besser als jedermann wußte, wie groß mein Einfluß beim König war. Er fürchtete, daß ich ihm schaden könne, und bat mich in einem langen Brief um Entschuldigung. Er leugnete Ähnliches gesagt zu haben, wenn er auch zugab, in Sophie verliebt zu sein. Ich antwortete ihm, daß eine Korrespondenz mit ihm mir unerwünscht sei. Ich ließ Sophie kommen und sagte ihr, daß sie der Herzog von Villeroi liebe.

»Ja, Frau Gräfin«, erwiderte das junge Mädchen weinend.

»Und liebst auch du ihn?«

»Ich glaube es, Frau Gräfin!«

»Wie, du weißt es nicht?«

»Nein, Frau Gräfin. Wenn ich ihn nicht sehe, denke ich nicht an ihn. Wenn er aber bei mir ist, ist er so höflich mit mir, daß ich ihm zugetan sein möchte. Aber ich glaube, daß ich seinen Jäger, Herrn Leclair, mehr liebe als ihn.«

Ich begann natürlich herzlich zu lachen und sagte ihr: »Seitdem ich weiß, daß dich der Herzog von Villeroi liebt, kann ich dich nicht mehr bei mir behalten. Aber sei unbesorgt, er wird sich um dich kümmern. Jedenfalls gib acht, daß er nichts von seinem Rivalen erfährt.«

Sophie weinte und bat mich, sie bei mir zu behalten. Sie würde um meinetwillen sowohl auf den Herzog als auch auf den Jäger verzichten.

Der Herzog von Villeroi nahm später das junge Mädchen zu sich, um sie zu seiner erklärten Freundin zu machen.

Nicht alle meine Freunde haben mich so wie der Herzog von Villeroi verraten. Am ehrlichsten meinte es ein hoher Herr mit mir, dem auch ich ergeben war: der Herzog Carl Augustin Christian von Zweibrücken. Er und sein Bruder, Prinz Max, wurden mir durch den Grafen von La Marche vorgestellt und waren vom ersten Tage an meine Freunde. Die beiden Prinzen waren bei Hof angesehen und allgemein beliebt, nur die Dauphine sah ihre Anwesenheit bei Hofe nicht gerne. Prinz Christian sollte nach dem Tode seines Vetters Kurfürst von Bayern werden, was den Interessen der Kaiserin Maria Theresia widersprach. Ich wünsche ihm jeden Erfolg; wenn er zur Krone gelangt, wird es ein Glück für seine Untertanen sein. Die freundschaftlichen Beziehungen, die ich zu ihm unterhielt, wurden von meinen Feinden mißdeutet. Aber es gab keinen Herrn in meiner Gesellschaft, der nicht mein Geliebter gewesen sein sollte. Gut für euch, meine Herren und Damen vom Hofe, wenn ihr mit allen Freunden und Freundinnen, die ihr habt, Liebesverhältnisse unterhaltet. Vielleicht habt ihr deshalb so viele Freunde. Wir bescheidenen Frauen begnügen uns mit weniger. Zwei oder drei Geliebte sind uns genug.

Die Entlassung von Sophie war der Anlaß, eine neue Kammerfrau zu suchen. Kaum war die Stelle frei, als sich unzählige Frauen darum bewarben. Eines Tages teilte mir Henriette mit, daß die Frau eines Advokaten vom Châtelet sich um die Ehre bewerbe, in meine Dienste treten zu können. Sie habe ein freundliches Gesicht und komme mit einer Empfehlung der Marquise von Montmorency. Ich ließ sie eintreten und erkannte auf den ersten Blick Brigitte Rubert, das stolze Mädchen vom Kloster Saint-Aure, die den Verkehr mit der armen Putzmacherin, die ich damals gewesen war, nicht hatte fortsetzen wollen. Ihr Antrag verursachte mir peinliche Überraschung, und auch sie erkannte mich an der unfreiwilligen Abwehrbewegung, die ich machte. Sie erblaßte und fragte mit erstickter Stimme: »Sind Sie es?«

»Ja, Fräulein, ich bin die arme kleine Grisette, der Sie so hart Ihre Freundschaft verweigert haben.«

»Dann hat Sie das Schicksal gerächt. Meine Anwesenheit kann Ihnen nicht angenehm sein.«

»Brigitte,« sagte ich, »da Sie mir so wenig Anhänglichkeit bewiesen haben, kann ich Sie nicht in meinen Dienst nehmen. Wenn ich Ihnen sonst irgendwie gefällig sein kann, tue ich es gerne.«

»Danke,« erwiderte Brigitte, »ich bat um eine Stellung bei der Frau Gräfin Dubarry. Da man sie mir verweigert, habe ich nichts mehr zu verlangen.«

Sie machte eine tiefe Verbeugung und ging.

Henriette, die diesem Auftritt beigewohnt hatte, fürchtete, daß ich ihr böse sein könne, aber ich machte mir Vorwürfe, in meinem Glücke meine andere Freundin aus der Kindheit vergessen zu haben, und beauftragte Henriette, sich am nächsten Morgen nach Paris zu begeben, um sich beim Bäckermeister Mathon nach dessen Tochter Geneviève zu erkundigen. Ich hätte ihr gerne auch aufgetragen zu fragen, wie es dem schönen Nikolaus ergehe. Aber obwohl mein Herz bei dem Gedanken an ihn heftig zu schlagen begann, sprach ich nicht von ihm. Ich erwartete ungeduldig die Rückkehr Henriettes, die mir bald Nachrichten brachte. Sie erzählte mir, daß es den ehemaligen Freunden gut ergehe und daß Nikolaus verheiratet sei. Auch Geneviève sei verheiratet gewesen, aber Witwe geworden und ernähre sich und ihre beiden Kinder mühsam.

Ich schrieb ihr folgenden Brief: »Die Gräfin Dubarry hat erfahren, daß es der Frau Gérard nicht so gut ergeht, wie sie es verdiente. Sie fordert sie auf, sich nächsten Montag um zwei Uhr in ihrem Palais Rue de la Jussienne einzufinden.«

Meine ehemalige Freundin war in keiner guten Lage, als ihr ein Diener, der meine Livree trug, diesen Brief überbrachte. Die arme Frau konnte sich nicht vorstellen, wem sie diese mächtige Protektion zu verdanken habe. Als sie mich an dem festgesetzten Tage besuchte, fiel sie mir freudestrahlend um den Hals und rief: »Welches Glück, liebe Jeannette, daß ich dich wieder sehe. Du bist also die Freundin der Gräfin Dubarry, dir danke ich ihr Wohlwollen?«

»Nein, meine Liebe, ich selbst bin die Gräfin Dubarry.«

Ich umarmte sie und weinte vor Freude. Nachher nahm ich meine Freundin bei der Hand und wir setzten uns Seite an Seite. Ich erzählte Geneviève von meinen Abenteuern, meinen Fehlern und von der Gunst des Königs. Als ich meine Erzählung beendet hatte, berichtete Geneviève mir von ihrem Leben.

Aber sie hatte nicht viel zu sagen, eine Frau, die ein anständiges Leben führt, weiß nicht viel zu erzählen. Nachdem wir uns alles anvertraut und uns wieder umarmt hatten, schenkte ich meiner ehemaligen Freundin eine Brieftasche mit dreißigtausend Francs und versprach ihr in jeder Lebenslage meine Unterstützung.

»Tu noch mehr für mich,« sagte Geneviève, »da du meine Freundin geblieben bist. Bewillige mir, daß ich dich von Zeit zu Zeit besuchen darf.«

Ich sagte ihr, daß ihr mein Haus immer offen stehe, und wir begannen von neuem zu plaudern. Sie erzählte von ihrem Bruder. Ich errötete bis über die Ohren, als sie seinen Namen nannte, versuchte aber meine Erregung vor ihr zu verbergen und sagte ihr mit scheinbarer Ruhe, daß ich glücklich wäre, wenn ich ihrem Bruder eine Gefälligkeit erweisen könnte.

Tatsächlich gelang es mir, ihm ein Unternehmen einzurichten, an dem er seine Schwester beteiligte.

Seit dieser Zeit besuchte mich Geneviève sooft es möglich war. Ihre Gesellschaft bereitete mir immer großes Vergnügen. Sie hatte mich als einfache Arbeiterin geliebt, warum sollte ich ihr nicht nach meinem Aufstieg gewogen sein?

Wenn ein großer Herr eine Kammerfrau oder irgend ein kleines Mädchen liebt, verliert er nichts von seiner Würde. Wenn aber eine große Dame die Liebkosungen eines Bürgers oder gar eines einfachen Dieners empfängt, sinkt sie in der Achtung der Welt. Deshalb schreibe ich das Ereignis, das ich erlebte, schweren Herzens nieder. Eines Tages schlug ich auf die Glocke, um einen Brief befördern zu lassen. Ein Diener trat ein, wechselte die Farbe, sah mich entgeistert an und entfernte sich langsam. Dieser Diener war Noël, mein einstiger Freund aus dem Hause der Frau von Lagarde, der mich so schmählich verraten hatte. Wenn ich vernünftig gewesen wäre, hätte ich sofort unter irgend einem Vorwand einen Haftbrief gegen ihn erwirkt. Ich war aber so neugierig zu wissen, wie es Noël seit unserer Trennung ergangen war und wie es ihm gelungen sei, auch ins Schloß zu kommen, daß ich jede Vorsicht außer acht ließ.

Als ich einmal allein war, ließ ich ihn kommen. Er warf sich mir zu Füßen, beschwor mich, seine Kühnheit zu verzeihen, und bat mich, ihn in meinen Diensten zu behalten. Er würde die Achtung, die er mir schulde, keinesfalls verletzen.

Ich beging den Fehler, Noël zu verzeihen und ihn zu meinem Kammerdiener zu ernennen. Die Frauen haben ein Vorurteil dagegen, unter ihrem Stand zu lieben. Die Männer heben Frauen zu sich empor oder erniedrigen sie, je nach dem, was sie sind. Ich aber verliebte mich ein zweites Mal in Noël, ohne mir Gedanken darüber zu machen.

Henriette, die mir mit Herz und Seele ergeben war, bemerkte meine Leidenschaft und war außer sich. Sie wagte aber nicht, mit mir darüber zu sprechen.

Doch ein Ereignis gab ihr die Möglichkeit, meiner unwürdigen Laune ein Ende zu setzen, die mich zweifellos früher oder später zugrunde gerichtet hätte. Eines Abends, als das ganze Schloß schlief, ruhte ich still bei Noël. Plötzlich öffnete sich die Türe des Vorzimmers. Der König war auf dem Wege zu mir. Die Tür meines Schlafzimmers stand offen. Einige Sekunden später mußte der Herrscher vor meinem Bette stehen.

Noël sprang auf, floh in das Nebenzimmer, wo Henriette wohnte. Glücklicherweise schlief meine Kammerfrau noch nicht und erkannte Noël, der sie mit aufgehobenen Händen um Gnade bat. Sie streckte den Arm aus, faßte ihn und zog ihn zu sich ins Bett.

Noël wollte ihr nun in derselben Weise wie mir seine Dankbarkeit erweisen, sie aber stieß ihn zurück und flüsterte ihm zu, sich still zu verhalten, wenn ihm an seinem Leben gelegen sei. Die Drohung entmutigte Noël und er bewegte sich nicht mehr.

Henriette fügte hinzu: »Wenn Sie morgen nicht, ohne die Frau Gräfin wiederzusehen, das Schloß verlassen, melde ich dem König, was geschehen ist, und Sie werden Ihr Leben im Kerker beschließen.«

Währenddessen war der König bei mir und wunderte sich über meine Unruhe. Als er mich verließ, läutete ich. Henriette lief herbei.

»Ich bin verzweifelt«, sagte ich ihr zitternd. »Ich muß dir gestehen –«

»Seien Sie unbesorgt, liebe Herrin, es ist alles in Ordnung.«

Ich umarmte sie und schlief beruhigt ein. Nach einigen Tagen fragte ich sie, was aus dem armen Jungen geworden sei. Sie erzählte mir, daß sie am nächsten Morgen zum Grafen Jean gegangen sei, der Noël zehntausend Francs gegeben habe, damit er Frankreich verlasse.

XXX

Gegen den Herzog d'Aiguillon hatte sich ein allgemeiner Sturm erhoben. Die Parlamente der Provinz hatten sich mit dem Beschluß des Parlaments von Paris einverstanden erklärt und den Verlust der Pairswürde des Herzogs d'Aiguillon bestätigt. Das Wohlwollen des Königs schien ihm nur geschadet zu haben. Herr von Maupeou und der Herzog waren bei mir zusammengekommen, um sich zu beraten. Der Kanzler sagte lächelnd, daß die Zusammenkunft den Zweck habe, drei seiner kleinen Wünsche zu verwirklichen: erstens das Ministerium des Herrn von Choiseul zu stürzen, zweitens an dessen Stelle den Herzog d'Aiguillon zu setzen, drittens die Parlamente des Königreiches zu entlassen. Der König stehe d'Aiguillon freundlich gegenüber, er selbst genieße das Vertrauen des Herrschers und ich seine Liebe. Um zu dem gewünschten Ziele zu gelangen, müsse man den König gegen seinen Minister mißtrauisch machen und seine Unzufriedenheit mit den Parlamenten wachrufen. Er schlug dem Herzog und mir eine unlösliche Geheimverbindung vor, die wir auch schriftlich bestätigen sollten.

Nachdem dies geschehen war, erklärte Herr von Maupeou: »Der Herzog von Choiseul ist der erste Gegner, gegen den wir auftreten müssen; denn es wird nicht leicht sein, ihn zu stürzen. Zwar liebt ihn der König nicht mehr, aber er glaubt, daß er im Interesse der Monarchie in Amt und Würden bleiben müsse. Wir müssen dem König beweisen, daß Choiseul die Amerikaner gegen unseren Bundesgenossen England hetzt und daß es den Anschein hat, als täte er es Österreich zuliebe. Im Innern des Landes aber unterstützt er die Rebellion der Parlamente gegen die königliche Herrschaft. Die Herzogin von Grammont dient, ohne es zu wissen, dem Anschlag, den wir gegen ihren Bruder vorbereiten. Ich weiß, daß sie in verschiedenen Städten der Provinz die Parlamentsräte besucht und ihnen die Protektion ihres Bruders versprochen hat. Wir müssen veranlassen, daß sie aus der Verbannung zurückberufen wird. Einmal in Versailles, wird sie gewiß dem Herzog von Choiseul die Hilfe der Parlamente versprechen. Was sie darüber mit ihrem Bruder spricht, muß in Erfahrung gebracht werden. Ich werde dann während der Arbeit und Sie, Gräfin, des Abends dem König davon Mitteilung machen. Der König glaubt, was Sie ihm sagen, selbst wenn Sie den Herzog beschuldigen, den verstorbenen Dauphin vergiftet zu haben.«

»Ich sollte den König mit dieser Lüge zur Verzweiflung bringen?« rief ich entsetzt.

»Nicht so sehr Lüge, als Sie glauben«, erwiderte der Kanzler. »Wissen Sie, was sich vor dem merkwürdigen Tode des Prinzen ereignet hat? Gelegentlich der Verbannung der Jesuiten geriet der Dauphin mit Herrn von Choiseul in Streit und drohte ihm mit Ungnade, wenn er den Thron besteigen würde. ›Königliche Hoheit‹, erwiderte Herr von Choiseul, ›ich kann mich dem Unglück, Ihr Untertan zu werden, nicht entziehen, keinesfalls aber werde ich Ihr Diener sein.‹ Man wagt es nicht, einen Thronfolger in solcher Weise zu behandeln, ohne versteckte Absichten zu haben. Seit dieser Zeit begann der Dauphin zu kränkeln und siechte allmählich dahin. Der jetzige Dauphin kennt diese Umstände und weiß, an wem er den Tod seines Vaters zu rächen hat. All das ist nicht so unwahrscheinlich, als daß Sie nicht dem König davon sprechen könnten. Was halten Sie davon, Herr d'Aiguillon?«

»Sie sind ein geschickter Mann«, erwiderte der Herzog. »Wir können auf das Geschwätz der Frau von Grammont und die Fehler der Parlamente rechnen.«

Der Kanzler legte uns hierauf einen genauen Plan vor. Wir verbündeten uns mit dem Abbé Terray und dem Herzog von La Vrillière. Beide haßten die Choiseuls und waren ehrgeizig. Mit ihnen schlossen sich die Herzoge von Richelieu und La Vauguyon unserer Partei an. Der letztere hatte versucht, durch den Einfluß der Prinzessinnen ins Ministerium zu kommen. Da es ihm auf diesem Weg mißlungen war, erhoffte er sich Erfolg von unseren Bemühungen. Auch die Grafen von Maillebois und Broglie verbündeten sich mit uns.

Der Feldzug wurde von mir eröffnet. Ich bat den König, Frau von Grammont an den Hof zurückzurufen.

»Seit wann interessieren Sie sich für das Wohlbefinden der Herzogin?«

»Ihr Wohlbefinden macht mir keine Sorgen, Sire«, erwiderte ich. »Aber es ist mir lieber, wenn sie in Versailles ist als in der

Provinz. Sie reist von Stadt zu Stadt, um Parteigänger zu gewinnen, und hat mir während ihrer Abwesenheit mehr geschadet als während ihres Aufenthaltes in Versailles.«

»Wir können sie ja an einen bestimmten Ort verbannen«, meinte der König.

»Ich bitte Sie inständig, sie zurückzuberufen. Solange sie fort ist, werde ich das Gefühl haben, daß etwas hinter meinem Rücken geschieht. Wenn ihr häßliches Gesicht mir auch mißfällt, ist es mir doch lieber, sie beobachten zu können.«

Dem König machte die Bewilligung meiner Bitte Freude, da er glaubte, sich dadurch dem Herzog von Choiseul angenehm zu erweisen.

Ich bin aber überzeugt davon, es wäre dem Herzog lieber gewesen, wenn seine Schwester weiter in der Verbannung hätte bleiben müssen. Er bedankte sich beim König für die seinem Hause erwiesene Gnade und mengte in seine Danksagung liebenswürdige Komplimente für mich. Einige Tage später trat er sogar auf mich zu und sagte: »Ich hätte nach unserer Unterredung nicht geglaubt, daß Sie sich für mich einsetzen würden. Seine Majestät hatte die Güte, mir zu erzählen, daß Sie die Begnadigung meiner Schwester von ihm erbeten haben. Diese Nachricht war mir sehr angenehm.«

»Herr Herzog, das Vorgehen Ihrer Familie gegen mich hat eine Freundschaft zwischen uns unmöglich gemacht.«

Der Herzog machte eine Verbeugung und verließ mich gesenkten Hauptes.

Der Kanzler hatte eine Denkschrift verfaßt, in der das Vorgehen der Parlamente dem König vor Augen geführt wurde. Als mich der König besuchte, war er so traurig, daß ich ihn nicht erheitern konnte. Schließlich rief ich: »Der Teufel soll die elenden Kerle holen, die Ihre schlechte Laune verursachen.«

»Ich werde niemals Ruhe finden«, erwiderte Ludwig XV.,

»solange diese verdammten Schwarzröcke die Macht behalten, die ihnen meine Ahnen verliehen haben. Wissen Sie etwas von einer Denkschrift, die mir der Kanzler heute gegeben hat?«

»Ja, Sire, er hat auch mich gebeten, sie zu lesen, da sie sehr bedeutungsvoll sei.«

»Was denken Sie davon?«

»Verstehe ich etwas von Staatsgeschäften? Ich weiß nur, daß ich an Ihrer Stelle die Parlamente binnen vierundzwanzig Stunden davonjagen würde, wenn sie mir gefährlich erschienen.«

»Ich kann sie nicht entlassen, sie haben das Volk für sich. Ihr Sturz könnte Unglück heraufbeschwören.«

»Davon verstehe ich nichts, ich weiß nur, daß sie sich über den König hinwegsetzen und die Monarchie zugrunde richten wollen.«

»Sie auch«, sagte der König und lief durch das Zimmer. »Sie machen es auch wie die anderen. Sie zwingen mich zu einer unvorsichtigen Handlung, die den Haß der Bevölkerung hervorrufen wird.«

»Sie irren sich. Das Volk liebt Sie, aber es fürchtet Sie nicht. Ihre Langmut und Güte zeitigen die Widerstände. Hat Ludwig XIV. nicht mit der Peitsche geherrscht?«

»Er war jung und ein siegreicher König.«

»Und Sie sind alt, Sire? Man könnte Ihr weißes Haar sehen, wenn nicht die Lorbeeren von Fontenoy Ihren Kopf bedecken würden.«

»Fontenoy ist lange her, Schmeichlerin«, sagte Ludwig XV. und sein Gesicht strahlte vor Freude. »Ich hätte übrigens gute Lust, Ihren Rat zu befolgen und mit der Peitsche gegen die Schwarzröcke vorzugehen.«

Während der König noch sprach, traten der Kanzler und der Herzog d'Aiguillon bei mir ein.

»Meine Herren,« sagte der König, »ich halte Rat mit der

Gräfin. Es handelt sich um nichts Geringeres als darum, gegen das Parlament loszuziehen und den Urteilsspruch, der gegen den Herzog d'Aiguillon gefällt wurde, für nichtig zu erklären.«

»Sire,« meinte der Herzog, »es wäre Ihrer würdig, wenn Sie mich aus dieser Lage befreiten, da Sie nun wissen, daß ich verfolgt werde, weil ich Ihren Befehlen gehorcht habe.«

Der König befahl hierauf dem Kanzler, ein Thronlager einzuberufen. Herr von Maupeou war der Meinung, daß die Sitzung nicht in Versailles stattfinden möge, und bat den König, sich unerwartet ins Parlament zu begeben. Es wurde beschlossen, den Tag, an dem das Thronlager stattfinden sollte, geheim zu halten, um das Parlament zu überraschen und in Schrecken zu versetzen.

Nach einer öffentlichen Kabinettsberatung, die in den nächsten Tagen stattfand, erklärte der König, daß das Parlament seine Geduld erschöpft habe und daß er am nächsten Tage persönlich der Angelegenheit des Herzogs d'Aiguillon durch seinen Machtspruch ein Ende setzen werde.

Der Herzog von Choiseul erblaßte, als er die Erklärung des Königs hörte und fragte: »Sire, muß ich bei dieser Sitzung anwesend sein?« –

»Nein, Herr Herzog!«

»Dann gestatten Sie, daß ich morgen für einige Tage auf das Gut des Herrn von Laborde jagen gehe.«

»Unterhalten Sie sich gut, Herr Herzog!«

Der König grüßte Choiseul und ging. Der Minister wußte nun, daß seine Stunde bald schlagen werde.

Wir hatten erfahren, daß gegen elf Uhr nachts ein Diener des Herrn von Choiseul nach Paris reiten werde, um einem befreundeten Parlamentsrat Nachricht zu geben. Es bestand zwischen dem Minister und der Magistratur ein verdächtiges

Einverständnis, das nicht im Sinne des königlichen Dienstes lag. Leider konnten wir den Boten nicht auffangen.

Herr von Villeroi erhielt vom König den Auftrag, einige Kompanien auf den Straßen und Plätzen von Paris aufzustellen, um gegebenenfalls einen Aufstand unterdrücken zu können.

Als wir allein waren, sagte mir der König: »Von morgen ab bin ich alleiniger Herr in Frankreich. Bis jetzt habe ich meine Krone mit dem Parlament geteilt.«

»Sire, ich befürchte einen Aufruhr des Volkes!«

»Man muß sich der Vorsehung anvertrauen. Feigheit wäre eines Nachkommen Heinrichs IV. unwürdig.«

Die Herren von Soubise, Broglie und d'Aiguillon traten ein.

»Beruhigen Sie eine Französin, meine Herren, die für mein Leben fürchtet.«

Die Herren versicherten dem König, daß er keine Gefahr laufen könne. Nur eine Flut von Pamphleten und Schmähliedern werde sich über alle Beteiligten ergießen.

Der König verließ mich zeitig. Er war unruhig und befürchtete schwere Folgen.

Am Morgen des nächsten Tages brachte mir sein Kammerdiener einen Brief, in dem der König sich von mir verabschiedete. Diese Aufmerksamkeit machte mir große Freude.

Der Hof befand sich in großer Aufregung. Jedermann erwartete mit Ungeduld den Ausgang dieses Ereignisses.

Am 3. September 1770 besetzten die verschiedenen Hausregimenter des Königs die Straße, die der Wagen des Königs passieren mußte. Alle Mitglieder des Parlaments, die zur außerordentlichen Sitzung zu nächtlicher Stunde berufen worden waren, waren pünktlich an Ort und Stelle. Eine große Anzahl von Pairs war anwesend.

Nach dem gebräuchlichen Zeremoniell begrüßte Ludwig XV.

die Versammlung, indem er den Hut abnahm und sagte: »Meine Herren, mein Kanzler wird Ihnen meine Wünsche zur Kenntnis bringen.«

Augenblicklich erhob sich Herr von Maupeou und begann zu sprechen. Er rollte in seiner Rede das Verfahren, das gegen den Herzog d'Aiguillon angestrengt worden war, auf, bewies, daß die Parlamente im Unrecht seien, wenn sie sich herausnähmen, einen Pair von Frankreich gegen den Willen des Königs abzuurteilen, und fügte hinzu, daß der König jede weitere Verfolgung des Herzogs d'Aiguillon verbiete und als offenen Widerstand gegen seinen Willen betrachte. Während eines Thronlagers darf nur der Herrscher oder sein Bevollmächtigter sprechen. Die Parlamentsräte bewahrten Schweigen und schienen gehorchen zu wollen.

Meine Freunde, die die Wut des Volkes gefürchtet hatten, hatten sich nicht geirrt. Kaum waren die Einzelheiten der Sitzung bekannt geworden, als sich ein Sturm der Entrüstung gegen den Herzog d'Aiguillon, den Kanzler und sogar gegen den König erhob. Man kann sich vorstellen, daß man auch mich dabei nicht verschone. Man lobte allgemein den Herzog von Choiseul, beglückwünschte ihn, daß er bei dem Thronlager des Königs nicht anwesend gewesen sei, daß er abgeraten hätte, diese scharfe Maßregel zu treffen, und nannte ihn den Freund der Gesetze und den Verteidiger des Volkes.

Als ich erfuhr, daß die Sitzung beendet sei und daß sich der König auf dem Rückwege befinde, sandte ich ihm einen Boten mit der Bitte, er möge sich nach den Mühen des Tages bei mir ausruhen. Er ließ mir sagen, daß er zum Speisen zu mir kommen werde, großen Hunger habe und daß ich den Herzog d'Aiguillon zu Tisch einladen möge.

Als der König eintrat, lief ich auf ihn zu und umarmte ihn leidenschaftlich. Der König gab seine Zufriedenheit mit der

Sitzung kund und war stolz, dem Parlament den Herrn gezeigt zu haben.

Der Kanzler kam später. Er hatte an diesem Tage übermäßig viel zu tun. Nach dem Thronlager mußte er die Maßnahmen für den Staatsstreich, den er vorhatte, vorbereiten. Der König empfing ihn mit dankbaren Worten.

»Sire,« sagte Herr von Maupeou, »die Würde, die Sie mir verliehen haben, hat mich zu Ihrem ergebenen Diener gemacht. Ich bin zwar aus dem Parlamente ausgeschieden, aber so lange Ihnen dieses treu sein wird und seine Rechte nicht überschreitet, werde ich keine Maßregeln gegen meine ehemaligen Amtskollegen vorschlagen. Wenn die Räte aber in ihrem Widerstand verharren, wird nichts anderes übrig bleiben als sie zu vernichten. Nichts ist so verderblich wie eine halbe Maßregel.«

Diese Worte stimmten mit dem, was Ludwig XV. wünschte, überein. Während des ganzen Abends war von nichts anderem die Rede.

Einige Tage später wurde mir eine Bitte um Audienz zugestellt. Der Brief war mit dem Namen Marquis d'Aubuisson unterschrieben. Dieser Name rief die Erinnerung an eine meiner Jugendtorheiten wach. Ich hatte kein Verlangen, die Beziehung, die mir keine angenehme Erinnerung hinterlassen hatte, zu erneuern. Trotzdem entschloß ich mich, diesen ehemaligen Geliebten zu empfangen. Allerdings sollte er in seiner Erwartung, diesem Besuch einen Vorteil abzugewinnen, enttäuscht werden. Ich gab ihm als Empfangszeit die Stunde bekannt, in der ich die tausendundeinen Bittsteller täglich empfing. Ich ließ für gewöhnlich einen nach dem andern in mein Zimmer treten, während die übrigen im Vorzimmer warteten. Dabei war immer entweder eine meiner Schwägerinnen oder eine andere Dame anwesend, und wenn es sich um ein Geheimnis handelte, stellte ich mich mit dem Bittsteller in eine Fensternische, wo er mir leise sagen konnte, worum er mich bitte. Ich änderte nichts an diesem Zeremoniell zu Gunsten des schönen Musketiers. Ich ließ ihn mit den anderen warten und nahm ihn erst vor, als er an der Reihe war. Obwohl ich ihn sofort wiedererkannte, ließ ich mir nichts anmerken. Übrigens stand ich so, daß das Licht auf das Gesicht des Marquis fiel, während ich selbst im Schatten blieb. Er trat mit siegreicher Miene ein und schien den Erfolg für sicher zu halten. Allerdings beunruhigte ihn die Anwesenheit einer dritten Person.

»Gräfin,« sagte er, »was ich Ihnen mitteilen möchte, verträgt keine Zeugen.«

»Stellen wir uns an das Fenster, Marquis, meine Schwägerin wird nicht zuhören.«

Er kannte Fräulein Dubarry, da beide in Toulouse geboren waren, machte eine tiefe Verbeugung und folgte mir ans Fenster.

»Gräfin,« sagte er, »ich habe lange geschwankt, ob ich der Achtung, die mir Entfernung anbefahl, oder der Leidenschaft, die ich für Sie seit einigen Jahren empfinde, gehorchen soll, einer Leidenschaft, die Sie übrigens auch geteilt haben –«

Ich ließ ihn nicht weitersprechen, er hatte schon zuviel gesagt. »Wissen Sie, wo Sie sich befinden? Mit wem Sie sprechen? Sie sind krank, bedauernswert krank!«

Meine kalte Miene sollte ihm Stillschweigen anbefehlen.

»Wie? Sie erinnern sich nicht? Wir –«

»Ich wiederhole, daß mir Ihre Redensarten unverständlich sind und ich nicht weiß, worauf Sie anspielen wollen. Wenn Sie sich im Irrtum befinden, liegt es nicht an mir, Sie aufzuklären. Halten Sie Einkehr bei sich, und da meine Zeit kostbar ist, will ich sie nicht mit einer zwecklosen Unterredung verlieren.«

Ich grüßte ihn, zog den Glockenzug und ließ den nächsten Bittsteller eintreten. Der Marquis d'Aubuisson verließ niedergeschlagen den Raum. Ich habe später erfahren, daß er mit niemandem über diesen Empfang gesprochen hat, um seine Eigenliebe nicht zu verletzen.

Die Choiseuls, die die Stellung der Geliebten des Königs unwürdig fanden, machten selbst den Versuch, einer Dame ihres Hauses diese Ehre zu erwirken. Der Sohn des Marquis von Choiseul hatte eine junge schöne Creolin, ein Fräulein von Rubi, geheiratet. Man verbreitete das Gerücht ihrer wunderbaren Schönheit und erzog sie für den ihr bestimmten Beruf. Es war nicht unwahrscheinlich, daß der König den Vogelstellern auf den Leim gehen werde. In meiner Besorgnis sprach ich mit Frau von Mirepoix darüber.

Sie sagte: »Die schamhaften und tugendhaften Choiseuls haben etwas gegen Sie vor, geben Sie acht, es ist eine geschickte Rasse, die, um in den Himmel zu gelangen, eine Dame ihres Hauses selbst Gott Vater zur Geliebten geben würde.«

Ich erwiderte, daß ich nichts fürchte.

Aber trotzdem blieb ich beunruhigt und sprach davon mit dem König. »Ich weiß genau, was los ist«, sagte er mir. »Aber seien Sie unbesorgt, es besteht keine Gefahr für Sie. Um so mehr, da ich weiß, daß Frau von Grammont dahinter steckt. Wenn ich eine Geliebte durch ihre Vermittlung nähme, würde sie Frankreich beherrschen wollen. Und ihr unersättlicher Geiz würde die Liebe in einen Geldsack verwandeln.«

Der König hielt Wort. Die schöne Gräfin kam nach Versailles, um ihre Reize spielen zu lassen. Ludwig XV. begrüßte sie, sprach höflich mit ihr, aber ohne sie weiter anzusehen. Zweihundert Personen stellten sich herum, um den Eindruck, den sie auf ihn mache, zu beobachten. Er aber zeigte sich zerstreut und unaufmerksam.

Diese Gleichgültigkeit machte alle Hoffnungen zunichte. Aber sie stachelte die Wut meiner Feinde gegen mich an. Von diesem Zeitpunkte an nannte man mich wieder die unmoralischeste Frau. Ich machte mir aber nichts daraus, denn ich sah, daß ich erst jetzt die wirkliche Nachfolgerin der Marquise von Pompadour geworden war. Der König von Preußen hätte mich nun mit Recht Cotillon III. nennen können.

In Versailles wurden mir weniger Ehren erwiesen, weil auch die Prinzessinnen von Geblüt Hof hielten. Aber in Compiègne oder Fontainebleau oder in anderen königlichen Lustschlössern wurde nur ich geehrt, da ich die einzige Dame war, die sich einen Hofstaat hielt.

Gelegentlich der Vorbereitungen zu einer solchen kleinen Reise sagte mir der König: »Finden Sie nicht, daß es peinlich ist, wenn man sich dort langweilt, wo man sich gerne unterhalten möchte?« –

»Das kommt daher, Sire, weil Sie von Personen begleitet werden, die Ihnen langweilig sind und die Sie nur einladen, um sie nicht zu kränken.«

»Sie haben recht, die Gegenwart mancher Herren und Damen vom Hofe benimmt mir die gute Laune. Für unsere Reise nach Chantilly werden Sie die Liste der Eingeladenen zusammenstellen.«

Ich beeilte mich, die Namen, die mir angenehm waren, aufzuschreiben, und ließ alle jene aus, über die ich mich zu beklagen hatte. Ich machte nicht einmal mit dem Herzog von Choiseul eine Ausnahme. Als ich die Liste fertig hatte, zeigte ich sie dem König.

»Ich will sie nicht sehen«, sagte er.

»Aber wenn ich bestimmte Personen vergessen habe?«

»Um so schlimmer für die, die Sie vergessen. Sie werden sich für die nächste Reise ausruhen.«

Ich sah sehr gut, daß mich der König verstanden hatte und überzeugt war, daß ich weder den Namen seines ersten Ministers noch den des Herzogs von Praslin aufgeschrieben habe. Man kann sich vorstellen, wie niedergeschlagen die ganze Familie Choiseul war, als sie nicht den Auftrag erhielt, mit dem König nach Chantilly zu reisen. Ihre Rache ließ nicht auf sich warten; in den nächsten Tagen wurde folgendes Paternoster in Tausenden von Exemplaren verbreitet:

»Vater unser, der Du bist in Versailles, geheiliget werde Dein Name, Dein Reich ist erschüttert, Dein Wille geschehe weder im Himmel noch auf Erden, gib uns unser tägliches Brot zurück, das du uns gestohlen hast, vergib Deinen Parlamenten, wie sie Dir vergeben werden, und führe Dich nicht in Versuchung durch die Dubarry, sondern erlöse uns vom Kanzler. Amen.«

Einige Zeit später reisten wir nach Fontainebleau, wo Ludwig XV. gerne jagte. Es wurde eine Defilierung des Regiments beschlossen, dessen oberster Inhaber der König war. Der Minister hatte versprochen, dieses Fest mit großem Pomp zu begehen, da er hoffte, daß die Dauphine anwesend sein werde. Ein Zufall hielt die Prinzessin ab, zu erscheinen, und ich kam an ihrer Stelle in Begleitung der Herzoginnen von Valentinois und von Grimaldi und der Marquise von Montmorency.

Die Art und Weise, wie mich der König empfing, entschied die Haltung der Truppen. Alle Ehren wurden mir erwiesen. Der Oberst des Regiments, Herr von Chatelet, benahm sich zu meiner Zufriedenheit. Abends gab er ein wunderbares Waldfest und erklärte, daß ich die Königin dieser Nacht sei.

Was tat indessen Herr von Choiseul? Er hatte rechtzeitig erfahren, daß die Frau Dauphine ihre Wohnung nicht verlassen werde, und konnte sich nicht entschließen, meinem Triumphe beizuwohnen. Er ließ daher den König verständigen, daß ihn heftige Magenschmerzen davon abhielten, Seine Majestät zur Defilierung zu begleiten.

Ludwig XV. sagte mir: »Der Herzog von Choiseul ist krank, er kommt nicht.«

»Ja, Sire,« erwiderte ich, »er hat Schmerzen, aber im Herzen und nicht im Magen! Um nicht gezwungen zu sein, mich gut zu behandeln, vernachlässigt er seine Pflicht.«

Der König ließ sich davon überzeugen, daß ich recht habe, und man kann sich nicht vorstellen, wie sehr diese Ungeschicklichkeit dem Minister schadete. Der König bildete sich ein, daß ihn der Herzog durch sein Nichterscheinen bei der Defilierung und bei dem Waldfest schwer beleidigt habe.

Während des Aufenthaltes in Fontainebleau unterhielten wir uns über den Zorn der Prinzessin von Brionne gegen das Fräulein von Bèze, eine Tänzerin von der Oper. Dieses Mädchen hatte damals drei Geliebte, die sie nach Kräften betrog und mit dem Danaidengeschenk ihrer Liebe beglückte. Es waren die Prinzen von Guéménée und Lambesc und der Marquis von Liancourt. Anstatt sich um die Schöne zu raufen, teilten sich die jungen Herren, so gut es ging, in die Zeit ihrer Geliebten. Das war eine gegenseitige Gefälligkeit, die zu dieser Zeit nicht außerordentlich schien. Der Prinz von Guéménée war der leichtsinnigste Mann des Hofes und seine Geschenke waren so verschwenderisch, daß man sich keine Vorstellung davon machen kann. Er schenkte zum Beispiel dem Fräulein von Bèze eine ganze Wohnungseinrichtung aus Porzellan, die nicht weniger als hunderttausend Livres kostete. Dieser Leichtsinn erregte zwar die Entrüstung des Königs, war aber vielleicht daran schuld, daß ich von Seiner Majestät meine goldene Toilette zum Geschenke erhielt.

Weniger verschwenderisch, aber dafür reizvoller war der Prinz von Lambesc. Er gefiel der Tänzerin am besten, und sein Temperament litt unter der Mühe, die er sich gab, die Würdigung des Vorzuges zu verdienen. Der Prinzessin von Brionne, seiner Mutter, machte diese Beziehung Sorge, sie fürchtete für die Gesundheit und die Sittlichkeit ihres Sohnes und ließ dem Fräulein von Bèze den Aufenthalt in Fontainebleau verbieten. Aber als Schauspielerin machte sich das Mädchen nichts aus den Befehlen der Prinzessin und folgte ihren Liebhabern nach. Zum großen Unglück für ihre Freunde kam sie in bösem Zustande an. Ihr Zuhälter, ein schöner Junge, dafür so nichtswürdig, daß man ihn für einen großen Herrn hätte halten können, hatte sich bei einem anderen Mädchen eine Krankheit geholt. Dieses Geschenk brachte er dem Fräulein von Bèze mit, die es, ohne davon zu wissen, unter die drei Prinzen verteilte. Die Herren von Lambesc, Liancourt und Guéménée bemerkten zu gleicher Zeit ihr Mißgeschick und schrieben einer dem anderen die Schuld daran zu. Der Streitfall wurde bekannt und der König unterhielt sich glänzend. Die Polizei wurde in Bewegung gesetzt, um den Schuldigen festzustellen. Man erfuhr den wahren Sachverhalt und Fräulein von Bèze wurde ins Spital geschickt. Dieses Abenteuer beschäftigte uns lange, man sprach über nichts anderes und verbreitete es in Versen.

XXXI

Mein Kampf mit dem Herzog von Choiseul war ein Kampf auf Leben und Tod. Das Ende dieses Kampfes mußte seine Entfernung aus dem Ministerium oder meine Entlassung vom Hofe mit sich bringen. Allerdings trennt sich ein alter Mann nicht leicht von einer Frau, die er liebt, und ich gewann täglich mehr Einfluß auf den König. Es ist wahr, daß die Gewohnheit Ludwig XV. ebenso an Choiseul fesselte wie an mich. Jede Neuerung machte ihm Angst.

Glücklicherweise beschleunigte der Herzog selbst durch sein

Verhalten seinen Sturz. Er war entschlossen, das Ministerium nur dem äußersten Zwange gehorchend aufzugeben, und schlug sich, um eine mächtige Stütze zu finden, ganz auf die Seite der Dauphine. Da machte man den König auf die zahlreichen Besuche seines Ministers bei einer ausländischen Prinzessin aufmerksam und bewies ihm, daß diese Verbindung der Monarchie Schaden zufügen könne.

Indessen sah der Kanzler, der von den Parlamenten immer mehr bedroht wurde, daß der einzige Ausweg zur Rettung seiner eigenen Person in einem neuen Ministerium bestehe, aber dazu mußte der Herzog von Choiseul vertrieben werden.

Herr von Maupeou besuchte mich, machte mir seine üblichen Komplimente und zeigte mir einen Brief der Herzogin von Grammont, der unseren Absichten dienlich sein sollte. Dieser Brief war an den Präsidenten des Parlaments von Toulouse geschrieben worden.

Er lautete: »Herr Präsident, ich habe Ihnen versprochen, Sie über die Ereignisse in Versailles auf dem laufenden zu halten. Alles nimmt in gleicher Weise seinen Fortgang, eine Änderung ist nicht zu erwarten. Es gibt eben keinen König mehr in Frankreich, sondern nur eine Königin, deren Herkunft Ihnen ja bekannt ist. Die vornehme Art der auswärtigen Höfe ist diesen Leuten verhaßt, nicht weniger verhaßt das freimütige Benehmen meines Bruders. Sie schmeicheln sich, den Herzog stürzen zu können, und haben schon einen Nachfolger für ihn erwählt, den Herzog d'Aiguillon, einen elenden verbrecherischen Feigling, während man an die Stelle der Herren vom Parlament Leute setzen will, die im Kote aufgelesen werden sollen, eine Horde von Sklaven ohne Würde- und Pflichtgefühl, die dem, der sie bezahlt, blind gehorchen werden. Der Zeitpunkt ist gekommen, wo ein mutiger Widerstand die verbrecherischen Anschläge unserer Feinde zunichte machen muß. Mein Bruder wird Sie unterstützen, solange er im Ministerium ist, wenn man ihn aber verabschiedet, ist nichts mehr zu machen. Empfehlen Sie mich dem Wohlwollen unserer gemeinsamen Freunde und Freundinnen und seien Sie davon überzeugt, daß mein Bruder nach all dem Guten, das ich ihm von Ihnen erzählt habe, das lebhafte Verlangen hat, Ihre Bekanntschaft zu machen. Wann kommen Sie nach Paris?«

Dieser Brief kam uns gelegen. Ich war gerade dabei, ihn zu lesen, als der König eintrat. Ich wollte ihn dem Kanzler zurückgeben, aber dieser sagte so laut, daß es der König hören mußte: »Behalten Sie den Brief, es ist vielleicht gut, wenn er in andere Hände fällt!«

Der König fragte, was es mit diesem Briefe für eine Bewandtnis habe. Ich antwortete, daß eine bösartige Dummheit darin stehe.

»Ein Greuel,« fügte der Kanzler hinzu, »ein Freund von mir hat ihn von dem Schreibtisch dessen, der diesen Brief erhielt, genommen, um ihn mir zu schicken.«

»Was Sie da sagen, reizt meine Neugierde«, rief Ludwig XV. »Geben Sie mir doch das Papier!«

»Ich weiß nicht, ob ich es darf, Sire«, antwortete ich und reichte ihm den Brief.

»Ah, das ist die Schrift der Frau von Grammont. Sehen wir doch, was sie schreibt!«

Das Gesicht des Königs wurde beim Lesen düster, dennoch las er ohne Unterbrechung zu Ende. Dann sagte er dem Kanzler: »Was halten Sie von dieser Infamie?«

»Es betrübt mich, daß ein Minister so offen gegen seinen König konspiriert.«

»Das ist noch nicht erwiesen. Die Herzogin von Grammont kompromittiert ihren Bruder. Wenn ich wüßte, daß er tatsächlich schuldig ist, würde ich ihn noch heute abend in die Bastille schicken. Dieses Schicksal wird seiner Schwester nicht erspart bleiben.«

»Sire, es handelt sich um eine Frau, ich bitte für sie um Gnade, bestrafen Sie ihren Bruder für sie.«

»Kanzler,« sagte der König, »diesem Vorgehen darf nicht mit Langmut begegnet werden.«

»Auch nicht mit Überhastung«, erwiderte Herr von Maupeou. »Eure Majestät möge diesen Brief als Grundlage eines Geheimprozesses aufbewahren. Was aber die Herzogin anbelangt, bin ich der Ansicht meiner Cousine. Verachten Sie ihre Unverschämtheit, aber schonen Sie nicht Herrn von Choiseul, der allein der Schuldige ist. Nur er kann Ihnen gefährlich werden.«

Der König erwiderte nichts, stand auf und zerknüllte den Brief. Schließlich rief er aus: »Der Teufel soll alle holen, die mich zwingen, das Leben zu hassen!«

»Sire,« sagte der Kanzler, »die Franzosen sind glücklich unter Ihrer Herrschaft; leider gibt es Leute, die die Meinung des Volkes beeinflussen wollen. Die Herzogin zum Beispiel! Ihre Reise hat nur diesen Zweck gehabt. Ihr Bruder stützt sich auf alle Möglichkeiten, um das Ministerium zu behalten. Er läßt nichts unversucht. Spanier und Deutsche ruft er zu Hilfe, Parlamente und Philosophen hetzt er gegen Sie auf. Aber der König ist Herr seines Willens. Ich darf ihm nicht vorschlagen, welche Schritte er unternehmen soll. Meine Pflicht ist nur, ihm zu sagen, daß Herr von Choiseul der gefährlichste Feind des königlichen Hauses ist. Den Beweis dafür hat der Herzog selbst vor dem Tode Ihres armen Sohnes geliefert. Vielleicht hofft er jetzt, daß der junge Dauphin frühzeitig zur Herrschaft gelange.«

»Kanzler von Frankreich!« schrie der König. »Wissen Sie, was Sie sagen?«

»Die Wahrheit! Man gibt allgemein dem Herzog von Choiseul die Schuld an dem Tode Ihres Sohnes.«

»Ich kannte diese furchtbare Anschuldigung«, sagte der König niedergeschlagen. »Die Jesuiten haben mich sie wissen lassen, aber ich habe nicht daran geglaubt.«

Mit teuflischer Miene fügte der Kanzler hinzu: »Ich bin überzeugt davon, daß Herr von Choiseul der anständigste Mensch ist, den es gibt, und daß er nicht daran denkt, dem König die Tage seines Lebens vorzuzählen. Aber seine Verwandten, seine Freunde hoffen, daß er unter dem Schutze der Frau Dauphine sein Ministerium unter Ihrem Nachfolger behalten wird. Wer bürgt Ihnen dafür, daß nicht einer von ihnen wagt, was der Herzog vielleicht niemals täte? Darin liegt die Gefahr. Doch wenn Eure Majestät Herrn von Choiseul entlassen, verläßt zu gleicher Zeit alle Welt den in Ungnade gefallenen Minister, und die Frau Dauphine wird die erste sein, die seiner nicht mehr gedenkt.«

Der König war totenbleich und flüsterte beinahe unhörbar: »Sind Sie davon überzeugt, Herr von Maupeou, daß sich dieser Mann mit dem Parlamente verbündet, um meine Herrschaft zu schwächen?«

»Ich kann Ihnen den Beweis erbringen! Entsinnen Sie sich doch, Sire, daß er sich geweigert hat, am Thronlager teilzunehmen, und dadurch öffentlich erklärt hat, daß dieses gegen seinen Willen stattfindet!«

»Das ist wahr,« sagte Ludwig XV., »ich fand es auch unrichtig, daß er bei Herrn von Laborde jagte, während er seinen Dienst bei mir hätte versehen sollen. Wer aber wird nach seinem Sturze meine Diplomatie leiten?«

»Der Herzog d'Aiguillon zum Beispiel.«

»D'Aiguillon? Dazu ist noch nicht die Zeit.«

Herr von Maupeou und ich verstanden, daß es unserem

227

Freund nur schädlich sein könne, wenn wir in diesem Augenblicke seine Ernennung erzwingen würden. Da aber die auswärtige Politik den König übermäßig beschäftigte, ließ er den Abbé von La Ville kommen. Der erste Staatssekretär im Ministerium des Äußeren war ein Greis von achtzig Jahren, dessen gebrechlicher Körper die Lebhaftigkeit der Jugend bewahrt hatte. Der König schrieb ihm noch am selben Abend, daß er eine Audienz verlangen möge. Der gute Abbé, der vielleicht nur noch am Leben war, um sich an Herrn von Choiseul für seine Brüder von der Gesellschaft Jesu zu rächen, beeilte sich, die Audienz zu verlangen.

Als er ins Kabinett des Königs eintrat, fragte ihn dieser sofort, ob er glaube, daß die Dienste des Herzogs von Choiseul dem Königreiche nützlich seien und ob der Staatsdienst durch dessen Entlassung Schaden nehmen könne.

»Sire,« erwiderte Herr von La Ville, ohne zu zögern, »ich erkläre Ihnen auf Ehrenwort, daß die Person des Herzogs von Choiseul im Ministerium nicht von nöten ist und daß der Dienst ohne ihn klaglos fortgeführt werden wird.«

Ludwig XV. nahm ihm das Wort ab, nichts von diesem Gespräch verlauten zu lassen, und entließ ihn beruhigt.

Herr von La Ville erhielt später den Titel eines Direktors der auswärtigen Angelegenheiten und ein Erzbistum. Leider erfreute sich der gute Abbé nicht lange dieser Ehren. Er starb schon im Jahre 1774.

Ich hatte von dieser Unterredung erfahren und bat Ludwig XV. bei jeder Gelegenheit, seinen Minister zu entlassen. Aber ängstlich und schwach, wie er war, kam er zu keinem Entschlusse. Er begnügte sich damit, den Herzog kalt zu behandeln. Er hoffte, daß dieser seine Demission von selbst geben würde.

XXXII

Der Minister machte noch einen Versuch, sich mit mir zu versöhnen. Er beauftragte die Marschallin von Mirepoix, bei mir in dieser Angelegenheit vorzusprechen. Aber ich sah nicht ein, warum ich gerade jetzt, da ich des Sieges beinahe sicher war, mich hätte versöhnen sollen. Seine Schwäche, die er durch diesen Schritt kundgab, verdoppelte meine Kraft, und von diesem Augenblicke an ließ ich nichts unversucht, um seinen Sturz zu beschleunigen. Die Pamphletisten behaupteten, daß ich eines Abends Ludwig XV., der vom Wein und meinen Liebkosungen berauscht gewesen sei, den Haftbrief gegen seinen Minister vorgelegt habe. Am Morgen, nachdem er seinen Rausch ausgeschlafen, hätte er den Haftbefehl widerrufen. Daran ist kein wahres Wort.

In Wirklichkeit vollzog sich die Entlassung des Ministers, wie ich im folgenden schildere. Am Abend des 23. September waren Herr von Maupeou, der Herzog von La Vrillière und der Prinz von Soubise bei mir zu Gaste. Der König hatte erklärt, daß er ebenfalls zu mir kommen werde, und den Generalintendanten der Post beauftragt, sich in meiner Wohnung einzufinden. Zufällig hatte sich Seine Majestät länger als beabsichtigt bei der Dauphine aufgehalten.

Der Baron trat ein und wollte sich, als er mich allein sah, zurückziehen. Ich nahm ihm seine Tasche ab und versprach, sie dem König zu geben. Er glaubte sich seines Dienstes entledigt, machte eine Verbeugung und nahm Abschied.

Als der König kam, bat ich ihn, mit mir gemeinsam die Briefe zu lesen. Der König weigerte sich und schützte das Staatsgeheimnis vor.

»Schönes Geheimnis,« rief ich, »das die Dummköpfe der Post anvertrauen.«

Gleichzeitig öffnete ich die Tasche so lebhaft, daß die Mehrzahl der Briefe auf den Teppich fiel.

»Das geht ja,« lachte der König, »wer wird das jetzt aufheben?«

»Ich!« erwiderte ich und kniete nieder, um die Briefe aufzuheben. Der König half mir und wir legten den Papierhaufen auf den Sessel. Dann machten wir uns beide daran, in den Briefen zu stöbern. Der Zufall spielte mir einen Brief in die Hand, der an ein Mitglied eines Provinzparlaments gerichtet war. Er enthielt furchtbare Beschimpfungen gegen den König und mich und Lobsprüche auf Herrn von Choiseul. Ich las ihn meinem Herrn vor.

»Es ist unerträglich«, sagte er, »diese Schwarzröcke verleumden mich und heben meine Minister in den Himmel.«

»Um so schlimmer für Sie, wenn Sie Ihre Minister so lieben.«

In einem anderen Briefe stand, daß es dem Könige unmöglich sei, Herrn von Choiseul zu entlassen. Er sei unersetzlich, und der König könne ohne ihn nicht regieren. Als ich zu Ende gelesen hatte, rief er wütend: »Wir werden ja sehen, ob dieser Choiseul so unentbehrlich ist, daß ich ihn nicht wegjagen kann!«

In diesem Augenblicke traten meine Gäste ein. Der König wetterte in ihrer Gegenwart weiter, und es gelang, uns seine Aufregung zunutze zu machen.

Am selben Abend wurde beschlossen, daß der Herr Herzog von Choiseul am nächsten Morgen entlassen werde.

Herr von La Vrillière schrieb unter dem Diktat des Königs folgendes: »Mein Vetter, ich bin mit Ihnen unzufrieden und verbanne Sie nach Chanteloup! Sie haben sich innerhalb vierundzwanzig Stunden dahin zu begeben. Ich hätte Sie an einen entfernteren Ort geschickt, wenn ich nicht um die Gesundheit der Frau Herzogin von Choiseul besorgt gewesen wäre. Nehmen Sie sich in acht, daß Ihr Verhalten nicht eine noch strengere Maßregel nötig macht. Im übrigen bitte ich Gott, daß er Sie in seine Hut nehme.«

Nachdem dieser Brief geschrieben war, fragte ich, ob der König Herrn von Praslin vergessen habe. Er würde sich in unserer Gesellschaft nicht wohl fühlen, nachdem das Haupt der Familie uns verlassen hätte. Herr von La Vrillière schrieb ihm im Auftrag des Königs: »Mein Vetter, ich benötige Ihre Dienste nicht mehr und verbanne Sie nach Praslin, wohin Sie sich binnen vierundzwanzig Stunden zu begeben haben.«

Ich benützte einen unbewachten Augenblick, lief in mein Zimmer und schrieb dem Herzog d'Aiguillon: »Alles in Ordnung, lieber Herzog, wir haben gesiegt. Unsere Feinde verlassen morgen Versailles. Wir werden sie durch unsere Freunde ersetzen.«

Als ich wieder in den Salon zurückgekehrt war, sagte der König: »Der Prinz von Soubise will uns eine Geschichte erzählen.«

Ich setzte mich nieder. Herr von Soubise erzählte, aber ich war zu aufgeregt, um zuzuhören. Man meldete, daß das Essen aufgetragen sei. Wir gingen zu Tisch, waren aber alle zu sehr von unseren Gedanken eingenommen, als daß das Gespräch hätte in Gang kommen können. Der Abend verlief traurig und langweilig. Meine Freunde und ich hätten gerne miteinander Rat gehalten, aber der König verließ uns nicht. Er sprach beinahe die ganze Nacht mit mir, nachdem sich die Gäste empfohlen hatten. Die Entlassung der Choiseuls flößte ihm allerlei Bedenken ein, er fürchtete den Adel, das Volk, Europa und die ganze Erde. Ich versuchte, ihn zu beruhigen.

Erst als er mich am Morgen verließ, war ich des Sieges gewiß. Im Vorzimmer warteten schon Graf Jean und der Herzog d'Aiguillon. Dieser hatte noch in der Nacht mit Herrn von Maupeou gesprochen und von der Verbannung der Choiseuls gehört. Er befragte mich um die Einzelheiten des vergangenen Abends.

Während wir uns so unterhielten, begab sich Herr von La Vrillière um elf Uhr vormittags in die Wohnung des Herrn von Choiseul. Der Minister plauderte gerade mit dem Erzbischof von Arras, als man ihm den Herzog meldete, der im Auftrage des Königs komme. Der Prälat zweifelte nicht daran, daß die Botschaft von großer Wichtigkeit sei, und empfahl sich. Als der Herzog dem Minister den Brief des Königs überreichte, glaubte er, sich dabei betrübt zeigen zu müssen, da er der Überbringer einer traurigen Botschaft war.

»Behalten Sie Ihr Bedauern für sich, ich bin überzeugt davon, daß es Ihnen Vergnügen macht, mir diese Nachricht zu überbringen«, sagte der in Ungnade gefallene Minister, überreichte ihm sein Portefeuille und kehrte ihm den Rücken. Dann ließ er seine Frau und Schwester holen, den Wagen anspannen und begab sich sofort nach Paris. Dort erwartete ihn ein Beauftragter des Königs, der ihn zu begleiten hatte. Gleichzeitig wurde dem Exminister mitgeteilt, daß er niemanden empfangen dürfe.

Diesen Auftrag hatte ich nicht beeinflußt. Es war eine Eigenmächtigkeit des Herzogs von La Vrillière, der sich so für die Art, wie er von Herrn von Choiseul empfangen worden war, rächte. Trotzdem sah man gelegentlich dieser Ungnade, was man niemals vorher gesehen hat und zweifellos nie wieder sehen wird, daß alle Höflinge gegen den König für den verbannten Minister Stellung nahmen. Zwei Tage lang war der Weg nach Chanteloup mit Karossen bedeckt. Ludwig XV. mochte seine Unzufriedenheit zeigen, sein Hof machte sich nichts daraus und besuchte Herrn von Choiseul.

Aber auch im Schloß blieb es nicht still. Als sich die Nachricht von der Verbannung des Ministers verbreitete, erhob sich der ganze Hof gegen mich und meine Freunde. Man hätte glauben können, daß die Monarchie ohne Herrn von Choiseul nicht bestehen könne und nun zusammenbrechen werde. Die Prinzessinnen jammerten und behaupteten öffentlich, daß ich gegen die Tugend konspiriert habe. »Die Tugend von Schwester und Bruder«. Ich frage, ob diese Anschuldigung nicht lächerlich ist. Gleichzeitig weinte die Dauphine in ihrer Wohnung. Ich erfuhr es von Frau Campan, die in den Diensten der Prinzessin stand. Diese Kammerfrau tratschte überaus gerne, besuchte häufig meine Schwägerin, und dank ihrer Geschwätzigkeit erfuhr ich alles, was bei Marie Antoinette geschah. Nur der Dauphin war zufrieden mit der Entlassung des Herzogs. Er sagte: »Die Dubarry erspart mir eine Mühe.« Der Prinz sprach von mir nie mit gewählten Ausdrücken.

Während man im allgemeinen den Sturz der Choiseuls beweinte, machten mir doch einige Höflinge ihre Aufwartung. Das Ministerium war frei geworden. Die Marquise von l'Hopital bat mich, Ihren Geliebten, den Prinzen von Soubise, vorzuschlagen. Ich antwortete ihr, daß Seine Majestät den Marschall lieber als Freund denn als Minister um sich sähe, und daß im übrigen die Portefeuilles schon vergeben seien. Daß man darüber nur nichts verlauten lasse, um den Ehrgeiz einzelner Herren nicht zu schnell zu enttäuschen. Frau von l'Hopital verließ mich unzufrieden.

Ich hatte große Mühe, mich einer Anzahl solcher Gesuche zu entledigen. Und ich glaube, daß viele meiner Freunde gekränkt waren, nicht ins Ministerium zu gelangen.

Der Graf von La Marche sprach bei mir aus demselben Grunde vor. Ich teilte ihm so vorsichtig als möglich mit, daß er keine Aussichten habe, da der König niemals einen Prinzen von Geblüt zur Verwaltungsbehörde heranziehe.

»Wenn ich nicht Minister werde, liegt mir nichts daran, aber ich bitte Sie, den König wenigstens dazu zu bewegen, mir auszuhelfen. Es wird sich eine Fronde erheben, der sich alle Prinzen und Pairs anschließen werden. Ich verpflichte mich, Sie nicht zu verlassen und unter Ihrem Banner zu bleiben, aber ich brauche Geld.«

»Das läßt sich machen«, erwiderte ich, »ich muß nur wissen, wie viel.«

»Oh, ich verlange nicht die Goldminen von Peru. Ich kann mich bescheiden. Ich brauche sechshunderttausend Francs sofort und dann zweihunderttausend Francs jährlich bis auf weiteres.«

Sein Begehren schien mir nicht übertrieben. Ich war zufrieden, einen Prinzen von Geblüt zu diesem Preise kaufen zu können, setzte mich mit dem König und dem Generalkontrollor der Finanzen ins Einvernehmen, und der Graf von La Marche erhielt, was er verlangt hatte. Daraufhin ging der gute Graf für uns durch dick und dünn.

Der Prinz von Condé hatte durch seine Annäherung an mich einen Teil seiner Popularität eingebüßt, und der Empfang, den er mir in Chantilly bereitet hatte, hatte ihn mit dem Hochadel verfeindet. Er besuchte mich, brachte das Gespräch auf die Politik und sagte: »Sie könnten die Rolle der Frau von Pompadour spielen. Sie müßten es nur versuchen. Sie begnügen sich aber damit, Einfluß zu haben, wo Sie Macht gewinnen könnten. Ein Bündnis mit mir würde Sie zur Herrin des Reiches erheben. Wenn ich durch Sie die Stelle des Premierministers erlangen würde, wäre es mir ein Vergnügen, Sie herrschen zu lassen.«

Trotz meiner gewöhnlichen Offenheit wagte ich nicht, ihm die Wahrheit zu sagen. Der König liebte ihn nicht und mißachtete ihn sogar. Er sagte gelegentlich von ihm: »Er ist ein

Abenteurer, der sich aufbläht, um den Glauben zu erwecken, daß er ein Mann von Bedeutung sei.«

Alle Versuche des Prinzen von Condé waren vergeblich. Er erhielt nichts und schlug sich während der Zeit des Zerwürfnisses des Königs mit den Parlamenten auf Seite der letzteren. Er verbündete sich erst wieder mit uns nach beendigtem Krieg und ließ sich teuer bezahlen.

Herr von Maupeou hatte recht, wenn er sagte, daß alle Menschen käuflich seien; je höher sie im Range stehen, desto teurer lassen sie sich bezahlen.

Das Ministerium wurde provisorisch zusammengestellt und mit ergebenen Leuten besetzt.

XXXIII

Dem Sturze des Herzogs von Choiseul mußte notwendig die Auflösung der Parlamente folgen. Diese mußte schon vor sich gehen, um dem Herzog d'Aiguillon den Eintritt in das Ministerium zu ermöglichen.

Herr von Choiseul war nur ein einzelner Mensch, während die hohe Magistratur eine ungeheure Gruppe bildete, die mit dem Adel verwandt und verbündet und beim Volke beliebt war. Diese Sympathie beruhte auf gegenseitigem Beistande gegen die königliche Macht. Unabhängigkeitsgedanken gärten in den Köpfen der Bevölkerung, die durch die Parlamente vertreten wurde.

Das Parlament von Paris hatte aufgehört zu tagen. Dem Prinzen von Condé lag daran, daß der Scheidungsprozeß seiner Geliebten, der Frau von Monacco, erledigt werde. Seine Hoheit beklagte sich beim Kanzler täglich und forderte ihn auf, den Widerstand der Magistratur zu brechen, damit der schwebende

Prozeß beendigt werden könne. Herr von Maupeou gab ihm den Rat, sich an Herrn d'Aligre, den Präsidenten des Parlaments, zu wenden. Der Prinz versprach den Parlamenten in Übereinstimmung mit dem Kanzler die Aufhebung der Edikte, die ihre Unzufriedenheit hervorgerufen hatten, wenn sie sich bereit erklärten, ihre Tätigkeit aufzunehmen. Durch dieses Versprechen geleitet, begannen die Schwarzröcke wieder Recht zu sprechen und schieden Frau von Monacco von ihrem Gatten.

Nachdem aber der Kanzler den Prinzen auf diese Weise beruhigt hatte, nahm er die Feindseligkeiten wieder auf. Das Parlament sah, daß es, um einigen Privatpersonen gefällig zu sein, zum besten gehalten worden sei. Man beklagte sich beim Prinzen von Condé, der erklärte, guten Glaubens gewesen zu sein, und dem Kanzler die Schuld beimaß. Der Prinz begab sich zu Herrn von Maupeou, machte ihm die bittersten Vorwürfe und sagte ihm in gröbstem Tone, daß, wenn er nicht durch die Gnade des Herrschers Kanzler wäre, er ihm die Ohren abschneiden und hundert Stockstreiche verabreichen ließe. Der Kanzler, den er mehr tot als lebend verlassen hatte, ließ seinen Wagen anspannen und fuhr im Galopp nach Versailles, um sich mit mir zu beraten. Er wollte sich beim König beklagen und Genugtuung verlangen. Ich riet Herrn von Maupeou davon ab, da er im Unrecht war; er hatte ja tatsächlich dem Prinzen mitgeteilt, daß die Edikte für null und nichtig erklärt werden würden, wenn die Parlamente ihre Tätigkeit aufnähmen. Ich versprach ihm, den Streit beizulegen, und bat den Prinzen um seinen Besuch. Seine Hoheit aber wollte keine Entschuldigung annehmen und blieb weiter erzürnt. Wir schieden damals mißvergnügt voneinander. Als ich den König sah, erzählte ich, was sich zwischen mir und dem Prinzen zugetragen hatte. Seine Majestät war ungehalten über diesen Zwischenfall. Trotzdem gelang es Herrn von Maupeou, den König zu strengen Maßnahmen gegen die ungehorsamen Parlamentsräte zu gewinnen. In der Nacht vom 19. auf den 20. Jänner 1771 pochten je zwei Musketiere an die Tore der einzelnen Häuser der Mitglieder des Parlaments. Die Räte sollten gezwungen werden, eine Schrift zu unterzeichnen, die sie verpflichtete, ihre Tätigkeit unverzüglich aufzunehmen. Man hatte sich vollen Erfolg von diesem nächtlichen Besuche versprochen. Aber nur eine geringe Anzahl der Räte unterschrieb; die Mehrzahl verharrte in ihrem Eigensinn. Diejenigen aber, die sich hatten einschüchtern lassen, schämten sich des Morgens ihrer Schwäche und erklärten in einer feierlichen Versammlung, sich der Weigerung der anderen anzuschließen.

Wir erwarteten in Versailles mit großer Ungeduld das Ergebnis des nächtlichen Unternehmens. Ich zweifelte nicht an dem Erfolg, der König war anderer Meinung. Als wir den Mißerfolg der Musketiere erfuhren, war Herr von Maupeou verzweifelt. Er gewann aber bald seine gewöhnliche Ruhe und erklärte Ludwig XV., daß Langmut nun nicht mehr am Platze sei, daß man gegen die Parlamentsräte rücksichtslos vorgehen müsse. Das war auch die Ansicht des Königs und er gab dem Kanzler freie Hand. Während der folgenden Nacht erhielten alle Mitglieder des Parlaments den Auftrag, Paris sofort zu verlassen. Gleichzeitig wurde ihnen mitgeteilt, daß ihr Widerstand durch die Konfiskation ihrer Ämter bestraft worden sei. Es wurde ihnen ausdrücklich verboten, den Titel Parlamentsrat beizubehalten. Sie gehorchten, ohne Verzweiflung zu zeigen. Mit der Bestrafung war aber noch nicht alles geschehen. Die Bankreihen im Parlamentsgebäude waren leer, und man mußte eine neue Magistratur an Stelle der verbannten setzen. Der Kanzler verwandelte mit seinem Zauberstab die Mitglieder des Großen Rates zu Mitgliedern des Parlaments. Um diesem Vorgang rechtliche

Wirksamkeit zu verleihen, wurde ein Auftrag vom König unterzeichnet und mit dem Siegel des Kanzlers versehen. Man wählte Herrn Bertier von Sauvigny zum Präsidenten des neuen Parlaments.

Das Volk von Paris wollte nicht an den plötzlichen Umsturz glauben. Es galt also den Parisern zu beweisen, daß die Entlassung ihrer Freunde vom Parlament unwiderruflich verfügt worden sei. Andererseits mußte den neuen Parlamentsräten durch einen königlichen Machtspruch Autorität verliehen werden. Es fand ein Thronlager statt, bei welchem der Kanzler die endgültige und unwiderrufliche Aufhebung des alten und die Einsetzung des neuen Parlaments verkündete. Dem Brauche gemäß hätte die Sitzung nach den Worten des Kanzlers geschlossen werden sollen, aber der König fügte, um seiner persönlichen Meinung Ausdruck zu verleihen, der Rede Herrn von Maupeous folgende Worte hinzu: »Sie haben meine Wünsche gehört. Ich befehle, daß man sich darein fügt. Ich befehle, daß das Parlament am Montag zu tagen beginnt. Ich verbiete alle Beratungen die sich meinem Wunsche widersetzen, und jede Stellungnahme zugunsten meines ehemaligen Parlaments. Ich werde niemals von meiner vorgefaßten Meinung abgehen.«

Der König betonte diese letzten Worte mit einer Energie, die mir an ihm unbekannt war. Der Eindruck, den die Haltung des Königs in mir hervorrief, war so groß, daß ich mich nicht enthalten konnte, dem Herzog von Nivernais, der auf der Seite der Gegner stand, zu sagen: »Herr Herzog, ich hoffe, daß Sie jetzt Ihren Widerstand aufgeben werden; Sie haben den König gehört.«

»Gewiß, Gräfin,« erwiderte er, »aber als er sprach, sah er Sie an, und ich glaube, er hat nur für Sie gesprochen.«

Nachdem der König sich zurückgezogen hatte, vereidigte der Kanzler die Räte des neuen Parlaments.

Kurze Zeit später stand folgender Artikel in den »*Nouvelles à la main*«: »Die Kaiserin von Rußland hat alle Bilder der Sammlung des Grafen von Thiers gekauft. Ein einziges Bild ist in Frankreich geblieben. Es ist das Porträt Karls I., Königs von England, gemalt von Van Dyck. Die Frau Gräfin Dubarry, die bei jeder Gelegenheit ihr Kunstverständnis und ihren Geschmack zu zeigen bemüht ist, hat es um achtzigtausend Francs gekauft. Als man sie fragte, warum sie gerade dieses Bild gekauft habe, erwiderte sie, daß es sich um ein Familienporträt handle, da die englische Linie der Dubarrys mit den Stuarts verwandt sei. Aber diese Auskunft ist nur ein Vorwand. Es ist ein offenes Geheimnis, daß dieses Bild in der Wohnung der Gräfin neben dem Bilde des Königs hängt, und so oft der König infolge seiner natürlichen Güte zur Milde gegen die Parlamente neigt, weist die Gräfin auf das Bild, als wollte sie damit sagen, daß ohne Herrn von Maupeou dem König dasselbe Schicksal beschieden gewesen wäre wie dem unglücklichen König von England. Der Widerstand der englischen Parlamente habe ein königliches Haupt gekostet.«

Wahr ist an diesem Zeitungsartikel nur, daß ich über Bitten des Grafen Jean dieses Bild gekauft habe, um seiner Eitelkeit zu genügen. Ein Zweig der Dubarry war vor Jahrhunderten nach England ausgewandert und lebt dort unter dem Namen Barry-Moore. Ludwig XV. hatte dieses Bild bei mir gesehen und der Meinung Ausdruck gegeben, daß es ein warnendes Beispiel für einen König darstelle.

Während meine Gegner mich mit dem Volke verfeindeten, geriet auch Herr von Voltaire in Gegensatz zur Öffentlichkeit, die ihn verehrte. Er war, wie ich glaube, der einzige Mann des Jahrhunderts, der gleichzeitig die Jesuiten und die Parlamente haßte. Als er die Entlassung der Parlamente erfuhr, konnte er sich nicht enthalten, Herrn von Maupeou Glückwünsche zu übersenden. Der Kanzler hatte nichts Eiligeres zu tun, als diesen Brief vervielfältigen zu lassen, um aus der Anerkennung des großen Mannes Nutzen zu ziehen.

Sonst aber waren alle Schriftsteller gegen uns. Ihre Undankbarkeit ärgerte Ludwig XV., der von ihnen sagte: »Sie sind zanksüchtige Hunde. Wenn man ihnen einen Knochen hinwirft, nehmen sie ihn und beginnen wieder zu bellen.«

Voltaire hatte diesen Brief vielleicht geschrieben, um sich beim König in Gunst zu setzen. Seine Sehnsucht war, nach Paris kommen zu dürfen, was er ohne die Erlaubnis des Königs nicht konnte. Er lebte in Ferney als Verbannter, ohne formell verbannt worden zu sein. Der König hatte ihm nur verboten, in Paris zu wohnen, und dieses Verbot wurde, solange Ludwig XV. lebte, nicht widerrufen. Vergebens versuchten der Kanzler und ich die Meinung des Königs über Voltaire zu ändern. Der König wiederholte immer wieder, Voltaire sei ein Zänker, ein gottloser und schlechter Mensch. Er solle bleiben, wo er sei. Was er schreibe sei widerlich und werde früher oder später der Krone und dem Volke schädlich werden.

Schuld an dieser vorgefaßten Meinung des Königs war zweifellos der Herzog von Richelieu. Er befürchtete, daß Herr von Voltaire, einmal in Paris, die Leitung der Comédie française an sich reißen würde; da aber der Marschall seinen Einfluß dort nicht verlieren wollte, tat er alles dazu, damit der Dichter in Ferney bleibe, wenn er sich auch den Anschein gab, sein Gönner zu sein. Ich habe tausend Beweise für diese Behauptung, und der König hat mir wiederholt gesagt, daß auch Richelieu den Dichter richtig beurteile. Das beweist, daß der Marschall dem König gegenüber nicht die beste Meinung über Voltaire geäußert hat.

In Toulouse war ein kleiner Aufstand ausgebrochen. Das Brot war teuer, das Volk hatte Hunger und bat um Herabsetzung der Preise. Die Menge versammelte sich um das Rathaus und der Aufruhr begann. Um den Frieden herzustellen, begaben sich die Schöffen auf den Platz. Ihre Anwesenheit erregte die Menge noch mehr. Eine Frau aus dem Volke schlug einem Schöffen ins Gesicht. Die Unglückliche wird angehalten und ins Rathaus geführt. Dort macht man ihr den Prozeß und verurteilt sie zum Galgen. Die Nachricht verbreitet sich unter dem Volke, das erklärt, dieses fürchterliche Urteil unter keinen Umständen zuzulassen. Graf Wilhelm Dubarry hört von den Vorgängen, steigt in seinen Wagen, fährt nach dem Gefängnis, befreit die Frau, gibt ihr Geld und führt sie aus dem Stadtgebiet von Toulouse. Man wollte erst Klage gegen meinen Gatten führen. Aber da man der Überzeugung war, daß ich die Verurteilung eines Mannes, dessen Name ich trage, niemals zulassen würde, nahm man Abstand davon. Seit dieser Zeit war Graf Wilhelm in seiner Heimatstadt sehr beliebt.

XXXIV

Die große Krise hatte sich zu meinen Gunsten entschieden. Die Partei Choiseul war führerlos, an Stelle der streitsüchtigen Parlamentsräte war eine stille, bescheidene Magistratur getreten. Wir konnten aufatmen und ohne Besorgnis in die Zukunft sehen. An Stelle des Herrn von Jarente, Bischofs von Orléans, war der Kardinal von La Roche-Aymon getreten, der ungeachtet seiner kirchlichen Würde mir sogleich seine Aufwartung machte. Er war am frühen Morgen in Begleitung des Monsignore Geraud, Erzbischofs von Damas und Nuntius des Papstes, erschienen, um mir zu hofieren.

Die beiden Prälaten wohnten von diesem Tage an täglich meinem Lever bei. Die verehrlichen Nachfolger der Apostel erfüllten die Pflichten meiner Kammerfrau, halfen mir aus dem Bett, reichten mir den Frisiermantel und die Pantoffel. Im großen und ganzen waren beide lustige Brüder, die zu jedem Scherz zu haben waren. Ich sah sie gerne in meinem Salon, wenn ich auch die Stelle des Kardinals eher meinem Freunde Roquelaure gewünscht hätte. Letzterer war auch ein liebenswürdiger und geistvoller Prälat. Er suchte meine Gesellschaft, besonders seit der Verbannung des Herzogs von Choiseul, da er hoffte, bei der Verteilung des Kuchens seinen Teil zu bekommen. Es war auch meine Absicht, ihn der Gunst des Königs teilhaftig werden zu lassen, aber Ludwig XV. war ihm nicht wohlgesinnt, da er eine zu enge Verbindung des Bischofs von Senlis mit einem Mitgliede der königlichen Familie mißbilligte.

Eines Tages sagte ich Herrn von Roquelaure: »Man würdigt Ihre Verdienste, aber Ihr gutes Aussehen schadet Ihnen. Sie sind ein zu schöner Mann. Gewisse Leute sind nicht zufrieden mit den Gefühlen, die Ihre Erscheinung einflößt.«

Der Bischof verstand mich, ohne es allerdings zu zeigen. Bei Hof gibt es gewisse Dinge, die man verschweigen muß, und wo man gut daran tut, den Anschein zu erwecken, als wisse man nichts davon. Der Vorwurf, den man gegen Herrn von Roquelaure erhob, war dieser Art. Ich würde klarer darüber sprechen, wenn mir der Respekt nicht den Mund verschließen würde.

Der Herzog d'Aiguillon erwartete ungeduldig den Augenblick, wo ihn der König ins Ministerium berufen würde, aber Ludwig XV. beeilte sich nicht damit. Ich hatte eine lange Besprechung mit Herrn von Maupeou, den ich verdächtigte, nicht offenes Spiel zu spielen. Er rechtfertigte sich völlig, ließ aber durchscheinen, daß der Abbé Terray die Schuld an allem habe. Ich überzeugte mich auch davon, daß sich der Generalkontrollor bemühte, den Herzog vom Ministerium fernzuhalten. Der Kanzler aber beschwor mich, mir nichts merken zu lassen, da er hoffte, den Abbé eines Besseren belehren zu können, und eine Verfeindung mit ihm fürchtete. So begnügte ich mich damit, den König an sein Versprechen zu erinnern. Herr d'Aiguillon, der von den Bemühungen, die ich zu seinen Gunsten machte, wußte, wollte nicht Augenzeuge der Schlacht sein, die ich liefern sollte. Er zog sich auf sein Gut Fernêt zurück, damit seine Ernennung, wenn sie stattfinden sollte, scheinbar durch den freien Wunsch des Königs veranlaßt wäre.

Kaum war er verreist, als ich schon dem König mit meiner Bitte in den Ohren lag. »Sire«, sagte ich ihm, »Sie haben mir Vertrauen geschenkt, und ich muß Ihnen gestehen, daß ich dem Herzog d'Aiguillon ebenfalls vertraue.«

»Auch ich,« erwiderte er, »aber weder meine Familie noch die Öffentlichkeit wollen etwas von ihm wissen.«

»Sire«, meinte Herr von Maupeou, »dann hätten Sie ihn von den Parlamenten verurteilen lassen müssen. Nun aber, da Sie ihn unschuldig befunden haben, müssen Sie ihn auch wie einen Unschuldigen behandeln.«

Der König ließ sich bestimmen und ernannte den Herzog d'Aiguillon zum Minister des Äußern. Das war nicht gerade das, was der Herzog angestrebt hatte, er wäre lieber Kriegsminister geworden, aber wir konnten nichts anderes für ihn erwirken. Der Abbé Terray erklärte laut seine Zufriedenheit mit der Ernennung des Herzogs. Wir aber wußten, woran er dabei dachte.

Die Marschallin von Mirepoix wollte mich mit Frau von Deffant in Verbindung bringen. Die Marquise hatte in ihren jungen Jahren dasselbe getan, was alle Menschen ihres Geschlechtes und Ranges so gerne tun, nämlich Dummheiten gemacht und sich freudig aller Art von Vergnügungen in die Arme geworfen. Wenn sie dabei unvorsichtig war und den Leichtsinn übertrieben hatte, lag das vielleicht daran, daß sie glaubte, sich wegen ihrer hohen Herkunft, ihres Reichtums und ihres Geistes über alles hinwegsetzen zu können. Ihr Vorleben schadete ihr tatsächlich nicht. Als sie älter wurde, zog sie sich in das Kloster Saint-Joseph zurück, wo sie die beste Gesellschaft um sich versammelte. Man begegnete bei der erblindeten Frau von Deffant Voltaire, d'Alembert, den Damen und Herren des höchsten Adels, und es war nicht leicht, in ihren Kreis aufgenommen zu werden.

Sie war mit den Choiseuls so eng verbunden, daß sie trotz ihres Alters an dem Kampf gegen mich teilgenommen hatte. Ich hätte mich über ihr Vorgehen beklagt, wenn nicht Mutter und Gattin des Herzogs d'Aiguillon und Frau von Mirepoix ihre Freundinnen gewesen wären, hätte mich vielleicht auch mit ihr verbündet, wenn sie mich nicht in ihrem Briefwechsel mit dem Engländer Walpole so bösartig geschildert hätte. Die Briefe waren mir wiederholt in die Hand gekommen, während der Generalintendant der Post mit dem König arbeitete. So lehnte ich diese Beziehung ab, ohne der Marschallin den Grund zu sagen.

Der Kronprinz von Schweden war nach Paris gekommen, und Ludwig XV. hatte ihn freundlich aufgenommen, trotzdem er im allgemeinen reisenden Fürsten nicht gewogen war. Ich bat ihn, den Prinzen zu mir einzuladen. Er gefiel mir sehr gut und hatte feurige, schöne Augen, wenn man ihm auch nachsagte, daß er leidenschaftslos wäre. Er reiste unter dem Namen eines Grafen von Haga und bemühte sich das Wohlwollen unseres Königs zu erlangen, wahrscheinlich um den Staatsstreich, den er vorhatte, mit dessen Hilfe ausführen zu können. In seiner Gesellschaft befand sich sein Bruder, der Herzog von Sudermannland, dessen falscher Blick mir mißfiel.

Am ersten März erfuhr der Kronprinz den Tod seines Vaters. Er war also auf seiner Reise König geworden. Kaum hatte er die Nachricht erhalten, als er den Grafen Scheffer nach Versailles sandte, um Ludwig XV. Mitteilung davon zu machen. Der König empfing den Gesandten im Bett und fragte ihn, ob der junge König weiter sein Inkognito zu wahren wünsche. Es sei alles bereit, ihn seinem Range entsprechend zu bewirten. Der Graf erwiderte, daß sein Herr den Titel des Grafen von Haga bis auf weiteres beibehalten wolle.

Ich schrieb dem König von Schweden einen Brief, in dem ich an seiner Trauer teilnahm und ihn gleichzeitig zu seiner Erhebung beglückwünschte. Er antwortete mir in liebenswürdiger Weise. Diese beiden Briefe waren die ersten diplomatischen Noten, die zwischen Frankreich und Schweden ausgetauscht wurden. Sie waren das Vorspiel zu einer Interessengemeinschaft, die bald begründet werden sollte.

Der König von Schweden bat mich, ihn zum Abendessen einzuladen und bei dieser Gelegenheit nur den Herzog d'Aiguillon, den Kanzler und eine dritte Person, die er nicht nennen wolle, zur Gesellschaft heranzuziehen. Ich zeigte diesen Brief Ludwig XV., der verstand, daß er selbst unter dieser dritten Person gemeint sei. Er erklärte, daß er in Begleitung des Herzogs von Duras kommen werde, und wenn ihn Gustav III. insgeheim sprechen wolle, werde er den Herzog fortschicken.

Gustav III. kam mit dem Grafen Scheffer. Als er Herrn von Duras erblickte, wurde er verlegen. Ich teilte ihm mit, was der König gesagt hatte. Er begann zu lachen und meinte, daß er nicht vor dem Herzog sprechen werde. Ich machte dem König davon Mitteilung, der Herrn von Duras durch den Kanzler sagen ließ, daß er nicht anwesend bleiben dürfe, da geheimer Rat abgehalten werde. Aus Höflichkeit mußte der Herzog d'Aiguillon Herrn von Duras Gesellschaft leisten.

Als die beiden Könige, der Kanzler, Graf Scheffer und ich allein waren, entwickelte Gustav III. seinen Plan. Er hatte die Absicht, die Macht seines Thrones von den Rechten und Ansprüchen des Adels unabhängig zu machen, und bat den König um Hilfe. Ludwig XV. versprach ihm Beistand in jeder Form. Gustav ergriff seine Hand, um sie zu küssen, aber unser König umarmte ihn. »Sire«, sagte Gustav, »Sie sind mein zweiter Vater. Ich werde für Sie immer die Achtung eines Sohnes bewahren.«

Während nun die neuen Maßnahmen, die getroffen werden sollten, besprochen wurden, unterhielt ich mich mit meiner Hündin. Der König von Schweden, der meine Zuneigung für Dorine bemerkt hatte, sandte mir am nächsten Morgen ein Halsband aus rotem Leder, mit Rubinen bestickt, und eine Kette aus Rubinen in der Länge einer Elle.

Die Herren d'Aiguillon und von Duras kehrten erst zurück, als man meldete, daß das Essen aufgetragen sei. Graf Scheffer nahm Herrn d'Aiguillon beiseite und erzählte ihm im Namen seines Herrn das Ergebnis des geheimen Rates. Der französische Minister zeigte sich den Plänen des jungen Königs so ergeben, daß ihn dieser später, um ihm seine Freundschaft zu beweisen, mit seiner Gattin und Mutter einlud.

Nachdem sich Gustav III. und die anderen Gäste zurückgezogen hatten, sagte mir der König: »Der ist mir lieber als der Herr von Preußen. Wenn er mit Friedrich Krieg beginnen würde, wäre ich nicht böse und würde ihn mit allen Kräften unterstützen. Im übrigen liebe ich es, wenn man mir nachahmt; sein Senat ist wie mein Parlament. Nichts ist so unangenehm für Könige, wie wenn Untertanen gleich auf gleich mit ihnen verhandeln. Ich würde nicht ein Jahr König von England sein wollen, wenn ich die Stänkereien der dortigen Kammern ertragen müßte.«

In diesem Jahre fand die Hochzeit des Grafen von Provence, der fünfzehneinhalb Jahre alt war, mit Marie Josephine Louise von Savoyen statt, die zwei Jahre älter war als ihr Gatte. Die

Prinzessin war unglücklicherweise sehr häßlich, nichts an ihrem Aussehen war reizvoll, und man suchte vergebens nach einem angenehmen Zug in ihrem Gesicht. Ludwig XV. hatte seinen Enkel verheiratet, um den Verleumdungen über den Geschmack und die Gewohnheiten des jungen Prinzen ein Ende zu setzen.

Der Prinz rechtfertigte sich bald in der Meinung der Frauen durch die Lebhaftigkeit, mit der er seine junge Gattin verehrte. Auch die Prinzessin zeigte eine besondere Zuneigung für ihren Gatten und die Einrichtungen der Ehe im allgemeinen. Es war manchmal nicht leicht, die jungen Ehegatten davon abzuhalten, angesichts des ganzen Hofes zu positive Beweise ihrer gegenseitigen Zärtlichkeit zu erbringen.

Der Graf von Artois, der damals noch sehr jung war, machte sich über die Liebesglut seines Bruders lustig und sagte ihm nach der Hochzeitsfeier: »Wissen Sie, daß Sie das 'Ja' ein wenig laut gerufen haben?«

»Gewiß«, erwiderte der Graf von Provence, »ich hätte gewollt, daß man mich bis Turin höre.«

Die Hochzeit des Grafen von Provence war lange Zeit der Gesprächsstoff der Höflinge, nicht weniger als seinerzeit die Verheiratung des Dauphins. Der Gegensatz der ehelichen Gewohnheiten der beiden Prinzen unterhielt uns sehr, um so mehr, als der Dauphin seine Gattin noch immer wie eine Schwester behandelte. Ludwig XV., den diese keusche Zärtlichkeit fortwährend beschäftigte, führte darüber unglaubliche Gespräche.

Hingegen machte der jüngste der Brüder, der Graf von Artois, die fortwährende Überwachung durch seinen Erzieher, den Herzog von La Vauguyon, erforderlich. Täglich gab es einen neuen mutwilligen Streich, einmal kniff er eine Kammerfrau, ein andermal die Frau irgend eines Offiziers, dann wieder eine Dame des Hofes; unausgesetzt liefen Klagen über den jungen Prinzen ein. Der Herzog hatte die Pflicht, ihn von diesen Streichen abzuhalten. Es war aber vergebliche Mühe, der Junge stellte jeder Frau nach, die er sah, und keine Strafe konnte ihn davon abbringen. Ludwig XV. freute sich dieses Ungestüms. Er zog den Grafen von Artois seinen anderen Enkeln vor. Der junge Prinz war auch der beliebteste seiner Brüder im Schlosse. Er war freimütig wie der Dauphin, ohne grob zu sein, und höflich wie der Graf von Provence, ohne dessen scheinheilige Zurückhaltung.

XXXV

Die Anwesenheit der Erzherzogin Marie Antoinette in Frankreich konnte mir nicht angenehm sein. Ich fürchtete sie aus verschiedenen Gründen, die ich schon erwähnt habe. Die Vorsichtsmaßregeln, die ich gegen die Dauphine ergriff, wurden als Haß gedeutet. Erst kam mir die Prinzessin wohlwollend entgegen. Nachdem aber die Gräfin von Noailles und die Herzogin von Luxemburg der Dauphine erzählt hatten, daß ich mich über sie lustig gemacht und sie häßlich gefunden hätte, war sie gegen mich verstimmt. Die Zwischenträgereien der beiden Damen beruhten zwar auf Unwahrheit, aber man kann einer Frau nicht Ärgeres antun, als an ihrer Schönheit zu zweifeln. Übrigens hatte ihr auch der Dauphin, wahrscheinlich durch die Einflüsterungen des Herzogs von La Vauguyon bewogen, verboten, mich freundlich zu behandeln. So kam es, daß die gegenseitigen Beziehungen zugespitzt waren, was auch bei einer eigentlich bedeutungslosen Gelegenheit zum Ausdrucke kam.

Die Dauphine protegierte die mäßig begabte Schauspielerin Clairon, weil diese beim Herzog von Choiseul in Gunst stand, und veranlaßte, daß sie zum Nachteile des Fräuleins Dumesnil, einer ausgezeichneten Künstlerin, eine Rolle spielte. Ihre Darbietungen waren abscheulich, und ich konnte mich nicht enthalten, meine Freude über den Mißerfolg zu äußern. Um aber das Talent des Fräuleins Dumesnil besser hervorheben zu können und um ihre Rivalin noch mehr zu erniedrigen, sandte ich meiner Schutzbefohlenen ein wertvolles Kleid und borgte ihr meine Diamanten für ihr nächstes Auftreten. Sie rechtfertigte mein Wohlwollen durch ihr wunderbares Spiel, und meine Freude darüber war so deutlich zur Schau getragen, daß mich die Dauphine von diesem Zeitpunkte an haßte. Auch der Dauphin schloß sich der Meinung seiner Gattin an und erklärte, daß, wenn die Dumesnil mir zu Liebe und um die Dauphine zu ärgern so gut gespielt habe, er sie in meiner Gegenwart peitschen lassen werde. Ich hatte die Ungeschicklichkeit zu antworten, daß das der erste Akt der Mannbarkeit Seiner Hoheit sein würde. Diese Bosheit verfehlte nicht ihre Wirkung. Die Prinzessin weinte und beklagte sich beim König. Ludwig XV. leugnete, daß ich mich solch unehrerbietiger Ausdrücke bedient haben könne, und fügte hinzu, daß er diejenigen bestrafen werde, die der Prinzessin davon erzählt hätten.

Bald nahmen auch die Töchter des Königs an diesem Streite teil. Sie erklärten ihrer Nichte, daß sie zu keinem Ball kommen würden, wenn auch ich anwesend wäre, und die Prinzessin sandte mir keine Einladung zu ihrer nächsten Gesellschaft. Diese Bosheit kränkte mich und ich vergoß in Gegenwart des Königs Tränen. Ludwig XV. betrachtete dieses Vorgehen als eine offene Beleidigung seiner Person und ergriff die nächste Gelegenheit, um die Dauphine zur Rede zu stellen. Marie Antoinette antwortete, daß sie den Wünschen ihrer Tanten Rechnung tragen müsse und die Damen ihrer Familie einer Fremden vorzuziehen gezwungen sei. Wenn aber der König den ausdrücklichen Befehl gebe, werde sie mich selbstverständlich einladen. Der König stellte sich nicht gerne auf den Herrenstandpunkt, antwortete nicht und wechselte das Gespräch. Wütend darüber, daß der König sich nicht genügend für mich eingesetzt hatte, wollte ich gewaltsam bei der Dauphine eindringen, um ihn zu einer Art Staatsstreich zu zwingen. Glücklicherweise hielt mich einer meiner Freunde, von dem ich später erzählen werde, der Herzog von Cossé-Brissac, davon ab.

Einige Tage später sprach man in meiner Gegenwart über die Dauphine und rühmte ihre Schönheit. Ich nahm die Gelegenheit wahr, um mich zu rächen, und rief: »Was Ihr an der roten Haut, den geschwollenen Lippen und den lidlosen Augen bewundert, weiß ich nicht. Wenn sie nicht Erzherzogin von Österreich wäre, würde sie niemand anschauen.«

Die Herren, die meine Worte hörten, schwiegen zuerst und sprachen dann schnell von anderen Frauen ihrer Bekanntschaft. Einer von ihnen oder vielleicht alle haben der Prinzessin von meiner Kritik Mitteilung gemacht. Seitdem weigerte sie sich, meine Aufwartung anzunehmen. Meine Rache war der Sturz der Choiseuls, der gegen den Willen und trotz der Bitten der Dauphine zustandegekommen war.

Der Herzog von Choiseul hatte noch vor seinem Sturz den Baron von Breteuil zum Botschafter in Wien ernennen lassen, um durch ihn beim Wiener Hofe für sich Stimmung zu machen. Aber es kam nicht zur Abreise des Barons, da es nicht in unserem Interesse gelegen war, uns durch einen unseren Feinden ergebenen Mann am Hofe der Kaiserin vertreten zu lassen. Der Herzog d'Aiguillon suchte einen Ersatzmann, als die Prinzessin von Marsan den Prinzen Louis von Rohan, damals Koadjutor seines Onkels, des Erzbischofs von Straßburg, nachmals Kardinal und Großalmosenier von Frankreich, vorschlug.

Niemals war eine unglückliche Idee von böseren Folgen begleitet. Prinz Louis von Rohan war ein ungebildeter, unmoralischer Mensch, der sich nur durch besondere Eitelkeit, Leichtsinn und Verschwendung von anderen gleichgearteten Prinzen unterschied. Er befand sich stets in Geldsorgen und kein Mittel war ihm schlecht genug, um sich Geld zu beschaffen. Er borgte es aus, wo er konnte, und zahlte niemals zurück, so daß er ständig mit ungeheuerlichen Beträgen verschuldet war. Seine Familie drang aber so sehr darauf, daß er zum Botschafter ernannt werde, daß sich der Herzog d'Aiguillon ihren Bitten nicht mehr verschließen konnte.

Wir lernten den Abbé Georgel, seinen Großvikar, kennen, der als ehemaliger Jesuit die Choiseuls haßte und der Dauphine ihre Zuneigung für diese Familie nachtrug, und begriffen bald, daß der eigentliche Botschafter der Abbé sein und der Prinz von Rohan nur dem Namen nach Frankreich vertreten werde. So erfolgte denn die Ernennung des Prinzen. Prinz Louis sah darin nur ein Mittel, seinen Kredit zu vergrößern. Ludwig XV., der diesen Mann richtig beurteilte, sagte: »So ein Botschafter ist imstande, Frankreich in Österreich in Mißkredit zu bringen. Das ist ein Gauner und kein Diplomat. Er wird Geschäfte in Wien machen wollen und meinen Namen entehren. Das ist meine Absicht, aber ich wasche meine Hände in Unschuld.«

Der Herzog d'Aiguillon, der anwesend war, blieb stumm und hätte nun am liebsten auf den Prinzen von Rohan verzichtet. Da sagte ich dem König: »Wenn Sie diesen Botschafter nicht wollen, entsenden Sie einen andern; Sie sind ja der Herr. Allerdings werden Sie sich dann mit der Frau von Marsan auseinandersetzen müssen.«

Bei diesen Worten begann der König zu zittern. Er hätte lieber neue Botschaften für alle Rohans errichtet, ehe er sich mit dieser stolzen Prinzessin gestritten hätte. »Ich menge mich nicht in diese Angelegenheit; der Herzog d'Aiguillon ist mein Minister, er ist mir für alles verantwortlich.«

Der Baron von Breteuil verfolgte seit dieser Zeit den Prinzen Louis mit seinem Haß. Man versuchte ihn durch eine Entschädigung zu beruhigen und ernannte ihn zum Botschafter von Neapel. Aber sein Zorn gegen mich und den Minister wurde dadurch nicht gemindert. Er wollte mich zum Beispiel später in die berüchtigte Angelegenheit des Halsbandes hineinziehen, was ihm glücklicherweise nicht gelungen ist.

Die Dauphine war mit dieser diplomatischen Änderung nicht zufrieden. Nicht nur, weil sie der Ergebenheit des Barons von Breteuil sicher war und ihn ungern mißte, sondern auch, weil sie den Prinzen von Rohan nicht mochte. Dieser erhöhte die Mißstimmung der Prinzessin dadurch, daß er vor seiner Abreise sich nicht von ihr verabschiedete und sich ihr also nicht für etwaige Bestellungen zur Verfügung hielt. Die Dauphine gab mir die Schuld daran und erklärte, daß man Herrn von Rohan über meine Veranlassung nach Wien geschickt habe, um sie zu kränken.

Die Kaiserin Maria Theresia liebte gute Sitten, und so konnte es ihr kein Vergnügen machen, einen gottlosen Weltpriester zu empfangen, um so mehr, als der Prinz von Rohan, um in der Achtung der Kaiserin zu steigen, mit einer Anzahl von Edelleuten und Karossen ankam.

Die Dauphine begann nun einen offenen Kampf gegen mich. Ihr Gatte begnügte sich damit, mir Pagenstreiche zu spielen. Wir saßen in Bellevue schon bei Tische, als plötzlich der Dauphin »zufälligerweise« eintrat. Ich saß zur Rechten Ludwigs XV. und hatte also den rechtmäßigen Platz des Prinzen eingenommen. Der Dauphin kam direkt auf mich zu, um mich in Verlegenheit zu setzen. Ich erriet seine Absicht, stand auf, machte eine tiefe Verbeugung und bot ihm den Sessel an. So

nahm ich ihm die Möglichkeit, mir öffentlich eine Unhöflichkeit zu sagen. Er warf mir einen wütenden Blick zu, murmelte
etwas Unverständliches und setzte sich nieder. Der König biß
sich die Lippen und sagte nichts; während des Essens aber erwies er mir in auffallender Weise Höflichkeiten. So hatte ich
bald die Lacher auf meiner Seite und aß mit großem Appetit.

XXXVI

Der Graf und die Gräfin von Provence hatten mich freundlich
behandelt. Sie luden mich sogar zu Festlichkeiten ein, aber der
Dauphin und die Dauphine dürften sich bei ihrem Bruder und
ihrer Schwägerin über die Annäherung an mich beklagt haben, da das junge Ehepaar mich kurze Zeit darauf kühl behandelte.

Die Prinzen von Geblüt weigerten sich, an den Sitzungen
des neuen Parlaments teilzunehmen. Sie hätten sich auch aus
der Strafe des Königs nichts gemacht, wenn man ihnen weiter
ihre Pensionen ausbezahlt hätte. Im übrigen waren sie eifersüchtig auf den Grafen von La Marche, der sich für die
schlechte Meinung, die die Öffentlichkeit von ihm hatte, am
Staatsschatz schadlos hielt. Unser fürstlicher Freund empfing
in diesem einen Jahr ungefähr achthunderttausend Francs. Im
selben Jahr bekam die Marschallin von Mirepoix als Entgelt
für ihre guten Dienste bis auf weiteres eine Pension von hunderttausend Francs. Man sieht, daß ich Ergebenheit zu bezahlen verstand. Deshalb bemühten sich nun auch die Prinzen
von Geblüt, sich mir zu nähern.

Eines Tages erschien ohne irgend welche Zeremonie die
Prinzessin von Conti und ersuchte mich, beim König die Flüs-
sigmachung der Pensionen zu erwirken. Ich versprach der

Prinzessin zu tun, was in meinen Kräften stehe. Ihre Hoheit empfahl sich, entzückt von meinem Empfang.

Kurze Zeit später besuchte mich der Kanzler und ich erzählte ihm, was sich zugetragen hatte. Herr von Maupeou war der Meinung, daß ich aus der Verbindung mit den Prinzen keinen Nutzen ziehen könne und mich daher nicht für sie einsetzen möge. Der Herzog d'Aiguillon und der Abbé Terray, die kurz darauf kamen, waren derselben Meinung. Wir kamen überein, daß ich den ehrenden Besuch der Prinzessin erwidern, ihr aber sagen möge, daß ich nichts für sie erwirkt habe. Als ich im übrigen Seiner Majestät am Abend von dem Besuch der Prinzessin Mitteilung machte, sagte Ludwig XV.: »Ich bewundere die Frechheit der Prinzen, sie verweigern mir den Gehorsam, den sie mir schulden, und wollen dafür Geld, das ich ihnen nicht schulde. Sie bekommen nicht einen Sou, bevor sie sich nicht unterworfen haben. Sagen Sie das der Prinzessin von Conti!«

Diese Nachricht, die ich am nächsten Morgen Frau von Conti überbrachte, konnte sie nicht freuen; sie behandelte mich auch so kühl als möglich und beobachtete mir gegenüber die Regeln der Etikette.

Als die Prinzen den Mißerfolg ihrer Intrige erfuhren, machten sie mich dafür verantwortlich und brachten ein infames Lied gegen mich in Umlauf. Ludwig XV. entschädigte mich dafür. Er verfügte, daß die Minister ihre Vorschläge in meiner Gegenwart zu unterbreiten haben. Diese Ehrung machte mir wenig Spaß, da ich nichts von Politik verstand.

Wenn ich auch keine Kennerin von Kunstwerken war, liebte ich sie trotzdem. Ich saß unausgesetzt Malern und Bildhauern Modell. Einer stellte mich als Bacchantin dar, ein anderer als Diana, ein dritter als Venus. Weiß Gott, wieviel Geld ich für meine Portraits bezahlt habe!

Die Maler und Bildhauer konnten sich nicht über mich beklagen. Anders stand es mit den Schriftstellern. Allerdings war vielleicht mein Freundeskreis daran schuld. Vom König angefangen, verachteten alle meine Freunde die lebenden Dichter, und ich selbst hatte mit meinen eigenen Angelegenheiten zuviel zu tun, um mich mit den Dichtern befassen zu können.

Zum Beispiel verfolgte mich der Astronom Lalande durch zwei Jahre vergebens. Er wollte mich durchaus sein Werk über die Harmonie der Himmelskörper lesen lassen. Ich entschuldigte mich mit meiner Unbildung, weigerte mich zu lesen und schuf mir einen Feind mehr. Ähnlich erging es mir mit den Herren von Marmontel, La Harpe und anderen. Das ist vielleicht der Grund, weshalb mich die Schriftsteller befehdeten.

Einige Zeit vorher hatte ich mich dafür eingesetzt, daß Jean Jacques Rousseau aus seiner Verbannung zurückberufen werde. Ich hatte für ihn beim Kanzler und beim Generalstaatsanwalt vorgesprochen. Herr Seguier machte mir keinerlei Schwierigkeiten, da er Jean Jacques für den größten Feind seiner eigenen tödlichen Feinde, der Philosophen, hielt. Herrn von Maupeou machte es ebenfalls Vergnügen, einen Mann, den die Parlamente ausgewiesen hatten, zurückzurufen. So kam es, daß Rousseau, ohne es zu wissen, mir seine Rückkehr nach Paris verdankte.

Obwohl der berühmte Schriftsteller in wenig höflicher Art von den Geliebten des Königs gesprochen hatte, wollte ich ihn kennen lernen. Übrigens hatte die Marschallin von Mirepoix Rousseau bei der Frau von Luxemburg gesprochen und mein Interesse für ihn gesteigert. Ich kleidete mich als Frau vom Lande und fuhr in Begleitung von Henriette, die die Tracht einer Bäuerin trug, nach Paris. Von meinem Hause in der Rue Jussienne zur Rue Platrière sind es nur wenige Schritte, aber ich nahm mir, um nicht erkannt zu werden, die Kutsche.

Wir kamen an und traten durch eine häßliche kleine Türe in

das Haus, in dem Jean Jacques Rousseau wohnte. Seine Wohnung war im fünften Stock gelegen. Als wir oben ankamen, war uns der Atem ausgegangen.

Während ich läutete, hörte ich eine zitternde Stimme, die eine traurige Weise sang. Da niemand öffnete und die Stimme einige Male dasselbe Lied zu singen begann, klopfte ich an die Türe. Ein älterer Mann öffnete und zog sein Käppchen, da er zwei Frauen erblickte.

»Wohnt hier Herr Rousseau, der Noten kopiert?« fragte ich.

»Ja, liebe Frau, der bin ich. Was wollen Sie?«

»Man hat mir gesagt, daß Sie Noten zu vernünftigen Preisen kopieren. Ich habe einige Arien mitgebracht.«

»Kommen Sie weiter!«

Wir durchquerten ein kleines Zimmer und traten ein. Herr Rousseau schob mir ein Fauteuil zu und forderte Henriette auf, sich einen Sessel zu nehmen.

»Da ich auf dem Lande wohne«, sagte ich, »und selten nach Paris komme, würde ich Sie bitten, diese Arbeit so schnell als möglich zu beenden.«

»Gerne. Ich habe ohnehin augenblicklich wenig zu tun.«

Ich reichte Jean Jacques Rousseau die Notenrolle, die ich mitgenommen hatte, und setzte mich nieder. Er bat mich, sein Käppchen aufsetzen zu dürfen, und trat an den Tisch, um die Noten zu betrachten.

Beim Eintritt hatte mir ein dunstiger Geruch entgegengeschlagen, der mir fast den Atem benommen hatte, aber schließlich gewöhnte ich mich daran. Ich betrachtete das Zimmer so sorgfältig, als hätte ich ein Inventar aufzunehmen.

Drei alte Fauteuils; einige schlechte Sessel; ein Schreibtisch, darauf zwei oder drei alte Bände, einige Notenblätter; in der Nähe des Tisches ein Spinett; darauf eine Katze, auf dem Kamin eine alte Uhr aus Silber; an den Wänden einige Schweizer

Ansichten und häßliche Kupferstiche. Den Ehrenplatz nahm das Bild Friedrichs II. ein. Daneben hing das Bild eines mageren alten Mannes, dessen Brust mit Ordenssternen und einem roten Bande geschmückt war.

Nachdem ich das Zimmer, dessen Dürftigkeit mich bekümmerte, betrachtet hatte, beobachtete ich Rousseau. Er war mittelgroß, eher breitbrüstig als schmal, und schon ein wenig gebückt. Sein Gesicht war nicht bemerkenswert; er hatte regelmäßige Züge. Die Augen, die von Zeit zu Zeit von den Noten aufsahen, waren klein und lebendig. Dichte Augenbrauen gaben dem Gesicht einen finsteren Ausdruck. Um den Mund spielte fast ständig ein Lächeln, das Güte und Trauer zum Ausdrucke brachte. Er trug ein schmutziges Käppchen, eine Flanellweste, darüber ein Pelzchen, eine gelblichbraune Hose und alte Schuhe in der Art von Pantoffeln. Während ich ihn betrachtete, hatte er die Noten angesehen und darunter eine eigene Arbeit gefunden. Diese Tatsache machte ihn mißtrauisch, aber meine unschuldige Miene zerstreute seine Bedenken.

Eine Frau von ungefähr fünfzig Jahren trat ein, grüßte mich mit gemachter Höflichkeit und setzte sich, ohne ein Wort zu sagen, auf einen Sessel Rousseau gegenüber. Es war Therese, gleichzeitig Bedienerin und Geliebte Rousseaus. Ich betrachtete diese Frau mit Ekel. Sie hustete unausgesetzt. Überdies hatte man mir erzählt, daß sie geizig sei.

Um nicht den Anschein zu erwecken, daß ich Jean Jacques Rousseau unnötigerweise gestört habe, fragte ich ihn, was die Kopien kosten würden. »Sechs Sous die Seite«, erwiderte er, »das ist der gewöhnliche Preis.«

»Soll ich Ihnen einen Vorschuß geben, um die Kosten des Papiers zu decken?«

»Nein, liebe Frau«, lachte Jean Jacques Rousseau, »so viel habe ich noch.«

»Sie wären reicher«, fügte Therese hinzu, »wenn Sie sich zahlen ließen, was man Ihnen in der Oper schuldet.«

Rousseau antwortete nicht und verließ das Zimmer.

Während er hinausging, rief ihm Therese zu: »Herr Rousseau, brauchen Sie etwas von mir?«

»Nein, nein«, erwiderte er mit schwacher Stimme.

Wenige Minuten später kam er zurück und forderte mich auf, die Noten einem anderen Musiker zum Kopieren zu geben. Er sei leidend und könne sich augenblicklich nicht damit befassen. Ich meinte, daß die Arbeit nicht eile, da ich doch einige Zeit in Paris bleiben wolle, erhob mich und kam mit ihm überein, daß ich ihn in einer Woche wieder besuchen würde. Rousseau begleitete mich mit dem Käppchen in der Hand bis zur Türe.

Als ich den Herzog d'Aiguillon sah, erzählte ich ihm von meinem Erlebnis. Auch er war neugierig, Rousseau kennen zu lernen, dem er noch nicht in Gesellschaft begegnet war. Wir vereinbarten, daß er mich begleiten werde, wenn ich die Noten abhole. Acht Tage später fuhr ich mit ihm nach Paris.

Aber der Herzog kam nicht auf seine Rechnung. Kaum waren wir bei Rousseau eingetreten und hatten die Noten bezahlt und übernommen, als schon die Glocke ging, ein Herr eintrat und wir uns empfehlen mußten.

Ich sandte am nächsten Tage einen Diener ohne Livree mit einer Lackkassette, die tausend Francs in Goldstücken enthielt, zu Rousseau, gab den Auftrag, mich nicht zu nennen und einfach zu sagen, daß er von einer Dame die Kassette zu überbringen habe.

Er brachte sie aber uneröffnet mit folgendem Brief zurück: »Ich sende Ihnen das Geschenk, das Sie mir heimlich machen wollen, zurück. Wenn es ein Zeichen Ihrer Achtung ist, werde ich es annehmen, wenn ich die Ehre Ihrer Bekanntschaft haben werde. Seien Sie aber davon überzeugt, daß es leichter ist zu geben als zu nehmen. Jean Jacques Rousseau.«

Um diese Zeit machte ich die nähere Bekanntschaft der Damen d'Aiguillon. Die Gattin des Herzogs hatte mir gegenüber bis dahin eine Art von bewaffneter Neutralität bewahrt. Sie besuchte mich nicht, wich mir aber auch nicht aus, wenn sie mir begegnete. Da aber ihr Gatte zum Minister ernannt worden war, glaubte sie sich bei mir bedanken zu müssen. Wir freundeten uns an und sind seitdem stets gerne beisammen.

Auch die Herzogin-Mutter besuchte mich und sagte mir allerlei Freundlichkeiten; aber hinter meinem Rücken erklärte sie bei der Marquise von Deffant, daß sie sich für ihren Sohn geopfert habe, und machte sich dort über mich lustig. Dieses Doppelspiel mißfiel mir. Als sie mich eines Tages über alle Maßen lobte, sagte ich ihr: »Sie wären unendlich lieb, wenn Sie sich einige Schmeicheleien aufheben würden, um sie nachher bei der Marquise von Deffant zu meinen Gunsten vorzubringen.«

Diese Bemerkung überraschte sie. Sie versuchte mich zu überzeugen, daß sie sich über mich immer in lobender Weise äußere.

»Das ist möglich«, erwiderte ich, »aber da Sie so viel Gutes in meiner Gegenwart sagen, ist es auch möglich, daß Ihnen in meiner Abwesenheit nichts Gutes mehr übrig bleibt.«

Um Ihres Sohnes willen ging ich in meiner Rache nicht weiter. Die Marschallin Mirepoix sagte, daß eine Liebkosung der Herzogin-Mutter d'Aiguillon ebenso gefährlich sei wie ein Biß des Herrn d'Ayen. Trotzdem galt sie allgemein für gut. Alle Welt nannte sie die gute Herzogin d'Aiguillon. Vielleicht deshalb, weil sie dick war und freundlich aussah. Kein Mensch hätte soviel Bosheit unter der gutmütigen Maske erwartet. Sie starb im Bad an einem Schlaganfall.

XXXVII

Die Gräfin von Valentinois, die bei der Dauphine in Gunst stand, lud die Prinzessin ein, einen Abend bei ihr zu verbringen. Die Einladung wurde angenommen. Die Herzogin von La Vauguyon konnte den Empfang nicht verhindern, versprach aber, daß dieser Triumph die Gräfin teuer zu stehen kommen werde. Mir war an einem Erfolg der Frau von Valentinois gelegen. Ich war noch nie gleichzeitig mit den Prinzessinnen in adeligen Häusern empfangen worden. Das Volk wollte daraus ersehen, daß ich mich mit den Damen vom Hofe nicht verstehe.

Da aber meine Freunde fürchteten, daß die Gräfin von Provence ihrer Hofdame verbieten werde, mich einzuladen, rieten sie mir, mich schon acht Tage früher krank zu stellen. Die falsche Nachricht machte der Kabale unsagbare Freude. Man hält gerne für wahr, was man sich wünscht. Da man hörte, daß ich ein wenig krank sei, verbreitete man das Gerücht, ich läge im Sterben. Meine Freunde erzählten mir täglich, was man darüber sprach.

Ich lachte mir ins Fäustchen und setzte meine Staatskleider in Stand. Der König schenkte mir für diesen Abend ein neues Schmuckkästchen und wählte selbst den Stoff meines Kleides. Es war ein grüner Satin, mit Gold und Rosenguirlanden bestickt und durch Perlenschnüre zusammengehalten. Darüber lag eine wunderbare flandrische Spitze. Auf der Stirne trug ich einen Stern aus Diamanten. Wenn man meine Ohrgehänge, die jedes hunderttausend Francs gekostet haben, meine Perlen und Agraffen hinzuzählt, kann man sich den Glanz meines Aussehens vorstellen.

Der König konnte sich vor Bewunderung nicht fassen, als er meiner Toilette beiwohnte, und legte, um sie zu beschleunigen, selbst Hand an.

Der Herzog d'Aiguillon und der Herzog von Cossé begleiteten mich auf das Fest, welch letzterer alle Tugenden eines vornehmen Herrn besaß, jung, schön und stolz war, weil er sich gewürdigt sah. Es war unmöglich, daß er einer Frau nicht gefiel, die sein Gefallen erregt hatte, und die Liebe, die er einflößte, war nicht vergänglich. Herr von Cossé war wie ein Edelmann aus der alten Zeit, seinem König und seiner Dame ergeben und bereit, für den einen oder die andere zu sterben. Ich sah ihn zu dieser Zeit häufig, später wurde er mein bester Freund.

Meine Ankunft im Salon der Frau von Valentinois war die größte Überraschung für meine Feinde. Man glaubte mich auf dem Sterbebette und ich erschien gesund und blendend schön. Ich ging geradewegs auf die Frau des Hauses zu, die eben der Dauphine den Hof machte. Die Prinzessin und sie waren so erstaunt, mich zu sehen, daß sie mich offenen Mundes anstarrten. Dessenungeachtet erwiderten beide Damen die tiefe Verbeugung, die ich ihnen machte.

Ich feierte an diesem Abend große Triumphe. Da aber der Kanzler und ich bei diesem Feste anwesend waren, verbreitete die Herzogin von La Vauguyon die Nachricht, daß der Empfang nicht der Dauphine, sondern mir und dem Kanzler zu Ehren veranstaltet worden sei. Der Bosheit der Herzogin gelang es, bei der Prinzessin gegen die Gräfin Stimmung zu machen, die dieser mein Erscheinen vorwarf. Frau von Valentinois kam mit Tränen in den Augen zu mir und erzählte, was ihr widerfahren sei.

Die Marschallin von Mirepoix, die anwesend war, sagte ihr: »Was liegt Ihnen daran, wenn die lieben Vöglein nachpfeifen, was die La Vauguyon vorpfeift? Die Prinzessin wird die ganze Sache bald vergessen haben. Der König aber wird Ihnen für die Aufmerksamkeit, die Sie der Frau Gräfin Dubarry erweisen, Dank wissen.«

Nachdem uns Frau von Valentinois verlassen hatte, fragte ich die Marschallin, was der König gutzumachen habe. Sie erwiderte, daß die Gräfin um meinetwillen Qualen ausgestanden habe und daß der König sie mit einer Pension dafür entschädigen möge. Mit Geld heile man am leichtesten die Schmerzen aller Höflinge. Ich fand, daß die gute Marschallin recht habe, und versprach der Gräfin, daß ich beim König für sie Genugtuung verlangen werde.

Ich hielt Wort. Am nächsten Morgen fragte mich der König, wie ich mich unterhalten habe. Ich antwortete, daß es lustig gewesen sei, und erzählte, was sich begeben hatte. Bei dieser Gelegenheit bat ich Seine Majestät, der Gräfin Valentinois eine Erhöhung ihrer Pension um fünfzehntausend Francs zu bewilligen.

»Teufel noch einmal!« sagte Ludwig XV., »das ist ein Fest, das mich teuer zu stehen kommt.«

»Es war entzückend, Sire.«

»Meinetwegen! Die Gräfin soll ihre fünfzehntausend Francs bekommen, aber unter der Bedingung, daß sie nicht mehr auf meine Kosten empfängt.«

»Sire, man könnte glauben, daß Sie diesen Betrag aus Ihrer Privatschatulle bezahlen.«

Der König begann zu lachen wie einer, der sich erraten weiß. Ich kannte ihn gut genug und wußte, daß er, wenn er ein Geschenk aus Eigenem zu machen gehabt hätte, höchstens zwölfhundert Francs bewilligt hätte. Man kann sich von der Sparsamkeit des Königs keine Vorstellung machen, wenn es seine eigene Tasche betraf. Als es einmal nötig war, den Kredit des Staatsschatzes zu stützen, bot der Herzog von Choiseul zweihundertfünfzigtausend Francs und der König schätzte sich vor aller Welt nur mit zwei Millionen ein.

XXXVIII

Eines Morgens kam meine Schwägerin Chon mit feierlichem Gesicht zu mir.

»Mein Bruder ist angekommen«, sagte sie.

»Laß' ihn eintreten!«

»Ich spreche nicht vom Grafen Jean.«

»Von wem denn, meine Liebe?«

»Vom Grafen Wilhelm, Ihrem Gatten.«

»Was macht er in Paris ohne meine Erlaubnis?« fragte ich wütend. »Das ist eine Unverschämtheit! Waren wir nicht übereingekommen, daß er in Toulouse bleibt?«

»Er hat dort Unannehmlichkeiten gehabt, weil er sich auf die Seite des alten Parlamentes geschlagen hat. Er muß Sie unbedingt sprechen.«

»Das einzige, was ich für ihn tun kann, ist, daß ich vom Herzog von La Vrillière einen Haftbrief gegen ihn erbitte, der ihn vor dem Zorn des Kanzlers schützt.«

Chon bat mich im Namen ihrer Geschwister um Gnade für ihren Bruder und beschwor mich, ihm nicht die Viertelstunde zu verweigern, um die er mich bat. Ich gab nach und versprach, meinen Gatten zu empfangen, wenn ich das nächstemal nach Paris fahre. Im übrigen war ich neugierig, meinen Mann zu sprechen, denn das ›Ja‹ bei der Hochzeitsfeier war das einzige Wort, das ich von ihm gehört hatte.

Während des Tages erhielt ich den Besuch des Herrn von Sartines. Seine Perücke war noch schöner frisiert und gepudert als gewöhnlich. Die aufgeregte Miene, die er zur Schau trug, unterhielt mich. Ich unterdrückte mühsam das Lachen, als er mir mit der ganzen Würde des Polizeileutnants sagte: »Ich habe Ihnen eine bedauerliche Nachricht zu bringen. Ihr Gatte ist angekommen.«

»Bedauerlich? Warum? Der Graf Dubarry hat mich weder geschlagen noch aus dem Hause gejagt.«

»Er wohnt Rue Ventadour bei Herrn Selle, Schatzmeister der Marine.«

»Es freut mich sehr, daß er in einem anständigen Hause abgestiegen ist. Sein Bruder, Graf Jean, hätte nicht desgleichen getan.«

»Er hat eine junge Frau bei sich, die als seine Geliebte gilt.«

»Warum sagen Sie nicht, daß sie seine Geliebte ist? Ich sehe nichts Schlechtes daran. Graf Wilhelm hat kein Keuschheitsgelübde abgelegt.« Der Polizeileutnant sah mich erstaunt an und sagte: »Ich bemerke, Gräfin, daß Ihnen die Ankunft des Herrn Dubarry nicht peinlich ist?«

»Keineswegs.«

»Denken Sie nicht daran, daß die Pariser Couplets und Karikaturen machen werden?« –

»Das kümmert Sie, mir ist es gleichgültig. Übrigens Sie, der Sie alles wissen, wissen Sie auch, ob die Geliebte meines Mannes schön ist?« –

»Reizend!«

»Um so besser,« erwiderte ich und sah in den Spiegel, »der arme Mann hat wenigstens eine Entschädigung.«

Ich überzeugte Herrn von Sartines, daß mir die Ankunft des Grafen Wilhelm Dubarry nicht unangenehm sei und daß eben ein Ehemann mehr in Paris wohne.

In Wirklichkeit war es mir keineswegs angenehm.

Graf Jean kam wütend angerannt und schrie, daß sein Bruder in Paris viel Geld brauchen werde.

»Seit wann sind Sie so sparsam?« fragte ich.

Gleichzeitig zog ich Chon beiseite und gab ihr tausend Louis für ihren Bruder, beauftragte sie aber, dem Grafen Jean nichts davon zu sagen, der sie für sich konfisziert hätte.

Mein Gatte bedankte sich in einem Brief, der gleichzeitig die Reise nach Paris entschuldigte.

Ich ließ einige Tage verstreichen, bevor ich mich selbst nach Paris begab. Kaum war ich in meinem Hause angekommen, als man mir schon den Grafen Wilhelm meldete. »Gott zum Gruße«, sagte ich, »ich bin entzückt, Sie zu sehen. Sie langweilen sich also in Toulouse?«

»Meiner Treu, es ist eine traurige Stadt. Übrigens wollte ich Ihnen auch meine Ehrerbietung bezeigen.«

»Hören Sie, lieber Graf, als wir geheiratet haben, verstanden wir uns ausgezeichnet. Sie haben mich nicht um meiner schönen Augen willen geheiratet und ich Sie nicht, um Ihre Frau zu sein. Ich brauchte einen Namen, Sie Geld. Jeder hat sein Teil bekommen. Was verlangen Sie mehr?«

»Man behandelt mich elend, mein älterer Bruder behält alles.«

»Er schätzt eben sein Erstgeburtsrecht ein. Aber ich will Ihre Pension erhöhen lassen und Sie und Ihre Geliebte zufriedenstellen.«

Mein Gatte bedankte sich, ich läutete, Chon trat ein, blieb einige Minuten mit uns und nahm dann den Grafen Wilhelm mit sich, den ich seither nicht wieder gesehen habe. Mein edler Gatte dachte nicht im entferntesten daran, daß ich schon zu dieser Zeit meine Eheungültigkeitserklärung in Rom betrieb. Ich hatte große Pläne, das Schicksal der Marquise von Maintenon ging mir nicht aus dem Kopf. Frau von Mirepoix, die mich kurz nachher besuchte, riet mir, den Aufenthalt meines Gatten in Paris so sehr als möglich zu verkürzen.

Der Vicomte von Choiseul, der glaubte, sich alles erlauben zu dürfen, weil er mutig war, lud Herrn von Marmontel unter dem Vorwande, daß er ihn mit einem großen ungarischen Herrn bekanntmachen wolle, zum Abendessen ein. Um die

Neugierde des Philosophen noch mehr zu reizen, erzählte er ihm, daß der vorgebliche Fürst, dessen Namen er nicht nennen wollte, Geheimbeauftragter der Kaiserin von Österreich sei. Am besprochenen Tage begibt sich Herr von Marmontel zum Vicomte; auch der Palatin ist anwesend. Er ist ein echter Slawe mit strengem Gesicht und langem Bart. Man setzt sich zu Tisch, man trinkt. Beim Dessert lüftet der Palatin scheinbar unabsichtlich das Geheimnis seines Auftrages. Es handle sich darum, einen französischen Philosophen zu finden, einen Mann von Geist und Welt, der die Prinzen und Prinzessinnen seines Hofes unterrichten solle. Der Mann, den er suche, werde dreißigtausend Francs jährlich erhalten, und wenn man seine Dienste nicht mehr benötige, hunderttausend Gulden Abfertigung und den Titel eines reichsunmittelbaren Freiherrn.

Herr von Marmontel macht große Augen, das Wasser läuft ihm im Munde zusammen und er schlägt sich selbst für die Stelle vor. Der Palatin wirft sich ihm an den Hals und erklärt, daß Marmontel der Mann sei, den er suche. Die Eigenliebe des Philosophen ist so blind, daß sie die Falle übersieht. Der Palatin nimmt ihn beiseite und sagt ihm: »Sie kennen gewiß die Frömmigkeit ihrer Majestät der Kaiserin und Königin; sie hat Angst vor der Philosophie.« – »Meine Grundsätze haben dabei nichts zu tun, ich werde sie den Prinzen nicht beibringen.« – »Das ist recht, denn sie wünscht, daß man sie nach ihren Angaben unterrichte.« – »Nichts gerechter als das. Die Erziehung eines Prinzen soll nicht so sein wie die eines Bürgers.« – »Gut, dann muß ich von Ihnen nur noch einen Plan für die Art, wie Sie sich die Erziehung vorstellen, verlangen.« Herr von Marmontel, der die Stellung zu erlangen hofft, improvisiert den verlangten Plan. »Sind Sie damit zufrieden, Hoheit?« – »Entzückt, begeistert!« erwidert der Palatin. »Sie sind der Mann, den ich brauche, wir fahren in vierzehn Tagen nach Wien, wenn diese Zeit genügt, um Sie von der Operation zu heilen.« – »Von welcher Operation, Hoheit?« – »Es ist ein Jammer: Die Kaiserin hat so eigenartige Ideen. Sie fürchtet die französische Galanterie. Sie wünscht ––, verstehen Sie mich, Herr von Marmontel?« – »Nein, Hoheit.« – »Ihre Majestät fürchtet, daß Sie sich beim Unterricht in ihre Töchter verlieben könnten. Meine Herrin wünscht daher, daß Sie sich ihrem Willen fügen. Glücklicherweise sind Sie Philosoph und haben Kinder. Weder der Staat noch Ihre Frau haben weiteren Anspruch auf Ihre Mannbarkeit. Die Kaiserin hofft, daß Sie, um jeder Möglichkeit zuvorzukommen, sich einer unabwendbaren Maßregel unterziehen werden.« Erst bei diesen Worten bemerkt Herr von Marmontel, daß er zum Narren gehalten worden ist. Er gerät in Aufregung und der falsche Palatin sucht das Weite. Herr Goys erscheint mit einigen Hilfskräften, um die Operation vorzunehmen, und Herr von Marmontel hat gerade noch Zeit, sich durch Flucht dem Anschlage auf seine Männlichkeit zu entziehen.

Herr Goys war übrigens einer der bekanntesten Spaßmacher seiner Zeit. Man kannte ihn weniger unter seinem wirklichen Namen als unter dem eines Lord Gord, da er sich, um seine Späße auszuführen, meistens als Engländer verkleidete. Allerdings besuchte er auch eines Tages den berühmten Advokaten Gerbier als Frau verkleidet. Er fragte in dieser Verkleidung den Rechtsanwalt, ob er seine Ehe wegen Unvermögen des Gatten trennen lassen könne. Gerbier wird mitleidig und fragt die vermeintliche Dame, seit wann sich ihr Gatte in diesem traurigen Zustand befinde. Goys hebt die Augen traurig zum Himmel und sagte: »Seit acht Tagen.« Der Advokat wird ungehalten und weist seiner falschen Klientin die Türe.

Das Abenteuer des Herrn von Marmontel kam übrigens nicht in die Öffentlichkeit. Der Vicomte von Choiseul wollte sich nicht der Wut aller Philosophen aussetzen und erzählte es nur wenigen Leuten. Ludwig XV. freilich erfuhr davon, und Marmontels Bereitwilligkeit, von seinen Grundsätzen abzufallen, erhöhte noch die Verachtung des Königs für die Schriftsteller. »Ihr Voltaire ist nicht besser,« sagte er. »Sehen Sie doch, wie er der Zarin schmeichelt. Er hütet sich wohl, ihr von ihrem ermordeten Gatten zu sprechen.«

Daß Herr von Marmontel sich hatte verkaufen wollen, wunderte den König nicht. Er war der Meinung, daß auch größere Menschen als dieser Schriftsteller käuflich seien. Er hatte einen eigenen Tarif für den Preis jeder Tugend und glaubte fest daran, daß man selbst Sokrates und Plato mit hunderttausend Francs und einem Gouvernement hätte kaufen können.

Ich habe schon davon erzählt, daß ich die Absicht hatte, meine Ehe, da sie nicht vollzogen war, für ungültig erklären zu lassen. Meine ganze Umgebung mit Ausnahme der Familie meines Mannes riet mir dazu. Mein Gatte sei das einzige Hindernis, das den König abhalte, mich zu heiraten. Der Kanzler, der Herzog d'Aiguillon und der Abbé Terray erklärten, daß es für mich durchaus möglich sei, auf den Thron zu gelangen. Mir selbst kam es unendlich drollig vor, daß ich die Gattin des Königs werden sollte, nachdem ich die Geliebte Nikolaus', des Küchenjungen, gewesen war. Hätte es mir nicht Spaß machen können, die Großmama des Dauphins zu spielen und mir von der Dauphine Ehrerbietungen erweisen zu lassen?

Meine drei gewöhnlichen Ratgeber waren nicht die einzigen, die mich berieten. Auch Frau von Monacco, die nicht mehr wert war als ich, obwohl sie eine große Dame war, ermutigte mich in meinen ehrgeizigen Plänen. Da sie den Prinzen von Condé heiraten wollte, wünschte sie in der königlichen Familie eine Ehe, die ihre Hochzeit mit dem Prinzen von Condé begründen könnte. Sie sandte mir einen Advokaten, der zu dieser Zeit sehr berühmt war.

Herr Linguet ist der typische Advokat: er ist unverschämt, lügt, schreit, ist geistvoll, aber zerstreut, liebt schöne Phrasen, auch wenn sie Widersprüche enthalten, spricht von Tugend und Ehre, ohne daran zu glauben, lobt unausgesetzt seine Uneigennützigkeit und ist dabei unsagbar habgierig. Trotzdem stand er in hohem Ansehen. Die Öffentlichkeit hielt viel von seinen Kenntnissen, da er selbst unausgesetzt davon sprach. Herr Linguet kam zu mir und verlangte für seine Dienste so viel, daß ich am Erfolge nicht zweifeln konnte. Er erklärte mir den Plan, den er für meine Angelegenheit vorbereitet hatte. Es handelte sich darum, einen ähnlichen Fall vor Gericht zu bringen und ihn in meinem Sinne entscheiden zu lassen. Er legte den Gerichten folgende Frage vor: Der Schuster Simon Sommer heiratete Elisabeth Uttine. Trotzdem er zweiundzwanzig Jahre alt und ein hübscher Bursche war, weigerte sich seine junge hübsche Gattin, ihm die Rechte des Ehemannes einzuräumen. Kaum aber war sie in Wirklichkeit die Frau ihres Mannes geworden, als sie auch schon die Frau aller Männer werden wollte. Nach drei Jahren eines ausschweifenden Lebens ging sie mit einem Sergeanten des Schweizer Regimentes nach Preußen durch. Was soll Sommer nun beginnen? Soll er der Natur alle Rechte versagen oder sich der freien Liebe in die Arme werfen, die die Politik zwar erlaubt, die Religion aber verbietet?

An diese Tatsachen schloß sich ein Memorandum, das den Gesetzgebern die Notwendigkeit eines Gesetzes über die Ehescheidung klarmachen sollte. Die Schritte, die Linguet unternahm, machten Lärm, und die Boshaften fragten sich, ob das alles eines einfachen Schusters wegen geschehen sei. Bald erfuhr man die Wahrheit.

Gleichzeitig betrieb der Advokat in Rom die Ungültigkeitserklärung meiner nur formell eingegangenen Ehe. Der Kanzler riet mir, einen Priester nach Rom zu schicken, den man gegebenenfalls desavouieren könne, der aber trotzdem genug Verstand habe, um meine Wünsche durchzusetzen. Er schlug mir einen provençalischen Abbé vor, der der schlechtgeartetste Priester war, den ich kannte, und das will viel besagen. Also reiste der Abbé mit einem Beglaubigungsschreiben für den Kardinal Bernis, der den König beim Papst vertrat, nach Rom.

Der Kardinal Bernis war in seiner Jugend ein schöner Junge gewesen. Damals war er arm, hatte Verstand, einen guten Namen und soviel Ehrgeiz als er brauchte, um den Mangel an Vermögen zu ersetzen. Er kam nach Paris, und seine kleinen Verse mißfielen dem Bischof von Mirepoix, der damals Minister war, so sehr, daß er ihm ein Benefizium verweigerte und ihm sagte: »Solange ich Minister bin, werden Sie keines bekommen.«

»Ich werde warten,« erwiderte der Abbé, und diese Antwort begründete sein Glück. Er wurde der Freund der Frau von Pompadour und bald Minister des Äußern.

Der Kardinal beantwortete das Schreiben durch meinen Abgesandten, den ich bei ihm eingeführt hatte, und versicherte mich seiner Hilfe.

Ich zeigte seinen Brief der Marschallin Mirepoix, die mir darauf sagte: »Ich habe gute Lust, mit Ihnen zu zanken. Sie machen, oder besser gesagt man veranlaßt Sie, einen Schritt zu unternehmen, der große Unannehmlichkeiten nach sich ziehen wird.«

Ich erwiderte errötend: »Finden Sie es sonderbar, daß ich meine Ehe trennen lassen will?«

»Liebe Freundin, Sie werden, was Sie wollen, nicht erreichen. Schon deshalb nicht, weil die, die Sie dazu bringen wollen, es nicht ernst mit Ihnen meinen.«

»Wissen Sie etwas Bestimmtes?«

»Nein, mein Herz, ich weiß nichts. Aber man rät bei Hofe immer richtig, wenn man etwas Schlechtes rät. Der Abbé Terray hält Sie zum besten; ich glaube auch nicht, daß der Kanzler es mit Ihnen redlich meint. Was aber den Kardinal von Bernis betrifft, so muß ich Ihnen gestehen, daß er den Abeé Vermond befragt hat, wie er sich in der ganzen Angelegenheit zu stellen habe.«

»Sind also alle nur Pack? Ist man in einem dunklen Wald sicherer als in Versailles?«

»Sie haben einen Wutanfall,« sagte ruhig die Marschallin und schnupfte eine Prise Tabak. »Sie sehen dabei noch schöner aus als gewöhnlich. Ich wiederhole Ihnen also, daß Herr von Bernis Instruktionen verlangt hat. Ein Kardinal macht keine Versuche, seinen Herrscher zu verheiraten, ohne vorher die Meinung des Hofes zu kennen. Ich wiederhole Ihnen, daß der Generalkontrollor Ihnen jedes Hindernis in den Weg legen wird, weil er an Ihre Stelle Frau Dammerval setzen will.«

»Frau Dammerval, seine Tochter?«

»Finden Sie das nicht selbstverständlich? Es entspricht der Moral eines Abbés, seine Tochter zu verkaufen.«

»Sie soll nur kommen, diese Schmarotzerin, sie wird ja sehen, mit wem sie es zu tun bekommt.«

»Hören Sie zu: an Ihrer Stelle würde ich die Gedanken an diese schwierige Scheidung und unmögliche Heirat aufgeben. Niemand wird zugeben, daß Sie den König heiraten; nicht einmal Herr d'Aiguillon. Seien Sie vernünftig, heiraten Sie Güter und Renten. Wenn der König stirbt, werden Sie an Reichtümern Ihren Trost finden.«

Ich ließ die Marschallin reden. Sie hatte recht. Sie bewies mir die Aussichtslosigkeit meiner Hoffnungen und ließ sich versprechen, daß ich verzichten werde.

Auch der Herzog d'Aiguillon erzählte mir, daß die Familie des Königs bereits alarmiert sei. Der Dauphin habe ihn beauftragt, mich wissen zu lassen, ich würde, wenn ich nicht von meinem Scheidungsprozesse ablasse, bei ihm für immer in Ungnade fallen. Der Herzog sagte mir ferner, daß gewisse Menschen, die sich öffentlich gut mit mir stellen, gegen mich intrigiert hätten, und bat mich, mich ruhig zu verhalten. Trotz der Ratschläge des Herzogs d'Aiguillon forderte ich den Generalkontrollor auf, mich zu besuchen. Er hatte sich zwar mir gegenüber freundschaftlich benommen und mir in der letzten Zeit gewissermaßen ein Geschenk von zwei Millionen Francs durch die Vorauszahlung einer Rente gemacht, aber dessenungeachtet war er mir verdächtig geworden.

Seine Tochter, die er mir zur Rivalin geben wollte, war eine schöne Frau, die mit einem häßlichen Manne verheiratet war, den sie haßte. Es war sogar das Gerücht verbreitet, daß sie sich geweigert habe, ihren ehelichen Pflichten nachzukommen, aber ich glaube, daß der Abbé Terray diese Nachrichten nur erfunden hat, um den König noch mehr für Frau Dammerval zu interessieren.

Der Abbé Terray war im allgemeinen nicht schön, aber an dem Tag, da er über meine Aufforderung zu mir gekommen war, war er häßlich wie ein Teufel. Er gab sich den Anschein, als wäre er ruhig und verbarg seine Verlegenheit hinter höfischem Zeremoniell.

»Was ist Ihr Amt im Königreiche, Herr Abbé?« fragte ich.

»Ich bin Generalkontrollor der Finanzen.«

»Und ich die Geliebte des Königs von Frankreich; das ist mein Amt.«

»Frau Gräfin,« erwiderte der Abbé und versuchte zu scherzen, dabei war sein Gesicht weiß wie eine Schneelandschaft: »Sie wollen mir doch nicht Ihr Amt antragen?«

»Nein, weder Ihnen noch Ihrer lumpigen Tochter, die nicht mehr wert ist als Sie. Ich lasse mich nicht von Ihnen zugrunde richten.«

Der Abbé Terray, der sah, daß ich wirklich böse war, wagte nicht so zu antworten, wie es ihm die Ehre geboten hätte. Er entschuldigte sich und beteuerte seine Unschuld. Aber ich hörte ihm gar nicht zu. Ich bewies ihm, daß er mich verrate und daß er die Absicht habe, seine Tochter, Frau Dammerval, Ludwig XV. anzuhängen.

In diesem Augenblick trat Graf Jean ein, der im Nebenzimmer unserem Gespräch zugehört hatte. »He, Herr Abbé,« rief er, »Sie wollen uns den Hals abschneiden, Sie Gauner! Ich werde Ihnen den Kragen brechen. Sie wollen uns den König nehmen, ihn zu unserem Nachteile konfiszieren. Das ist eine Majestätsbeleidigung, für die Sie uns Genugtuung geben werden!«

Der Abbé stammelte, außer sich, einige Worte, und dieser Auftritt hätte kein gutes Ende genommen, wenn man nicht die Ankunft des Königs gemeldet hätte. Mein Schwager zog sich schleunigst wieder in das Nebenzimmer zurück und der Abbé verbeugte sich so verlegen vor dem König, daß dieser merkte, es sei etwas Außerordentliches vorgegangen. Nachdem sich der Abbé Terray empfohlen hatte, fragte mich Ludwig XV. nach dem Grunde seiner Aufregung. Eine andere an meiner Stelle hätte wahrscheinlich eine Lüge gesagt; ich war vernünftiger und sagte die Wahrheit. Das ist eine Methode, die immer wieder gute Früchte zeitigt und die ich rate, sogar bei Hofe zu versuchen.

»Sire,« sagte ich, »Ihr Minister beschränkt sich nicht auf sein Amtsgebiet; er greift in meines über, und ich habe ihm meine Unzufriedenheit mitgeteilt.«

»Ich verstehe Sie nicht,« erwiderte der König.

»Oh, Sie verstehen mich sehr gut. Er will Sie mit Frau Dammerval verkuppeln, und Sie, der Sie die Frauen auch vom Altar einer Kathedrale herunterholen würden, werden wenigstens zugeben, daß die Tochter des Abbés ganz hübsch ist«.

»Ich liebe keine Lästerungen, man merkt, daß Sie mit Voltaire in Briefwechsel stehen.«

»Auch ich liebe keine Gottlosigkeit, Sire. Wenn ich auch mit Herrn Voltaire in Briefwechsel stehe, möchte ich mich doch nicht mit meinem Beichtvater verfeinden. Aber Ihr Abbé Terray ist ein Elender, der sein Fleisch und Blut verkaufen möchte.«

»Unglaublich, ein Priester entehrt nicht seine Tochter.«

»Derselben Meinung war ich noch gestern, aber wenn ein Priester Kinder hat, kann man auch jede andere Schändlichkeit von ihm erwarten.«

Der König erklärte mir, daß er nie daran gedacht habe, Frau Dammerval zur Geliebten zu nehmen. Im übrigen kostete die Versöhnung des Grafen Jean mit dem Abbé dem Staate genug. Mein Schwager gab sich diesmal nicht mit einer kleinen Summe zufrieden.

XXXIX

Der Herzog von Choiseul war trotz der völligen Ungnade Generaloberst der Schweizer geblieben. Diese Stelle machte es dem Inhaber möglich, gegebenenfalls leicht an den Hof zurückzukommen und die Gunst des Königs zu erlangen. Außerdem waren verschiedene Vorrechte daran geknüpft. Es galt also die Absetzung des Herrn von Choiseul zu erwirken. Herr d'Aiguillon machte sich den Ausspruch eines Freundes des Exministers zu Nutze und erklärte dem König, daß Herr von Choiseul seine Demission zu geben beabsichtige, wenn er eine Entschädigung dafür erhalte. Ludwig XV. ließ den Freund des Herrn von Choiseul kommen und fragte ihn, ob dieser bereit sei, seine Demission zu geben. »Bedingungsweise«, war die Antwort.

»Ich dulde nicht, daß man mir Bedingungen auferlegt«, erwiderte der König aufbrausend. »Ich bin der Herr und man muß mir gehorchen.«

Daraufhin sandte der Herzog von Choiseul ein Schreiben, in dem er seine Demission bedingungslos kundgab. Später erhielt er, nachdem seine Freunde sich dafür eingesetzt hatten, dreihunderttausend Francs Abfertigung und seine Gattin eine Rente von sechzigtausend Francs.

Es galt nun das freigewordene Amt zu vergeben. Ich konnte zu meiner Freude erwirken, daß es dem Grafen von Artois zugesprochen wurde.

Auch die Stelle des ersten Stallmeisters des Dauphins war unbesetzt. Graf Jean erbat sie für seinen Sohn. Der König versprach, den Vicomte Adolphe Dubarry zu ernennen, befahl mir aber, nichts davon verlauten zu lassen. Ich konnte mich nicht enthalten, dem Grafen Jean davon Mitteilung zu machen, der es seinem Sohne erzählte und dieser wieder seinen Freunden. So kam es, daß auch der Graf von Provence davon erfuhr, der mir böse war, da ich mich für die Ernennung seines Bruders Artois eingesetzt hatte, während er selbst gerne Generaloberst der Schweizer geworden wäre. Er verständigte den Dauphin von der bevorstehenden Beförderung des Vicomte Dubarry und machte dadurch die Ernennung meines Neffen unmöglich, da der Dauphin erklärte, er werde es niemals dulden, daß ein Dubarry in seine Dienste trete. Der König versprach, den Vicomte zu entschädigen und die Stelle des ersten Stallmeisters des Dauphins vakant zu lassen.

Wir waren in Choisy eine kleine nette Gesellschaft, die sich zum Ziele setzte, über niemanden Gutes zu sagen. So kam die Rede auf die Marquise von Brossart, eine schöne Frau, die den Abbé Morthon zum Geliebten hatte. Eines Abends ist die Marquise gerade mit dem Abbé beschäftigt. Sie beteten nicht Rosenkranz. Man hört Lärm im Vorzimmer, es ist der Gatte. Der

Abbé, der klein war wie ein Zwerg, wird in einen Wäschekorb verfrachtet und mit einer grünen Decke zugedeckt. Der Gatte tritt ein. »Guten Abend, Frau Marquise!« – »Guten Abend, Herr Marquis!« – »Sie waren allein?« – »Ja, ich dachte nach.« – »Das trifft sich gut. Auch ich dachte nach. Meinem Neffen Larinnière ist ein Unglück zugestoßen.« – »Welches Unglück?« – »Das schlimmste, das es auf Erden gibt. Er glaubte an die Treue seiner Gattin wie ich. Als er unvermutet heimkam, traf er sie an wie ich Sie. Er nahm einen Lehnstuhl, schob ihn nach vorne und erblickte dahinter einen Mann, der sich dort verborgen hatte, in einem Zustand . . .« – »Das ist unmöglich, ich kenne meine Base und ihre Grundsätze.« – »Ich wiederhole, daß es so war. Der Mann hatte sich hinter einem Lehnstuhl verborgen, wie sich eben jemand in diesem Wäschekorb verbirgt.« Sagt es, hebt die grüne Decke empor und sieht den Abbé. Großer Schreck der beiden Schuldigen! »Abbé«, sagt der Marquis ganz ruhig, »Leute Ihres Standes lassen sich in schicklicherem Aufzuge erwischen als Laien. Was Sie betrifft, Frau Marquise, bitte ich Sie, noch heute abend zu Ihrer Mutter heimzukehren.«

Ludwig XV. bewunderte das kalte Blut des Marquis. Der Herzog von Duras fügte hinzu, daß dieser gleichzeitig die beste Klinge von Frankreich sei, und erzählte folgende Anekdote: Der Marquis von Brossart ritt durch Metz, um sein Regiment zu begleiten. Er kehrte in einem Gasthofe ein, der zumeist von Offizieren besucht wird. Als sie nun einen Herrn in Zivil in ihrer Mitte erblickten, wurden sie mißvergnügt und beschlossen, ihm einen Schabernack zu spielen. Der Marquis verlangt ein Glas Limonade. Sowie man es ihm bringt, stößt einer der Offiziere das Glas um. Er verlangt ein zweites Glas. Es geschieht dasselbe. Mit seiner gewöhnlichen Ruhe verlangt er ein drittes Glas. Es wird wieder umgegossen. Der Marquis steht auf und sagt: »Meine Herren, gute Rechnungen machen gute

Freunde. Ich habe drei Glas Limonade zu bezahlen. Ich verlange dafür das Leben dreier Herren von Ihnen. Ich heiße Marquis von Brossart; hier ist meine Marschroute.« Nach diesen Worten bedauern die Offiziere, einen Kameraden beleidigt zu haben, aber der Marquis nimmt keine Entschuldigungen entgegen. Drei von ihnen kreuzen, einer nach dem andern, mit dem Marquis den Degen und einer nach dem andern fällt schwer verwundet ins Gras. Herr von Brossart wischt seinen Degen ab, grüßt die Offiziere und setzt seine Reise fort.

Als Herr von Duras seine Erzählung beendet hat, sagte Ludwig XV.: »Es wäre mir lieber gewesen, wenn der Abbé ein Offizier gewesen wäre oder die drei Offiziere Abbés.«

Ich begegnete eines Abends in Paris bei der Marschallin von Mirepoix dem Chevalier von Boufflers. Er war der uneheliche Sohn des Königs Stanislaus Lesczinski. Als er eintrat, machte er uns mit seinem gewöhnlichen Gleichmut Komplimente, zog dann zwei Pistolen aus der Tasche und legte sie auf den Tisch.

»Sind Sie verrückt geworden, Chevalier?« fragte die Marschallin angstvoll. »Was haben Sie mit diesen Waffen vor?«

»Augenblicklich nichts. Ich will Ihnen nur ein kleines Abenteuer erzählen. Sie kennen die Marquise . . ., mit der ich eine freundschaftliche Beziehung unterhielt. Vor einigen Tagen hat sie mich mit Herrn von Bezenval betrogen. Ich schrieb ein boshaftes Epigramm über sie, das genügend Aufsehen machte. Man hat mir nun in einigen Häusern erzählt, daß sie darüber wütend und verzweifelt gewesen sei. Heute morgens erhielt ich von ihr einen Brief mit der Aufforderung, sie um acht Uhr abends zu besuchen. Da ich ein vorsichtiger Mann bin, habe ich diese beiden Pistolen zu mir gesteckt. Kaum habe ich die Marquise begrüßt, als vier schwarz maskierte Kerle sich auf mich stürzen und mich fassen, ohne daß ich Zeit finde, nach meinen Waffen zu greifen. Ich wehrte mich so gut es ging, aber nichts half, sie ziehen mich aus, legen mich auf das Bett der Marquise und peitschen mich nach den Befehlen der liebenswürdigen Freundin.«

»Wie,« schrie die Marschallin, »man hat Sie gepeitscht?«

»Gewiß, gepeitscht,« erwiderte Herr von Boufflers in ruhigem Tone und fuhr fort zu erzählen. »Nachdem diese traurige Zeremonie zu Ende war, ziehe ich mich langsam an, trete einige Schritte nach rückwärts, nehme eine Pistole in jede Hand und wende mich an die vier Burschen. ›Gut, meine lieben Freunde‹, sage ich, ›jetzt ist an mir die Reihe zu befehlen. Wenn ihr nicht der Frau Marquise dieselben Ehren erweist wie mir, schieße ich euch einfach über den Haufen.‹ An dem Tone, in dem ich sprach, gab es nichts zu deuteln, die Marquise wird ausgekleidet, auf das Bett gelegt und ihre schöne weiße Haut nicht besser behandelt als die meine. Schließlich gebot ich Einhalt, empfahl mich der Frau Marquise und bat sie, die Kunde von unserem gemeinsamen Abenteuer doch zu verbreiten. Ich selbst würde nicht ermangeln, es zu tun. Wie Sie sehen, meine Damen, halte ich Wort.«

Die Marschallin machte dem Chevalier Komplimente und er beeilte sich, sein Erlebnis in anderen Häusern zu erzählen.

In diesem Jahre starb der Herzog von La Vauguyon. Sein Tod betrübte mich wenig, noch weniger aber den König, der als er davon erfuhr, sagte: »Einer weniger von denen, die mich zu Tode quälen, um ein Ministerportefeuille von mir zu erhalten.«

Es war eigentlich verwunderlich, daß mich der Tod des Herzogs nicht mehr betrübte. Er war einer der ersten gewesen, die mich als Geliebte des Königs anerkannt hatten, hat meine Vorstellung beschleunigt und mir noch tausend andere kleine Dienste geleistet, aber trotz aller Dankbarkeit konnte ich ihn nicht leiden.

Der Prinz von Beauveau, der sich hingegen vom ersten Augenblick an auf die Seite meiner Feinde geschlagen hatte und ihnen sogar ins Exil gefolgt war, flößte mir Sympathien ein.

Man hatte ihm das Gouvernement des Languedoc entzogen, ohne ihm eine Entschädigung zu geben, und seine Schwester, die Marschallin, setzte sich so lange bei mir ein, bis ich meinen scheinbaren Widerstand aufgab und beim König eine Pension von dreißigtausend Francs für ihn erwirkte. Einige Tage später besuchte mich der Prinz und bezeigte mir seine Dankbarkeit. Seit dieser Zeit war ich mit ihm befreundet.

XL

Die Laster Ludwigs XV. waren die Folgen seiner schlechten Erziehung. Als Kind gab man ihm den eitelsten, dümmsten und seichtesten Menschen, den Herzog von Villeroi, zum Erzieher, der dem Prinzen von früh bis abends erzählte, daß seine künftigen Untertanen nur für ihn geboren würden und lebten.

Als Jüngling wieder sah er die Ausschweifungen des Kardinals Dubois und die Orgien des Regenten. Bald darauf lehrte ihn Frau von Mailly Schamlosigkeiten und Richelieu gab ihm das Beispiel seiner eigenen Jugend. Konnte sich Ludwig XV. anders benehmen als seine Familie, seine Minister und seine Umgebung?

Er nahm die Sitten des damaligen Hofes an, wählte sich erst selbst seine Geliebten und dann einen Menschen, der ihn dieser Mühe überhob. Lebel wurde der Obergelegenheitsmacher seiner Vergnügungen und verfügte in Versailles über das Haus, das unter dem Namen Hirschpark bekannt ist.

Als die Höflinge von der Existenz und dem Zweck dieses Hauses erfuhren, bewarben sie sich um die Leitung. Der König vertraute sie aber nur seinem getreuen Lebel an und ernannte den

Grafen von Saint-Florentin, Minister des königlichen Hauses, zum Oberaufseher. Außerdem wurde ein militärischer Dienst eingerichtet, den der Infanteriemajor Herr von Cervières leitete. Die Aufgabe dieses Dienstes bestand in einer sorgfältigen Überwachung des Hauses, um junge Leute am Eindringen zu verhindern, wofür der Major ein Gehalt von zwölftausend Francs erhielt.

Einer Dame oblag die Oberaufsicht im Innern des Hauses. Sie hatte dafür zu sorgen, daß die jungen Mädchen einander nicht besuchen und die Zeit entsprechend verbringen. Man kannte sie im Hirschpark nur unter dem Namen »Madame«. Ludwig XV. hatte einmal von ihr gesagt, daß er sie zum Minister ernennen würde, wenn sie ein Mann wäre. Kurze Zeit nach dem Tode der Frau von Pompadour wurde die erste »Madame« abgesetzt und ihre Nachfolgerin wurde eine große, trockene, wachsame Frau, die den Schönheiten, die sie zu bewachen hatte, ihr Schicksal neidete. Trotzdem behandelte sie die Mädchen nicht schlecht, denn man konnte nicht wissen, ob nicht eines von ihnen die ständige Neigung des Königs erwerben werde.

Außer »Madame« gab es noch zwei Unterintendantinnen, die den Fräulein Gesellschaft zu leisten hatten. Sie speisten mit den Neuangekommenen, brachten ihnen gute Lebensart bei und hatten die Aufsicht bei den Musik-, Tanz- und Geschichtsstunden, die die »Schülerinnen« nahmen. Außerdem war ein Dutzend Kammerfrauen angestellt, die keine Arbeit zu verrichten hatten, sondern eher Gesellschaftsdamen waren. Sie wurden sehr gut bezahlt, dafür aber bei der ersten Indiskretion in ein Staatsgefängnis geschickt. Eine strenge Polizei beobachtete die Bewohner dieses geheimnisvollen Hauses, um zu verhüten, daß man die Schwächen des Königs in der Öffentlichkeit erfahre.

Die jungen Mädchen, die dort wohnten, wurden »Schülerinnen« genannt. Es waren solche im Alter von neun bis achtzehn

Jahren. Bis zu ihrem fünfzehnten Lebensjahr erfuhren sie nicht den Namen der Stadt, die sie bewohnten. Nach diesem Alter machte man kein Geheimnis daraus, verbarg ihnen nur, daß sie für das Vergnügen des Königs bestimmt seien. Den einen sagte man, daß sie eingesperrt seien wie alle Mitglieder ihrer Familie, den anderen, daß ein reicher Finanzmann sie in Gefangenschaft halte, um seinem Liebesbedürfnisse zu genügen. Die eine glaubte, daß sie einem deutschen Prinzen angehören werde, die andere, einem englischen Lord. Manche unter ihnen hatten aber durch Zufall erfahren, was ihre Bestimmung sei. Wenn man davon wußte, verheiratete man sie, wenn sie schwanger waren, oder sperrte sie in ein Kloster. Die adeligen Fräulein wurden nach einem eigenen Zeremoniell behandelt. Ihre Dienerschaft trug grüne Livree. Die Mädchen, die dem Bürger- oder Bauern-stande angehörten, hatten Diener, die graue Kleider trugen.

Diese Anordnungen waren durchwegs vom König selbst ge-troffen worden. Er sprach davon so, als ob es die größte Tat seines Lebens gewesen wäre, und stritt oft mit mir, um mir zu beweisen, daß die Familien, die ihm gewissermaßen durch die Beistellung junger Mädchen Steuer zahlten, ihm dankbar sein müßten. Im Kopfe eines Königs sind manchmal ganz sonder-bare Gedanken.

Der Hirschpark kostete ungeheure Summen. Die Ausgaben eines Monats betrugen ungefähr hundertfünfzigtausend Francs. Mit diesem Betrag wurden lediglich die Funktionäre und Bediensteten des Hauses bezahlt und die Bekleidung der »Schülerinnen« bestritten. Nicht inbegriffen waren die Sum-men, die den Familien als Entschädigungen bezahlt wurden, die gelegentlichen Mitgiften der jungen Mädchen, die Ge-schenke, die sie erhielten, und die Erhaltung der natürlichen Kinder. Durchschnittlich kostete der Hirschpark zwei Millio-nen jährlich und war vierunddreißig Jahre in Betrieb.

Kurz nach meiner Erhebung zur anerkannten Geliebten des Königs fragte mich der Herzog von Richelieu, ob man mir den Rechenschaftsbericht des Hirschparks vorgelegt habe. Ich fragte erstaunt, in welche Beziehung ich zu diesem Hause gebracht werden könne. Der Marschall erzählte mir, wieviel Mühe Frau von Pompadour für die klaglose Instandhaltung jenes Hauses aufgewendet habe und wieviel Nutzen sie daraus hatte ziehen können, und versicherte mir, daß es nötig sei, daß ich ihrem Beispiel folge. Ich sprach über diese Ratschläge mit dem Grafen Jean und bat ihn um seine Meinung. Er sagte, daß ich dasselbe tun müsse wie die Marquise von Pompdour. »Man verbraucht viel Geld in diesem Hause. Ich werde den Rechnungsbericht prüfen. Ernennen Sie mich zu Ihrem Bevollmächtigten und Sie machen mich zum glücklichsten Menschen. Es ist unmöglich, daß nicht nach Seiner Majestät doch noch Gras wachsen sollte.«

»Da wären Sie recht daran, lieber Schwager, Geld unter den Händen zu haben und junge Mädchen zu verführen! Wenn Sie noch einen Spielsalon im Hirschpark errichten könnten, würden Sie ihn überhaupt nicht mehr verlassen.«

Ich entschloß mich, die Ratschläge des Herzogs von Richelieu und des Grafen Jean zu befolgen und ließ »Madame« kommen. Sie stellte sich mit der Würde einer Äbtissin aus königlichem Hause vor. Aber trotz ihrer Ansprüche behandelte ich sie nicht besser, als ich die Gourdan oder eine andere Bordellbesitzerin behandelt hätte, für deren Beruf ich nie etwas übrig hatte. Meine Kenntnisse über den Hirschpark entstammen ihren Erzählungen. Zu dieser Zeit befanden sich nur vier »Schülerinnen« im Hause. Nachdem sie mir über alles berichtet hatte, gab ich ihr den Auftrag, mich weiterhin über alle Geschehnisse auf dem laufenden zu halten.

Obwohl die Choiseuls alles Ansehen bei Seiner Majestät verloren hatten, waren sie doch noch unglaublich mächtig. Sie versuchten mir mit allen Mitteln beim König zu schaden und fahndeten im Adel- und Bürgerstande nach einer Frau, die meine Rivalin werden könnte. Ich wurde von meinen Freunden aufmerksam gemacht, daß der König plötzlich der Prinzessin von Lamballe allerlei Aufmerksamkeiten erweise. Diese junge Dame war zwar sehr hübsch und lebhaft, hatte aber weder Verstand noch Erfahrung. Jedenfalls erfüllte mich diese Tatsache mit Besorgnis. Graf Jean, den ich immer bei solchen Gelegenheiten zu Rate zog, war trotz seines ausschweifenden Lebens ein verständiger Mensch. Er meinte, daß keine Gefahr bestehen könne, wenn man dem König Abwechslung biete, ohne daß er seine Gewohnheiten ändern müsse, und machte den Vorschlag, die Aufmerksamkeit Seiner Majestät auf den Hirschpark zu lenken. Ich erwiderte:

»Da bin ich also schon so weit wie die Marquise von Pompadour!«

»Zweifellos. Wenn Sie ihre Stelle einnehmen, müssen Sie auch ihre Pflichten erfüllen. Keine falsche Scham! Sie müssen diese Kriegslist gebrauchen. Geben Sie mir Vollmacht, mit ›Madame‹ zu verhandeln!«

Ich gab dem Grafen Jean eine Art Beglaubigungsschreiben, mit dem er sich in den Hirschpark begab. Bei seinem Anblick wollte ihm der Hauswart den Eintritt verweigern. Meine Handschrift beruhigte den unbeugsamen Kerkermeister und mein Schwager drang in den geheiligten Räumen bis zu »Madame« vor.

»Madame« bietet ihm drei »Schülerinnen« an: ein adeliges Fräulein, die Flämin Linette und eine Auvergnatin namens Dorothea. Graf Jean weist die beiden ersteren zurück und entscheidet sich für Dorothea, die unseren Zwecken am besten entspricht.

Es gab von allen »Schülerinnen« kleine Bilder, die dem König bei Gelegenheit gezeigt werden sollten. Mein Schwager nimmt das Bild der Dorothea, das er ein Schutzmittel gegen die Reize der Frau von Lamballe nennt, und bringt es ins Schloß.

Chamilly, der Nachfolger Lebels, hätte gerne wie sein Vorgänger alle Rechte dieses Amtes genossen und beklagte sich wiederholt, keinen Einfluß auf den Hirschpark zu haben. Seine Freude war also groß, als ihm Graf Jean das Bild Dorotheas gab, damit er es dem König zeige. Der erste Kammerdiener Seiner Majestät hatte Verstand, obwohl er sich, um nicht Verdacht zu erregen, oft bemühte, dumm zu erscheinen, und begriff sehr gut, was wir von ihm wollten. Noch am selben Abend ließ er die Miniatur vor den Augen des Königs liegen, und Ludwig XV., der sich auf Schönheit verstand, fragte, wo sich das Original befinde. Er erfährt, daß es im Hirschpark zu sehen sei, und gibt seinen Willen kund, am nächsten Tag in den Hirschpark zu gehen.

Wir kannten Dorothea nicht. Wir hatten sie uns schwach und unbedeutend vorgestellt, befanden uns aber im Irrtum. Sie war zweifellos bescheiden und ängstlich, aber mit einem außerordentlichen Willen begabt. Außerdem hatte sie einen Geliebten, dem es gelungen war, sie nach einiger Zeit im Hirschpark zu finden und dort mit ihr beisammen zu sein. Wie er dahin gekommen war, bleibt ein Rätsel. Tatsache ist, daß er seine Geliebte mehr als einmal in der Nacht besuchte. Er teilte ihr mit, daß das Haus, in dem sie wohne, den Vergnügungen des Königs von Frankreich diene, und Dorothea versprach ihm, daß sie niemals dem König angehören werde. Am Morgen begibt sich Ludwig XV., als Finanzmann gekleidet, in den Hirschpark zu Dorothea. Sie erkennt ihn an seinem vornehmen schönen Gesicht und steht verlegen vor ihrem

Herrn. Ludwig XV. hält ihre Erregung für Liebe und spricht in entsprechender Tonart. Sie fällt ihm zu Füßen und sagt:

»Sire, ich erkenne Sie und bitte um Gnade. Man hat mich mit Gewalt hierher gebracht und wollte mir ein glänzendes Schicksal bereiten. Ich bin dessen nicht würdig. Geben Sie mir meine Freiheit wieder!«

Der König war auf den Widerstand des jungen Mädchens nicht vorbereitet und versuchte ihn zu beugen. Da sie aber trotz aller Bitten und Drohungen dabei verharrt, zieht er sich schlechter Laune zurück und macht dem armen Chamilly Vorwürfe.

Der Kammerdiener beklagte sich beim Grafen Jean und dieser bei »Madame«.

Dem jungen Mädchen wurde mitgeteilt, daß man sie zur Strafe für ihr schlechtes Benehmen in ein Kloster sperren würde. Verzweiflung bringt sie auf den Gedanken, mich um Hilfe zu bitten. Sie berät sich bei ihrer nächsten Begegnung mit ihrem Geliebten.

Am nächsten Tag meldete mir Henriette einen schönen Jungen aus der Provinz, der mich unter allen Umständen sprechen wolle. Er trat linkisch ein und zitterte. Ich lächelte ihm zu, um ihn zu ermutigen, dann überreichte er mir einen Brief des jungen Mädchens aus dem Hirschpark und bat mich, ihr die Freiheit zu verschaffen. Der Fall war so außerordentlich, daß ich den Grafen Jean kommen ließ. Er las den Brief und fragte den jungen Mann erstaunt: »Das junge Mädchen, das sie zu uns schickt, will nichts von dem großen Glück wissen, das ihr bestimmt ist?«

»Nein«, erwiderte er. »In der Einfachheit erzogen, wünscht sie, zu ihren Eltern zurückkehren zu dürfen.«

»Und zu Ihnen, nicht wahr?«

»Ja, wir lieben uns, seitdem wir auf der Welt sind.«

»Donnerwetter,« lachte Graf Jean, »das ist eine Liebe, die lange dauert. Weiß Ihre Künftige auch, was sie ausschlägt?«

»Ja, mein Herr, wir lieben uns.«

»Und Sie selbst«, fügte Graf Jean hinzu, »wissen Sie nicht, daß es im Schloß keinen Gatten und keinen Geliebten gibt, der nicht – –?«

Ich unterbrach die Moralpredigt meines Schwagers und fragte den jungen Mann: »Wie haben Sie den Aufenthaltsort Ihrer Geliebten entdeckt? Wie ist es Ihnen gelungen, sie zu sehen?«

»Wir lieben uns, Frau Gräfin.«

»Nichts zu machen,« rief Graf Jean, »solcher Liebe kann man nichts versagen!«

»Frau Gräfin, haben Sie Mitleid mit uns und verlassen Sie uns nicht!«

»Wir werden Ihnen helfen«, erwiderte ich. »Begehen Sie keine Dummheiten, morgen sind Sie mit Ihrer Dorothea vereint.« Er warf sich mir zu Füßen und bedeckte meine Hände mit Küssen und Tränen. Indessen murmelte Graf Jean: »Wo zum Teufel wird sich die Tugend ihr Nest bauen?«

Mein Schwager hat niemals begriffen, daß man ein Gefühl dem Geld vorziehen oder für sich allein eine Frau oder Geliebte beanspruchen könne. Er hatte die Gewohnheit, seine Geliebten wie einen Wechsel zu werten, der mit jeder Unterschrift an Wert gewinnt.

Als ich mit meinem Schwager allein war, fragte ich ihn, was wir nun mit den beiden jungen Leuten anfangen sollten.

»Das beste wäre, dieses Weibsbild, das im Hirschpark Jungfrau bleiben will, nach Hause zu schicken, damit nicht eine Epidemie der Jungfräulichkeit ausbricht.«

»Man kann sie doch nicht im Hemd weggehen lassen. Man muß ihr etwas schenken.«

»Die Rosenstöcke im Hirschpark müssen begossen werden wie alle anderen. Geben Sie ihr Ihre Diamanten und die Sache ist erledigt.«

Über mein Bitten setzte sich mein Schwager mit »Madame« und Chamilly auseinander. Ich selbst ließ den Herzog von La Vrillière kommen und erzählte ihm die Geschichte. Er wollte sofort Haftbriefe ausstellen. »Sie sind verrückt, lieber Herzog, warum wollen Sie diese Leute einsperren?«

»Warum? Weil es der Brauch ist!«

»Der Brauch hat Unrecht; man muß das junge Mädchen fortschicken.«

»Gewiß, Gräfin, mit einem Haftbrief.«

»Man muß ihr Schmuck schenken und eine Mitgift aussetzen.«

»Mit einem Haftbrief.«

»Nein, mit einer Anweisung auf den Banquier Beaujon. Sie soll sich in die Provinz zurückziehen, heiraten und schweigen.«

»Aber der gottlose Junge muß bestraft werden! Ein Haftbrief –«

»Wenn Sie ihn einsperren, kann er nicht heiraten. Geben Sie acht, Herzog, ich mache Sie für das geringste Übel, das diesen jungen Leuten zustößt, verantwortlich.«

Der Herzog gab nach, aber um seine Macht zu zeigen, erklärte er mir, daß diese Hochzeit sofort stattfinden müsse, und sandte dem Pfarrer von Saint Louis einen Haftbrief, damit durch diesen die Trauung sofort vorgenommen werde.

Ludwig XV. war am Abend verlegen. »La France«, sagte ich, »wie kann man so liederlich sein?«

Er versuchte zu lachen: »Ich hatte wenig Glück dabei.«

»Was werden wir nun mit der Rebellin anfangen?«

»Ist mir gleichgültig, ich habe keine Lust, mich um die Geliebte eines Kesselschmieds zu bewerben. Meinetwegen soll man sie in ein Kloster sperren. Wenn man sie freiläßt, wird sie erzählen, was ihr zugestoßen ist, und die ganze Auvergne gegen mich aufbringen. In einem solchen Fall hat die Marquise von Pompadour nicht auf meinen Auftrag gewartet.«

»Beruhigen Sie sich«, erwiderte ich. »Es gibt ein besseres Mittel, die Leute zum Schweigen zu bringen. Das junge Mädchen soll ihren Geliebten heiraten, Mitgift, Ausstattung und Schmuck bekommen wie gewöhnlich.«

»Für das Vergnügen, das ich von ihr gehabt habe, wäre die Hälfte reichlich genug.«

Die Hochzeitsfeier fand dank den Bemühungen des Herzogs von La Vrillière am nächsten Tage statt. Das junge Ehepaar kam, um sich bei mir zu bedanken, und ich nahm ihnen das Versprechen ab, über alles Vorgefallene Schweigen zu bewahren. Nachdem alles vorüber war, sagte mir Graf Jean: »Frau von Lamballe bleibt noch immer Ihre Nachbarin.«

»Suchen Sie weiter im Hirschpark!«

Graf Jean richtete es nun so ein, daß Seine Majestät eine entzückende Zerstreuung fand und die Prinzessin von Lamballe vergaß.

Nachdem ich die Gefahren einer Nebenbuhlerin überwunden hatte, drohte mir ein neuer Angriff meiner Feinde. Sie hatten den Doktor Quesnay, den ersten Arzt des Königs, gegen mich gewonnen. Quesnay, der mit Frau von Pompadour befreundet gewesen war, haßte mich lediglich deshalb, weil ich ihre Nachfolgerin war. Er intrigierte gegen mich zum Vergnügen. Ich hätte nie geglaubt, daß ein so bedeutender Philosoph und Ökonom eine arme Frau so hassen kann. Er und sein Freund, der Chirurg La Martinière, lagen dem König fortwährend in den Ohren und sagten ihm, daß er aufhören müsse, wie ein junger Mann zu leben. Gleichzeitig verbreiteten die Damen des Hofes das Gerücht, daß ich den König dadurch, daß ich ihn zu sehr in Anspruch nehme, zugrunde richte.

Aber auch ich hatte unter den Ärzten Freunde, die mich verteidigten. In erster Linie den Doktor Bordeu. Ich wollte für ihn die Stelle des ersten Arztes des Königs erwirken, die seit dem Tode Senacs frei geworden war. Quesnay war an dessen Stelle gerückt, ohne den Titel zu führen, und ich verhinderte, daß er ihn erhielt, um ihn Bordeu zuzuschanzen.

Auch Graf Jean diente mir in diesem Krieg. Er setzte seine Interessen in den Hintergrund, wenn es meine zu wahren galt. Mehr als einmal stieß sein gascognisches Wesen mit der Grobheit Quesnays zusammen. Es war allerdings auch nötig, daß mich mein Schwager durch seine Ergebenheit für seine ungeheuren Spielverluste und sein ausschweifendes Leben entschädigte, denn er spielte den großen Herrn und unterhielt in leichtsinniger Weise Haus und Geliebte. Sein damaliges Verhältnis war ein schönes Mädchen, das er aus dem Languedoc entführt hatte und unter dem Namen einer Frau von Murat vorstellte. Dieses Frauenzimmer führte ein tolles Leben, verschwendete das Geld und machte sich und meinen Schwager unbeliebt, so sehr, daß er sich ihrer entledigen wollte. Der Zufall brachte ihm den Grafen von Murat, einen Ritter vom Orden des heiligen Ludwig, der merkwürdigerweise denselben Namen trug, den das Weibsbild führte. Herr von Murat war verschuldet und hätte eine Hexe geheiratet, um sich in Ordnung zu bringen. So heiratete er die Geliebte meines Schwagers. Die Hochzeit wurde mit großem Aufwand gefeiert und Graf Jean war Brautführer. Es wurde dabei nicht gespart, da mein Schwager wußte, daß der König die Geiger bezahle und man mit dem Gelde Seiner Majestät nicht sparen müsse. Bei dieser Gelegenheit zerstritt ich mich mit dem Grafen Jean.

Ich nützte die eingetretene Verstimmung mit der Familie

Dubarry dazu aus, um mich der Rechte, die mein Gatte auf mich hatte, zu entledigen. Man verbreitete das Gerücht, daß ich den Grafen Wilhelm vergiften wolle. Um diese lächerliche Verleumdung zunichte zu machen, bat ich ihn, seinen Aufenthalt in Paris zu verlängern und sich den Leuten zu zeigen.

XLI

Bevor ich nach Compiègne und Fontainebleau reiste, beging ich einen mutwilligen Streich, der mir hätte schaden können, wenn ich dabei ertappt worden wäre. Fräulein Guimard bewohnte ein kleines Palais und empfing bei ihren Abenden, besonders bei den Theatervorstellungen, die sie in ihrem kleinen Theater gab, die Herren der besten Gesellschaft und die Frauen, die gerade in Mode waren. Ich hatte seinerzeit viel mit Fräulein Guimard verkehrt und mich nur wegen ihrer Ungeschicklichkeit in der Sache des Prinzen von Soubise mit ihr zerstritten. Bald aber tat mir mein Hochmut leid und ich erneuerte unsere alte Beziehung durch die Vermittlung des Herrn von Laborde und des Prinzen von Soubise. Eines Morgens besuchte mich Fräulein Guimard, und ich empfing sie wie eine alte Freundin. Bald saß sie neben mir und wir unterhielten uns mit Worten, die in Versailles nicht ganz gebräuchlich waren. Wir sprachen von der Vergangenheit. Unsere gemeinsamen Erinnerungen waren derart, daß ich es nicht ungern gesehen hätte, wenn manche davon ihrem Gedächtnis entfallen wären. Sie vergaß aber weder ein galantes Abenteuer noch eine schamlose Begebenheit.

Zurzeit hatte sie drei erklärte Geliebte, den Prinzen von Soubise, Herrn von Laborde und einen Engländer, dessen Name mir entfallen ist. Von diesen drei Herren bekam sie nicht ganz zweihunderttausend Francs im Jahr. Sie machte sich noch fünfzigtausend Francs jährlich durch Gelegenheitsrendezvous. Zu ihrer großen Verzweiflung verbrauchte sie aber das Doppelte von dem, was sie einnahm, und wußte nicht aus noch ein. Sie hatte sich ein Palais mit einem Theatersaal erbauen lassen, hielt freien Tisch und einen Stall mit zwanzig Pferden. Dazu kamen noch die Kosten für ihre Toilette und die Geschenke, die sie den Liebhabern machte, die sie für das Herz hatte. Für all das konnten die Freunde, die für ihre Tasche zu sorgen hatten, nicht aufkommen.

»Meine Liebe,« sagte ich ihr, »ich werde versuchen, etwas vom König für Sie zu bekommen. Tanzen Sie bei einem Ballett, das ihm zu Ehren veranstaltet wird, und ich werde ihm schon beibringen, daß er etwas für Sie tun muß.«

Die Guimard bedankte sich und entschuldigte sich für ihre Ausgaben, aber es wäre nicht anders möglich, da sie bei sich die Herren des Hofes empfange und für vornehme Ausländer zu Ehren Frankreichs großes Haus führen müsse.

Sie erzählte mir Begebenheiten aus der Halbwelt. Die La Fleury war zu dieser Zeit das schönste Mädchen von Paris. An der Spitze ihrer Geliebten stand der Prinz von Nassau, der sie prügelte und dabei schlecht bezahlte. Sie bekommt ein Kind während der Abwesenheit des Prinzen. Es wird ihm in Rechnung gestellt und unter dem Namen ›von Nassau‹ ins Kirchenregister eingetragen. Nach seiner Rückkehr klagt der Prinz auf Ungültigkeit der Eintragung. Alle Mädchen von Paris setzen sich für die La Fleury ein, bis sie den Prozeß gewinnt.

So erzählte mir die Guimard noch viele Geschichten und bat mich, mir eine Vorstellung ihres Theaters anzusehen. Ich versprach es, ohne nachzudenken, und sie verließ mich entzückt. Als ich Chon von meinem Versprechen erzählte, war sie außer sich. Ich sei kompromittiert, wenn ich mich unter diesen Mädchen zeige. Da ich aber, ohne mich wieder mit der Guimard zu verfeinden, nicht absagen konnte, wurde es so eingerichtet, daß ich in einer vergitterten Loge der Vorstellung beiwohnte und mich nicht lange aufhielt.

Nach meiner Rückkehr aus Fontainebleau stritt ich mich wegen der Guimard mit dem Herzog von Richelieu. Der Marschall, der sich den Anschein gab, dem Prinzen von Soubise zugetan zu sein, konnte ihn nicht leiden; alte militärische Zwistigkeiten hatten die beiden Marschälle auseinandergebracht. Herr von Richelieu hatte als erster Kammerherr die oberste Aufsicht über die Comédie Française, deren beste Schauspieler gewöhnlich auf dem Theater des Fräuleins Guimard spielten. Unter dem Vorwande, daß der Dienst darunter leide, verbot der Marschall den Schauspielern außerhalb der Comédie Française zu spielen. Auf meine Veranlassung hob aber der König dieses Verbot auf.

Ich hatte der Guimard versprochen, ihr einen Dienst zu leisten, und gab dem König ein kleines Fest. Da ihm ihr Tanz außerordentlich gut gefiel, nahm ich die Gelegenheit wahr, ihm zu erzählen, daß diese reizende Tänzerin sich in Geldschwierigkeiten befinde. »Das betrübt mich«, sagte der König. »Ich glaubte, daß Soubise und Laborde es ihr an nichts fehlen lassen.«

Vier Tage später gab mir Ludwig XV. ein Blatt Papier und bemerkte, daß er meinen Schützling nicht vergessen habe. Es war ein Rentenschein auf fünfzehnhundert Francs für Fräulein Guimard. Ich hätte dem König ins Gesicht lachen mögen, da er einer Frau, die beinahe eine Million Schulden hatte, einen solchen Bettel anbot. Allerdings verbarg ich meine schlechte Laune, die er nicht verstanden hätte, und schenkte der Guimard aus eigenem eine Perlenschnur im Werte von zehntausend Francs.

Noch vor meiner Versöhnung mit der Guimard hatte ich die

Verheiratung meines Neffen Adolphe Dubarry in Angriff genommen. Bei dieser Gelegenheit zeigte sich der König großzügiger. Meinem Schwager machte sein Sohn schon lange Zeit
Sorgen. Der Vicomte hatte seine Gesundheit und seine Ehre
zur Hälfte verbraucht, und es war nötig, eine Änderung herbeizuführen. Die Ehe schien der einzige geeignete Rettungsanker.
Es mangelte nicht an guten Partien. Von allen Seiten bot man
uns hochadelige und reiche Mädchen an. Graf Jean wollte aber
seinen Sohn in die königliche Familie einheiraten lassen.

»Sie sind ein Schwachkopf«, sagte ich ihm lachend. »Welche
Prinzessin wollen Sie denn für Ihren Sohn, Clotilde oder Elisabeth?«

»Scherzen Sie nicht und hören Sie zu. Der alte Yon erzieht
im Kloster de la Présentation Fräulein von Saint-André, eine
natürliche Tochter des Königs.«

Ich fand es leichter, meinem Neffen ein Bastardkind Ludwig
XV. als eine Prinzessin von Geblüt zu beschaffen, und sprach
sogleich mit dem König, der sich nicht um seine unehelichen
Kinder kümmerte, sie niemals sah und sich nicht für sie interessierte. Er ließ sie ruhig wachsen oder sterben, und ich bin überzeugt, daß ihn das Schicksal dieser zahlreichen Geschöpfe nicht
zehn Minuten lang beschäftigt hat. Alle diese Kinder, Söhne
oder Töchter, erhielten bei ihrer Geburt den festgesetzten Betrag von fünfhunderttausend Francs, deren Zinsen bis zu ihrer
Großjährigkeit das Kapital verdoppelten. Wenn eines von ihnen vorher starb, erbten die anderen, allerdings zu ungleichen
Teilen. Die männlichen Kinder bekamen den Großteil; die
Mädchen wurden meistens an Edelleute verheiratet, ihre Müt-
ter an Finanzmänner.

Als ich dem König von Fräulein von Saint-André sprach,
mußte ich ihm genau auseinandersetzen, welche seiner Töchter
ich meine. Da er achtzig Bastarde hatte, kannte er sich nicht

leicht aus. Schließlich fand er sich zurecht und antwortete weder ja noch nein. Weil ich aber immer wieder darauf zurückkam, spielte er den guten Vater, zeigte sich besorgt um das liebe Kind und fragte mit väterlicher Miene, ob der Vicomte Adolphe seine Tochter glücklich machen werde. Ich verpflichtete mich im Namen meines Neffen dazu und erklärte Ludwig XV., wie wichtig mir das Zustandekommen dieser Ehe sei. Es gelang mir, seine Zustimmung zu erhalten. Nach langem Suchen stellte der König fest, daß Yon die Vormundschaft über seine Tochter habe, und Graf Jean teilte Yon den Willen des Königs mit.

Am nächsten Morgen läßt sich Yon durch Chamilly bei Ludwig XV. einführen und weigert sich, sein Mündel mit dem Vicomte zu verheiraten. Er erklärt, daß Fräulein von Saint-André mit dem Marquis von la Tour du Pin-Lachorse, einem Edelmann aus vornehmem Hause, verlobt sei, den sie liebe. Der König erinnert sich, die Hand seiner Tochter dem Marquis versprochen zu haben, und so blieb uns nichts anderes übrig, als auf diese Eheschließung zu verzichten.

Der Prinz von Soubise, der erfahren hatte, daß ich mich mit der Verheiratung meines Neffen befasse, schlug mir eine seiner Verwandten, ein Fräulein von Tournon vor. Sie war gleichzeitig das ärmste, vornehmste und hübscheste Mädchen des Königreiches, war mit dem ganzen Hofe verschwägert und brachte ihrem künftigen Gatten ausgezeichnete Verbindungen mit in die Ehe. Wir waren entzückt von diesem Angebot. Der Mangel an Vermögen störte uns nicht, da wir das Mittel hatten, ihn zu beheben. Diese Hochzeit hätte nur durch die Verwandten des Mädchens hintangehalten werden können, zum Beispiel durch den Prinzen von Condé, den Schwiegersohn des Herrn von Soubise. Ich erwirkte nun für ihn ein Geschenk von fünfhunderttausend Francs und gewann damit seine Zustimmung.

Außerdem erhielten die Damen von Mirepoix und von Monacco, die sein Einverständnis vermittelt hatten, dreihunderttausend Livres.

Die Hochzeit fand in der Kirche von Saint-Roche statt und wurde mit unerhörter Pracht gefeiert.

Die Gräfin von Narbonne war Hofdame der Prinzessin Adelaïde und ihrer Herrin durchaus ergeben. Eines schönen Morgens hatte sie sogar einen Prinzen zur Welt gebracht, dessen Mutter sie nicht war, um sich eine hochgeborene Prinzessin zu verpflichten, die selbst nicht niederkommen durfte, weil sie Fräulein war. Dieser schöne Zug wurde nicht von allen Leuten ebenso freundlich beurteilt wie von der Prinzessin Adelaïde. Sie entzog ihrer Hofdame sonderbarerweise nicht nur nicht ihre Gunst, sondern bewies ihr seit dieser Zeit noch mehr Freundschaft als früher.

Die Gräfin von Narbonne gab mir ein Rendezvous, zu dem ich mich um so lieber einstellte, als mir daranlag, mich mit der Prinzessin Adelaïde zu befreunden, die enge Beziehungen zur Marquise von Pompadour unterhalten hatte.

Ich begrüßte die Gräfin herzlichst und fragte sie, welchem Anlasse ich die Ehre dieser Begegnung verdanke. Sie erwiderte: »Als Sie nach Versailles kamen, hat man Sie mit einer Wolke von Verleumdungen umgeben, die es unmöglich machte, Sie zu schätzen. Jetzt aber sehe ich klar und habe das Bedürfnis, mich Ihnen zu nähern.«

Diese offene Reue freute mich und in einer Viertelstunde liebten wir einander bereits so, als ob wir uns von Kindheit an gekannt hätten.

»Meine liebe Freundin,« sagte die Hofdame, »ich will Ihnen meine Zuneigung beweisen. Meine Freundschaft kann Ihnen in keiner Weise nützlich sein, aber die meiner Prinzessin wird Ihnen Vorteile bringen.«

»Nichts auf Erden wäre mir angenehmer als das. Ich habe mich immer um die Gunst der Prinzessin Adelaïde beworben und mehr als einen Versuch gemacht, aber stets ohne Erfolg.«

»Diesmal werden Sie glücklicher sein, hoffe ich. Aber das Wohlwollen der Prinzessin Adelaïde ist nicht alles. Sie müssen sich auch mit ihren Schwestern und der Dauphine versöhnen.«

»Das halte ich für ausgeschlossen. Eine Versöhnung mit der Dauphine ist unmöglich.«

»Mit Eifer,« meinte Frau von Narbonne, »kann alles möglich gemacht werden.«

Wir kamen überein, daß unsere Freundschaft heimlich gehalten werden sollte und daß wir uns schriftlich verständigen würden. Sie bat mich um die Erlaubnis, von Zeit zu Zeit Schlechtes über mich zu sagen; das sei nötig, um keinen Verdacht zu erregen. Ich erkannte daraus, daß meine neue Freundin die Gewohnheit hatte, nicht gerade freundschaftlich über mich zu sprechen.

Frau von Narbonne machte sich bald an die Arbeit. Sie erklärte ihrer Prinzessin, wie traurig es sei, wenn man bei Hofe keinen Einfluß habe, und fragte sie, ob es vernünftig sei, mit mir auf schlechtem Fuß zu leben, nachdem sie mit Frau von Pompadour befreundet gewesen war. Überdies nehme die Liebe des Königs für mich von Tag zu Tag zu, und meine Macht sei ungeheuer groß. Diese Tatsachen mögen ihr beweisen, daß ich kein so hassenswertes Geschöpf sei, wie sie immer geglaubt habe. Die Prinzessin ließ sich umstimmen, meinte aber, daß sie sich nicht von ihren Schwestern fernhalten könne und diese in den Friedensvertrag aufgenommen werden müßten, damit die Versöhnung allgemein sei.

Die Prinzessinnen waren über den Vorschlag ihrer Schwester nicht wenig erstaunt; aber Adelaïde war die Älteste, und die anderen waren gewöhnt, ihr zu gehorchen.

Ludwig XV. war durch mich von allen Einzelheiten dieses großen diplomatischen Feldzuges unterrichtet. Er wollte den Erfolg beschleunigen und ließ Herrn von Montesquieu, der beim Grafen von Provence in großem Ansehen stand, kommen, sagte ihm, er wünsche, daß sich der Graf von Provence und seine Gattin mit mir befreunden, und daß die Person, die diese Annäherung durchführe, einer Belohnung gewiß sein könne. Herr von Montesquieu war ehrgeizig und wollte den König zufriedenstellen. So kam es, daß die Prinzessinnen auch ihren Neffen und ihre Nichte für die allgemeine Versöhnung geneigt fanden.

Blieb also noch, die Dauphine zu gewinnen. Meine Freunde wählten hierzu Frau von Cossé, wenn auch in Versailles das Gerücht verbreitet war, daß gerade sie der Mensch sei, der mir gewiß keinen Dienst erweisen würde. Trotz dieses Gerüchtes benahm sich Frau von Cossé ausgezeichnet und sprach so überzeugend und liebenswürdig mit der Dauphine, daß ihr Zorn sich allmählich legte.

Der Tag war schon festgesetzt, an dem ich mit Ludwig XV., seinen Enkeln und seinen Kindern beisammen sein sollte, als ein unvorhergesehenes Ereignis meine Hoffnungen zunichte machte.

Der Graf von Kreutz, Botschafter von Schweden, den ich häufig und gerne bei mir sah, bat mich, ihn allein zu empfangen. Ich kannte die Absichten des Königs von Schweden und glaubte, daß der Graf mir etwas im Auftrage seines Herrschers zu sagen habe. Indessen hatte Herr von Kreutz die geheimen Maßregeln Rußlands, Preußens und Österreichs, die die Teilung Polens zum Gegenstande hatten, erfahren. Diese Teilung war gegen das Interesse Schwedens und noch mehr gegen die Interessen Frankreichs. Der Graf hatte Herrn d'Aiguillon davon Mitteilung gemacht, aber der Herzog hatte kaum zugehört und nicht daran glauben wollen. Trotz wiederholter Versuche war es Herrn von Kreutz nicht möglich gewesen, mit dem Herzog darüber zu sprechen.

Aber fast täglich brachten Kuriere dem Botschafter neue Nachrichten aus Petersburg. Er wollte also durch meine Vermittlung den König vor der Katastrophe warnen, die Polen bedrohte. Ich hörte aufmerksam zu, verstand allerdings nicht viel und versprach, Seiner Majestät davon Mitteilung zu machen, aber erst nachdem ich mit dem Herzog d'Aiguillon darüber gesprochen hätte. Der Herzog war mein Freund, ich hätte lieber alle Polen der Erde zerreißen lassen, bevor ich ihm eine Unannehmlichkeit bereitet hätte.

»Gerade das will ich vermeiden,« rief der Schwede, »Sie müssen mit Seiner Majestät selbst sprechen, es gibt kein anderes Mittel, um Europa zu retten.«

»Um so schlimmer für Europa«, erwiderte ich. »Ich rette es gerne, wenn meine Freunde dadurch nicht zu Schaden kommen.«

Als mich Herr d'Aiguillon besuchte, erzählte ich ihm von meinem Gespräch mit dem Botschafter. Er hörte mir in schlechter Laune zu und sagte: »Ich bin in einer traurigen Lage, meine liebe Freundin. Herr Durand, unser Botschafter in Petersburg, gilt als diplomatisches Talent, das er aber scheinbar nicht in den Dienst Frankreichs stellt. Herr von Pons in Berlin ist ein Dummkopf, der sich für ein Genie hält und über den sich alle Welt lustig macht. Herr von Rohan ruiniert sich in Wien und führt die Angelegenheiten des Königs noch schlechter als die eigenen. Im Innern Frankreichs sieht es noch schlimmer aus: kein Franc im Schatz, kein Regiment in Ordnung und kein geschickter General. Wollen Sie, daß ich bei dieser allgemeinen Lage einen Krieg beginne?«

»Werden Sie sich also ruhig verhalten?«

»Solange ich kann. Der König weiß das alles so gut wie ich, aber er gibt sich den Anschein, nichts zu wissen, um mich bei Gelegenheit zur Verantwortung ziehen zu können.«

»Sie lassen Polen teilen?«

»Meinetwegen auch die Türkei.«

»Ist das nicht eine Schande für Frankreich?«

»Wir müssen diese Schande auf uns nehmen, weil wir kein Geld haben.«

»Was geschieht denn mit den Einkünften des Königreiches?«

»Das fragen Sie? – Lassen Sie sich die Quittungen des Königs zeigen und Sie werden sich über die Summen wundern. Aber sparen Sie dennoch nicht, meine liebe Freundin, kümmern Sie sich nicht darum. Leben Sie wie bisher. Sie werden den Finanzen Frankreichs nicht aufhelfen.«

Ich verstand nun, daß Ludwig XV. nichts von Polen hören wolle, und sprach in diesem Sinne mit dem Grafen Kreutz. Ich hoffte, daß dieser nun aufhören werde, den Herzog d'Aiguillon zu quälen. Aber es traten noch neue Warner auf: die Botschafter von Neapel, Spanien, England und Dänemark. Sie waren der Ansicht, daß Frankreich sich nur zu rühren brauche, um Polen zu retten. Aber Frankreich rührte sich nicht und Polen wurde geteilt.

Da erhob sich gegen uns ein Sturm, der kein Ende nehmen wollte. Unsere Verbündeten schrien, die Franzosen schrien und die Zeitungen schrien am stärksten. Nur die Philosophen verhielten sich ruhig, weil sie mit dem König von Preußen und der Kaiserin von Rußland befreundet waren. Um alle diese Stimmen nicht zu hören, verstopften wir uns die Ohren und verbrachten den Sommer bald in Compiègne, bald in Choisy und bald in Fontainebleau.

Man verheiratete den Bastard des Herzogs von Condé, gab ihm eine schöne Mitgift und veranstaltete Festlichkeiten. Während dieser Vergnügungen erhielt ich einen Brief des Prinzen von Rohan, unseres Botschafters in Österreich.

»Verehrteste Gräfin! Die Tragödie, die sich im Norden abspielt, geht ihrem Ende zu. Die drei Verbündeten haben von Polen genommen, was möglich war. Die Vorsicht, die wir in dieser Angelegenheit bewiesen haben, wurde am hiesigen Hofe sehr bewundert. Der Aufenthalt in Wien ist nicht lustig. Man frömmelt hier und langweilt sich bei zeremoniellen Diners. Man hat sich darüber beklagt, daß die geselligen Zusammenkünfte auf der französischen Botschaft den Hofzusammenkünften schaden. Der Minister des Äußeren hat mir eine sehr lebhafte Note geschickt, die mich im Namen Ihrer kaiserlichen Majestät aufforderte, nicht mehr zu speisen. Ich habe mit guter Tinte geantwortet und empfange noch immer in der französischen Botschaft. Ich sehe die Kaiserin selten. Sie ist mir nicht gewogen, da ihr meine Offenheit scheinbar mißfallen hat. Das ist gewiß ein Unglück, aber ein Prinz aus dem Hause Rohan hält vor keinem Menschen mit seiner Meinung zurück. Ihre Majestät ist durch das Unglück der Polen sehr betrübt, Sie liebt sie herzlich und hat sich wahrscheinlich deshalb den größten Teil ihres Landes genommen. Die Wienerinnen sind schön, aber keine verdient mit Ihnen verglichen zu werden. Gleich nach meiner Ankunft wurde ich von allen Seiten um Ihre Schönheit befragt. Sie können sich vorstellen, daß ich ein treues Bild entworfen habe. Die Bewunderung war allgemein und hat nur einer großen Dame mißfallen, die sich darüber beklagte, daß ihre Tochter in Versailles um Ihretwillen vernachlässigt werde. Die Nachricht von den wundervollen Festen, die Sie geben, dringt bis hierher und läßt mir mein Leben hier noch trostloser erscheinen. Man lebt nur in Paris, anderswo vegetiert man. Mein einziger Trost ist, daß ich meinem König diene und daß Sie vielleicht manchmal mit ihm von der Tätigkeit sprechen, die ich hier für ihn entfalte. Empfehlen Sie mich bitte der Frau Marquise von Mirepoix, der Frau Herzogin d'Aiguillon und der Gräfin von Valentinois. Es wäre nicht schön, wenn mich diese Damen vergessen würden, da ich sie nicht vergesse. An Sie selbst, verehrteste Gräfin, denke ich so oft, daß ich vielleicht einen kleinen Platz in Ihren Gedanken einzunehmen verdiene.«

Dieser Brief, den ich Seiner Majestät in Gegenwart einiger Herren vorgelesen hatte, war die Veranlassung neuer Zwistigkeiten mit der königlichen Familie und machte die angebahnte Versöhnung unmöglich. Wer mich der Dauphine verraten hat, weiß ich nicht. Jedenfalls erfuhr sie am nächsten Morgen die wenig schmeichelhaften Bemerkungen über ihre kaiserliche Mutter, die in dem Briefe standen, zu denen ich übrigens in meinem Übermute noch einiges hinzugefügt hatte. Die Prinzessin schwor Herrn von Rohan ewigen Haß zu und bat den Dauphin, sie an mir zu rächen. Der Dauphin teilte den Zorn seiner Gattin und erklärte, daß er kein Mitglied seiner Familie, das mit mir verkehre, je wieder sehen wolle. Er fügte hinzu, daß er mich, wo immer er mir begegnen werde, behandeln wolle, wie ich es verdiene.

Frau Campan unterrichtete mich durch ein Briefchen von diesen Vorgängen. Die Drohungen des Prinzen machten mir Angst und ich schrieb dem König.

Er antwortete: »Beruhigen Sie sich, meine liebe Gräfin, beruhigen Sie sich. Ich werde Sie verteidigen. Niemand in diesem Königreiche ist berufener als ich, einen Menschen zu schützen. Ich lasse die Leute, die böse mit Ihnen sind, holen und werde Sie selbst von dem Erfolg dieser Besprechung benachrichtigen. Jedenfalls beruhigen Sie sich, denn ich liebe und umarme Sie.«

Der König kam eine Stunde nach seinem Brief. Er erzählte mir, daß er den Dauphin und die Dauphine unter dem Vorwande zu sich habe kommen lassen, er hätte ihnen chinesisches

Porzellan zu zeigen, das er am selben Tage bekommen hatte. Dann habe er beide in ein abgelegenes Zimmer geführt. Die Dauphine, die erraten habe, was er von ihnen wolle, sei niedergekniet und habe ihn mit aufgehobenen Händen gebeten, die Beleidigung, die ihrer Mutter, der Kaiserin, zugefügt worden sei, zu bestrafen. Er habe sie aufgehoben und ihr gesagt: »Der Brief, der Sie beleidigt hat, wurde über meinen Auftrag vorgelesen. Der Schuldige bin also ich.« Der Dauphin habe das Wort ergriffen und sich heftig über mich beklagt. »Mein Sohn«, habe er hierauf erwidert, »Sie müssen über einen Menschen, dem ich wohlwill, mit etwas mehr Zurückhaltung sprechen. Sie sollten auch nicht allen Verleumdungen Glauben schenken. Die Gräfin Dubarry erweist der Dauphine alle Achtung und spricht von ihr mit respektvollen Worten. Was aber die gestrige Angelegenheit betrifft, gibt es nur zwei Schuldige: Den, der den Brief geschrieben hat, und den, der den Auftrag gegeben hat, ihn vorzulesen. Der Gräfin ist kein Vorwurf zu machen. Ich hoffe, daß Sie aus Rücksicht für mich Ihr Rachegefühl gegen sie eindämmen werden. Jede Beleidigung, die diese Dame trifft, betrachte ich als mir selbst zugefügt.« Die Dauphine habe versprochen, sich den Wünschen ihres Großvaters zu fügen, während der Dauphin sich wortlos zurückgezogen habe.

Ich war verzweifelt über meine Unbesonnenheit. Es war mir peinlich, die königliche Familie ohne Absicht beleidigt zu haben. Die Marschallin von Mirepoix gab den Rat, mich beim Dauphin entschuldigen zu lassen und der Dauphine zu schreiben. Ich beauftragte den Herzog von La Vauguyon, den Sohn meines verstorbenen Freundes, dem Dauphin meine Entschuldigungen zu überbringen. Nachdem er sich seines Auftrages entledigt hatte, sagte ihm der Prinz: »Sprechen Sie mir nicht von dieser Frau! Das ist eine ––.«

Den Ausdruck, mit dem der Prinz mich bezeichnet hat,

schreibe ich nicht nieder. Wenn ein anderer es gesagt hätte, hätte ich darüber gelacht.

Der Brief, den ich der Dauphine schrieb, wurde von ihr, wie ich durch Frau Campan später erfuhr, gütig aufgenommen. Sie wollte mir antworten, aber Frau von Noailles hielt sie davon ab. Es kam nur der Graf von Saulx-Tavannes, erster Stallmeister der Dauphine, um mir ohne jedes weitere Kompliment den Erhalt des Briefes zu bestätigen.

Ich machte dem König davon Mitteilung, er sagte: »Sie verdienten besser behandelt zu werden. Was Sie geschrieben haben, hätte sogar einen Teufel entwaffnet. Es scheint aber, daß die Gräfin Noailles noch boshafter ist als der Teufel.«

Die Prinzessinnen nahmen für ihre Nichte Partei und erklärten sich gegen mich, ebenso die Gräfin von Narbonne. Die Wetterfahne hatte sich gedreht. Sie ersah keinen Vorteil mehr aus einer Freundschaft mit mir und wurde meine Feindin wie früher. Alle diese Widerwärtigkeiten hatten mich verstimmt. Hätte nicht der König seine Aufmerksamkeit verdoppelt, wäre ich sehr traurig gewesen. Er gab den Auftrag, daß mein goldener Toilettentisch fertiggestellt werde, und eines Morgens fand ich das wunderbare Geschenk vor. Ich war begeistert und konnte mich an den Kannen aus Vermeil, den geschliffenen Kristallflaschen und den Vasen aus Sèvres nicht sattsehen.

XLII

Die Abwesenheit der Prinzen von Orléans, Condé und Conti, die seit der Einsetzung des Parlamentes Maupeou aus Versailles verbannt waren, mißfiel dem König. Er fürchtete, daß dieses Verharren seiner Familienmitglieder im Widerstand böses Blut in der Öffentlichkeit machen könne, und sagte mir: »Sie haben nichts zu tun, da Sie keine Intrigen spinnen. Ich hätte Lust, Sie mit einem Auftrag zu betrauen.«

»Ich bin nicht geschickt genug, Sire. Geben Sie Ihre Aufträge dem Grafen von Broglie, dessen Sie sich so gerne bedienen, trotzdem ich ihn nicht leiden kann.«

»So sind Sie. Sie lassen sich den Kopf von Ihren Freunden gegen einen Menschen verdrehen, der mir nicht nur nützlich, sondern sogar unumgänglich nötig ist.«

»Der Widerwillen, den ich gegen ihn habe, kommt aus mir selbst. Aber lassen wir das! Womit kann ich Ihnen dienen?«

Der König beauftragte mich, durch Frau von Valentinois und die Marschallin das Einvernehmen mit den Prinzen zu pflegen, doch dabei möglichst sparsam mit Versprechungen zu sein.

Ich hielt erst mit Frau von Mirepoix Rat. »Ich glaube, daß das keine leichte Angelegenheit ist,« sagte sie. »Der Prinz von Conti ist unzugänglich. Was den Prinzen von Condé betrifft, müssen wir uns nur an Frau von Monaco halten, und den Herzog von Orléans werden wir durch die Marquise von Montesson beeinflussen. Wenn es auf ein wenig Geld nicht ankommt, läßt sich alles machen.«

Der Lebensinhalt der Frau von Mirepoix war das Geld. Wenn sie die Beträge, die sie vom König und seinen Geliebten erhalten hatte, aufgehoben hätte, hätte sie ein ungeheures Vermögen besessen. Aber sie spielte oft und um hohe Summen. Ich habe dieser Leidenschaft niemals gefrönt. Auch Ludwig XV. spielte nur selten, um die Zeit totzuschlagen, und ohne Freude daran zu finden.

Die Gräfin Valentinois sprach in meinem Auftrag mit der Prinzessin von Monacco, die ihr gestand, daß ihr hoher Geliebter noch immer Schulden habe, die er nicht zahlen könne, und zu verstehen gab, daß, wenn der König ihm aushelfen würde, der Prinz gewiß bereit wäre, nach Versailles zu kommen.

Die Antwort der Frau von Monacco wurde mir überbracht und ich ließ ihr sagen, daß der König ein guter Verwandter sei und seiner Familie gerne zur Verfügung stünde. Der Prinz von Condé kam in große Verlegenheit. Einerseits hüllten ihn die Choiseuls in Schmeicheleien ein, damit er seinen Widerstand aufrechterhalte, andererseits war er völlig verschuldet, hatte kein Einkommen und wurde von seinen Gläubigern gequält. Frau von Monacco gelang es, ihn in einen Wagen zu setzen und bußfertig nach Versailles zu bringen. Aber seine Unterwerfung, der er zwar große Summen verdankte, brachte ihn beim Volke und seinen ehemaligen Freunden in Mißkredit.

Mußte also nur noch der Herzog von Orléans gewonnen werden. Es gab Verhandlungen, ein Hin und Her von Boten, und ohne Frau von Montesson wären wir niemals zum Ziele gelangt. Der Herzog hatte, ohne ein großer Geist zu sein, wunderbare Eigenschaften: er war gut, großzügig und klug. Die Umstände haben es ihm aber nie ermöglicht, sich zur Geltung zu bringen. Er war ungeheuer beleibt, hatte aber ein schönes Gesicht und ein berückendes Benehmen. In seiner Jugend hatte er viele galante Abenteuer bestanden und schwärmte zu dieser Zeit für Frau von Montesson, der es schließlich durch Geduld und Geschicklichkeit gelang, von ihm geheiratet zu werden. Die Bedingung, die sie an die Unterwerfung des Herzogs von Orléans unter den Wunsch des Königs stellte, war die Zustimmung Seiner Majestät zu dieser Ehe. Es machte mir Freude, mich für Frau von Montesson einzusetzen. Sie wurde Ende 1770 bei Hofe vorgestellt und kam nach ihrer Verehelichung nicht mehr zu Hofe. Frau von Montesson hat sich immer in lobenswerter Weise benommen.

Der Sohn des Herzogs von Orléans, der Prinz von Chartres,

stand nun an der Spitze unserer Gegner. Er wollte das Wohlwollen des Volkes erlangen und schrieb an den Herzog von Choiseul, um gegen die Unterwerfung seines Vaters Stellung zu nehmen. Sein Brief wurde ins Schloß gebracht. Ludwig XV. las ihn vor und sagte: »Ein trauriger Streich. Wenn man solche Briefe veröffentlichen will, muß man besser französisch schreiben. Dieser junge Mann debütiert schlecht. Er will, daß man von ihm spricht, und ist ein wenig zu ehrgeizig. Ich werde auf ihn achtgeben und meinen Enkel vor ihm warnen.«

Eines Abends trat der König ganz aufgeregt bei mir ein und ich fragte ihn, ob er krank sei. »Nein, aber ich habe etwas erfahren, das einen furchtbaren Eindruck auf mich gemacht hat. Ein Kammerherr meines Hauses hat mir gestanden, daß er soeben seine Gattin mit einem Leibgardisten überrascht und beide mit einem Degenstich durchbohrt hat.«

Ich fragte den König, welche Folgen für den Kammerherrn daraus erwachsen würden. Ludwig XV. sagte, daß dem Marquis nichts geschehen werde. »Sein Fall ist entschuldbar, ich glaube sogar nach den Gesetzen. Wenn man einen Mann töten darf, der einem eine Ohrfeige gibt, darf man auch den töten, der einem die Ehre raubt.«

Der König wußte immer von außerordentlichen Dingen zu erzählen. So erhielt er einmal einen Brief einer Edelfrau aus der Normandie. Sie teilte ihm mit, daß sie vier schöne Töchter habe und daß sie glücklich wäre, wenn eine davon oder alle ihm gefallen würden.

»Eine abscheuliche Mutter,« rief ich.

»Das nimmt Sie wunder, liebe Freundin? Was würden Sie sagen, wenn ich Ihnen bewiese, daß es seit meiner Kindheit in meiner Umgebung kein schönes Mädchen gegeben hat, das mir nicht direkt oder indirekt angeboten worden ist? Ich habe noch keine tugendhafte Frau kennen gelernt. Doch, ich täusche

mich, eine, aber das ist schon zwanzig Jahre her. Ich hörte von
der Schönheit einer Frau von Noë. Es kam mir in den Sinn, ihr
zu schreiben. Sie antwortete mir sehr geistvoll, aber zurückhaltend. Ich wurde dringlicher, sie noch zurückhaltender. Ich bat,
flehte, versprach alles, aber nichts nützte. Erst nach vier Jahren
vergeblichen Briefwechsels sah ich, daß ich keinen Erfolg haben
würde, und hörte auf, ihr zu schreiben.«

XLIII

Das erste Auftreten des Fräuleins Raucourt zu Beginn des Jahres 1772 machte großes Aufsehen. Sie war die Tochter eines
Garkoches namens Saucerotte. Niemals vorher hatte man auf
der Bühne ein so schönes Mädchen gesehen. Das Merkwürdig-
ste war aber an ihr, daß sie beim Theater Vestalin bleiben
wollte. Sie erklärte, daß man ihr Herz nur gleichzeitig mit ihrer
Hand erwerben könne und daß sie erst ihren Gatten glücklich
machen wolle. Allerdings hielt diese beim Theater ungewohnte
Tugend nicht lange an. Ihr erster Liebhaber wurde ein junger
Wasserträger, den seine Gefährten Mademoiselle nannten, weil
er das frische Gesicht eines Mädchens hatte. Fräulein Raucourt
fand es reizend, diesem Kinde zu bewilligen, was sie großen
Herren und Finanzleuten verweigerte.

Der zwanzigjährige Herzog von Bourbon verliebte sich in die
Schauspielerin, verließ Fräulein Duthé und kaufte der Raucourt durch die Vermittlung ihres ehrenwerten Vaters ab, was
sie schon dem kleinen Wasserträger umsonst geschenkt hatte.
Dieser wurde eifersüchtig und beklagte sich bei ihr. »Mademoiselle«, sagte die Raucourt, »nehmen Sie Ihren Kübel und erinnern Sie sich Ihr Leben lang an die Ehre, daß Sie der Vorgänger
eines Prinzen von Geblüt gewesen sind.«

Aber nicht nur die Damen vom Theater führten ein so liederliches Leben. Ich machte mit Frau von Mirepoix eines Abends eine Aufstellung der Liebhaber der Frauen unseres Kreises.

Die Herzogin von Mazarin wußte zum Beispiel nicht mehr, wie viele Liebhaber sie habe. Außer denen, die nichts zahlten, hatte sie solche, denen sie bezahlte, und einen, der für alle zahlte. Es war dies ein Bekannter aus meiner Jugend, der Finanzmann Radix von Saint-Foix.

Sein Vorgänger war der Erzbischof von Lyon, Herr von Montarzet gewesen, einer der ausschweifendsten Prälaten des Königreiches, der sogar Herrn von Jarente das Wasser reichen konnte. Inmitten all dieser Liebschaften war der Herzogin ein Kind erstanden und groß geworden, das mit dem Sohne des Herzogs d'Aiguillon, dem Grafen von Argenois, verheiratet werden sollte. Witzbolde schlugen vor, daß die Einladung zur Trauung folgendermaßen lauten möge: »Seine Herrlichkeit, der Herr Erzbischof von Lyon und Herr Radix von Saint-Foix geben bekannt, daß die Trauung des Fräuleins von Mazarin, ihrer Tochter und Stieftochter, mit dem Herrn Marquis d'Aiguillon stattfindet.«

Ich bemühte mich um diese Zeit, den Marquis von Monteynard, der gegen meinen Willen Kriegsminister geworden war, zu stürzen. Der König hatte ihn ernannt, trotzdem ich dieses Ministerium für den Herzog d'Aiguillon verlangt hatte. Mein Freund wünschte sich noch immer das Portefeuille, und ich quälte gemeinsam mit Herrn von La Vrillière Ludwig XV., daß er den Herzog ernenne.

Der König sagte eines Tages zum Herzog d'Ayen: »Es wird Monteynard nichts übrig bleiben, als seine Demission zu geben. Ich bin der einzige, der ihn noch hält.«

»Das ist wahr, Sire,« erwiderte die boshafte Zunge, »Ihre Unterstützung gilt nichts bei Hofe. Kaum hört man auf Sie in den Bureaux der Ministerien. Ich wollte kürzlich unter Berufung auf Sie etwas von Herrn von Cromont und er hörte mir kaum zu. Besser erging es einem Schützling des Chevalier d'Arc, der augenblicklich Gehör fand.«

Der König wiederholte mir den Ausspruch des Herrn d'Ayen und schwor, daß Monteynard das Ministerium behalten werde. Aber Ludwig XV. hat diesen Eid vergebens geleistet.

Ich allein wäre nicht zum Ziele gelangt, fand aber Hilfe bei Prinzessin Louise, die mir, ohne es zu wollen, diente. Sie schrieb dem König aus dem Kloster, daß der Marquis im Innern seines Herzens Philosoph sei und den Enzyklopädisten angehöre. Das war zwar nicht wahr, aber das Mittel hatte Erfolg. Ludwig XV. konnte die Aufrührer des Jahrhunderts nicht leiden, und der arme Marquis wurde entlassen.

D'Alembert hatte den Einfall, Voltaire ein Denkmal zu setzen. Wir wußten alle im Schlosse, daß, wer zu den Kosten beitragen werde, vom König scheel angesehen werden würde. Trotzdem gab jeder, soviel er konnte. Ich tat wie die anderen und ließ mich vom König auszanken. »Gut,« sagte Ludwig XV., »man soll so viel für diese Statue hergeben, als man will, aber sie wird, solange ich lebe, nicht auf einem öffentlichen Platz aufgestellt werden.«

In meine Zuneigung für Voltaire mischte sich Politik. Der König konnte von einem Tag auf den andern sterben, und dann konnte ich vielleicht auf Voltaire rechnen.

Als ich noch fünfzehn Jahre alt war, hätte ich nie geglaubt, daß ich eines Tages genötigt sein würde, jede Handlung, die ich beging, diplomatisch zu überdenken. Es gab allerdings Augenblicke, in denen ich darüber lachen mußte, daß ich die bedeutungsvollsten Staatsgeschäfte mit den auswärtigen Botschaftern und Ministern Frankreichs besprach. –

Eine Frau hat meiner Meinung nach das Recht schwach zu sein, wenn es sich um einen Mann handelt, der diese Schwäche rechtfertigt.

Als ich die Freundschaft Ludwig XV. erwarb, sah ich den Herzog von Cossé-Brissac nicht unter der Zahl der Höflinge, die mir ihre Aufwartung machten. Ich hatte alles Gute von ihm gehört und hätte ihn gerne kennen gelernt. Mit Ausnahme des Herzogs d'Aiguillon war der ganze Hof Herrn von Brissac zugetan. Ich glaube, daß ihn d'Aiguillon nur haßte, weil er heimlich auf ihn eifersüchtig war. Hatte doch Herr von Cossé alle Vorteile, die ihm selbst fehlten. Sein Ruf war makellos, während der Herzog d'Aiguillon durch die Angelegenheit der Bretagne in Verruf geraten war. Jeder lobte den einen, wie er den andern tadelte. Die Fehler des Herrn von Brissac wurden entschuldigt, die gleichgültigsten Handlungen des Herrn d'Aiguillon mißdeutet. Allerdings verbarg der Minister seinen Haß geschickt, da es bei Hof nicht Brauch ist, den Leuten in die Ohren zu schreien, daß man sie nicht mag. Man wühlt nur vorsichtig gegen sie. So verdächtigte Herr d'Aiguillon Herrn von Cossé bei mir, erzählte unehrenhafte Züge seines Feindes und wiederholte widerliche Ausdrücke, die dieser über mich gesagt haben sollte. Ich war schon so sehr gegen Herrn von Cossé aufgebracht, daß ich mich beim König über ihn beklagen wollte.

Eines Morgens nun ging ich in Marly mit der Marschallin von Mirepoix spazieren. Wir unterhielten uns über die Herren vom Hofe, die an uns vorübergingen, und die Marschallin lobte Herrn von Cossé über alle Maßen.

»Ersparen Sie mir, das Lob eines Menschen anzuhören, der mir zuwider ist!«

»Und warum hassen Sie Herrn von Brissac?«

»Weil er sich schlecht gegen mich benimmt.«

Die Marschallin blieb einen Augenblick still. »Mein Engel,«

sagte sie, »Sie sind noch sehr grün bei Hofe. Sie setzen bei anderen die Offenheit voraus, die Sie selbst an den Tag legen. In Ihrer Umgebung ist keiner, der Sie nicht betrügt.«

»Nicht einmal die Marschallin von Mirepoix?« fragte ich.

»Die Marschallin von Mirepoix ist nicht mehr wert als die anderen, und wenn sie mit Ihnen von ihren Freunden spricht, seien Sie mißtrauisch!«

»Das werde ich tun,« erwiderte ich, »aber darf man der Marschallin glauben, wenn sie Herrn von Brissac lobt?«

»Ja, um so mehr, wenn ich Ihnen sage, daß Sie Herr von Cossé nicht nur nicht verleumdet, sondern bei unzähligen Gelegenheiten verteidigt hat.«

Zwei Tage später zeigte mir die Marschallin einen Brief des Herrn von Cossé, in dem er mich lobte und zu verstehen gab, daß ein Feind ihn bei mir angeschwärzt habe.

Einen Monat nachher war ich in Fontainebleau allein. Der König war auf die Jagd gegangen, das Schloß war still, man hörte kein Geräusch. Ich ging mit Henriette in den Wald und dachte zufällig an den Herzog von Cossé, als ich plötzlich einen jungen Kavalier im Jagdanzug erblickte. Es war der Mann, an den ich gerade gedacht hatte. Er kam auf mich zu und begrüßte mich. Ich war so verlegen, daß ich vom schönen Wetter zu sprechen begann. Der Herzog bot mir seinen Arm und wir gingen weiter in den Wald. Als wir an einer der dunkelsten Stellen des Waldes angelangt waren, ließ er meinen Arm frei und sagte: »Sie sind vertrauensselig, Gräfin, wenn Sie sich mit Ihrem ärgsten Feind in diese Einsamkeit wagen. Aber fürchten Sie sich nicht. Der Herzog von Choiseul ist zwar mein Freund, aber sein Verhalten gegen Sie hat niemals meine Zustimmung gefunden. Und als ich hörte, daß man Sie gegen mich verstimmt hat, hatte ich oft das Verlangen, Sie um eine kurze Audienz zu bitten, um mich mit Ihnen darüber auseinanderzusetzen.«

Wir sprachen noch weiter über diesen Gegenstand und ich merkte mit Freude, daß er mir nicht feindlich gesinnt war. Mich ärgerte nur die Art und Weise, wie er vom Herzog d'Aiguillon sprach. Er wußte wahrscheinlich, daß ihn dieser bei mir angeschwärzt hatte. Die Stunden vergingen und Henriette, die sich abseits gehalten hatte, näherte sich, um mir mitzuteilen, daß ich Toilette machen müsse. Wir gingen ins Schloß zurück. Der Herzog begleitete mich bis zur Tür meiner Wohnung und empfahl sich ehrerbietig.

Am nächsten Tag und während der ganzen übrigen Woche war das Wetter abscheulich. Ich wäre gerne wieder in den Wald gegangen, da ich überzeugt war, Herrn von Cossé zu begegnen.

Am Sonntag brachte man mir einen Brief mit dem Wappen der Brissac, das eine Säge darstellt, die einen Stein zersägt. Darüber steht: »Beharrlichkeit«. Diese Devise gefiel mir ausgezeichnet.

Der Brief enthielt die Bitte um ein Wiedersehen und war so abgefaßt, daß es unmöglich war, nein zu sagen. Ich antwortete ihm, er möge sich an Frau von Mirepoix wenden, die ihn zu mir führen werde. Als ich sie abends traf, teilte sie mir mit, daß sich der Herzog von Brissac völlig verwandelt habe. Er verzichte auf die Kabale und habe sie gebeten, ihn mir vorzustellen. Ich erwiderte, daß ich bereit sei, den Herzog zu empfangen, da er zu ihren Freunden zähle.

»Sie sind sehr liebenswürdig,« sagte Frau von Mirepoix. »Sprechen Sie heute abend mit Seiner Majestät über Herrn von Brissac.«

Diese Empfehlung verwirrte mich ein wenig. Ich durfte ohne die Erlaubnis des Königs niemand zu unseren Abendgesellschaften einladen. Diesmal erhielt ich seine Bewilligung leicht. Der König sagte, daß der Herzog die angenehmste Erscheinung des Hofes sei, daß er ihn gerne um mich sehen werde, und bat mich, ihn gut zu behandeln. Ich versprach, mich den Wünschen Seiner Majestät zu fügen, und teilte der Marschallin mit, daß ihr Schützling kommen dürfe. Ich dachte den ganzen Abend an den Herzog, träumte die Nacht von ihm und verbrachte den folgenden Tag in Gedanken versunken. Kurz, ich gewann den Herrn von Cossé lieb und setzte mich der Möglichkeit aus, eine lächerliche Leidenschaft zu nähren.

Die Ankunft des Herrn von Cossé überraschte den ganzen Hof und verstimmte eine Anzahl von Leuten. An der Spitze der Unzufriedenen war der Herzog d'Aiguillon. Am Abend des ersten Besuches seines Rivalen fragte er mich, ob die Marschallin den Auftrag habe, Rekruten für mich zu werben. »Geben Sie acht,« sagte er, »daß Sie nicht einen Wolf im Schafspelz empfangen. Sie wissen, daß Sie der Herzog von Cossé bis jetzt nur verleumdet hat.«

»Sie irren,« erwiderte ich, »er hat mir geschworen, niemals Unvorteilhaftes von mir gesprochen zu haben.«

Diese Auseinandersetzung enttäuschte Herrn d'Aiguillon, aber er wollte mir nicht zeigen, daß er ein persönliches Interesse an der Entfernung des Herrn von Cossé habe, und verbarg seinen Ärger.

Nach unserer Rückkehr nach Versailles machte mir Cossé zum großen Schmerz des Anhangs der Choiseuls, die ihm mit jedem Mittel zu schaden versuchten, weiter den Hof. Ich erhielt anonyme Briefe, aber es war unmöglich, mich gegen den Herzog, der mein Herz erobert hatte, aufzubringen. Einmal kam er aber nicht nur, um mir seine Aufwartung zu machen, sondern um sich für ein adeliges Fräulein einzusetzen, dem Unrecht geschehen war. Er überreichte mir einen Brief, in dem ein Mädchen namens Adelaïde von Parceval sich mit der Bitte um Hilfe an mich wandte. Der Herzog von Fronsac, der sie bei seiner Schwester, der Gräfin von Egmont, kennengelernt hatte, hatte ihr nachgestellt und sie sogar zu entführen versucht. Der Vater des Mädchens schickte Herrn von Fronsac seine Zeugen, aber zwei Stunden später wurde der alte Mann verhaftet und in die Bastille gebracht. Am nächsten Morgen wurde ihre Mutter zwangsweise in das Kloster von Saint-Antoine eingesperrt. Glücklicherweise war der Bruder des jungen Mädchens in der Nähe von Paris in Garnison. Sie verständigte ihn und bat um Hilfe. Er kam und vertraute sich dem Herzog von Cossé an. Der Herzog erbot sich, die jungen Leute in seinem Palais aufzunehmen. Am selben Abend aber erschien der Herzog von Fronsac, der Adelaïde allein glaubte und Frauen gegenüber mutig ist, um sie gewaltsam zu entführen. Der junge Parceval ist anwesend, spricht mit ihm, wie er es verdient, nimmt ihn bei der Hand und führt ihn hinaus, um sich mit ihm zu schlagen. Vor dem Tore aber stehen drei Diener des Herzogs und stoßen den jungen Offizier nieder. Glücklicherweise wurde der junge Mann nur verwundet. Das Mädchen verständigte Herrn von Cossé von dem, was sich zugetragen hatte, und er bat mich nun, mich der Unglücklichen anzunehmen.

Der Brief des jungen Mädchens, den er mir brachte, war von so ehrlichem Schmerze diktiert, daß es mich tief berührte. Ich antwortete, daß ich mich für sie einsetzen werde, und wenn ich sie auch nicht rächen könne, werde ihr doch wenigstens Gerechtigkeit widerfahren. Noch vor Ablauf dreier Tage werde sie mit ihren Eltern vereinigt sein. Indessen möge sie sich im Hause des Herrn von Cossé gedulden.

Ich ließ Herrn von La Vrillière kommen und beauftragte ihn, der Sache nachzugehen. Er weigerte sich erst, da er mit dem Herzog von Fronsac befreundet war, aber als ich ihm drohte, dem König davon Mitteilung zu machen, wurde er gefügig. Ich begehrte auch, daß er Herrn von Fronsac dazu bestimme, sich für die Beförderung des jungen Parceval einzusetzen.

Kurze Zeit darauf ließ sich der Herzog von Richelieu bei mir melden und ich erzählte ihm von dem Benehmen seines Sohnes.

»Das ist eine schlechte Parodie meiner galanten Abenteuer,« sagte er. »Ich mißbillige die Handlungen meines Sohnes Fronsac. Trotzdem muß ich sie um der Ehre meines Hauses willen bitten, die Geschichte dieses Abenteuers nicht zu verbreiten.«

»Einverstanden, Herr Herzog,« erwiderte ich, »aber unter der Bedingung, daß Sie gemeinsam mit Ihrem Sohn Herrn von Parceval ein Hauptmannspatent erwirken.«

Der alte Marschall erklärte, daß er mir nichts zu verweigern habe, und ich versprach ihm, auch vom Herzog von Cossé Stillschweigen zu erbitten und dem König nichts Nachteiliges über Herrn von Fronsac zu sagen. Ich hielt Wort.

Es gelang mir noch, vom König vierzigtausend Francs Mitgift für Fräulein von Parceval zu bekommen, und sie begab sich nach der Genesung ihres Bruders mit ihren Eltern in die Provinz.

Nachdem der Marschall von Richelieu mich verlasssen hatte, schrieb ich Herrn von Cossé: »Ich bin glücklich, Ihnen mitteilen zu können, daß unser Unternehmen geglückt ist. Die Haftbriefe sind rückgängig gemacht worden, und der junge Parceval wird über Veranlassung der Herren von Richelieu und von Fronsac befördert. Das ist die Arbeit meines heutigen Tages. Sind Sie zufrieden? Wenn Sie die Frage bejahen, dann erbitte ich als Gegenleistung, daß Sie Schweigen über diese peinliche Angelegenheit bewahren. Ich habe es in Ihrem Namen Herrn von Richelieu versprochen. Übrigens wird es Ihnen keine Mühe machen zu schweigen, da Sie aus Bescheidenheit nicht erzählen werden, welche Rolle Sie bei dieser Angelegenheit gespielt haben.« Der Herzog antwortete mir mit überschwenglichen Worten und ich wußte nun, daß er mich liebe.

Als ich Herrn von Cossé das nächstemal begegnete, waren

Ludwig XV. und einige Herren anwesend. Der Herzog näherte sich mir und sagte halblaut: »Wann werde ich Sie allein finden, um mich bei Ihnen bedanken zu können?«

Ich antwortete nicht, da mich der König in diesem Augenblick beobachtete. Aber einige Minuten später sagte ich laut: »Morgen verbringe ich den ganzen Tag in Paris. Ich habe so viele Einkäufe zu besorgen, daß der Vormittag nicht genügen wird.«

Während ich sprach, sah ich Herrn von Cossé an. Er verstand mich und war den ganzen Abend in glücklicher Stimmung. Auch der Herzog d'Aiguillon hatte mich angesehen und verstanden und war, wie ich glaube, sehr schlechter Laune.

Ich erwartete sehnsüchtig den nächsten Tag und fuhr, als er endlich angebrochen war, nach Paris. Eine Viertelstunde nach mir kam der Herzog. Er war einfach und bescheiden und beinahe ängstlich. Erst bedankte er sich im Namen seiner Schützlinge und dann sprachen wir von der Liebe, nicht von unserer, sondern von der Liebe im allgemeinen.

Je liebenswürdiger ich wurde, desto stiller und betrübter zeigte sich der Herzog. Ich wollte eine Aussprache herbeiführen, da ergriff er meine Hand und bedeckte sie mit leidenschaftlichen Küssen. Ich glaubte, daß er sich nun erklären werde, aber er erhob sich, stammelte ein verlegenes Adieu und ich blieb allein, bewegt von einer Zuneigung, die vielleicht nicht erwidert wurde.

Den Nachmittag verbrachte ich bei Frau von Mirepoix und kehrte abends nach Versailles zurück. Während der ganzen Nacht dachte ich darüber nach, wie es komme, daß mich der Herzog von Cossé nicht liebe, und erwartete in solchen Gedanken den Morgen. Als Henriette in mein Zimmer trat, hielt sie einen Brief in der Hand, den der Jäger des Herrn von Cossé gebracht hatte.

»Da ich nicht wagte, mit Ihnen zu sprechen, nehme ich die Feder zu Hilfe. Welche Meinung müssen Sie von mir haben, da ich so kindisch davongelaufen bin. Sie verachten mich gewiß, aber ich bin geflohen, weil ich Sie liebe. Sie haben sich meines ganzen Wesens bemächtigt. Ich bin Ihr Sklave. Doch nein, erfahren Sie, daß ich eine andere liebe, die zweifellos nicht so schön ist wie Sie, die mich aber wiederliebt. Pflicht, Ehre und meine Schwüre zwingen mich, bei ihr zu bleiben. Lieben Sie mich nicht, ich bitte Sie darum!«

Ich wußte nicht, was ich von diesem sonderbaren Brief halten sollte. Er bewies mir wohl, daß mich Herr von Cossé liebe, andererseits konnte ich nicht daran zweifeln, daß er seiner Frau treu bleiben wolle. Geteilte Liebe war aber nicht nach meinem Sinne. Nach langem Nachdenken schrieb ich ihm, daß er bei seiner Gattin bleiben möge und an mir eine Freundin gewonnen habe. Jedenfalls möge er sich hüten, mir von Liebe zu reden, ich wolle sein Herz nicht mit einer anderen teilen.

Nachdem ich diesen Brief geschrieben hatte, legte ich mich wieder ins Bett, da ich mich müde fühlte. An diesem Morgen besuchten mich der Groß-Almosenier, der Nuntius des Papstes und Ludwig XV. Sie trafen mich noch im Bette an. Man meldete meinen Notar, und ich war gezwungen, vor den beiden Prälaten aufzustehen, die in bischöflicher Galanterie vor mir niederknieten und mir jeder einen Pantoffel anzogen. Der König fand es reizend und erzählte davon im Schlosse. Die Frommen waren nicht erbaut, die Philosophen unterhielten sich, und die Kabale tobte.

Es war den Herren vom Klerus offenbar erlaubt, Geliebte zu haben, man rechnete es ihnen aber als Verbrechen an, daß sie mit der Geliebten des Königs höflich gewesen waren.

XLIV

Der Herzog von Cossé besuchte mich erst am dritten Tage. Er kam zu der Stunde, da ich nur meine besten Freunde empfing. Wir waren allein. Er setzte sich nieder, nahm den Kopf in seine Hände und sagte: »Ich bin verrückt.«

»Nein«, erwiderte ich, »Sie sind nicht verrückt, Sie sind unglücklich.«

»Meine Lage ist schrecklich und kann von niemand verstanden werden.«

»Auch nicht von Ihrer Freundin?«

Der Herzog kniete vor mir nieder. »Ich bin verloren«, sagte er. »Ich bete Sie an.«

»Stehen Sie auf und seien Sie vernünftig!«

Einige Augenblicke später trat der Herzog d'Aiguillon ein. Die Anwesenheit des Herrn von Cossé verstimmte ihn. Unter allen Anzeichen schlechter Laune fragte er: »Störe ich vielleicht?«

»Wenn ich ungestört hätte sein wollen«, erwiderte ich, »wäre die Tür meines Salons nicht offen gestanden.«

»Haben Sie mit der Frau Gräfin zu sprechen?« fragte Herr von Cossé, »Staatsgeschäfte gehen vor.«

Um dieses peinliche Gespräch zu unterbrechen, rief ich meine Schwägerin. Es traten noch einige meiner Freunde mit ein. Man plauderte, und Herr von Cossé war ungemein munter.

Am nächsten Morgen erhielt ich einen Brief von ihm, in dem er mir mitteilte, daß er mich nun bedingungslos liebe. Er bat mich, wieder nach Paris zu kommen, damit er seinen Fehler gutmachen könne.

Es ist wohl nicht nötig zu sagen, daß ich seine Bitte nicht abgeschlagen habe.

Es galt also von nun ab, meine Liebe zu verbergen, und ich mußte ständig auf der Hut sein.

Mein Schwager Jean, dessen Augen nichts entging, was mich betraf, sagte mir: »Als Chef der Familie muß ich mit Ihnen über eine heikle Angelegenheit sprechen. Sie wissen, wieviel Mühe ich mir genommen habe, um aus Ihnen das zu machen, was Sie sind.«

»Lieber Schwager,« erwiderte ich, »brauchen Sie Geld?«

»Leider würde ich auch Geld brauchen; aber darum handelt es sich im Augenblicke nicht. Hören Sie mir zu: Wie viele Liebhaber brauchen Sie, um standesgemäß zu leben?«

»Eine solche Frage richtet man nicht an eine Frau!«

»Sie wissen, daß ich nicht die Worte kaue, bevor ich sie ausspreche. Da Sie mir die Antwort verweigern, will ich so mit Ihnen sprechen, als ob Sie mir sie schon gegeben hätten. In Ihrer Stellung haben Sie Vorsicht und Maß nötig. Sie müssen jeden Skandal vermeiden. Der König ist der erste. Das ist in Ordnung. Er ist an die Stelle meines Bruders getreten und es ist so, als ob er Ihr Gatte wäre. Er darf sich nicht ärgern, wenn Sie ihn betrügen. In seiner Eigenschaft als König muß er besser als jeder andere den Brauch der Welt kennen. Der Herzog d'Aiguillon ist Nummer zwei. Sie haben sich ihn selbst ausgesucht, und er beansprucht mit Recht, von Ihnen geliebt zu werden. Wozu brauchen Sie den Herzog von Cossé? Herr d'Aiguillon ist mit Ihrer Hilfe Minister geworden. Wenn Sie jeden Edelmann, in den Sie sich verlieben, zum Minister ernennen lassen, wird der König damit nicht zufrieden sein. Wenn aber die Ministerien gleichzeitig mit Ihren Liebhabern wechseln, wird das dem Staatsdienst noch weniger zuträglich sein. Doch ich sehe vom Staatsdienste ab. Ich spreche von mir. Ich wünsche, daß Ludwig XV. mein Bankier bleibt, solange er lebt. Wenn man Sie wegschickt, bin ich erledigt. Der Kanzler wird verabschiedet, der Herzog d'Aiguillon gestürzt, und das alles, weil Sie ein großes Herz haben.«

»Ihre Unverschämtheiten sind mir unerträglich. Gehen Sie!«

»Gleich, ich habe Ihnen nur noch ein Wort zu sagen. Unterhalten Sie sich so gut Sie können, aber zeigen Sie es nicht. Geben Sie den Choiseuls keine Waffen, um uns zugrunde zu richten.«

Ich begann zu weinen. »Ist es meine Schuld, daß ich den Herzog von Cossé liebe? Auf einen Liebhaber, der mir gefällt, kann ich nicht verzichten.«

»Ich habe Sie für großzügiger gehalten. Aber um so schlimmer! Geben Sie diese Liebe auf!«

»Unmöglich!«

»Das haben Sie mir schon mehr als einmal gesagt.« Nach dieser neuen Unverschämtheit empfahl sich Graf Jean.

Ich befolgte seinen Rat, verbarg meine Zuneigung und spielte mein Spiel so gut, daß man wohl davon sprach, daß Herr von Cossé bei mir in Gunst stehe, aber nichts Näheres wußte. Der Herzog d'Aiguillon war den ganzen Tag von Politik in Anspruch genommen, und ich glaube, daß er nichts bemerkt hat.

Eifersucht verleitete mich, Herrn von Cossé beobachten zu lassen. Ich erfuhr, daß er sich in Gesellschaft einer Dame wiederholt in ein Haus der Vorstadt begebe und längere Zeit dort verweile. Ich ging ihm nach und erkannte in seiner Begleiterin seine Gattin, konnte mich aber vor dem Ehepaar nicht verbergen. Einer Ohnmacht nahe, verdankte ich es nur der Güte der Herzogin, daß ich wohlbehalten nach Hause kam, wo ich mich gleich ins Bett legte. Ludwig XV. nahm in meinem Zimmer das Abendessen ein. Er war in Begleitung der Herren von Richelieu, d'Ayen, des Bischofs von Senlis, des Marquis von Chauvelin und des Herzogs d'Aiguillon. Später kamen die Damen von

Mirepoix und Forcalquier. Erst war die Rede von den Hofdamen der Gräfin von Provence. Es hatte sich nämlich ein junger
Prinz, dessen Namen ich nicht nennen will, bei einer Marquise,
die ebenfalls ungenannt bleiben soll, überraschen lassen.

Dann erzählte Ludwig XV., daß ihn ein Herr von Stand um
eine Audienz gebeten habe. »Sire,« habe der Herr im Eintreten
gesagt, »wie viel ist das Leben eines Bischofs wert?«

»Wenden Sie sich an den Kanzler, er wird vielleicht in einem
alten burgundischen Gesetz finden, was Sie wissen wollen.
Warum interessieren Sie sich dafür?«

»Ich will einen Ihrer Prälaten töten.«

»Sie verlieren den Verstand! Um wen handelt es sich?«

Der Edelmann habe den Namen eines letztrangigen Bischofs
genannt.

Der Herzog d'Ayen unterbrach die Erzählung des Königs:
»Sie bringen uns in Verlegenheit, Sire. Es gibt in Frankreich so
viele Bischöfe, die letztrangig sind, daß ich nicht weiß, welchen
ich verdächtigen soll. Herrn von Orléans, von Toulouse, von
Digne, von Narbonne, von Reims?«

»Still, böse Zunge,« sagte der König, »sonst werde ich Sie
exkommunizieren lassen«, und fuhr fort in seiner Erzählung:
»Nachdem der Herr, der zu mir gekommen war, mir den Namen des Bischofs genannt hatte, sagte er: ›Ich nehme mir eine
Geliebte von der Oper, er nimmt sie mir fort. Ich halte eine
Schauspielerin von der Comédie Française aus, er stiehlt mir
eine Nacht mit ihr; ich hole mir von meinen Gütern die schönste Bäuerin, die es gibt, er nimmt sich den Zehnten. Schließlich
heirate ich, und was glauben Sie, Sire, ist geschehen?‹ ›Das
kann ich nicht glauben, Ihre Frau ist die Tugend in Person.‹
›Sire, ich habe sie beide am ersten Sonntag der Fastenzeit überrascht.‹ Und wieder fragte er wie verrückt, was das Leben eines
Bischofs wert sei. Ich ließ den unternehmenden Prälaten kom-

men und gab ihm den Auftrag, den Hof zu verlassen. Seitdem will der unglückliche Ehegatte nicht mehr wissen, was das Leben eines Bischofs wert ist.«

Diese Geschichte unterhielt alle Anwesenden und riß sogar mich aus meinen traurigen Träumereien.

Am nächsten Morgen erwartete ich den Herzog von Cossé. Zu meinem Erstaunen kam seine Gattin.

»Ich überrasche Sie,« sagte sie, »aber ich habe das Bedürfnis, mit Ihnen zu sprechen. Sie lieben meinen Mann?«

»Ich, Herzogin?«

»Ja, Sie. Sie werden mich nicht vom Gegenteil überzeugen. Auch ich liebe ihn, halte ihn für den besten Menschen und habe bis gestern an seine Treue geglaubt. Aber ich klage Sie nicht an. Das Unglück ist geschehen. Sagen Sie mir nur wenigstens die Wahrheit, lieben Sie meinen Mann?«

»Ich liebe ihn«, erwiderte ich errötend.

»Das ist traurig für uns drei,« fuhr die Herzogin fort, »aber ich bin nicht gekommen, um mich über mein Schicksal zu beklagen. Ich dachte, daß Sie Angst haben könnten, daß ich das gestrige Geschehen weiter erzähle. Sie brauchen sich nicht zu beunruhigen. Seien Sie vielmehr überzeugt, daß ich kein Wort darüber verlieren werde.«

Ich wollte der Herzogin von meiner Reue sprechen, ihr sagen, daß ich ihren Gatten gebeten habe, von mir zu lassen. Aber sie schnitt mir das Wort mit einer Verbeugung ab und verließ mich.

Kaum war sie fort, als ihr Gatte eintrat. Ich erzählte ihm von der Güte der Herzogin und versuchte, mit ihm vernünftig zu sprechen. Ich bat ihn, auf mich zu verzichten und zu Frau von Cossé zurückzukehren. Aber was ich auch sagen mochte war vergebens.

Der Prinz von Condé und der Herzog von Orléans hatten sich mit dem König versöhnt.

Nur der Prinz von Conti war starrköpfig geblieben. Er war ein geistvoller Fürst, aber nicht dazu bestimmt, eine große Rolle zu spielen. Die Zeit, die er seinen Vergnügungen entzog, verwendete er für seine Medaillensammlung und liebte alte Steine ebenso wie schöne Frauen. In seinem Palais lebten die Orgien der Regentschaft wieder auf, obwohl er nicht reich war. Sein Schatzmeister meldete eines Tages, daß seine Pferde keinen Hafer hätten, da der Lieferant der Stallungen nichts mehr liefern wolle. Der Prinz fragte darauf, ob alle Gläubiger so zurückhaltend seien. »Alle verweigern den Dienst. Mit Ausnahme des Fleischhändlers.«

»Gut, dann soll man meinen Pferden Fleisch zu fressen geben.«

Der König haßte Herrn von Conti, sah in ihm einen Feind des Thrones und ließ seine Handlungen sorgfältig von der Geheimpolizei des Grafen von Broglie und von den Agenten des Herrn von Sartines überwachen. Wir waren sogar der Meinung, daß der Prinz eine Druckerei unterhalte, die nur Pamphlete herausgab. Zu wiederholten Malen war die Rede davon, ihn aus dem Königreiche zu verbannen, und nur ich habe diese Maßregelung hintangehalten. Im Gegenteil, ich fand den unbeugsamen Widerstand des Prinzen so großartig, daß ich ihn bei jeder Gelegenheit in Schutz nahm. Herr von Conti hatte davon erfahren und bedankte sich bei mir in einem liebenswürdigen Brief. Der König aber, dem ich dieses erste Zeichen einer möglichen Annäherung zeigte, machte mir Vorwürfe, daß ich mich für einen seiner Feinde einsetze.

Diderot, der garstige Schriftsteller und Philosoph, erhielt von Katharina von Rußland eine dringende Einladung nach Petersburg.

»Was wird der Kerl dort machen?« fragte der König. »Ich

hielt ihn nicht für reich genug, um eine solche Reise unternehmen zu können.«

»Ihre Majestät die Kaiserin zahlt die Kosten«, sagte der Prinz
von Soubise.

»Was will sie denn von ihm?«

»Sich mit ihm unterhalten.«

»Sie haben mir nichts davon erzählt«, wandte sich Ludwig
XV. mißvergnügt an Herrn d'Aiguillon.

»Ich habe nichts Außerordentliches in dieser Reise gesehen.«

»Diderot ist der Botschafter der Philosophen. Er wird sich
auf meine Kosten lustig machen. Trotzdem er das Schloß niemals betreten hat, wird er hundert Abscheulichkeiten aus meinem Privatleben erzählen.«

»Wenn Eure Majestät das Geschwätz Diderots fürchten,«
sagte der Herzog von Duras, »sollte man ihm verbieten, das
Königreich zu verlassen.«

»Gewiß«, fügte Herr von La Vrillière hinzu, »ein Haftbrief –«

»Hüten Sie sich,« rief der König, »Sie verfeinden mich mit
der Kaiserin. Wenn sie Diderot will, soll sie ihn haben. Jedenfalls werde ich nicht zugeben, daß er in die Akademie aufgenommen wird. Ich will keine Philosophen und Atheisten mehr.
Es sind ihrer schon genug.«

Ludwig XV. schrieb am nächsten Morgen an Durand, unseren Botschafter in Petersburg, und beauftragte ihn, über jeden
Schritt des Enzyklopädisten Bericht zu erstatten, und Herr Durand sandte regelmäßig Berichte, von denen mir der König einen lieh, damit ich ihn Frau von Mirepoix zeige. Ich habe ihn
aufbewahrt: »Diderot ist hier angekommen. Von dem guten
Ruf, den er mitgebracht hat, wird er nur die Hälfte nach Frankreich zurückbringen. Man stellte sich vor, daß er ein wahrer
Philosoph nach dem Vorbild der Antike sei. Der Vorstellung
bot sich nur ein geistvoller Mensch und sonst nichts. Ihre Maje-

stät die Kaiserin, die französische Höflichkeit über alles liebt, hat gefunden, daß Diderot bürgerlich aussehe und taktlos sei. Sein erstes Auftreten war allerdings grob und ungeschickt, er ist ein Wortemacher und ist vor der Kaiserin gegen die Günstlingswirtschaft und die Sklaverei losgezogen. Ihre Majestät war genötigt, seinen Eifer zu dämpfen. Sie hat ihm geantwortet, daß man ein Volk kennen müsse, um es beurteilen zu können, und daß man über ein Land nicht reden dürfe, das man nur von der Postkutsche aus kenne. Herr Diderot scheint geglaubt zu haben, daß er gerufen worden sei, um über die Kaiserin und ihr Reich zu herrschen. Er hat, wie man erzählt, in seinem Gepäck einen Konstitutionsplan und ein ganz außerordentliches Gesetzbuch mitgenommen. Man hat ihm aber noch nicht den Vorschlag gemacht, ihn zu unterbreiten, sondern ladet Herrn Diderot nur zum Abendessen ein und läßt ihn über Kunst und Literatur schwätzen. Übrigens spricht er wenig über unseren Hof und benimmt sich in dieser Hinsicht maßvoller, als von ihm zu erwarten gewesen wäre. Allerdings wurde ihm seitens der Botschaft bedeutet, daß ihm die Rückkehr nach Frankreich untersagt werden würde, wenn er sich nicht vernünftig benähme. Seine Reise ist als ein mißglückter Vorstoß der Philosophen zu betrachten. Eingeweihte Persönlichkeiten haben gemeldet, daß Ihre Majestät die Kaiserin seit ihrer Bekanntschaft mit Diderot von der Philosophie und den Philosophen genug habe und daß sie ihn bald mit großartigen Geschenken heimschicken werde. Wenn sich etwas Neues begibt, werde ich darüber berichten.«

Ludwig XV. beschäftigte sich nicht viel mit Schauspielerinnen. Offenbar dachte er, nicht ganz zu Unrecht, daß diese Frauen nur auf der Bühne schön sind. Trotzdem erzählte mir Fräulein Raucourt ziemlich ungeschickt, daß sie eine Nacht mit dem König verbracht habe. Ich war darüber erschreckt und setzte mich mit Ludwig XV. auseinander. Er antwortete mir, daß es nur einmal gewesen sei, daß ihm Fräulein Raucourt nicht gefalle, weil sie zu magere Arme habe, und dann wolle er nicht, daß seine Wohnung eine Filiale der Comédie Française werde. Um Fräulein Raucourt zu strafen, interessierte ich den König für Fräulein Sainrod, die häßlich war, dafür aber mehr Talent hatte als ihre Kollegin.

Caron von Beaumarchais gelangte in diesem Jahre durch einen Prozeß zu großem Ansehen. Beaumarchais ist ein Mann, der Lärm zum Leben braucht. Ihn zur Ruhe verurteilen, hieße, ihn zum Tode verdammen. Nach Ruhm verlangt er nicht. Alles, was er wünscht, ist, daß man von ihm in irgend einer Weise spricht. Er macht Spekulationsgeschäfte und ist politisch tätig. Seine Unternehmungen gedeihen, denn er nützt seinen Ruf als Schriftsteller für seinen Handel aus. Er ist ein guter Redner, aber auch ein Lügner und Raufbold. Wehe seinem Gegner; er wirft ihn in den Dreck, selbst auf die Gefahr hin, auch hineinzufallen.

Graf Jean brachte mir eine Denkschrift, die er gegen die neue Magistratur in Sachen seines Prozesses mit Frau Goezmann herausgegeben hatte. Ich lese nicht gerne, es ermüdet mich und macht mir Kopfschmerzen, aber nachdem ich einige Seiten gelesen hatte, war ich so gepackt, daß ich das Buch in einem Zuge zu Ende las.

Ich gab die Denkschrift dem König, der sich wenig freundlich über den ehemaligen Harfenlehrer seiner Töchter äußerte, da Beaumarchais in seinem Buche das neue Parlament angegriffen hatte.

»Mein Gott, Sire,« sagte ich, »es ist nicht Ihr Parlament, sondern das Parlament Maupeous. Was kümmert Sie im Grunde dieser Streit? Sie nehmen Stellung gegen Herrn von Beaumarchais zu Gunsten einer Gaunerin, die von ihrem verbrecherischen Gatten unterstützt wird.«

»Gräfin,« erwiderte kalt Ludwig XV., »Sie haben die schönsten Augen der Erde, aber Sie sehen nicht klar. Die Parlamentsräte sind meine Behörden und ich muß sie stützen.«

Der Zeitungsschreiber Marin, der von mir gut bezahlt wurde, bat mich, ihn an Beaumarchais zu rächen, der ihn in seiner Denkschrift gegeißelt hatte. Graf Jean, der gerade bei mir war, nahm das Wort: »Was zum Teufel steckst du deine Nase in Misthaufen, die dich nichts angehen? Deine Aufgabe ist, Schriftsteller zu überwachen und nicht mit geistvollen Menschen zu streiten. Beaumarchais hat dich heruntergemacht. Um so schlimmer für Dich. Du wirst bezahlt und hast nichts zu reden!«

»Aber, Herr Graf, meine Ehre –«

»Beunruhige dich nicht wegen dieser Geringfügigkeit!«

Marin, ein gebürtiger Provençale, war ein Günstling Chamillys und nicht nur Zeitungsschreiber, sondern auch Kuppler.

Wenn ich mir auch Mühe gab, Ludwig XV. zu genügen, versuchte er doch von Zeit zu Zeit anderwärts sein Glück. Heute mit einer großen Dame, morgen mit einem einfachen Mädchen. Es mußte nur immer etwas Neues sein.

Frau von Mirepoix warnte mich und erzählte mir, daß Chamilly und Marin sich bemühten, den König zu beherrschen. Ich ließ Marin kommen.

»Man hat mir von Ihren Streichen erzählt. Sie jagen im Auftrage Chamillys und auf Rechnung des Königs.« Marin schwor, daß er unschuldig sei wie ein neugeborenes Lamm. Aber ich glaubte ihm nicht und fragte, was er immer bei Chamilly mache.

»Ich erbitte durch ihn die Gnade des Königs.«

»Sie jammern immer, Sie Geizkragen, und sind reicher als ich. Weil Sie aber Geld brauchen, werde ich Ihnen welches geben. Sie bekommen von heute ab fünfundzwanzig Louis monatlich, wenn Sie mir über verschiedene Dinge Bericht erstatten.«

Marin war erst mit dem Vorschlag nicht einverstanden, nahm aber an, da er wahrscheinlich überdachte, daß er Chamilly und mir gleichzeitig dienen könne.

Es verstrich geraume Zeit, bevor mir Marin eine Nachricht brachte. Ich begann mich schon über ihn zu ärgern und ihm zu mißtrauen, als er mir eines Tages mitteilte, daß Chamilly wiederholt nach Paris gehe und in ein bestimmtes Haus Briefe des Königs an eine Frau von Rumas trage. Ich berief meinen außerordentlichen Ratgeber, den Grafen Jean, und erzählte ihm, was ich erfahren hatte. Mein Schwager setzte sich mit Herrn von Sartines ins Einvernehmen, der mir völlig ergeben war und Erkundigungen über Frau von Rumas einholte. Sie war eine schöne junge Frau, die vor kurzer Zeit geheiratet hatte. Ihr Haushalt war in Ordnung und unverschuldet. Die Nachbarn wußten nur, daß ihr Gatte ein Frömmler sei und daß man den Leuten nichts Böses nachsagen könne.

Marin wurde von neuem berufen und diesmal von meinem Schwager befragt. Er erzählte, daß Chamilly dem König Briefe der Frau von Rumas gezeigt und daß sein Herr eine Zusammenkunft gewünscht habe. Ein Besuch verpflichtet zu nichts, und die Schöne empfing den König. Er wurde zudringlich, sie reserviert, und man verabschiedete sich, ohne daß etwas vereinbart worden wäre. Beim zweiten Besuch erklärte Frau von Rumas, daß sie den König so liebe, daß sie sich ihm nur geben könne, wenn nichts mehr zwischen ihr und ihm stünde, das ihn ihr abtrünnig machen könne. Sie verlangte kurz und bündig meine Entfernung. Das war zu viel verlangt, und da sie sah, daß er sich dazu nicht entschließen könne, verlangte sie eine Teilung; das Herz für sie und die Macht für mich. Der König, der bei keiner Gelegenheit zögerte, sein Herz zu versprechen, gelangte so zum

Ziele, und seine neue Geliebte schmeichelte sich, daß sie ihn mir allmählich durch Gewohnheit und List entfremden werde.

So weit war die Intrige gediehen, als wir davon erfuhren. Herr von Sartines teilte uns überdies noch mit, daß die Fäden dieses Komplotts in den Händen des Herzogs von Richelieu zusammenlaufen. Dieser gut angelegte Plan machte meinem Schwager und mir Sorgen. Wir gaben Marin daher ein Geschenk und überdachten alle Möglichkeiten, die uns helfen könnten. Aber was uns auch einfiel, war nicht in kurzem Wege durchzuführen, und ich fürchtete, daß der König sich an seine neue Geliebte gewöhnen könne. Ich begab mich zur Marschallin, erzählte ihr, was sich begeben hatte, und bat sie, Herrn von Rumas zu schreiben und um seinen Besuch zu bitten. Am nächsten Tage kam Herr von Rumas, ein Mann mit falschem Gesicht und scheinheiligen Bewegungen. Frau von Mirepoix ließ mich allein mit ihm, damit ich besser mit ihm reden könne. Nachdem ich alle möglichen Versuche gemacht hatte, ihn zu fassen, sagte ich: »Sie wissen, wer ich bin?«

»Gewiß,« erwiderte er und machte eine tiefe Verbeugung, »Sie sind die Gräfin Dubarry.«

»Gut, mein Herr. Sie wissen auch, welche Rolle ich beim König spiele?«

»Ich weiß, Frau Gräfin, daß Seine Majestät an Ihrer Gesellschaft Vergnügen findet.«

»Gut, mein Herr. Dasselbe Vergnügen findet der König bei Ihrer Frau.«

»Bei meiner Frau?«

»Ja, bei Frau von Rumas, die er insgeheim besucht.«

»Das Vertrauen des Königs ist ehrend.«

»Nicht für den Gatten.«

»Was wollen Sie damit sagen?«

»Daß Ihre Frau seine Geliebte ist.«

»Das ist unmöglich! Das ist eine Verleumdung! Man hat meine Frau bei Ihnen angeschwärzt.«

»Eine Verleumdung? Nein! Wollen Sie den Beweis? Hier ist ein Brief, den Frau von Rumas vorgestern an den König geschrieben hat. Lesen Sie!«

»Gott behüte mich davor, daß ich einen Brief lese, der an den König gerichtet ist. Das ist ein Majestätsverbrechen, dessen ich mich nicht schuldig machen will.«

»Es stört Sie also nicht, daß Ihre Frau mit dem König schläft?«

Mit honigsüßer Stimme erwiderte der Ehrenmann: »Rauben Sie doch nicht den Frieden unseres Hauses! Meine Gattin ist tugendhaft.«

Ich drehte ihm nach diesen Worten den Rücken und fuhr nach Versailles, ließ Chamilly kommen und behandelte ihn, wie er es verdiente, teilte ihm mit, daß, wenn der König diese Frau nicht in der kürzesten Zeit aufgebe, er, Chamilly, fortgejagt werden würde. Chamilly versuchte zuerst zu leugnen, aber da er mich gut unterrichtet und böse sah, bekam er Angst und vereinbarte mit mir, daß er Seiner Majestät alles Schlechte von meiner Rivalin sagen werde, ging zum König und sagte ihm, daß er erfahren habe, daß Frau von Rumas einen Liebhaber habe, der sich rühme, durch die Vermittlung seiner Geliebten den König zu beherrschen.

Ludwig XV. beauftragte Herrn von Sartines in einem eigenhändig geschriebenen Brief, Erkundigungen über Frau von Rumas einzuholen. Der Polizeileutnant, der mich ein wenig liebte und sehr fürchtete, antwortete in meinem Sinne. Er teilte dem König mit, daß Frau von Rumas ein ausschweifendes Leben führe, und ging so weit, ihm zu sagen, daß er für seine Gesundheit fürchten müsse, wenn er diese Beziehung nicht aufgebe.

Der König wollte sofort den Gatten und die Gattin einsperren lassen. Aber ich war mit dem Erfolg zufrieden und gab ihm den Rat, das Ehepaar so bald als möglich in die Provinz zu schicken.

Alle meine Helfer belohnte ich. Marin bekam fünfhundert Louis in einer silbernen Schüssel, die Marschallin einen wertvollen Seidenteppich und ein Sèvres-Service, Herr von Sartines einen Diamantring.

Nachdem ich meine Freunde bedacht hatte, wollte ich mich an dem Herzog von Richelieu rächen. Ich stellte ihn zur Rede, aber er entschuldigte sich nicht lange und sagte: »Jeder am Hofe bietet dem König Zerstreuungen an. Ich wollte nicht besser sein als die anderen. Der Herzog von Duras wollte ihm eine seiner Verwandten geben, der Abbé Terray seine Tochter. Graf Jean hat ihm seine eigene Schwägerin gegeben, die meinem Neffen geholfen und mich dabei im Stich gelassen hat. Es ist nicht meine Schuld, wenn ich versucht habe, mit eigenen Flügeln zu fliegen.«

Erfreulicherweise kam die Marschallin von Mirepoix dazu und schlichtete unseren Streit. Ich ließ mich von ihr bestimmen, für den Herzog von Richelieu hunderttausend Francs zu verlangen, die ihm der Bankier des Hofes auszahlte.

Als ich dem Grafen Jean von meiner Versöhnung mit dem Marschall erzählte, geriet er in furchtbare Aufregung und nannte den Herzog einen Dieb am Staatsschatze. Aber das Evangelium hat Recht, wenn es sagt, daß man den Splitter im Auge des Nächsten sieht und nicht den Balken im eigenen. Ich war genötigt, den Grafen Jean zu beruhigen, der fähig gewesen wäre, mit dem alten Marschall Streit anzufangen, und ich weiß nicht, was daraus entstanden wäre; denn Herr von Richelieu konnte meinen Schwager wegen der Vertraulichkeiten, die sich dieser gegen ihn herausnahm, nicht leiden. Die Marschallin unterstützte mich bei diesem Versöhnungsversuche.

Eines Abends kam sie mit traurigem Gesicht zu mir. »Mein Gott«, fragte ich, »was ist Ihnen zugestoßen?«

»Ich komme aus einem Trauerhaus. Frau von Luxemburg ist verzweifelt.«

»Ist die Herzogin von Lauzun etwa gestorben?«

»Keineswegs.«

»Vielleicht Frau von Boufflers?«

»Noch weniger.«

»Wen sonst hat sie denn verloren, erzählen Sie!«

»Frau Brillant.«

»Eine Freundin?«

»Noch mehr, ihre Katze.«

Tatsächlich war der Tod der Katze der Frau von Luxemburg das Gespräch der nächsten Tage. Sie erhielt lange Kondolenzbriefe und der ganze Hof schrieb sich bei ihrem Schweizer zum Zeichen der Trauer ein. Als der König kam, erzählte ich ihm von dem Hinscheiden der Frau Brillant. Er hörte mit ernster Miene zu und sagte: »Endlich habe ich Gelegenheit, einen Edelmann zu befriedigen, der gleichzeitig der anständigste und dümmste Mensch meines Königreiches ist.«

»Wie heißt er?«

»Corbin de la Chevrollerie. Vor einigen Tagen hat er von mir eine Audienz verlangt und mir erzählt, daß er eine reiche Erbin aus der Finanzwelt heiraten wolle, deren Familie aber verlange, daß er zum Botschafter ernannt werde. Ihre Verwandten wären allerdings schon zufrieden, wenn ich ihn mit einem Auftrage beehren würde. Ich versprach, ihn beim nächsten Todes- oder Glücksfall in einem herzoglichen Hause zu verwenden. Ich schicke ihn also jetzt zu Frau von Luxemburg mit meinen Beileidsbezeigungen.«

Diese Idee gefiel mir, ich läutete und gab den Auftrag, daß man Herrn von Corbin zum König hole.

Seine Majestät befahl ihm, sich im Namen der Krone zur Frau von Luxemburg zu begeben und den Ausdruck des königlichen Beileides wegen des Hinscheidens der Frau Brillant zu überbringen. Nach einer halben Stunde kam der Botschafter ganz stolz zurück.

»Sire,« sagte er, »ich habe Ihren Auftrag ausgeführt. Frau von Luxemburg dankt für Ihre Güte. Sie ist verzweifelt über den Verlust, den sie erlitten hat.«

»Herr von Corbin,« fragte ich lachend, »wissen Sie, in welchem Verwandtschaftsverhältnis Frau Brillant zur Herzogin von Luxemburg gestanden ist?«

»Nein, Frau Gräfin. Ich glaube nur, daß sie ihre Tante war, denn ich hörte eine Kammerfrau der Frau Herzogin sagen, daß die arme Frau Brillant schon sehr alt gewesen sei und seit vierzehn Jahren bei ihrer Herrin gewohnt habe.«

Noch mehr Aufsehen als der Tod der Katze machte der Streit des Herzogs von Chaulnes mit Beaumarchais. Der Dichter hatte Herrn von Chaulnes seine Geliebte, Fräulein Mesnard, abtrünnig gemacht. Der Herzog, der nichts dagegen gehabt hätte, wenn ihn das Fräulein um eines Pairs willen verlassen hätte, begibt sich zu Beaumarchais, der leugnet. Herr von Chaulnes wirft ihm Briefe an den Kopf und nennt ihn einen Lügner. Beaumarchais verlangt Genugtuung, der Herzog packt ihn beim Kragen, Leute werden gerufen, die Wache wird geholt und führt den Herzog ab.

Man hätte ihn in die Bastille gesperrt, wenn seine Familie sich nicht in Bewegung gesetzt hätte. Beaumarchais, der keine Gelegenheit vorübergehen ließ, um zu schreiben, verfaßte eine Denkschrift über seinen Streit mit dem Herrn von Chaulnes, und der Herzog von La Vrillière, der geborene Feind aller Leute von Geist, ließ Beaumarchais im Fort L'Eveque einsperren.

XLV

Ich habe schon erzählt, daß Herr von Laborde gemeinsam mit dem Herrn von Soubise und anderen Fräulein Guimard aushielt. Einige Jahre lebten sie in erbaulicher Eintracht zusammen. Wir waren aus Marly zurückgekommen, ich ging mit der Marschallin von Mirepoix im Garten des großen Trianon spazieren, da sahen wir die Marquise l'Hopital, in erbarmungswürdigem Zustand an einem Baume lehnen. Wir nahmen sie bei den Händen und fragten sie, was ihr zugestoßen sei. »Ich bin die unglücklichste Frau«, erwiderte sie.

»Erzählen Sie, vielleicht können wir Sie trösten.«

»Unmöglich. Meine Lage ist zu schrecklich. Der Herzog von Lauzun wird mir niemals verzeihen.«

»Der Herzog von Lauzun?«

»Ja, er ist gut. Aber er wird mir nie verzeihen können, daß ich ihn vergiftet habe.«

»Vergiftet?« fragte ich.

»Vergiftet!« rief die Marschallin.

Wir verlangten eine Erklärung, und sie wurde uns zuteil. Die arme Frau hatte den Herzog von Lauzun nicht mit Gift vergiftet, aber ihm etwas gegeben, was sie selbst bekommen hatte. Nachdem uns die Marquise ihr Unglück mitgeteilt hatte, fragte die Marschallin kaltblütig: »Wo haben Sie sich denn das geholt? Von ihrem Gatten? Das wäre schrecklich!«

»Er ist unschuldig daran«, erwiderte Frau von l'Hopital, »er ist der anständigste Mensch, und übrigens sind wir von Tisch und Bett geschieden.«

»Also vom Prinzen von Soubise?«

»Ja, von ihm«, heulte die Marquise. »Wenn ich ihn sehe, erwürge ich ihn.«

»Daran werden Sie gut tun«, meinte die Marschallin.

Die arme Frau von l'Hopital weinte bittere Tränen. Sie hatte den jungen Lauzun geliebt und fürchtete, daß das zweifelhafte Geschenk auch ihr Verhältnis zu Soubise trüben werde.

»Beruhigen Sie sich,« sagte ich ihr, »ich werde heute abend mit dem Prinzen von Soubise sprechen.«

»Sie sind ein Kind«, fügte die Marschallin hinzu. »Sie glauben den Teufel zu sehen, und dabei ist es nichts. Zu meiner Zeit gab und nahm man dieses Geschenk wie ein Buch, das von Hand zu Hand geht. Herr von Soubise weiß das besser als jeder andere und hat eben in seinem Alter die Gewohnheiten der Jugend bewahrt.«

Diese Worte beruhigten aber Frau von l'Hopital nicht. Abends machte ich mir einen freien Augenblick zunutze und sagte dem Marschall von Soubise: »Prinz! Seit einiger Zeit beobachte ich Sie und bin mit Ihrer Gesundheit nicht zufrieden.«

»Sie wissen alles?«

»Ich weiß nur, daß sich die Marquise für Ihr Übermaß an Aufmerksamkeit bedankt.«

»Ich bitte Sie um Gnade, Gräfin, erzählen Sie das nicht weiter oder ich bin ein verlorener Mensch. Diese arme Marquise muß mir böse sein.«

»Und mit Recht. Sie ist Ihnen ergeben, liebt Sie und Sie fischen im trüben Wasser. Wem gehört der Teich?«

»Sie fragen noch? Fräulein Guimard! Der Teufel ist schuld daran. Wenn ich sage der Teufel, meine ich Herrn von Laborde.«

»Herrn von Laborde?« erwiderte ich lebhaft. »Das ist unmöglich!«

»Warum unmöglich? Hat er eine Dispens vom Papst? Ich weiß nicht, wer ihn so zugerichtet hat, aber Fräulein Guimard und ich sind mit ihm nicht zufrieden. Übrigens fürchte ich mich für die Zukunft nicht mehr vor solchen Unglücksfällen.

Ich habe sie ersucht, zwischen mir und Herrn von Laborde zu wählen.«

»Wie, eine Auflösung der Beziehung? Ganz Paris wird sich lustig machen.«

»Das ist mir gleichgültig. Wenn alles so bliebe, ginge ich nur zitternd zu ihr, und man muß doch eine gewisse Sicherheit bei seinen Beziehungen haben.«

Ich erzählte dem König später das Abenteuer, und er unterhielt sich darüber. Auch der Herzog d'Ayen erfuhr davon, und da er jede Gelegenheit wahrnahm, Herrn von Soubise zu ärgern, schrieb er auf dessen Türe: »Der Herzog d'Ayen hat den Prinzen von Soubise besucht und bittet ihn, einen Teil seiner Komplimente der Marquise von l'Hopital und dem Fräulein Guimard weiterzugeben.«

Am nächsten Tage besuchte mich Herr von Laborde und bat mich, Fräulein Guimard dazu zu bewegen, ihn weiter als Liebhaber zu behalten. Um ihn mir zu verpflichten, ließ ich die Tänzerin zu mir kommen und fragte sie, warum sie mit Herrn von Laborde breche. Sie antwortete, daß man, ohne Angst zu haben, in ihr Haus kommen müsse, und daß, was sich einmal zugetragen habe, öfters geschehen könne. Sie müsse über ihrem Rufe wachen, und wenn sie Herrn von Laborde als Liebhaber behalte, würde man an ihrer Tugend zweifeln. Ich teilte Herrn von Laborde ihr letztes Wort mit. Er war so betrübt, daß er sich entschloß, nach Italien zu reisen, um sich von seiner Leidenschaft zu heilen. Vor seiner Abreise fragte er mich, ob er nichts für mich besorgen könne. Da er über Ferney reiste, beauftragte ich ihn, Herrn von Voltaire in meinem Namen zwei Küsse zu geben. Herr von Voltaire bedankte sich mit einigen Versen für die Bestellung, schrieb mir, daß ihm Herr von Laborde aus der »Pandora« vorgespielt habe, und empfahl sich weiter meinem Wohlwollen. Ich setzte mich nun für die Aufführung der »Pandora« bei Ludwig XV. ein, der aber nichts davon hören wollte. »Hüten Sie sich vor Voltaire,« sagte er, »er ist ein Gottloser, der sich über alles lustig macht. Er will den ersten Sündenfall auf die Bühne bringen, Gott, Satan, Adam und Eva. Prinzessin Louise hat mir davon geschrieben, und ich bin empört. Herr von Voltaire soll Stücke schreiben die man spielen kann, und ich werde den Auftrag geben, daß man sie in Szene setze. Aber zur Aufführung seiner ruchlosen Stücke werde ich niemals meine Zustimmung geben. Ich will nicht eine solche Verantwortung vor Gott übernehmen.« Ich teilte Herrn von Voltaire das traurige Ergebnis meiner Bemühungen mit, und er antwortete mir mit einigen nichtssagenden Worten. Seitdem hörte meine Korrespondenz mit ihm auf.

Unter den Bittstellern, die mein Vorzimmer füllten, befand sich ein alter Edelmann aus Burgund, dessen Name mir entfallen ist. Er war schlecht gekleidet und hatte als einzigen Schmuck das Kreuz vom heiligen Ludwigsorden. »Gräfin,« sagte er mir mit würdiger Offenheit, »ich sterbe Hungers und man verweigert mir die Pension, die man mir schuldet.«

»Ich werde Sorge dafür tragen, daß Sie bezahlt werden.«

»Wird das noch vor Abend geschehen? Wenn man mich bis morgen warten läßt, werde ich schlafen gehen, ohne etwas gegessen zu haben.«

Mitleidig gab ich ihm im Namen des Königs fünfzig Louis. Er nahm sie dankbar an, öffnete seine Weste, um mir zu zeigen, daß er kein Hemd trage, verbeugte sich tief und ging.

Am Abend sprach ich mit dem Herzog d'Aiguillon über diesen Besuch, und er ernannte über meinen Wunsch den braven Offizier zum Major.

Einige Zeit später sagte mir der Herzog: »Ich muß Ihnen eine Neuigkeit von Ihrem alten Schützling erzählen. Er hat sich vorgestern für eine schöne Frau geschlagen.«

337

»Warum?«

»Weil man sie in seiner Gegenwart verleumdet hat.«

»Wer ist die Frau, um derentwillen sich dieser alte Mann duelliert hat?«

»Sie, Gräfin.«

»Mein Gott, ist er verwundet worden?«

»Nein. Aber ich habe ihn verabschieden lassen.«

»Ist das Ihr Ernst?« fragte ich empört.

»Seien sie beruhigt, ein Edelmann, der sich für Sie schlägt, verliert seine Stelle nur, um eine bessere zu bekommen.«

XLVI

Die Gleichgültigkeit, die ich für Staatsgeschäfte an den Tag legte, war dem König angenehm und er sagte mir häufig: »Sie ähneln nicht der Marquise von Pompadour, die alles wissen und kennen wollte und mir, wenn ich ihr einmal irgend einen Vorgang verschwieg, Vorwürfe machte. Sie kannte die geheimsten Intrigen, hätte alle meine Gedanken erraten mögen und war so herrschsüchtig, daß sie am liebsten selbst König gewesen wäre. Ich habe sie dabei überrascht, wie sie meinen Botschaftern Instruktionen gab, die sich nicht immer mit meinen Aufträgen deckten. Bei den auswärtigen Höfen hatte sie Vertrauensmänner, die in ihrem Namen verhandelten. Es gelang ihr sogar, freundschaftliche Beziehungen zu Maria Theresia anzubahnen, die sie schließlich Cousine und Freundin nannte. Aber dieses Verhalten der Marquise gefiel mir nicht. Ihre politische Gleichgültigkeit ist mir lieber.«

Dasselbe wiederholte Ludwig XV. gelegentlich der Heirat des Grafen von Artois, die das ganze Schloß beschäftigte, während ich mich still verhielt. Diese Ehe schien aus verschiedenen

Gründen nötig. Erstens hielten sich die Frömmler und Frömm-
lerinnen in Versailles über die Galanterie des Prinzen auf und
verlangten, daß man seinen Übermut bändige. Ein wichtiger
Beweggrund besonders in den Augen des Königs war es, daß
weder der Dauphin noch der Graf von Provence Kinder hatten,
und man befürchtete, daß sie keine bekämen. Der Graf von Artois war demnach der einzige direkte Abkömmling Ludwig
XV., von dem man einen Thronfolger erhoffen konnte. Der König mochte die anderen Prinzen von Geblüt nicht. Der Gedanke, daß der Herzog von Orléans eines Tages Thronerbe
werden könnte, verstimmte ihn.

Einige Prinzessinnen wurden dem Prinzen angeboten, aber
Maria Josepha, Infantin von Spanien, damals schon neunund-
zwanzig Jahre alt, kam nicht in Betracht, die Prinzessin Maria
von Portugal war auch zu alt, die Tochter eines kurfürstlichen
Hauses in Deutschland war nicht genehm, blieb also nichts anderes übrig, als sich wieder an das Haus Savoyen zu halten und
eine Schwester der Gräfin von Provence zu nehmen. Dieser
Ausweg gefiel der königlichen Familie mit Ausnahme der Dauphine, die glauben konnte, daß ihre beiden Schwägerinnen sich
zu ihrem Nachteile verbünden würden.

Ich erfuhr, daß Maria Theresia dem König aus diesem
Grunde Vorstellungen machte. »Die Kaiserin glaubt, daß es
weitergeht, wie zu Zeiten der Marquise Pompadour und des
Herzogs Choiseul«, sagte mir Ludwig XV. »Gott sei Dank, daß
ich nicht mehr unter den Einflüssen dieser Freunde zu leiden
habe, mein Wille wird geschehen, und wenn ich meinen Enkel
verheirate, werde ich die Interessen Frankreichs und nicht die
Österreichs wahren.«

An diesen Worten des Königs gaben meine Feinde mir die
Schuld. Man erklärte, daß ich von Turin bestochen worden sei,
aber es ist natürlich kein wahres Wort daran. Der Botschafter

von Piemont, der Graf von La Marmora, sprach mit mir kein Wort über diese Angelegenheit, und ich erfuhr erst vom König von dem Eheprojekt.

Es wurde damals mehr als eine Intrige angezettelt, um auch unter den jungen Prinzen böses Blut zu machen. Man versuchte den Dauphin mit dem Grafen von Artois zu verfeinden und hetzte den Thronfolger gegen den Grafen von Provence. Die Kabale brachte es zuwege, daß Marie Antoinette gegen ihren Schwager Provence mißtrauisch wurde.

Als man von dem nahen Bevorstehen dieser Ehe erfuhr, ging es ähnlich wie bei den Hochzeiten der beiden älteren Prinzen zu. Alle Ehrgeizigen verlangten eine Stelle im Hofstaate der Neuvermählten. Ich wollte Frau von Mirepoix ein Zeichen meiner Freundschaft geben und fragte sie, ob ihr eine Stelle bei der Gräfin von Artois angenehm wäre. »Liebste,« erwiderte die gute Marschallin, »ich bin zu alt für einen Dienst, der mir Mühe bereiten würde. Die Stelle einer Ehrendame wäre freilich wegen der Einkünfte wünschenswert. Aber hören Sie, ich will aufrichtig sein. Wenn Sie mir durchaus einen Freundschaftsdienst erweisen wollen, geben Sie den Titel einer anderen und den Gehalt mir. So werden Sie gleichzeitig zwei Menschen zufriedenstellen.«

»Ich werde jedenfalls trachten,« erwiderte ich, »daß Sie aus dieser Heirat Nutzen ziehen.«

Tatsächlich ließ ich der Marschallin hundertfünfzigtausend Francs anweisen, einen Betrag, den sie dringend brauchte, um allerlei Möbel kaufen zu können, da die ihren nicht mehr in Mode waren, ferner erhielt sie eine Erhöhung ihrer Pension um zwanzigtausend Francs. An Stelle der Frau von Mirepoix, deren Ablehnung geheim gehalten wurde, schlug ich Frau von Forcalquier vor. Sie war glücklich darüber, da es ihr höchster Wunsch war, Ehrendame bei der Gräfin von Artois zu werden.

Der junge Ehemann war die Hoffnung der Monarchie und so beliebt, daß man allgemein überzeugt war, daß er schließlich Herrscher werden würde. Als seine Schwägerin das erstemal schwanger wurde, war man im Schlosse sehr betrübt, da dieses Ereignis die Thronfolge des Grafen von Artois unmöglich machen konnte.

Bis dahin wußte ich von Frau von Forcalquier nur, daß sie eine geistreiche, liebenswürdige Frau war, und konnte mir eigentlich nicht vorstellen, daß diese scheinbar leichtsinnige Frau ehrlicher Anhänglichkeit und Freundschaft fähig sei. Ihre Freundin, Frau Boucault, die Witwe eine Finanzmannes, wünschte Hofdame der jungen Prinzessin zu werden. Frau von Forcalquier setzte sich für ihren Wunsch bei mir ein und erzählte mir den Grund ihrer uneigennützigen Bemühungen: »Ich war kaum siebzehn Jahre alt, als meine Eltern mir mitteilten, daß ich heiraten müsse. Sie fragten mich nicht, ob ich es gerne täte oder darüber traurig sei. Eine Frau von Stand darf erst am Morgen nach ihrer Hochzeit ihren Willen äußern. Bis dahin muß sie sich jedem Wunsche ihrer Familie fügen. Ich hatte kaum zwei- oder dreimal einige Worte mit meinem künftigen Gatten gewechselt, als er mich schon zum Altar führte und ich schwören mußte, nur ihm anzugehören. Er war weder jung noch alt, weder schön noch häßlich, weder klug noch dumm, er war ein Mann wie alle anderen, einer von denen, die in einen Salon treten oder ihn verlassen, ohne daß man Lust hätte zu fragen, wer dieser Herr ist, der kommt oder geht. Meine Eltern hatten mir befohlen, meinen Gatten zu lieben. Also liebte ich ihn. Er aber wurde meiner bald überdrüssig. Eine meiner Kammerfrauen versagte ihm erst, was ich ihm schicklicherweise nicht versagen durfte, und er verliebte sich in dieses Mädchen. Nachdem er ihren Widerstand überwunden hatte, reiste er mit ihr nach Italien. Während seiner Abwesenheit machte ich die

Bekanntschaft der Frau Boucault. Sie war ebenso jung und unglücklich wie ich. Wir hatten denselben Geschmack, denselben Charakter und dieselben Sorgen. So freundeten wir uns bald an. Da sie aber viel klüger und stärker war als ich, vergaß sie ihren eigenen Kummer, um mich zu trösten. – Da ich Ihnen schon so viel erzähle, erzähle ich Ihnen alles. – Einer meiner Verwandten half mir über diese Zeit hinweg. Indessen kehrte mein Mann von seiner Reise zurück, versuchte es mit einem halben Dutzend Geliebten, bis er sich schließlich in mich verliebte. Aber da war es zu spät, ich hatte mein Herz schon vergeben und verheimlichte meine Gefühle so schlecht, daß Herr von Forcalquier eifersüchtig wurde und mit mir auf eines unserer Güter reiste. Aber mein Cousin, den mein Gatte nicht verdächtigte, und Frau Boucault begleiteten uns. Am Lande ist die Gelegenheit zur Liebe günstiger, mein Verwandter und ich nahmen uns nicht mehr in acht und machten eine Unvorsichtigkeit nach der anderen. Glücklicherweise wachte die Freundschaft über uns, und Frau Boucault gab ihren Ruf preis, um meinen zu retten. Eines Morgens begegnete mir Herr von Forcalquier und sagte: ›Frau Gräfin, ich bin mit Ihrer Freundin unzufrieden, sie ist eine liederliche Frau. Kaum vierzehn Tage ist sie hier und schon ist sie die Geliebte Ihres Cousins.‹ – ›Graf, das ist ausgeschlossen,‹ rief ich, ›Frau Boucault ist unschuldig!‹ – ›Nein, meine Schöne,‹ erwiderte er, ›ich weiß, was ich sage. Ich war im Zimmer Ihres Cousins und habe diesen Brief gefunden.‹ – Mein Gatte reichte mir ein Papier, das ich zitternd ergriff. Es war ein Brief, den mein Cousin an eine Dame des Schlosses geschrieben haben mußte, da er nach einem kleinen Streit ein nächtliches Rendezvous zur Versöhnung verlangte. Nachdem ich gelesen oder besser gesagt, erraten hatte, was dieser Brief enthielt, beschwor ich meinen Gatten, ihn dorthin zurückzutragen, wo er ihn genommen habe, damit er nicht verdächtigt werden könne, das Vertrauen seiner Gäste mißbraucht zu haben. Er verließ mich, und ich lief so schnell als möglich zu meiner Freundin, fiel ihr zu Füßen, erzählte ihr, was sich zugetragen hatte, und klagte mich an, die unwürdigste Frau zu sein, da ich, um meine Ehre zu retten, die ihre preisgegeben habe. Ich wollte schon meinem Gatten alles gestehen, als mich Frau Boucault zurückhielt. ›Zweifeln Sie an meiner Anhänglichkeit?‹ fragte sie. ›Lassen wir Ihren Gatten bei seinem Glauben. Aber Sie müssen mit Ihrem Cousin sprechen und er muß verreisen. Man könnte die Wahrheit entdecken und dann wären Sie verloren.‹ – Ich befolgte den Rat der Frau Boucault und seitdem bin ich von ihrer Ergebenheit überzeugt. Die Gelegenheit bietet sich nun, mich ihr dankbar zu erweisen. Gestatten Sie, liebe Gräfin, daß ich mich an Sie wende, um diese Freundschaftsschuld bezahlen zu können.«

Nachdem Frau von Forcalquier zu Ende gesprochen hatte, umarmte ich sie und sagte: »Frau Boucault ist mir lieb und achtenswert geworden. Wenn ich noch Einfluß auf den König habe, wird sie Hofdame der jungen Prinzessin werden. Eine solche Frau ist ein Schatz und ich danke Ihnen, daß Sie sich für sie bei mir verwendet haben.«

Trotz der Verdienste der Frau Boucault und trotz des Lobes, das auch der König nach meiner Erzählung ihr zuteil werden ließ, war es anfangs nicht leicht, die Stelle für sie zu erlangen, um die sie gebeten hatte. Der König meinte, daß solche Tugend wohl einen Lohn verdiene, aber um Hofdame seiner Enkelin zu werden, sei es nötig, daß man vorgestellt sei und einen vornehmen Namen trage.

»Dem ist leicht abzuhelfen, Sire,« erwiderte ich, »Damen mit Geld und einflußreichen Freunden finden leicht einen Gatten. Wenn Frau Boucault auf Ihr Wohlwollen zählen kann, wird sich mehr als ein Bewerber einstellen.«

Der König erzählte, um mir einen Gefallen zu erweisen, im Schloß, daß es ihn freuen würde, wenn Frau Boucault wieder heiraten könnte. Er habe die Absicht, ihr eine einflußreiche Stellung anzuvertrauen. Tatsächlich erschienen sofort mehr als zwanzig Freier. Gewählt wurde der Graf von Bourbon-Busset, der Verstand mit gutem Benehmen vereinigte, und dessen Herkunft ihn mit dem königlichen Hause verband. Nach der Hochzeit sorgte ich dafür, daß die Neuvermählte Hofdame wurde. Diese Ernennung gereichte der Gräfin von Forcalquier zur Ehre und schuf ihr allgemeine Achtung.

Die neue Gräfin von Bourbon-Busset bedankte sich bei mir und bat mich um eine neue Gunst. Sie begehrte, daß ich für ihren Gatten den Titel eines Herzogs und Pairs erwirke. Ich sprach mit dem König darüber, er erwiderte aber, daß er die Zahl der Prinzen von Geblüt nicht erhöhen wolle. Es gebe genügend Legitime und er wolle die Bastarde nicht hinzuzählen.

Der Hofstaat der Gräfin von Artois wurde gebildet. Herr von Cheglus, Bischof von Cahors, wurde erster Almosenier. Die Gräfin d'Hargicourt, meine Schwägerin, wurde ebenfalls Hofdame. Sie war ein geborenes Fräulein von Fumel, die Tochter des Gouverneurs des Schlosses Trompette in Bordeaux. Diese Ehe war übrigens schwer zustande gekommen. Graf Jean hatte sich aber direkt an den König gewendet. Ludwig XV. konnte ihn nicht leiden, verbarg aber seinen Haß hinter außerordentlicher Ängstlichkeit und bewilligte meinem Schwager unverzüglich jede Gunst, um sich seiner zu entledigen und um ihn nicht länger sehen zu müssen. In diesem Falle gab er dem Grafen d'Hargicourt eine Million Francs und ernannte ihn zum Kapitän der Schweizer Garde des Prinzen. Denselben Rang bekleideten der Graf von Crussol und der Prinz von Henin. Letzterer war ein Neffe der Marschallin von Mirepoix. Die Kabale war wütend darüber, daß ich diese

Stellen meinen Freunden oder den Freunden meiner Freunde zugeschanzt hatte.

Vor der Hochzeit des Grafen von Artois fiel der Graf von Broglie in Ungnade. Er war Geheimsekretär Ludwig XV. gewesen und hatte die Gewohnheiten eines Günstlings angenommen. Er erstrebte daher die Gunst, die Prinzessin von Savoyen von der Grenze abholen zu dürfen. Seine Bitte wurde bewilligt. Aber als Nimmersatt verlangte er außerdem noch einen Monat Urlaub, um nach Turin reisen zu können. Der Herzog d'Aiguillon, der den Grafen nicht mochte, sagte mir: »Ich habe keine Lust, diesem Halbminister einen Gefallen zu erweisen. Ich werde seine Abreise so lange als möglich verzögern.«

»Er wird sich ärgern«, erwiderte ich.

»Daran liegt mir nichts. Wenn er böse wird, ist es mir lieb, und wenn er Lärm schlägt, um so lieber. Er wird irgend eine Dummheit machen, und wir werden daraus Nutzen ziehen können.«

Tatsächlich schrieb der Graf von Broglie Herrn d'Aiguillon einen unsinnigen Brief. Der Herzog verlas diesen Brief im Ministerrat, und der König fand, daß er eine wahrhafte Rebellion beinhalte, und drang darauf, daß man den Briefschreiber bestrafe. Der Herzog d'Aiguillon beauftragte nun Herrn von La Vrillière, einen Haftbefehl zu verfassen, in welchem der König dem Grafen von Broglie seine Unzufriedenheit kundgab, ihm die Ehre entzog, die Prinzessin abholen zu dürfen, und ihn auf eines seiner Güter bei Angoulême verbannte. Dieser Streich machte großes Aufsehen im Schloß.

Nachdem Herr von Broglie entlassen war, war es nötig, daß Seine Majestät einen neuen Vertrauensmann ernenne, und er wählte Herrn Lemoine. Der neue Geheimsekretär machte der Wahl alle Ehre. Kaum hatte er einen Blick in die Akten getan, die ihm nunmehr anvertraut waren, als er sich schon in ihnen zurechtfand und seine Pflicht zur Zufriedenheit des Königs im Stillen vollzog. Niemand, mit Ausnahme der Herren d'Aiguillon und von Sartines, erfuhr von seiner Tätigkeit, die nicht für die Öffentlichkeit bestimmt war. Herr d'Aiguillon konnte sich vor Freude darüber nicht fassen, daß er sich so des gefährlichsten Rivalen entledigt hatte. Jetzt konnte er hoffen, in jeder Hinsicht Nachfolger des Herzogs von Choiseul zu werden. Er verdoppelte seine Bemühungen beim König, der ihn über alle Maßen gut behandelte, trotzdem er ihm eigentlich nicht ganz vertraute. Es gibt unlösliche Rätsel in den Charakteren schwacher Menschen. Eigensinn erschreckt sie und sie geben nach, um nicht Widerstand leisten zu müssen.

Indessen litt der König an Langeweile und wurde jeden Tag düsterer und nachdenklicher. Ich bemerkte wohl seine Melancholie, wußte aber nicht, wie ich ihn davon heilen könnte. Allerdings beschäftigte ich mich nicht damit und hätte Seine Majestät beinahe über meinem Herzog von Brissac vergessen. Die Marschallin von Mirepoix, die den Hof und die Gewohnheiten des Königs besser kannte als ich, machte mich erst auf die Gefahr aufmerksam, die mir drohte. »Sehen Sie nicht, meine Liebe,« fragte sie, »daß wir uns in einer Krise befinden? Der König langweilt sich!«

»Das ist wahr!«

»Verursacht es Ihnen keine Sorge? Der Feind, der Sie bei Ludwig XV. zugrunde richten kann, ist die Langeweile. Sie müssen versuchen, den König zu unterhalten.«

»Das ist nicht leicht.«

»Es muß aber geschehen, glauben Sie mir, die Könige sind nicht wie die anderen Menschen, sie ekeln sich zu zeitig vor allen Dingen und können sich nur in die Vielfältigkeit des Vergnügens retten. Was ihnen abends gefallen hat, mißfällt ihnen schon morgens. Und Ludwig XV. ist in dieser Hinsicht mehr König als jeder andere. Sie müssen für seine Zerstreuung sorgen.«

»Wie soll ich das? Wenn ich eine neue Tragödie von Herrn von La Harpe aufführen lasse, wird er gähnen. Eine Oper von Herrn von Marmontel, und er schläft ein.«

»Mein lieber Engel, ich will Ihnen keinen Rat geben, aber in einem solchen Falle hätte sich Frau von Pompadour eine Helferin genommen.«

»Frau von Pompadour hat recht daran getan, und ich wollte schon ein- oder zweimal das Gleiche tun wie sie, aber die Rolle der Frau La Gourdan behagt mir nicht. Ich spiele lieber die eines ihrer Mädchen.«

Die Marschallin begann zu lachen und ich machte ein langes Gesicht. Graf Jean trat ein. »Donnerwetter, meine Damen!« sagte er mit seiner gewöhnlichen Vertraulichkeit. »Welch sonderbare Gegensätze! Darf ich fragen, warum Sie so traurig sind, meine Schwester?«

»Mein Gott, der König langweilt sich, und um ihn aufzuheitern, soll ich nach der Meinung der Marschallin eine schöne Frau bei der Hand nehmen, sie ihm zuführen und sagen: ›Sire, da Sie sich mit mir langweilen, bringe ich Ihnen diese Dame, damit Sie sich mit ihr unterhalten!‹«

»Das ist auch das Richtige«, erwiderte Graf Jean. »Daraus würde ich ersehen, daß Sie meine Ratschläge befolgen. Sie wissen, liebe Schwägerin, daß ich gerne jedes Opfer bringe, um dem König ein Vergnügen zu bereiten. Er braucht Zeitvertreib, geben wir ihm doch ein kleines Mädchen. Hüten wir uns aber, ihm eine große Dame anzubieten. Teufel noch einmal! Entschuldigen Sie, Frau Marquise, die Gewohnheit.«

»Die Natur,« erwiderte Frau von Mirepoix, »eine Nachtigall singt und Sie fluchen.«

»Donnerwetter, da haben Sie recht!«

Nach diesen Worten verließ uns die Marschallin, und auch Graf Jean machte sich bald auf den Weg, um eine Zerstreuung für den König zu suchen.

Die Langeweile Ludwig XV. wurde durch verschiedene Ereignisse, die beim feierlichen Einzug des Dauphins und der Dauphine in Paris stattfanden, unterbrochen. »Ich möchte schon sehen,« sagte der König eines Tages, »daß der Dauphin Vater wird, bevor ich sterbe. – Übrigens, was liegt mir daran, ich werde ohnehin nicht mehr lange leben.«

Wir hörten, daß der Herzog von Brissac, der die Dauphine als Gouverneur von Paris empfing, ihr gesagt hatte: »Zweihunderttausend Männer werden sich heute in Sie verlieben.«

Der Herzog hatte recht, denn an diesem Tage war die Prinzessin schön wie ein Engel und ihr Aussehen gewann ihr alle Herzen.

XLVII

Wiederholte Versuche, den König aus seiner Lethargie zu reißen, blieben ohne Erfolg.

Eines Morgens ließ sich Graf Jean bei mir melden. »Beruhigen Sie sich, meine Schwester,« sagte er, »ich bringe gute Nachricht, die Taube ist gefunden. La France wird Appetit bekommen.«

»Wer ist das liebenswürdige Vöglein, das Sie gefangen haben?«

»Ein kleines Mädchen, weniger hübsch als Sie, aber zum anbeißen!«

»Wie heißt sie?«

»Ursula Noblin. – Sie ist sehr anständig und opfert sich nur, um ihren Bruder von den Galeeren zu retten.«

»Woran denken Sie? Sie wollen dem König die Schwester eines Räubers anbieten?«

»Er ist kein Räuber und unschuldig zum Handkuß gekommen; ein Edelmann, dem er auf der Straße begegnete, hat ihn geohrfeigt, und er hat mit seinem Stock zurückgeschlagen und so unglücklich getroffen, daß dieser harmlose Schlag den Tod des Edelmannes herbeigeführt hat. Das ist ein entschuldbarer Fall. Ich habe mit dem Vater Noblin gesprochen und ihm zugesagt, daß sein Sohn frei ausgehen werde, wenn er uns seine Tochter zur Verfügung stellt. Ursula hat geweint, aber da sie ihren Bruder liebt und auf die Ehre ihrer Familie hält, ließ sie sich von mir in den Hirschpark führen, wo ich sie eben eingeschlossen habe.«

Im Auftrag des Grafen Jean besichtigte Chamilly das junge Mädchen, fand es entzückend und pries es dem König an. Ludwig XV. begibt sich in den Hirschpark und Ursula gefällt ihm, aber sie gibt sich ihm nicht ohneweiters hin, und da er bemerkt, daß das Opfer nicht freiwillig dargebracht wird, wird er ihrer bald überdrüssig.

Indessen galt es, den Bruder den Händen der Justiz zu entreißen. Aus diesem Anlasse sprach ich wieder mit Herrn von Maupeou, der die Freilassung des jungen Mannes verfügte.

Ich verständigte Ursula selbst davon, die sich bei mir bedankte und sagte: »Diese Gnade kostet mich viel, aber ich hätte sie selbst für den Preis meines Lebens erkauft. Gott wird mir meinen Fehltritt verzeihen. Ich war es meinem Bruder und meiner Familie schuldig.«

Das junge Mädchen weinte, und ich versuchte es vergebens zu trösten. Als ich mich später einmal nach ihm erkundigte, erfuhr ich, daß es bald nachher gestorben ist.

Der Kanzler, mit dem ich auseinander gekommen war, wollte sich bei dieser Gelegenheit mit mir versöhnen. Wir setzten uns Seite an Seite und er fragte: »Was ist Ihre Meinung über den Prinzen von Condé?«

»Mein Gott,« erwiderte ich, »ich glaube, er ist eher geschickt als offen und eher selbstsüchtig als uneigennützig.«

»Richtig. Und was denken Sie vom Grafen von La Marche?«

»Seine Freundschaft hat mich viel Geld gekostet. Aber da Freundschaft am Hofe keine billige Ware ist, setze ich mich darüber hinweg. Er ist höflich in einem Salon. Ob er jedoch von Staatsgeschäften etwas versteht, kann ich nicht beurteilen.«

»Ausgezeichnet! Und der Prinz von Soubise?«

»Als ihn Gott erschaffen hat, hat der Allmächtige vergessen, ihm Hirn und Herz zu geben, aber sonst ist er vollkommen. Warum wollen Sie denn meine Meinung über alle großen Herren des Schlosses erfahren?«

»Ich wollte nur wissen, was Sie von diesen drei Herren denken, die sich dank den Bemühungen der Prinzessin von Marsan verbunden haben, um das gegenwärtige Ministerium zu stürzen, Sie vom Hofe zu verjagen und Ihre Stelle einer Frau zuzuschanzen, die von ihnen abhängig ist.«

»Der Graf von La Marche, der mir ergeben ist,« rief ich, mehr erstaunt als geärgert, »sollte sich an einem solchen Komplott beteiligt haben?«

»Der Graf von La Marche ist nicht mehr wert als die anderen. Er war Ihnen eine Zeitlang ergeben, weil er eben keinen Grund hatte, Sie zu verraten. Heute scheint es ihm nützlich, und er stellt sich, ohne zu zögern, unter das Banner Ihrer Feinde.«

»Grausliches Land und grausliche Leute!« rief ich. »Aber bevor ich mich ärgere, müssen Sie mir seine Schuld beweisen!«

»Ich habe einen Beweis«, erwiderte der Kanzler. »Hier ein Brief des Grafen von La Marche an den Prinzen von Soubise. Einer meiner Sekretäre, dessen Diplomatie mit seiner jeweiligen Liebe immer Hand in Hand geht, hat ihn bei der kleinen

Cleophile gefunden, wo ihn der Prinz von Soubise verloren hat. Die Leistung des jungen Mannes verdient eine Belohnung, und sowie ein Mitglied meines Parlaments gehängt wird, gebe ich die freiwerdende Stelle Herrn Delbose.«

Der Kanzler bat mich, den Brief laut zu lesen: »Herr Marschall! Mein Cousin hat mir Ihr Gespräch mit ihm mitgeteilt und mir erzählt, daß Sie hoffen, die Regierung in günstigem Sinne zu verändern. Ich bin wie Sie der Meinung, daß alles schlecht steht, und erkenne den Grund. Erstens ist das Ministerium unfähig, zweitens sind die Parlamente bestochen und schließlich ist die Zuneigung des Königs für die Frau, die das Triumvirat stützt, gefährlich. Mein Cousin hat mir gesagt, daß Sie das Triumvirat durch uns ersetzen wollen. Ich glaube, daß das nicht unmöglich ist. Unsere Absichten sind ehrlicher als die Absichten dieser Leute. Wir wollen die Größe des Königs und das Wohlergehen des Volkes, die Gerechtigkeit der Justiz und die Wiederkehr der guten Sitten. Ich bin überzeugt davon, daß wir Erfolg haben werden, wenn wir uns verstehen und uns richtig benehmen. Ich glaube, daß es nötig wäre, den König zu veranlassen, eine neue Regierung zu ernennen, an deren Spitze wir uns befinden würden, Sie, Ihr Schwiegersohn und ich, allerdings ohne daß wir den Titel von Ministern beanspruchten. Ich schlage Ihnen als Generalkontrollor der Finanzen Herrn Cromot vor. Er ist ein geschickter Finanzmann und hat ausgezeichnete Projekte. Übrigens bietet er uns jedem zwei Millionen, die im ersten Jahre seiner Tätigkeit fällig würden. Sein Vorschlag verdient überdacht zu werden, denn schließlich haben Sie Schulden, mein Vetter auch und die Liste der meinen beängstigt mich. Herr Cromot hat mir auch versprochen, weder Frau von Monaco noch Fräulein Guimard, noch die anderen zu vergessen. Ich wiederhole, er ist der Mann, den wir brauchen. Ihr Schwiegersohn war der Ansicht, daß wir uns wechselseitig verpflichten mögen, aus diesem Grunde schreibe ich Ihnen. Ich hoffe, daß Sie mir so bald als möglich antworten werden. Meine Freundschaft für die Gräfin möge Sie nicht beunruhigen. Ich werde meine Pflichten als Prinz und Staatsbürger mit dem, was ich der Dame schuldig bin, in Einklang zu bringen wissen. Das Wichtigste ist, ihr die Stelle, die sie einnimmt, zu entreißen, und ich werde Ihnen einen diesbezüglichen Plan unterbreiten. Ich bin, Herr Marschall, Ihr sehr ergebener

Graf von La Marche.«

Während ich diesen Brief las, geriet ich in furchtbare Aufregung. Die Perfidie des Grafen von La Marche brach mir das Herz. Ich erinnerte mich mit Mißvergnügen seiner Schmeicheleien und schimpfte ungezwungen über seine Gemeinheit. Der Kanzler hörte mir lächelnd zu und fragte: »Glauben Sie mir jetzt?«

Ich konnte nicht umhin, ihm zu gestehen, daß er mir einen Dienst geleistet habe. Allerdings nur im eigenen Interesse. Denn wenn der Plan der Prinzen gelungen wäre, hätte auch er seine Demission geben müssen. Er bat mich, Herrn d'Aiguillon nichts davon zu sagen. Ich machte ihm den Vorschlag, sich mit ihm zu versöhnen, da die beiden Minister uneinig geworden waren. Er weigerte sich aber mit der Erklärung, daß der Herzog seinem Sturz entgegengehe, er selbst verpflichtet sei, gleichzeitig mit ihm das Ministerium zu verlassen, und er den Herzog nur retten könne, wenn er scheinbar gegen ihn Stellung nehme.

Auch Herr d'Aiguillon hatte von den Projekten der Prinzen erfahren, war der Überzeugung, daß der Kanzler diese Herren leite, und versuchte in meiner Gegenwart, vor dem König gegen Herrn von Maupeou zu sprechen. »Herzog d'Aiguillon,« sagte Ludwig XV., »es betrübt mich, daß Sie sich mit Herrn von Maupeou nicht mehr vertragen. Aber um Sie von jedem

Schritte gegen ihn abzuhalten, mache ich Sie aufmerksam, daß ich seine Dienste ebenso schätze wie die Ihren. Er hat mich erst zum König von Frankreich gemacht. Meine Vorgänger und ich waren nur Diener der Parlamente. Er hat sie gestürzt wie der Kardinal von Richelieu die großen Herren aus der Zeit der Lehensrechte. Meine Nachkommen sind dem Kanzler ebenso großen Dank schuldig wie dem Kardinal, und so lange ich König bin, bleibt Maupeou Minister.«

Als wir allein waren, sagte mir Seine Majestät: »Ich weiß nicht, warum alle gegen den Kanzler hetzen. Er ist der Mann, den ich am liebsten mag. Selbst die, die gelegentlich seines Streites mit den Parlamenten auf seiner Seite waren, schwärzen ihn nun bei mir an. Allerdings geht es dem Herzog d'Aiguillon und dem Abbé Terray nicht besser.«

»Ich weiß, Sire, von welchen Leuten Sie sprechen.«

»Kennen Sie sie denn?« fragte Ludwig XV. errötend.

»Sie brauchen sie nicht zu nennen, ich habe meine eigene Polizei und bin von allem so gut unterrichtet wie der König selbst.«

»Wen verdächtigen Sie also?«

»Erstens den Prinzen von Soubise, zweitens den Prinzen von Condé und drittens den Grafen von La Marche. Hat man mich gut unterrichtet? Diese drei Herren haben sich in den Kopf gesetzt, den König und das Königreich zu beherrschen.«

»Unmöglich!« rief Ludwig XV.

»Es ist wahr,« erwiderte ich, »und wenn Sie mir nicht glauben, lesen Sie doch diesen Brief des Grafen von La Marche an den Prinzen von Soubise!«

Der König ergriff den Brief, und nachdem er ihn gelesen hatte, nahm ich ihn wieder, obwohl er ihn behalten wollte. »Ich sehe darin«, sagte er, »nur das Verlangen, mir dienen zu wollen; einen lobenswerten Ehrgeiz. Dieser Brief ist würdig abgefaßt, und das einzige, was mir daran mißfällt, ist, daß man unfreundschaftlich von Ihnen spricht. Man sollte Sie um meinetwillen achten. Sonst habe ich nichts auszusetzen.«

»Jetzt weiß ich,« erwiderte ich, »inwieweit ich auf Ihr Wohlwollen zählen kann. Sie würden mich in Stücke zerreißen lassen, ohne ein Wort zu sagen. Aber seien Sie beruhigt, ich werde mich selbst verteidigen. Von morgen ab trage ich zwei Pistolen im Gürtel.«

»Glauben Sie denn, daß ich Sie ungestraft beleidigen lassen würde?«

»Wer weiß? Sie sind so gut, daß Sie sich sogar scheuen, den Leuten, die mich erwürgen wollen, wehe zu tun.«

»Was fällt Ihnen ein? Ich bin Ihr Freund auf Tod und Leben. Meine Minister aber sollen sich selbst helfen, so gut sie können. Das geht mich nichts an. Das ist nur ihre Angelegenheit.«

Darauf konnte ich nichts erwidern und schwieg.

Am nächsten Tag bat ich Frau von Valentinois um ihren Besuch, erklärte ihr, was ich gegen den Prinzen von Condé vorzubringen hatte, und ersuchte sie, sich mit ihrer Schwägerin, der Frau von Monacco, darüber auseinanderzusetzen, sagte ihr ferner, daß, wenn man fortfahren würde, mir Grund zur Unzufriedenheit zu geben, ich jede Gelegenheit ergreifen würde, um Seine Majestät mit dem Prinzen zu verfeinden.

Frau von Valentinois suchte ihre Schwägerin auf, die trotz ihrer Dummheit verstand, worum es sich handelte, und einsah, daß es gefährlich sei, sich mit mir zu zerkriegen, da ich mit einem Wort die Quelle der geheimen Pensionen, an denen auch sie teilhatte, versiegen lassen konnte. Außerdem konnte sie den Prinzen von Soubise, den Schwiegervater ihres Geliebten, nicht leiden und fürchtete eine Annäherung der beiden Herren. So gelang es ihren Bemühungen, den Prinzen von Condé von seinem Plane abzubringen.

Den Grafen von La Marche, den Freund, der mich um zwei Millionen hatte verkaufen wollen, behandelte ich so schlecht ich konnte. Nicht besser ging ich mit dem Prinzen von Soubise um. Ich gab ihm meine Unzufriedenheit dadurch zu erkennen, daß ich dem Prinzen Louis von Rohan nach besten Kräften schadete.

Allerdings wollte Maria Theresia unseren Botschafter an ihrem Hofe nicht länger dulden. Jeder Tag brachte neue Dummheiten des Prinzen Louis oder seiner Diener mit sich, so daß sie schließlich Ludwig XV. schrieb und ihn bat, seinen Botschafter heimzuberufen. Der König wußte nicht aus noch ein. Einerseits fürchtete er das Mißfallen der Kaiserin zu erregen, andererseits war es ihm peinlich, mit der Prinzessin von Marsan und allen Rohans der Erde Streit zu beginnen. Als er mir davon sprach und sagte, daß er der unglücklichste Mensch sei, riet ich ihm, den Wünschen der Kaiserin nachzugeben. »Sie möchten, daß alles nach ihren Wünschen geht,« erwiderte der König weinerlich, »und ich soll mir dann von Früh bis Abend das Gejammer der Frau von Marsan und die Vorwürfe des Herrn von Soubise anhören?«

»Den werden Sie leicht los, Sie können sein Stillschweigen erkaufen. Wenn Sie aber den Prinzen Ludwig belassen, kränken Sie die Dauphine und die Kaiserin, die meiner Meinung nach das Recht hat, an ihrem Hofe nur Leute zu empfangen, die ihr gefallen.«

»Der Teufel soll meinen Botschafter holen, diesen Dummkopf, diesen Irrsinnigen, der von Schulden geplagt ist und neue Gläubiger sucht!«

»Wer hat ihn zum Botschafter ernannt?«

»Der Herzog d'Aiguillon, der Kanzler und Sie, Gräfin, haben mich gezwungen, einen Lumpen zu ernennen, wo wenigstens ein anständiger Mensch nötig gewesen wäre. Da er nun einmal in Wien ist, bleibe er, und man lasse mich in Frieden!«

Meine Bemühungen blieben ebenso erfolglos wie die Tränen der Dauphine. Denn die Liebe, die manchmal die Diplomatie leitet, machte unsere Anstrengungen zunichte. Der Graf von Mercy d'Argentau, der Botschafter Österreichs an unserem Hofe, hatte eine reizende Geliebte namens Fanny Loyer, die so hübsch war, daß sie allen Diplomaten Europas den Kopf hätte verdrehen können. So kam es, daß auch der Botschafter Österreichs sich in sie verliebte. Die Prinzessin von Marsan kannte diese Leidenschaft und ließ durch den Prinzen Louis einen verliebten Brief an Fanny Loyer schreiben, in dem er ihr sagte, daß er ohne sie nicht leben könne und daß, wenn der König ihn nicht nach Paris berufe, er seine Stelle niederlegen werde. Dieser Brief wurde in die Hände des Grafen von Mercy gespielt. Da ließ er die Aufträge seiner Herrscherin außer acht und setzte Himmel und Hölle in Bewegung, um zu verhindern, daß sein gefährlicher Rivale nach Paris komme. Als geschickter Diplomat machte er seine Sache so gut, daß der Prinz von Rohan erst zwei Monate nach der Thronbesteigung Ludwigs XVI. nach Frankreich zurückkehrte. So ist es, wenn Herrscher verliebten Botschaftern ihre Interessen anvertrauen.

XLVIII

Frau von Montesson, die Gattin des Herzogs von Orléans, bemühte sich, ihre Machtstellung zu festigen. Sie war der Meinung, daß sie durch die Wiederherstellung der alten Parlamente sich den Dank der Öffentlichkeit verdienen werde, und veranlaßte ihren Gatten, sich für die patriotische Sache einzusetzen. Der Herzog hatte sich nur scheinbar mit dem Hofe versöhnt, da er das Parlament Maupeou nicht anerkannt hatte, konnte daher, ohne eine Perfidie zu begehen, gegen dieses Stellung nehmen.

Da er aber ein solches Projekt nicht allein durchführen konnte, suchte er sich einen Vertrauensmann im Ministerium. Die Unstimmigkeiten zwischen dem Herzog d'Aiguillon und dem Kanzler waren ihm bekannt. Aber noch ehe er sich an den Minister gewendet hatte, fügte es sich, daß sich ihm Herr von Boynes, der Marineminister, zur Verfügung stellte, übrigens ein zügelloser, ausschweifender Mensch, der eine Anzahl von Geliebten hatte, darunter eine Wäscherin aus der Rue Saint-Honoré, die ihm ebenso untreu war wie er ihr. Ihr zweiter Geliebter war ein junger Advokat, Herr d'Esprémenil, dem sie erzählte, was ihr Minister ihr mitteilte. So erfuhr dieser, daß Herr von Boynes dem alten Parlamente freundlich gegenüberstehe und bereit sei, das neue zu stürzen. D'Esprémenil erzählte das dem Herzog von Orléans, der Herr von Boynes einlud.

Auch Herr d'Aiguillon hätte für dieses Projekt gewonnen werden können, da ihm daran lag, daß der von den ehemaligen Parlamenten gefällte Rechtsspruch von denselben ungültig erklärt werde. Aber Herr von Boynes, der hoffte, an Stelle des Herrn d'Aiguillon vorrücken zu können, hintertrieb die Verbindung des Herzogs mit dem Prinzen von Orléans, und die beiden Verschworenen kamen überein, sich an mich um Hilfe zu wenden.

Die Damen von Valentinois und Forcalquier wurden von ihnen beauftragt, meine Meinung darüber zu erfahren. Ich antwortete, daß sich Frauen nicht in politische Intrigen mengen mögen. Da meine Ablehnung aber nachlässig und nicht entschieden war, sahen die beiden Botschafterinnen, die meinen Charakter nicht kannten, diplomatische Reserve darin. In diesem Sinne berichteten sie ihren Auftraggebern.

Seit seiner Versöhnung mit dem König machte mir der Herzog von Orléans öfters Besuche. Da er nun tags zuvor bei mir gewesen war, wunderte ich mich, als er am nächsten Morgen zu mir kam. Wir sprachen erst über gleichgültige Dinge, als plötzlich Herr von Boynes eintrat. Der Prinz zeigte sich entzückt von seinem Kommen, aber da auch der Minister vergangenen Abend bei mir gewesen war, war ich nicht weniger über seinen neuerlichen Besuch erstaunt und fragte ihn nach dem Grunde dieser Aufmerksamkeit. »Ich glaubte, Gräfin, daß Seine Hoheit Ihnen bereits alles erklärt habe!« erwiderte er. »Seine Hoheit erweist mir die Ehre, sich gemeinsam mit mir mit dieser kleinen Denkschrift zu befassen, die ich Ihnen überreichen will.«

Ich wandte mich an den Prinzen, um eine Erklärung dieses geheimnisvollen Vorgehens zu fordern. »Herr von Boynes hat die Erklärung niedergeschrieben. Lesen Sie doch!«

Die Denkschrift war erfreulicherweise kurz und sollte in erster Linie erklären, daß das in Rede stehende Projekt groß, nützlich, glorreich und für das Wohl des Volkes günstig sei. Als ich in der Lektüre bei der Frage der Parlamente angelangt war, rief ich: »Das fällt nicht in meine Befugnis, und ich kümmere mich nicht darum!«

»Überlegen Sie doch,« meinte der Herzog, »es handelt sich darum, daß sich die hartnäckigsten Feinde in Ihre ergebensten Freunde verwandeln. Solange Ludwig XV. regiert, werden wir Ihre Macht erhöhen, und wenn er gestorben ist, Sie beschützen.«

»Für den Augenblick bin ich mit Freunden versorgt und brauche für die Zukunft keine Verteidiger. Es fehlt mir zwar nicht an Neidern, Gott sei Dank, und die Leute, die sich heute meine Feinde nennen, werden es nicht mehr sein, wenn sie keinen Grund mehr zur Eifersucht haben. Mit der Intrige, die Sie mir vorschlagen, will ich nichts zu tun haben. Ich kenne den unabänderlichen Haß des Königs gegen das ehemalige Parlament. Da ich nicht Prinz von Geblüt bin wie Sie, Hoheit, oder Minister wie Sie, Herr Graf, bin ich nicht ehrgeizig. Ich bin die Freundin des Königs und habe die Pflicht, ihn zu unterhalten und nicht Frankreich zu beherrschen. Diese Sorge überlasse ich Seiner Majestät selbst oder Ihnen, Hoheit, wenn Sie sich darum kümmern wollen, oder Ihnen, Herr Graf, da Sie ja dafür bezahlt werden.«

Herr von Boynes war bestürzt, fürchtete zu weit gegangen zu sein und wollte eben seine kleine Denkschrift einstecken, als sich die Türe öffnete und der König eintrat.

Ludwig XV., der ein guter Beobachter war, sah sofort, daß etwas Besonderes vorgefallen war. Übrigens war ihm die Denkschrift, die Boynes noch immer in Händen hielt, verdächtig. Er gab seinem Minister durch ein Zeichen den Befehl, sie ihm zu geben. »Ich störe Sie, lieber Cousin«, sagte er dann mit gemachter Freundlichkeit. »Sie waren in ein geschäftliches Gespräch mit der Frau Gräfin verwickelt. Darf ich wissen, worum es sich handelt?«

Der Herzog schwieg. Aber auch Herr von Boynes öffnete nicht den Mund, und da es nicht zu meinen Pflichten gehörte, in Gegenwart eines Prinzen von Geblüt zu antworten, und die Antwort keineswegs angenehm ausfallen konnte, blieb auch ich schweigsam. Als der König sah, daß wir alle drei unbeweglich standen, schlug er die Denkschrift des Herrn von Boynes auf und las sie in einem Zuge zu Ende. Wir warteten indessen stillschweigend. Nachdem er zu Ende gelesen hatte, sagte er dem Herzog: »Es betrübt mich, daß Sie sich mit einer derartigen Intrige befassen. Ich habe die Parlamente abgeschafft, weil ich mit ihren Diensten nicht zufrieden war. Dadurch wurde die königliche Autorität, die sie angegriffen haben, gefestigt und Frankreich beruhigt, das sie zur Revolte aufgerufen hatten. Nun wollen Sie, daß ich diese große und nützliche Maßregel widerrufe und in Frankreich und Europa als schwacher, willenloser Herrscher gelte? Das wird nicht geschehen. Erst seit ich diese Aufständischen vernichtet habe, bin ich König, und solange ich es sein werde, werden sie sich nicht wieder erheben. Ich verzeihe Ihnen, da Sie gute Absichten hatten, und bin nicht böse mit Ihnen, wenn Sie sich nie wieder mit diesem Plane befassen. Nun zu Ihnen, mein Herr,« wandte er sich an Herrn von Boynes, »ich bin mit Ihrem Verhalten unzufrieden, Sie sind mein Minister und wollen der Schutzherr der Feinde meines Ansehens werden? Sie würden strenge Bestrafung verdienen, aber mit Rücksicht auf meinen Cousin von Orléans lasse ich Gnade vor Recht ergehen. Kümmern Sie sich um die Marine und machen Sie Ihren Fehler durch treue Tätigkeit in meinen Diensten gut!«

Der arme Herr von Boynes verbeugte sich tief und verließ das Zimmer. Jetzt wandte sich der König mir zu, aber der Herzog von Orléans kam dem Gewitter zuvor, das sich über meinem Kopfe zusammenzog. »Sire,« sagte er, »die Frau Gräfin Dubarry war vernünftiger als wir. Sie hat sich geweigert, uns in unserem Vorhaben zu unterstützen. Diese Gerechtigkeit muß ich ihr widerfahren lassen.«

»Sie sind also klüger, Frau Gräfin, als diese Herren«, meinte der König und nickte mir zu. »Ich danke Ihnen. Bleiben Sie, wie Sie sind, und ich werde zufrieden sein.«

Als ich mit dem König allein war, erzählte ich ihm, was sich zwischen mir, dem Herzog von Orléans und dem Marineminister zugetragen hatte. Er hielt Herrn von Boynes für den Urheber des Planes und bat mich, ihn zu verständigen, wenn man wieder an mich herantreten sollte, denn es gäbe nichts so Hartnäckiges wie Parlamentsräte, allerdings mit Ausnahme der Priester, die mindestens ebenso starrsinnig seien. »Aber sprechen Sie mit niemand davon, man würde es dem Kanzler hinterbringen, und er würde sich mit Herrn von Boynes zerstreiten. Ich will, daß alle Welt in Frieden lebt.«

Einige Tage vergingen, ohne daß ein Wort über die Parlamente gesprochen wurde. Der Herzog von Orléans besuchte mich zwar, sprach aber nicht darüber, und ich ahmte sein Schweigen nach. So glaubte ich, daß diese Intrige für mich erledigt sei, aber sie begann noch heftiger als früher. Ich erhielt den Besuch der Damen von Montmorency, von Valentinois und von l'Hopital, die mich zugunsten ihrer verbannten Freunde vom Parlament umstimmen wollten. Auch die Herzoge von Cossé und d'Aiguillon baten mich darum. Den größten Eifer legte Graf Jean an den Tag. »Man wird Sie hassen,« sagte er, »wenn Sie sich nicht für die entlassenen Parlamentsräte einsetzen. Was verlangt man denn von Ihnen? Sie sollen mit dem König nur darüber sprechen, daß er endlich seinen Schuft durch einen ehrlichen Kanzler ersetzen läßt, das ist die Ansicht der anständigen und tugendhaften Leute.«

»Woher wissen Sie das, Graf Jean? Sie haben doch nicht Ihre Gesellschaft gewechselt?«

Der Herzog von Orléans sandte mir einen seiner Edelleute, um mich um eine geheime Besprechung zu bitten. Ich konnte sie ihm nicht verweigern, verständigte aber den König davon. »Diese Intrigen müssen ein Ende nehmen«, sagte er, »während Sie mit meinem Cousin sprechen, werde ich kommen und ihm die Lust zu weiterem Wühlen verderben.«

Der Herzog kam zur festgesetzten Stunde, machte mir die wundervollsten Versprechungen, die er, glaube ich, nie hätte halten können. Er wußte aber nicht, daß der König unserem Gespräche zuhörte, denn Ludwig XV. hatte die Ankunft des Prinzen auskundschaften lassen und sich in das Nebenzimmer gesetzt. Plötzlich ward er sichtbar und machte seinem Cousin die bittersten Vorwürfe.

Der Prinz benahm sich würdig und half sich nicht durch Geistesgegenwart, sondern durch offenes Eingestehen seiner Absichten: wenn seine Meinungen auch die Ungnade Seiner Majestät nach sich zögen, hätten sie doch kein anderes Ziel, als dem Königreich und dem König zu nützen.

So würdig und gemessen seine Worte auch waren, sie beruhigten Ludwig XV. nicht, und da ich eine zu erregte Auseinandersetzung befürchtete, rief ich: »Sire, Sie sind zur unrechten Zeit zu mir gekommen, Sie bringen mich in ein schiefes Licht. Seine Hoheit könnte glauben, daß Sie uns mit meinem Wissen belauscht haben.«

»Wenn dem so wäre, Gräfin,« erwiderte der König, »hätten Sie nur Ihre Pflicht getan, aber da ich meinem Cousin vor einigen Tagen geglaubt habe, daß Sie unschuldig waren, wird er, wie ich hoffe, heute nicht an meinen Worten zweifeln, wenn ich ihm sage, daß Ihnen meine Anwesenheit unerwartet gekommen ist. Ich habe Ihnen und ihm einen Streich gespielt, der meinem Königreich zugute kommt.«

XLIX

Die Hochzeit des Grafen von Artois fand am 16. Oktober statt. Bis dahin hatte die Etikette bei solchen Gelegenheiten regiert, aber diesmal war das königliche Bankett unterhaltend. Ich saß zwar nicht bei Tische, aber Seiner Majestät gegenüber, die mich unausgesetzt betrachtete und mit mir durch Zeichen sprach.

Ich trug an diesem Abend um drei Millionen Schmuck. Die Dauphine neidete mir meine Diamanten und hatte meinem Juwelier, bei dem ich eine Agraffe bestellt hatte, den Auftrag gegeben, sie ihr zu liefern. Ich schrieb der Dauphine: »Ich höre, daß Ihre königliche Hoheit von Herrn Lebon eine Diamantagraffe gekauft hat, die von mir bestellt war, und bin sehr glücklich, daß Ihnen dieses Schmuckstück gefällt. Wenn ich erraten hätte, daß es Ihnen Freude machen könnte, hätte ich es Ihnen selbst angeboten, um Sie von meiner Ergebenheit zu überzeugen.«

Als der König von meinem Verhalten bei dieser Gelegenheit erfuhr, entschädigte er mich mit einer Rubinagraffe und einem Perlenkollier von 400 Perlen. Auch die Dauphine bedankte sich für mein Entgegenkommen.

Aber es ging mir nicht immer so gut bei Hofe. Als ich zum Beispiel Fräulein von Tournon, die mein Neffe Adolph Dubarry geheiratet hatte, dem Dauphin vorstellte, drehte er mir einfach den Rücken zu und gab keine Antwort. Ich beklagte mich beim König darüber. Seine Majestät versuchte mich zu trösten und sagte: »Ich bin machtlos. Er ist der Thronerbe, ich kann ihn nicht verbannen.«

Um mich zu rächen, verbreitete ich Gerüchte über die Dauphine. Aber auch die Vicomtesse Dubarry beklagte sich bei ihren Verwandten, den Prinzen von Condé und von Soubise. Der Marschall, der keine Furcht kannte, suchte den Dauphin in Begleitung der Prinzessin von Marsan auf und erklärte ihm, daß die Vicomtesse Dubarry mit Recht gekränkt sei. Der Dauphin, der sehr ängstlich war, entschuldigte sich und sagte, daß er uns nicht gesehen habe. »Das erklärt alles, Hoheit,« erwiderte die Prinzessin von Marsan, »es war mir unmöglich zu glauben, daß ein Prinz aus Ihrem Hause unhöflich mit Frauen umgeht. Diese Untugend gibt es nicht in Ihrer Familie und wäre auch in Frankreich nie geduldet worden.«

Die Strenge dieser Rede wurde allgemein gebilligt. Ludwig XV. sagte mir, daß ich nun gerächt sei, und lud Frau von Mirepoix und die Vicomtesse zum Zeichen seiner Gunst zum Abendessen ein.

Der König kochte leidenschaftlich gerne selbst und »*Les Dons de Comus et la Cuisinière bourgeoise*« war seine Lieblingslektüre.

Als ich einen neuen Küchenchef aufgenommen hatte, der in Gegenwart des Königs meine Aufträge einholte, sprach dieser mit ihm über verschiedene Gerichte. Der Koch hörte ihm aufmerksam zu, ohne Seine Majestät zu erkennen, und sagte: »Ich sehe, lieber Herr, daß Sie ein ausgezeichneter Küchenchef sind, Sie beziehen gewiß einen großen Gehalt.«

In Wirklichkeit sind die Könige nicht die besten Köche, sie sind zu ungeduldig und unaufmerksam.

Außer den beiden Damen waren bei dem Abendbrot, das der König uns zu Ehren gab, noch die Herzoge d'Aiguillon und d'Ayen und der Prinz von Soubise anwesend. Die vom König zubereitete Omelette wurde serviert, war aber auf allen Seiten verbrannt. Die Gäste betrachteten sie niedergeschlagen. Aber der König gab unbarmherzig jedem seinen Teil und sagte: »Sie ist ein wenig verbrannt, aber dennoch eßbar.«

So waren wir gezwungen, diese grauenhafte Omelette zu verzehren. Der Magen der Höflinge muß dem König so ergeben sein wie ihr Herz.

Eines Morgens trat meine Nichte bei mir ein, umarmte mich lebhaft und fragte: »Sagen Sie mir doch, bitte, wie man es macht, um geliebt zu werden.«

»Da gibt es hundert Möglichkeiten,« erwiderte ich, »die einander nicht gleichen und die doch zum Erfolge führen. Die einen Frauen versuchen es, indem sie sich den Anschein geben zu lieben, die anderen, indem sie geistvoll sind, und wieder andere durch scheinbare Gleichgültigkeit. Aber wozu fragen Sie mich?«

»Ich liebe meinen Mann,« sagte sie, und begann zu weinen, »und er liebt mich nicht!«

»Wenn es nichts anderes ist als das, haben Sie keinen Grund zur Trauer. Ich glaubte, daß Sie sich über einen Liebhaber beklagen wollten.«

»Ich habe keinen.«

»Schade. Aber wenn Sie der Vicomte nicht würdigt, werden Sie sich doch an ihm rächen müssen. Jedenfalls zeigen Sie ihm zu sehr Ihre Zuneigung. Die Männer wünschen nur das Glück, das sie schwer erlangen können. An Ihrer Stelle würde ich mit Ihrem Gatten nicht die Nacht verbringen.«

»Aber Tante, wenn er mit mir sprechen oder mir etwas sagen will?«

»Ich würde nicht zuhören und mich mit einem galanten Kavalier unterhalten.«

Die Vicomtesse erzählte mir nun, daß ihr Mann sie mit einem Mädchen namens Junissam betrüge und daß sie ihn bei seiner Geliebten überraschen wolle. Ich versuchte, sie davon abzubringen und zu trösten.

Als ich dem Grafen Jean davon Mitteilung machte, rief er: »Dieser Lump, ich verschaffe ihm eine Verbindung mit einem Prinzen von Geblüt, und er läßt seine schöne, junge Frau allein, um Straßenmädchen nachzulaufen. Donnerwetter! Bei allen Teufeln! Ich werde ihm zeigen, daß ich kein Esel bin. Kein Vater aus einer Komödie!«

Nachdem sich sein Zorn gelegt hatte, faßte er den Entschluß, seinem Sohn für eigene Rechnung Fräulein Junissam zu entführen. Dieser Ausweg schien mir drollig, aber trotzdem gab ich das Geld, das dazu nötig war, her. Mein Neffe beklagte sich nach vollzogener Entführung über seinen Vater, und ich ergriff die Gelegenheit, um ihm eine Moralpredigt zu halten. Er entschuldigte sich, versprach, sich bessern zu wollen, und machte mir häufigere Besuche. Die Änderung freute mich sehr und ich hoffte schon das Beste für meine Nichte. Umso enttäuschter war ich, als ich erfuhr, daß seine Besuche weniger mir als einer meiner Kammerfrauen galten.

Zu Ende des Jahres 1773 gab es ein Unglück, das uns alle

traurig stimmte. Der König, die Marschallin von Mirepoix, der Herzog von Duras und der Marquis von Chauvelin waren bei mir zu Gaste. Frau von Mirepoix spielte mit Herrn von Duras Pikett und der König half dem Herzog. Um das Gleichgewicht herzustellen, rief die Marschallin Herrn von Chauvelin. Er setzt sich hinter sie, berät sie, lacht und scherzt. Plötzlich sieht ihn der König an und fragt: »Was haben Sie, Chauvelin, ist Ihnen nicht gut?«

Der Marquis gibt keine Antwort, versucht sich am Sessel der Marschallin anzuhalten und fällt plötzlich tot zu Boden.

Der König, der im Grunde seiner Seele verzweifelt war, sprach kein Wort, drückte mir die Hand und zog sich zurück. Seitdem durfte man in seiner Gegenwart nicht mehr von Chauvelin sprechen. Er vergaß aber seinen alten Freund nicht und gab dem Sohn die Ämter, die der Vater bekleidet hatte.

Der Polizeileutnant kam zu mir und erzählte: »Es gehen außerordentliche Dinge vor. Die Schwester des Herrn von Choiseul hetzt den Hof gegen das Ministerium auf. Die Parlamente verbünden sich mit ihr. Sie wurde sogar zweimal von der Dauphine in geheimer Audienz empfangen und ist das erstemal als Trödlerin und das zweitemal als deutsche Bäuerin verkleidet gekommen.«

»Herr von Sartines«, erwiderte ich, »tun Sie Ihre Pflicht und beunruhigen Sie nicht den König mit diesen Dummheiten. Die Herzogin von Grammont und ihre Freunde können ihm nicht schaden.«

»Gewiß nicht, aber sie kann gegen Sie intrigieren und Ihnen zu schaden versuchen. Wozu dienten sonst ihre Besuche bei der Frau Dauphine?«

»Sie hofft, ihrem Bruder durch die Prinzessin später einmal zur Führung der Staatsgeschäfte zu verhelfen. Aber sie macht die Rechnung ohne den Wirt: der Dauphin wird dem Herzog von Choiseul niemals sein Benehmen gegen seinen Vater verzeihen.«

Ich bestimmte den Polizeileutnant, dem König nichts davon zu melden.

Aber Ludwig XV. erfuhr es durch eine Bedienstete der Dauphine, die ihm einen Brief ihrer Herrin an den Herzog von Choiseul überbrachte: »Ich werde niemals vergessen, daß ich Ihnen das Glück schulde, nach Frankreich gekommen zu sein. Ich habe das Bedürfnis, Sie zu belohnen und Ihnen ein Zeichen meiner Dankbarkeit zu geben. Meine Mutter denkt wie ich.«

Diese letzte Phrase ärgerte den König am meisten, sie gab ihm die Gewißheit, daß die Dauphine einen geheimen Briefwechsel mit der Kaiserin unterhielt, da seit der Ungnade des Herrn von Choiseul in ihren offiziellen Briefen von ihm nicht mehr die Rede gewesen war. Der König hatte die Absicht, Herrn von Choiseul in den Languedoc zu verbannen und seiner Schwester den Auftrag zu geben, ihm zu folgen. Es gelang mir, den König zu beruhigen, und er schrieb dem Herzog nur einen scharfen Brief mit folgendem Postscriptum: »Sie wissen, daß ich Grund habe, unzufrieden mit Ihnen zu sein. Verhalten Sie sich ruhig! Ich verbiete Ihnen die Fortsetzung eines Briefwechsels, der mich zwingen würde, Sie mit äußerster Strenge zu behandeln.«

Einige Tage später erhielt Frau von Grammont den geheimen Auftrag, Paris zu verlassen.

L

Herr von Beaumarchais, der sich immer bemühte, Menschen, die ihm nützlich sein könnten, seine Aufwartung zu machen, hatte sich mir vorstellen lassen. Ich sah ihn selten und konnte ihn zu meinem großen Mißvergnügen nicht zu unseren Abendgesellschaften einladen, da es wegen der Etikette und der Abneigung des Königs gegen ihn nicht möglich war. Deshalb erlaubte er sich erst boshafte Bemerkungen, über die ich hinweghörte, stellte dann seine Besuche bei mir ein und machte der Dauphine den Hof. Sein Abfall ärgerte mich, und als es galt, die Aufführung seines »Barbier von Sevilla« zu erwirken, für die sich die Prinzessin einsetzte, richtete ich es so ein, daß das Stück nicht gespielt wurde. Erst nach dem Tode des Königs konnte es auf die Bühne gelangen.

Beaumarchais schwor mir Rache, die er sich für einen günstigeren Zeitpunkt aufheben wollte, zog gegen das Parlament Maupeou mit seinen geistvollen Denkschriften los und verlor seinen Prozeß vor Gericht, gewann ihn aber vor dem Tribunal der Öffentlichkeit. Der Prinz von Conti schrieb ihm: »Man sieht, daß Ihr Verhalten sträflich ist, mein lieber Beaumarchais, aber ich erwarte Sie doch zum Speisen. Kommen Sie immerhin!«

Den König ärgerte das Wohlwollen des Prinzen und er sagte: »Die Gesellschaft bekämpft nicht mein Parlament, sondern mich und zwingt mich, mit Beaumarchais zu streiten. Mein Nachfolger wird es nicht leicht haben.«

Der König sah sorgenvoll in die Zukunft, und auch ich hatte manchmal meine böse Viertelstunde.

Der Chevalier von Morande hatte sich, um dem Galgen und dem Zuchthaus zu entgehen, nach London geflüchtet, von wo aus er anständige und achtenswerte Menschen in Schmähschriften verleumdete. Auch ich entging nicht seiner giftigen Feder und erhielt folgenden Brief:

»Frau Gräfin, meine Feinde, die Ihre guten Freunde sind, haben mich aus Frankreich vertrieben und verfolgen mich bis in mein Asyl. Ich muß mich an ihnen rächen. Bedauerlicherweise kann ich Sie dabei nicht verschonen und werde Europa die Einzelheiten Ihres Lebens zur Kenntnis bringen. Es gibt nichts aus Ihrer Vergangenheit, das ich nicht wüßte. Ich kann Ihnen den Beweis dafür erbringen und werde Sie vom Tage Ihrer Geburt an schildern. Kein Schritt Ihres Lebens blieb mir verborgen. Sie können diese Rache nur vermeiden, wenn Sie mir eine Entschädigung bewilligen. Ich habe bereits einen Prospekt verfaßt, der ein Werk unter dem Titel »Geheime Denkwürdigkeiten einer öffentlichen Dirne« ankündigt. Sie werden in diesem Buche beschrieben werden. Wollen Sie die ganze Auflage erstehen, bevor sie erscheint? Ich biete sie Ihnen unter folgenden Bedingungen an: Sie zahlen mir zwölftausend Livres auf die Hand, ferner ein außerordentliches Geschenk von hundert Louis. Überdies werden Sie vom König für mich eine Pension von viertausend Livres erwirken, die im Falle meines Ablebens auf meine Frau und meinen Sohn übergeht. Meine Forderungen sind bescheiden, wie Sie sehen, denn der Verkauf meines Werkes würde mir fünfzigtausend Thaler einbringen. Ich ersuche Sie, diesen Handel zu beschleunigen, da ich Eile habe und die Drucklegung meines Werkes nicht länger als einen Monat aufschieben kann. Überlegen Sie es sich, vielleicht ist es günstiger für Sie, wenn die Denkwürdigkeiten erscheinen. Es liegt an Ihnen, die Entscheidung herbeizuführen. Eine Anzahl gewisser Leute drängt mich, Sie nicht zu schonen, und ich werde ihre Bedingungen annehmen, wenn Sie von den meinen nichts wissen wollen. Ich bin, Frau Gräfin, mit dem Ausdrucke ergebenster Hochachtung Ihr Chevalier von Morande.«

Ich muß gestehen, daß mich dieser Brief zur Verzweiflung brachte. Ich berief meine Schwägerin und den Grafen Jean zu einer Beratung. Unsere Meinung war einstimmig: die Schmähschrift mußte gekauft werden.

Der Herzog d'Aiguillon und Herr von Sartines, denen ich davon erzählte, waren anderer Meinung. Der Herzog besuchte

Lord Stormond, den Botschafter Englands, und bat ihn zu erwirken, daß der niederträchtige Schreiber aus London ausgewiesen werde. Der Botschafter schrieb seinem Herrscher, und der König von England antwortete, daß er sich gerne Ludwig XV. angenehm erweisen würde, besonders wo es sich um eine so gerechte Sache handle. Da aber die Gesetze Großbritanniens keine Handhabe zur Bestrafung Morandes böten, könne er nichts anderes tun, als zuzulassen, daß man diesen Schreiber in der Themse ertränke oder aus seinen Staaten entführe, wenn dieser Gerechtigkeitsakt nicht die Rechte und Privilegien der Stadt London verletze.

Während diese Unterhandlungen gepflogen wurden und der Polizeileutnant einen Streich vorbereitete, hatte ich Herrn Predeaux von Chemilles, einen verläßlichen Mann, nach England geschickt. Er hatte den Auftrag, das Manuskript scheinbar für eigene Rechnung zu erwerben, und hatte Morande bereits vierzigtausend Livres angeboten. Da der Lump noch keine Antwort von mir hatte, wäre das Geschäft wahrscheinlich zustande gekommen, wenn es nicht der Zufall vereitelt hätte. Nachdem Herr von Sartines durch den Minister die freundliche Meinung des Königs von England erfahren hatte, wollte er Morande außerstande setzen, mir wieder zu schaden, und sandte den Chevalier von Bellanger nach London. Dieser Abenteurer, der seinen Titel, wie ich glaube, nur eigener Erfindung verdankte, hatte den Auftrag, sich Morandes zu bemächtigen, ihn auf ein Schiff zu schaffen, das in der Themse vor Anker lag, und nach Frankreich zu bringen. Aber Morande erfuhr, daß Bellanger in geheimen Aufträgen reise, er näherte sich ihm, gab sich den Anschein, dem Polizeispitzel zu vertrauen, und borgte sich sogar Geld von ihm aus. Nachdem es ihm gelungen war, fünfzig Louis zu bekommen, schlug er Lärm und verbreitete, daß französische Spione auf dem Boden Großbritanniens ihr Unwesen treiben. Die Journalisten bemächtigten sich des Falles, und Bellanger und seinen Helfern blieb trotz des Wohlwollens des Königs von England nichts anderes übrig, als nach Frankreich zu fliehen.

Ich erzählte der Marschallin von Mirepoix von diesem Mißerfolg und fragte sie um Rat. »Sind diese Leute ungeschickt!« sagte sie. »Sie wollen Diplomaten sein und begehen Dummheit über Dummheit. Man hätte keine Leute dieses Schlages nach London senden sollen. Ein tüchtiger Mann, der zu reden versteht, hätte Ihnen bessere Dienste geleistet. Ich werde Ihnen den Unterhändler, den Sie brauchen, ausfindig machen. Meiner Meinung nach kann Ihnen nur Augustin Caron von Beaumarchais helfen.«

»Dieser Mann, den ich nicht mag und der mich haßt?«

»Er haßt Sie nicht, Liebste, wenn Sie ihm nützlich sein können. Und Sie haben keinen Grund, ihn nicht zu mögen. Oder werfen Sie ihm etwa vor, daß er sich über Dummköpfe lustig macht? Er hat ein Epigramm gegen Sie geschrieben und Sie haben die Aufführung seines Stückes untersagt. Das heißt man quitt sein. Er braucht Ihre Unterstützung und Sie seine Hilfe.«

»Sie haben recht, es ist besser, wenn man sich mit geistvollen Leuten verträgt. Und ich sehe nicht ein, warum wir uns gegenseitig etwas nachtragen sollten.«

»Das ist auch seine Ansicht. Als ich letztens von Ihnen sprach, hat er mich mit aufgehobenen Händen gebeten, ihn zu Ihnen zu führen. Er erinnert sich nicht der Vergangenheit, und wenn Sie wollen – – –«

»Bringen Sie ihn mir!«

Der Polizeileutnant trat ein und ich erzählte ihm, welchen Unterhändler man mir vorgeschlagen hatte. »Nehmen Sie den Vorschlag an, Gräfin,« sagte er, »es ist ein Glück, wenn Sie ihm vertrauen.«

Ich mußte meinen neuen Mittelsmann noch vom König und

vom Herzog d'Aiguillon genehmigen lassen. Der Minister stimmte meiner Wahl bei und fand es verständig, daß ich einen Mann von Geist für uns gewinne. Auch der König erklärte sich nach einigem Widerstreben für meine Wahl.

Ich fürchtete, daß meine Besprechung mit Beaumarchais uns in Verlegenheit setzen werde, aber der meisterhafte Diplomat benahm sich so liebenswürdig und sprach von der Vergangenheit mit so gewählten Worten, daß es den Anschein hatte, als wären unsere Zwistigkeiten nur die Folge eines Mißverständnisses gewesen. Ich zeigte ihm den Brief Morandes und erklärte ihm, daß ich jeden Schritt, den er in meinem Interesse unternehmen wolle, gutheißen werde. »Ich werde versuchen,« erwiderte er, »ihm so wenig Bargeld als möglich zu geben. Eine Pension ist besser. Die will man behalten und benimmt sich dementsprechend. Übrigens mache ich Ihre Sache zu der meinen und habe schon bewiesen, daß ich eine Intrige auch außerhalb des Theaters einzufädeln verstehe.«

Da ich bemerkte, daß sich Beaumarchais wenigstens ein Lächeln des Königs wünschte, erwirkte ich bei Ludwig XV., daß er ihn freundlich empfing. Einige Tage später reiste Beaumarchais nach London und begann sofort die Unterhandlung mit Morande. Es handelte sich bald nur mehr um die Summe, die schließlich um zwanzigtausend Livres erhöht werden mußte. Außerdem erhielt er die viertausend Livres Pension. Der Schreiber lieferte seine Manuskripte aus und versprach, keine neuen zu verfassen. Er hielt Wort, solange der König lebte. Aber da nach dem Tode Ludwig XV. die Pension nicht mehr bezahlt wurde und ich seiner nicht mehr gedachte, machte er sich wieder ans Werk und veröffentlichte Anekdoten über die Gräfin Dubarry, die wohl einige Wahrheiten, aber größtenteils bösartige Verleumdungen enthielten. Mit Beaumarchais blieb ich auch weiterhin befreundet.

Der Herzog d'Aiguillon besuchte mich eines Morgens zu ungewohnter Stunde. Ich sah seinem aufgeregten Gesichte an, daß etwas Außerordentliches geschehen sei. »Haben Sie Kummer?« fragte ich.

»Man spricht ernstlich davon, daß der König zu heiraten beabsichtige. Aber beunruhigen Sie sich nicht, liebe Freundin, es ist noch nicht so weit, und wir werden es verhindern können. Die königliche Familie hat sich mit dem Erzbischof von Paris und dem Kanzler vereinigt, und die Dauphine hat ihre älteste Schwester vorgeschlagen, die angeblich ledig bleiben wolle, wenn sie der König von Frankreich nicht heirate. Es wurde sofort an die Kaiserin geschrieben, und die Antwort ist günstig ausgefallen. Gestern erhielt ich den Auftrag der Prinzessin Louise, mich unverzüglich nach Saint-Denis zu begeben, wo sie mir erklärte, daß die Gesundheit und das Seelenheil des Königs erheischten, daß er sich ein zweitesmal verheirate. Auch der Dauphin, seine beiden Brüder und die Prinzessinnen seien einstimmig derselben Meinung. Die Prinzessin forderte mich auf, den Grafen Mercy d'Argentau zu empfangen, der mir Näheres über die künftige Königin berichten werde. Sie fügte hinzu, daß sie ihrer Überzeugung nach dieses verdienstliche Werk nach besten Kräften unterstützen werde. Ich habe der Prinzessin erwidert, daß ich mich den Wünschen der Familie meines Herrn auch bei dieser Gelegenheit fügen und mich als ergebener Diener zeigen werde.«

»Man will uns nur erschrecken,« sagte ich dem Herzog, »ich glaube nicht an diese Heirat, aber seien wir allenfalls auf der Hut.«

Der König hatte im allgemeinen wenig für die Ehe übrig und am allerwenigsten für eine Ehe mit einer Prinzessin aus dem Hause Österreich. Außerdem war es nicht wahrscheinlich, daß er Lust habe, Schwager seines Enkels zu werden. Wir kamen überein, daß der Herzog mit ihm nach seiner Unterredung mit dem Grafen von Mercy sprechen und ihn dabei genau beobachten werde. Der Botschafter suchte den Minister zur festgesetzten Stunde auf und setzte ihm auseinander, daß die Kaiserin dieser neuen Verbindung zwischen den Häusern von Frankreich und Österreich freundlich gegenüberstehe und daß auch der König das Glück in dieser Ehe finden würde, da seine ausgezeichnete Gesundheit alles Gute erwarten lasse. Der Graf von Mercy war klüger als die Prinzessin Louise und mißtraute den Zusicherungen, die ihm der Herzog d'Aiguillon gab, obwohl er sich bereit erklärte, mit dem König unverzüglich darüber zu sprechen.

Ludwig XV. hörte diesen Vorschlag mit Überraschung an: »Man will mich verheiraten? Das ist ein lustiger Einfall. Man hält Sie zum Narren, Herr Herzog, oder vielleicht mich. Man will mich darauf aufmerksam machen, daß ich alt bin, und um mir höflich zu sagen, daß ich keine Geliebte haben möge, greift man zu dem Ausweg, mir eine Frau vorzuschlagen.«

Der König fragte hierauf Herrn d'Aiguillon, ob er glaube, daß dieser Vorschlag von der Kaiserin selbst stamme, oder ob nicht eine Intrige des Schlosses dahinter zu suchen sei. Auf diese Frage hin gestand der Herzog, daß ihn die Prinzessin Louise habe rufen lassen, und wiederholte dem König die Worte der Prinzessin. »Schön, schön,« sagte Ludwig XV. und lief wütend im Zimmer auf und ab. »Also man will sich über mich lustig machen. Man glaubt, daß ich wieder zum Kind geworden bin und will mir einen Kardinal Fleury im Unterrock zur Erziehung geben. Haben Sie der Gräfin Dubarry davon erzählt?«

»Nein, Sire«, erwiderte der Herzog. »Ich wollte nicht die Verantwortung übernehmen, bevor ich nicht die Ansicht meines Herrn gehört habe.«

»Verheimlichen Sie ihr nichts, denn ich meinerseits werde ihr nichts verbergen.«

»Was soll ich dem Grafen von Mercy antworten?«

»Daß ich noch zu jung bin, um zu heiraten.«

Je älter der König wurde, desto weniger mochte er seine Familie. Schließlich hielt er sie nur für geizige Erben, die auf den Tag seines Ablebens warteten. Er liebte seine Töchter nicht mehr als seine Enkel, trotzdem er sie täglich, wenn auch nur für einige Augenblicke, sah.

Ludwig XV. langweilte sich im Kreise seiner Familie, bei der Jagd, im Theater, im Rat und sogar bei seinen Geliebten. Langeweile hielt ihn auch dort gefangen, wo das Vergnügen ihn hätte zerstreuen sollen. Es gab immer einen schweren Kampf gegen diese gefährliche Gegnerin. Aber eine Anzahl von Herren und Damen, die er seit seiner Jugend kannte, und ich versuchten, so gut es ging, ihn zu unterhalten.

Meine Feinde haben behauptet, daß es Zeiten gegeben habe, wo ich dem König schon so langweilig gewesen sei, daß er nahe daran war, mich wegzuschicken. Aber das ist nicht wahr, denn er hat sich in meiner Gesellschaft immer wohl befunden und er fühlte sich nicht behaglich, wenn er einen Abend ohne mich verbrachte. Der Geist und die gute Laune unserer Gesellschaft belebten ihn und lenkten ihn von seinen Sorgen ab. Wenn er in meiner Wohnung war, durfte man nicht von Staatsgeschäften sprechen. Allerdings waren die Zusammenkünfte bei mir wirklich reizend. Die Gespräche waren lebhaft und abwechslungsreich, und wenn der König guter Laune war, erzählte er uns von seinen Erlebnissen. Da gab es manchmal Dinge zu hören, deren Wiedergabe nicht für schamhafte Ohren geeignet ist. Aber seine gute Laune hatte für immer ein Ende, als sein erster Chirurg, La Martinière, ihm riet, vorsichtig zu leben, da er sonst für seine Gesundheit nicht einstehen könne. Trotzdem versagte er sich nicht kleine Streifzüge in den Hirschpark.

LI

Eines Tages trat Chamilly bei mir ein und sagte traurig: »Der König ist krank, Frau Gräfin!«

Diese Nachricht berührte mich eigenartig, ich sprang auf und rief: »Der König ist krank? Er wollte sich wahrscheinlich um vierzig Jahre jünger geben!«

»Um Gottes willen, scherzen Sie nicht!« rief Fräulein Dubarry.

»Der Fall ist viel ernster als Sie glauben!«

»Worüber klagt er?« fragte ich. »Kopfschmerzen?«

»Sein ganzer Körper tut ihm weh.«

»Und das junge Mädchen?«

»Sie wissen, Frau Gräfin?« fragte Chamilly und erzählte mir ungefragt, daß sich der König mit der Tochter eines Tischlers eingelassen hatte. Ich ärgerte mich nicht mehr darüber, da ich an die Seitensprünge Ludwigs XV. gewöhnt war.

Chamilly berichtete mir, daß es dem Mädchen nicht besser gehe als dem König. Es habe kaum aufstehen können, es sei nicht möglich gewesen, es aus dem Schlosse zu führen, und er habe es in seinem Zimmer untergebracht. Ich begann unruhig zu werden und sandte meine Schwägerin nach meinem Arzt Bordeu. Chamilly sagte mir, daß er einen Diener zu La Martinière geschickt habe, damit sich dieser unverzüglich zum König begebe. Ich wußte zwar, daß mich La Martinière nicht mochte, aber es war unmöglich, ihn fernzuhalten, da Ludwig XV. ohne ihn nicht hätte krank sein wollen.

Ich zog mich an, um zum König zu gehen. Mein Schwager leistete mir dabei mit sorgenvoller Miene Gesellschaft. Er ahnte die große Gefahr, die uns bedrohte, voraus und ging im Zimmer mit gekreuzten Armen und gesenktem Kopfe auf und ab.

Bald kamen die Damen von Mirepoix, Forcalquier und Fla-vacourt. »Der König ist krank!« sagten sie.

»Der König ist krank!« wiederholten die Herzoge von Riche-lieu, Noailles, Duras und Cossé, die mich besuchten. Nur der Prinz von Soubise war abgereist.

Ich hatte mich schneller als gewöhnlich angezogen und war-tete darauf, daß mich der König kommen lasse. Als ich bei ihm saß, sagte er: »Ich bin müde.«

»Das wird Sie lehren«, erwiderte ich, gegen meinen Willen lächelnd, »entweder sich brav aufzuführen oder zurückhalten-der zu sein. Ich weiß ganz gut, was Sie angestellt haben.«

Er nahm meine Hand, küßte sie und sagte: »Ich möchte La Martinière kommen lassen.«

»Wollen Sie nicht lieber, daß Bordeu komme?«

»Am besten beide! Glauben Sie, daß ich sehr krank bin?«

»Sie sind müde, Sire, das ist alles.«

»Ich hoffe auch, daß es nichts weiter ist als das. Ich habe meine Kräfte überschätzt. Wo ist die Marschallin?«

»In meinem Zimmer mit Frau von Forcalquier.«

»Und der Prinz von Soubise?«

»Nach Paris gefahren.«

»Der Prinz kann sich auch nicht lange von Fräulein Guimard und ihrer Gesellschaft fernehalten.«

»Er ähnelt Ihnen darin, Sire, denn auch Sie scheinen Gesell-schaft zu brauchen.«

Der König lächelte einen Augenblick, schloß die Augen und sagte dann müde: »Ich habe einen schweren Kopf und möchte gerne schlafen.«

»Schlafen Sie, Sire,« erwiderte ich, »und Sie werden sich erholen.«

Die Marschallin von Mirepoix und der Herzog von Cossé er-warteten mich im Vorzimmer. »Wie geht es ihm?« fragten sie.

»Gut, er will schlafen.«

»Mir wäre lieber,« meinte Herr von Cossé, »wenn er sich wach erhielte.«

»Jedenfalls müssen Sie trachten, daß er in Trianon bleibt«, fügte die Marschallin hinzu.

»Das ist ein guter Rat,« sagte Herr von Richelieu, der eben eintrat, »der König muß hier bleiben.«

»Was werden die Ärzte dazu sagen?«

»Sprechen Sie mit Bordeu, Gräfin, ich nehme La Martinière auf mich.«

Herr von Cossé nahm mich auf die Seite und wiederholte mir, daß ich unter allen Umständen auf ihn zählen könne. Nachdem ich ihn angehört hatte, bat ich ihn, sich mit Frau von Forcalquier zu entfernen, da seine Anwesenheit in Trianon meinen Feinden auffallen und mir nicht nützen, ihm aber schaden könne. Der Herzog von Richelieu, die Marschallin und ich gingen in den Garten vor das Tor, so daß wir jeden Neuankommenden sehen konnten. Wir sprachen wenig, waren besorgt und unruhig. Plötzlich kam Graf Jean herbeigelaufen. »Der Teufel soll das Unglück holen!« rief er von weitem. »Das junge Mädchen hat Blattern.«

Als ich diese Nachricht hörte, fiel ich in Ohnmacht. Man trug mich in den Hausflur, und die arme Marschallin, die nicht weniger verwirrt war als ich, warf sich auf einen Sessel und begann bitterlich zu schluchzen.

Während man mich beruhigte, kam Bordeu aus Versailles, und da er glaubte, daß er um meinetwillen gerufen worden sei, wollte er mich gleich untersuchen. Der Herzog von Richelieu und Graf Jean erklärten ihm aber, was sich zugetragen hatte, und er wollte augenblicklich das junge Mädchen sehen. Während man ihn zu ihr führte, blieb ich allein mit der Marschallin.

Nachdem wir uns eine Weile still gegenüber gesessen waren,

fragte ich leise: »Was wird nun aus mir werden, wenn ihn dieses unglückliche Mädchen getötet hat?«

»Hoffen wir, daß es nicht so schlimm um ihn steht wie um sie.«

Indessen kehrte Bordeu mit den beiden Herren zurück und erzählte, daß der ganze Körper des jungen Mädchens von Blattern bedeckt sei. Graf Jean sagte mir ins Ohr: »Bordeu will, daß der König in Trianon bleibe.«

Ich faßte ein wenig Mut und begann wieder zu hoffen. Da kam La Martinière: »Was ist los?« fragte er. »Ist der König krank?«

»Das werden Sie und Herr Bordeu uns sagen,« erwiderte der Herzog von Richelieu, »die Gräfin bittet Sie aber unter allen Umständen, den König nicht nach Versailles zu führen.«

»Warum?« fragte La Martinière in seiner groben Art, »er ist dort besser aufgehoben als hier.«

»Nein, der König fühlt sich in Trianon wohler«, wagte ich zu bemerken.

»Das ist der einzige Punkt, Frau Gräfin, wo Sie mir erlauben werden, daß ich Sie nicht um Rat befrage, es wäre denn, daß Sie mir ein Doktordiplom vorweisen könnten.«

»Herr La Martinière,« rief der Marschall von Richelieu, »Sie könnten freundlicher mit der Frau Gräfin sprechen!«

»Hat man mich kommen lassen,« erwiderte er, »um Höflichkeit zu lernen?«

Ich wußte nicht, was ich erwidern sollte, und schwieg. Bordeu, der meine Niedergeschlagenheit sah, ergriff das Wort: »Herr La Martinière wird den König nicht unnötig aufregen.«

»Aber auch nicht beruhigen, wenn irgend eine Gefahr vorhanden ist.«

»Was fehlt ihm eigentlich? Haben Sie ihn schon gesehen, Bordeu?«

»Noch nicht«.

»Warum halten Sie sich dann hier auf?«

Nachdem sich La Martinière in Begleitung des Herzogs von Richelieu zum König begeben hatte, blieben wir still im Toreingang stehen. »Ziehen wir uns in Ihr Zimmer zurück,« meinte die Marschallin und ergriff den Arm des Grafen Jean.

Wir fanden oben Fräulein Dubarry, die mich ins Bett legen wollte, da sie für meine Gesundheit fürchtete. Aber ich wollte mich nicht ausziehen, da ich jeden Augenblick bereit sein wollte, zum König zu gehen. Wir warteten in banger Angst auf eine Nachricht und zitterten bei dem geringsten Geräusch, das vernehmbar wurde. Endlich erschien der Herzog von Richelieu.

»Guten Abend!« sagte er mit finsterer Stimme. »Der König fährt nach Versailles gegen Ihren Willen, gegen meinen Willen und auch gegen seinen Willen. Dieser Hund La Martinière hat geschimpft wie ein Wilder. Der König wollte bleiben. ›Sire,‹ hat La Martinière gesagt, ›das ist unmöglich. Sie müssen in das Schloß. Trianon ist nicht gesund. Sie werden sich in Versailles wohler fühlen‹.«

Der Herzog erzählte uns auch, daß La Martinière sich zu dem jungen Mädchen begeben habe und nach sorgfältiger Untersuchung der Meinung gewesen sei, sie sei rettungslos verloren. Diese traurige Mitteilung betrübte uns so sehr, daß wir zu weinen begannen.

Der König wurde in seinen Schlafrock gehüllt und aus Trianon getragen. Die anwesenden Kavaliere folgten ihm, nur die Marschallin wollte nicht ohne mich wegfahren. Ich hatte meinem Kutscher den Auftrag gegeben, langsam zu fahren, und wir hielten uns nur wenige Schritte hinter dem Wagen des Königs. Kaum waren wir in Versailles angekommen, als ich einen Mann, an das Gitter des Gartens gelehnt, stehen sah. Ich glaubte, mein Herz werde aufhören zu schlagen, und stieß einen Schrei aus, denn ich sah, an die geschmiedeten Zacken gelehnt, den jungen Mann, der mir mein Glück vorausgesagt hatte. Allerdings hatte er mir auch gesagt, daß ich ihn das nächste Mal vor einem Unglück wiedersehen würde. Graf Jean ließ den Wagen halten und sprang hinunter, um den Mann anzusprechen. Wir warteten einige Augenblicke, aber mein Schwager kam unverrichteter Dinge zurück. Jetzt war ich überzeugt, daß sich die Voraussage des Geheimnisvollen zur Gänze erfüllen werde und daß die Stunde meines Sturzes nahe sei.

Wir setzten traurig unsere Reise fort, und die Marschallin verließ mich an der Türe meiner Wohnung, obwohl sie nicht nach Paris zurückkehren wollte, da ich mit meiner Familie allein sein wollte. Meine beiden Schwägerinnen, die Frau des Grafen d'Hargicourt und die Frau meines Neffen waren bei mir. Ich warf mich auf mein Bett, da ich furchtbar müde war, und dachte nach. Ich sah alles schwarz in schwarz und wußte, daß es nun mit meinem Glück zu Ende gehe.

Während dieses Tages traten die gefürchteten Krankheitserscheinungen beim König noch nicht auf. Kaum war er in seiner Wohnung, als ich schon geholt wurde. Nachdem er mich mit Zärtlichkeiten überhäuft hatte, sagte er: »Ich bin für meine Wankelmütigkeit schwer bestraft, Liebste. Aber seien Sie mir nicht böse, mein Herz gehört Ihnen.« Wir sprachen eine Weile freundschaftlich miteinander. Die Ärzte hatten ihn beruhigt: er glaubte nur an einer plötzlichen Gliederschwere erkrankt zu sein und hoffte auf baldige Genesung. Nach der ersten überstandenen Angst war seine gute Laune wieder zurückgekehrt. Er fragte mich, wie es der Marschallin gehe und ob sich meine Schwägerinnen seinetwegen beunruhigt hätten. Ich bemühte mich, ihm munter Gesellschaft zu leisten und ihm meine Sorge zu verbergen.

Nachher besuchte mich Bordeu. Er konnte noch nichts Bestimmtes sagen. Es war noch nicht gewiß, daß der König an Blattern erkrankt sei. »Und wenn er diese Krankheit hätte?« fragte ich.

»Dann stünde es schlimm um ihn«, erwiderte er. »Aber glauben Sie nicht an ein solches Unglück und sprechen Sie nicht davon. Es ist nicht nötig zu verzweifeln, der König kann gesund werden, man hat schon außerordentlichere Fälle gesehen.«

So tat ich wie die anderen und täuschte Ludwig XV. über die Gefahr seiner Krankheit hinweg; denn auch die Ärzte wollten nicht gestehen, daß es keine Rettung gebe. Als sich am nächsten Morgen einige Ärzte zu einer Konsultation zusammenfanden und es galt, eine Meinung abzugeben, zögerte jeder, die Wahrheit zu sagen, bis schließlich La Martinière ärgerlich ausrief: »Versagt die Wissenschaft bei uns allen, meine Herren? Wir kommen nicht darüber hinweg. Der König hat die Blattern, und ich glaube nicht, daß ihm zu helfen ist.«

»Was reden Sie da, Herr von La Martinière?« rief der Herzog von Duras, der dieser Besprechung als erster Kammerherr beiwohnte.

»Herr Herzog,« erwiderte der grobe Chirurg, »ich habe nicht die Pflicht, Seiner Majestät zu schmeicheln, sondern die Wahrheit zu sagen. Was ich eben erklärte, wird keiner dieser Herren verneinen. Sie denken alle wie ich.«

Das allgemeine Schweigen der Ärzte bewies dem Herzog die Richtigkeit der Meinung La Martinières. Er sprang auf und fragte entsetzt: »Der König ist also verloren? Gibt es wirklich keine Hilfe?«

»Wir werden den König so lange als möglich am Leben erhalten.«

Der Herzog von Duras befahl den Ärzten, darüber zu schweigen und begab sich zum Grafen von Muy, um sich mit ihm zu beraten. »Das erste, was geschehen muß, ist, daß der

König versehen wird«, meinte der Graf. »Sie wissen, daß, wenn ein Mitglied der königlichen Familie Blattern hat, es sofort die letzte Ölung bekommen muß.«

»Wie soll ich das dem König mitteilen?« fragte der Herzog. »Ich kann doch nicht zu ihm kommen und ihm sagen: Sire, Sie müssen sterben!«

»Das ist Ihre Pflicht, die Sie erfüllen müssen!«

Der Herzog sandte nun einen Kurier zur Prinzessin Louise und zum Erzbischof von Paris, verständigte die Minister und den Dauphin. Der Prinz wollte den König besuchen, wurde aber nicht in das Zimmer seines Großvaters eingelassen, da er sich im Interesse der Monarchie der Gefahr einer Ansteckung nicht aussetzen durfte. Die Prinzessinnen fanden sich am Krankenbette ihres Vaters ein, als ich gerade anwesend war. Nachdem sie einige Worte mit ihrem Vater gewechselt hatten, zogen sie sich über seinen Wunsch in das Nebenzimmer zurück. Trotzdem mir ihre Anwesenheit nicht angenehm war, blieb ich beim König, der mich unausgesetzt bei sich haben wollte.

Der Kurier, der zur Prinzessin Louise gesandt worden war, brachte einen Brief der Prinzessin an ihre Schwestern zurück. Sie befahl ihnen, keine Zeit zu verlieren und ihren Vater von der unabwendbaren Gefahr in Kenntnis zu setzen. Keine menschliche Rücksicht möge sie von der Erfüllung dieser Pflicht abhalten. Das größte Unglück in ihren Augen sei, wenn ihr vielgeliebter Vater ohne Beichte sterbe.

Der Erzbischof von Paris, Herr von Beaumont, kam, trotzdem er selbst krank war. Seine Anwesenheit erhöhte die Unruhe im Schlosse. Man wußte nun allgemein, daß das Leben des Königs ernstlich bedroht sei. Der Erzbischof begab sich zuerst zu den Prinzessinnen, die er nicht antraf, weil sie bei ihrem Vater waren. Die Bischöfe von Meaux, Gap und von Senlis wurden geholt und hielten eine Besprechung ab.

Nachdem die Prinzessinnen gekommen waren, wurde einstimmig beschlossen, daß der König unter allen Umständen, selbst auf die Gefahr hin, daß er darunter leide, versehen werden müsse. Aber jeder dieser Bischöfe weigerte sich, den König davon zu verständigen. Herr von Roquelaure behauptete, daß dies die Pflicht des Großalmoseniers sei. Man sandte zu Herrn von La Roche-Aymon, der sich dieser Einladung nicht entziehen konnte, aber erklärte, daß es nicht seine Sache sei, den König zu verständigen, da sein Amt bei Hofe das eines Ministers und nicht das eines Seelsorgers sei. Ludwig XV. habe einen Beichtvater, dessen Pflicht es sei, sein Beichtkind zu verständigen. Jedenfalls möge man sich mit dem Dauphin diesbezüglich ins Einvernehmen setzen.

Die Bischöfe begaben sich zum Prinzen, der sie kühl empfing. Er benahm sich ängstlich und verlegen, und da die Dauphine, trotzdem sie ihn gerne beraten hätte, sich aus Vorsicht jedes Ratschlages enthielt, blieb der Prinz sich selbst überlassen und konnte keine Entscheidung fällen. Das hatte der Großalmosenier erwartet; der Erzbischof von Paris hätte nun die peinliche Pflicht, den König von seinem Zustande in Kenntnis zu setzen, auf sich nehmen müssen. Er berief aber den Abbé Mandoux, den Beichtvater des Königs, und veranlaßte ihn, den Schritt, den die höchsten Herren des Klerus nicht gewagt hatten, zu unternehmen. Der Abbé begab sich in das Zimmer des Königs, wo gerade die Herzoge von Duras und von Richelieu anwesend waren. Der Marschall ließ sich aber durch den Abbé, der den Zweck seines Kommens erklärte, nicht einschüchtern und sagte: »Ihr Eifer ist lobenswert, aber solange die Ärzte nicht erklärt haben, daß der König die Blattern hat, werde ich nicht dulden, daß Sie Ihre Pflicht erfüllen.«

Der Abbé Mandoux würdigte die Meinung des Herzogs, erwiderte aber mit der Hartnäckigkeit seines Standes, daß man die Ärzte kommen lassen müsse, um festzustellen, ob der König tatsächlich die Blattern habe.

Der Herzog von Duras holte nun selbst den Doktor Bordeu, führte ihn in das Vorzimmer des Königs und erzählte ihm, daß der Abbé den König mit den Sterbesakramenten versehen wolle. Doktor Bordeu sah dem Beichtvater fest in die Augen und fragte ihn in strengem Tone, wem er das Leben des Königs versprochen habe. Diese Frage erschreckte den Abbé und er verlangte Aufklärung. »Ich wiederhole,« sagte Bordeu, »daß, wenn man heute mit dem König von Blattern, Beichte und letzter Ölung spricht, man ihn tötet.«

»Glauben Sie, daß diese Mitteilung einen so furchtbaren Eindruck auf ihn machen würde?« fragte der Herzog von Richelieu.

»Zweifellos!«

Herr von Duras gab nun dem Beichtvater sein Bedauern zu erkennen, daß er seinen Wünschen nicht genügen könne. »Sie sehen wohl, daß es unmöglich ist,« fügte er hinzu, »man müßte denn einen Königsmord begehen.«

Der Abbé, innerlich zufrieden, Widerstand gefunden zu haben, begab sich in die Wohnung der Prinzessin zurück und erzählte, was sich zugetragen hatte. Mir selbst hat der Herzog von Richelieu von diesen Vorgängen Mitteilung gemacht und mir gesagt, daß sich Bordeu wie ein Engel benommen habe. Im Augenblick der Gefahr lerne man seine wahren Freunde kennen.

»Das ist wahr,« erwiderte ich, »und von heute ab müssen wir unsere alten Streitigkeiten vergessen.«

»Ich habe vergessen, Gräfin. Übrigens droht uns beiden gleiche Gefahr. Für den König bin ich noch ein junger Mann, aber sein Enkel wird mich so behandeln, als ob ich ein Methusalem wäre.«

Graf Jean, der anwesend war, riet nun Herrn von Richelieu, den König so wenig als möglich allein zu lassen; denn wir hatten noch nicht alle Hoffnung aufgegeben.

LII

Schon versammelten sich alle Höflinge in den Vorzimmern des Dauphins, der sich allerdings in seinem Zimmer einschloß, um nicht zu Lebzeiten seines Großvaters königliche Ehren in Empfang zu nehmen. Wer vom Dauphin nicht empfangen wurde, antichambrierte beim Grafen von Provence, um wenigstens durch den Bruder auf den künftigen König Einfluß nehmen zu können. Die jüngeren Höflinge versammelten sich beim Grafen von Artois, den sie zu ihrem Schutzherrn ausriefen.

Ich selbst verließ das Zimmer des Königs nur, wenn es unbedingt nötig war, und beobachtete mit schmerzlichen Gefühlen, wie sich sein Leiden verschlimmerte. Trotzdem durfte man ihm nicht die Wahrheit sagen.

Der König war aber selbst über seinen Zustand beunruhigt, und das Kommen und Gehen der Ärzte und die Abwesenheit seiner Enkel machte ihm klar, daß doch etwas Außerordentliches mit ihm vorgehen müsse. Er fühlte sich überdies schlechter, als es einem leichten Unwohlsein entsprochen hätte. So befragte er von neuem die Doktoren Bordeu und Lemonnière, die ihm wieder die Art seiner Krankheit verschwiegen. Da ihre Antworten ihn nicht befriedigten, bat er in einem unbewachten Augenblick La Martinière, ihm die Wahrheit zu sagen. »Ich bin kein Kind, La Martinière, ich will wissen, woran ich bin. Du bist ein braver, ehrlicher Mann und wirst mir sagen, was die anderen mir verheimlichen.«

»Kümmern Sie sich um nichts, Sire, und schlafen Sie!«

»Du langweilst mich, La Martinière. Sage mir offen, woran ich erkrankt bin!«

»Befehlen Sie es, Sire?«

»Ja, mein Freund.«

»Wenn Sie es durchaus wissen wollen, Sire, muß ich Ihnen gestehen, daß Sie die Blattern haben.«

»Ich habe die Blattern?« fragte der König mit entsetzter Stimme. »Kann ich davon geheilt werden?«

»Gewiß, Sire.«

Der König wandte den Kopf auf die andere Seite des Bettes, und als die anderen Ärzte eintraten, fragte er: »Warum haben Sie mir verheimlicht, daß ich die Blattern habe? Ohne La Martinière wäre ich gestorben und hätte nicht gewußt, daß ich gefährlich krank gewesen bin. Ich bin auf dem Wege nach Saint-Denis.«

Die Ärzte versuchten, ihn zu beruhigen, ihm zu sagen, daß er keine Gefahr laufe und daß seine Krankheit Aussicht auf Heilung habe. Aber der König hörte nicht mehr hin, so sehr erfüllt war er von einer bösen Vorahnung.

Bordeu schlich sich aus dem Krankenzimmer und verständigte den Herzog von Richelieu von dem, was geschehen war. Richelieu lief zum König und fragte: »Ist es wahr, Sire, daß Sie an einer Heilung zweifeln?«

»Ich habe die Blattern, Herzog von Richelieu.«

»Es wäre besser gewesen, wenn Ihnen La Martinière nichts gesagt hätte. Aber schließlich kann man diese Krankheit heilen wie jede andere.«

In diesem Augenblick trat ich ein. Man hatte in der allgemeinen Verwirrung vergessen, mich zu benachrichtigen, daß der König um sein Leiden wisse. »Ich habe die Blattern, Gräfin,« sagte er mit finsterer Stimme.

»Sie träumen, Sire,« erwiderte ich, »und diese Herren haben Unrecht, wenn sie Sie in diesem Glauben lassen.«

»Die Herren wissen besser als Sie, woran ich bin: ich habe die Blattern. La Martinière war aufrichter als alle anderen.«

Ich sah nun, woher der Wind wehte, und wandte mich wütend gegen den ersten Chirurgen: »Sie haben da ein schönes Werk vollbracht! Haben Sie Ihre Zunge nicht im Zaum halten können?«

La Martinière erwiderte nichts, aber der König ergriff seine Verteidigung: »Er hat gut daran getan! Sonst wäre ich ohne letzte Ölung gestorben.«

Bei diesen Worten senkte ich den Kopf auf die Schulter des Doktor Bordeu und wurde ohnmächtig. Man trug mich aus dem Zimmer des Königs in meine Wohnung.

Niemand hat den Tod so sehr gefürchtet wie Ludwig XV. Schon das Bewußtsein, daß er schwer erkrankt sei, machte eine Genesung unmöglich. Die brutale Offenheit La Martinières war ein Todesurteil. Der König sagte jedem Menschen, der ihn besuchte: »Ich habe die Blattern!« Und es klang so, als hätte er gesagt: Ich bin verloren!

Da seine Enkel sein Zimmer nicht betreten durften, verlangte er nach seinen Töchtern, die nun die Gelegenheit ergriffen, seine Seele zu retten. Sie lasen ihm den Brief der Prinzessin Louise vor und baten ihn, sich versehen zu lassen. Am selben Tage ließ mich Ludwig XV. kommen. »Es sind also die Blattern«, sagte er. »Ich bin schwer krank, liebe Freundin.«

»Sire, Sie werden gesund werden. Haben Sie doch Vertrauen! Wir werden noch viele Jahre glücklich miteinander leben.«

»Glauben Sie, daß das möglich ist? Geben Sie mir Ihre Hand!«

Er ergriff meine Hand und strich mit ihr über sein von Blasen übersätes fiebriges Gesicht. Dann ließ er mich frei, streichelte ganz sacht meine Wange und spielte mit meinen Locken. Mit unendlicher Zärtlichkeit liebkoste er meinen Hals und zog meinen Kopf an sich. Ich küßte seine Stirne, aber er sah mich traurig an und sagte: »Ich werde nicht mehr lange leben, hier mein Porträt! Gedenken Sie meiner!«

Ich konnte noch einige Minuten bei ihm bleiben, dann küßte er meine Hand und sagte mir adieu. Ich zog mich zurück. Es war das letzte Wort, das ich von ihm gehört habe.

Die Marschallin erwartete mich in meiner Wohnung, und ich erzählte ihr, daß ich hoffe, täglich zum König gelassen zu werden. »Sie irren sich, meine Liebe,« sagte sie, »das war Ihr letztes Beisammensein. Sie hätten daraus Nutzen ziehen müssen. Was haben Sie von diesem Porträt? Ich glaube, es ist das fünfte, das er Ihnen schenkt.«

Ich begann zu weinen, und sie fügte hinzu: »Sie sind ein Kind, man kann mit Ihnen nicht sprechen.« Dann wandte sie sich zu Fräulein Dubarry und sagte: »Fangen Sie jetzt schon mit dem Packen an, sonst werden Sie etwas vergessen!«

Indessen ging Graf Jean mit großen Schritten im Zimmer auf und ab und sprach kein Wort. Plötzlich rief er in seiner gewöhnlichen Art: »Der Brotkorb ist leer, die gute Zeit ist vorbei!«

Abends kam Herr von Maupeou, um Abschied zu nehmen. Er fürchtete, daß nach dem Tode des Königs sein Parlament aufgelöst und er in Ungnade fallen werde.

Über meine Anfrage meldete mir Chamilly, daß der König schlafe und mich abends nicht empfangen könne. Ich wollte Chamilly eben sagen, daß ich trotzdem in das Krankenzimmer des Königs gehen wolle, als der Herzog d'Aiguillon erschien. Es war schon elf Uhr nachts, es konnte keinem Zweifel unterliegen, daß er eine außerordentliche Botschaft überbringe.

»Ist der König tot?« fragte ich mit erstickter Stimme.

»Nein, Gräfin,« erwiderte er, »Ludwig XV. lebt noch. Er ist uns aber vielleicht nicht gewogen.«

»Schickt er mich fort, Herr Herzog?«

»Er ist nur ein Mensch, Gräfin. Er fühlt sich krank und fürchtet die Zukunft.«

Der Herzog führte mich zu einem Lehnstuhl, meine Schwägerinnen, meine Nichte und mein Schwager stellten sich hinter ihn. Er erzählte: »Einige Stunden, nachdem Sie den König verlassen haben, fragte er die Prinzessin Adelaïde, ob man in Paris wisse, daß er die Blattern habe. Die Prinzessin antwortete bejahend und daraufhin verlangte er nach seinem Großalmosenier. Indessen wurde angefragt, ob Sie den König besuchen könnten, und er selbst hat den Auftrag gegeben, Ihnen zu sagen, er schlafe und Sie könnten ihn erst morgen besuchen. Dann hat er mich rufen lassen. ›Herzog d'Aiguillon‹, hat er gesagt, ›ich habe die Blattern. Sie wissen, daß ich nach der Etikette meinen Pflichten als Christ nachkommen und mich versehen lassen muß. Ich will auch nicht als Philosoph sterben. Ich habe zweifellos viel gesündigt. Habe aber immer ordentlich gefastet, hunderttausend Messen für die Seelen im Fegefeuer lesen lassen und den Klerus geachtet. Ich glaube nicht, daß man mir nachsagen kann, daß ich ein schlechter Christ gewesen bin. Die Prinzessinnen und der Klerus verlangen von mir, daß ich mich versehen lasse. Bitten Sie die Herzogin d'Aiguillon, daß sie die Gräfin Dubarry für einige Tage nach Ruel mit sich nehme.‹ – ›Wie, Sire,‹ habe ich erwidert, ›Sie verbannen Ihre beste Freundin?‹ – ›Ich verbanne sie nicht, ich weiche nur dem Zwange, es kommt vielleicht wieder eine bessere Zeit‹.«

Die letzten Worte des Herzogs d'Aiguillon bewiesen mir, daß mein Schicksal entschieden war. Meine Schwägerinnen und meine Nichte begannen zu weinen. Graf Jean versuchte sich stark zu zeigen, und auch ich gab mir den Anschein, mein

Schicksal gelassen zu tragen. »Muß ich augenblicklich fortgehen?« fragte ich.

»Nein,« erwiderte der Herzog, »Ihre Abreise in der Nacht würde einer Flucht ähnlich sehen. Wenn es Ihnen recht ist, reisen Sie morgen. Erlauben Sie nur, daß ich die Herzogin verständige.«

Während der Herzog meine Abreise vorbereitete, blieb ich allein. Ich wollte keinen Menschen um mich sehen, um ruhig nachdenken zu können. Dann schrieb ich der Marschallin von Mirepoix und dem Herzog von Cossé Abschiedsbriefe.

Am nächsten Morgen holte mich die Herzogin d'Aiguillon in ihrem Wagen ab. Es war Mittwoch, den fünften Mai. Das Schloß lag still, und in dem Zimmer, wo die Liebe mich beinahe zur Königin von Frankreich erhöht hatte, lag mein Freund und Beschützer im Sterben.

Wir fuhren traurig fort.

Als wir in Ruel ankamen, legte ich mich augenblicklich nieder. Ich war so müde, daß ich bis zum nächsten Morgen schlief. Tagsüber besuchte mich Frau von Forcalquier, und ich war erfreut, in ihr eine aufrichtige Freundin gefunden zu haben. Abends kam Herr von Cossé, um mich seiner Ergebenheit zu versichern. Auch der Prinz von Soubise stellte sich ein. Wir speisten zusammen. Aber wir waren so niedergeschlagen, daß wir bei Tische nahezu nicht sprachen.

Am nächsten Morgen erhielt ich den ersten Brief des Herzogs d'Aiguillon, der mir versprochen hatte, mir über alle Neuigkeiten zu berichten: »Der Zustand des Königs hat sich nicht verändert. Der Erzbischof von Paris und die Prinzessinnen verlassen das Zimmer Seiner Majestät nicht. Der König hat sich heute morgens nach Ihnen erkundigt und mich beauftragt, Sie nie im Stiche zu lassen. Ich habe die Gelegenheit benützt, um ihm zu sagen, daß er Sie vielleicht zu früh hat abreisen lassen. Er hat mir erwidert, daß er nur dem Zwange gehorcht habe und bedauere, Ihnen Kummer zugefügt zu haben. Der Dauphin verläßt seine Wohnung nicht. Er steht in Briefwechsel mit Prinzessin Victoire, und ihre Briefe werden in Essig getaucht und mit Kampfer bestreut, bevor der Dauphin sie erhält.

Versailles, den 5. Mai 1774, 9 Uhr abends.«

Am nächsten Tag besuchte mich die Marschallin von Mirepoix und unterhielt sich mit mir über unsere Zukunft. Wir waren beide sehr traurig und sie verließ mich bald.

Abends erhielt ich einen Brief des Herzogs, der mir Hoffnung machte. Er teilte mir mit, daß sich der Herzog von La Vrillière mir ausdrücklich empfehlen lasse. Auch der Abbé Terray habe ihm Grüße für mich aufgetragen. Die Herzogin, meine Schwägerin und meine Nichte, in deren Gegenwart ich den Brief las, errieten, daß mir Herr d'Aiguillon keine schlechte Nachricht zukommen lassen wolle. Tatsächlich beruhigte mich mein Freund in seinen Briefen, die er in kurzen Abständen sandte. Aber schließlich erhielt ich folgendes Schreiben: »Gräfin und liebe Freundin! Ich darf es Ihnen nicht mehr verbergen. Der König ist krank, und man fürchtet für sein Leben. Er hat eine sehr schlechte Nacht verbracht, und seine Töchter, die bei ihm wachten, haben ihm beigebracht, daß sein Beichtvater und der Großalmosenier ihre Pflicht erfüllen müßten. Um drei Uhr früh ließ er durch den Herzog von Duras Herrn Mandoux holen und beichtete ihm eine Viertelstunde. Dann bat er den Großalmosenier, ihm die letzte Ölung zu geben. Um sieben Uhr früh wurde er versehen. Das Zimmer des Königs bot einen traurigen Anblick.«

Der Herzog d'Aiguillon teilte mir in diesem Briefe noch mit, daß der Dauphin Herrn von Machault zu seinem Nachfolger bestimmt habe.

Von anderer Seite erfuhr ich, daß in allen Kirchen Frankreichs vierzigstündige Bittgottesdienste abgehalten wurden, um vom Himmel die Heilung des Königs zu erflehen.

Ich verbrachte eine furchtbare Nacht. Am nächsten Morgen bestätigte mir ein Kurier nach dem anderen die traurige Nachricht, die ich am Abend zuvor erhalten hatte.

Der Herzog von Cossé riet mir, nach England zu reisen, da er fürchtete, daß mich die künftige Königin mit ihrem Haß verfolgen werde. Auch der bevollmächtigte Minister Seiner Hoheit des Herzogs von Zweibrücken erschien und forderte mich auf, in die Residenz seines Herrn zu kommen, wo mir die Freundschaft Seiner Hoheit ein angenehmes Asyl biete. Dieses Zeichen der Anhänglichkeit des Fürsten rührte mich sehr. Aber ich dankte Herrn von Palchelbel für das Anerbieten, da ich Frankreich nicht verlassen wollte.

Der Tag verstrich langsam, ich erwartete mit trauriger Ungeduld einen Brief des Herzogs d'Aiguillon, der schließlich eintraf und mich verständigte, daß es dem König nicht besser gehe, daß aber nicht Herr von Machault, sondern Herr von Maurepas mit der Führung der Geschäfte betraut werden würde. Er teilte mir ferner mit, daß ihn Graf Jean besucht habe, um vier Pässe von ihm zu verlangen.

Am Morgen des nächsten Tages trat Graf Jean bei mir ein und sagte: »Der König ist gestorben. Wissen Sie schon davon?«

»Nein, die Nachricht muß übrigens falsch sein, denn wenn sie wahr wäre, hätte man mir sie schon überbracht.«

»Ob er nun tot ist oder lebt, ist mir einerlei. Man gibt mir den Rat zu fliehen, und ich habe mich entschlossen zu reisen. Wollen Sie mitkommen?«

»Nein!« erwiderte ich.

»Sie haben Unrecht, man wird Sie einsperren.«

Ich zuckte die Achseln und gab ihm das Geld, das er verlangte. Er wollte auch, daß ich ihm meinen Schmuck anvertraue, aber ich hütete mich wohl. Wir nahmen ohne Rührung voneinander Abschied.

Während des Tages wurden uns noch zahlreiche falsche Nachrichten über den Tod des Königs zugestellt. Aber um halb fünf Uhr nachmittags erhielt ich folgenden Brief: »Gräfin, Sie haben Ihren besten Freund verloren und ich meinen ausgezeichneten Herrn. Seine Majestät hat um drei Uhr aufgehört zu leben.«

*

Ich will weder von den Tränen, die ich vergoß, noch von meinem Schmerz erzählen.

Um Mitternacht traf der Herzog d'Aiguillon ein, der den neuen König nach Choisy begleiten durfte. Er erzählte mir von den letzten Lebensaugenblicken Ludwig XV.

Der ganze nächste Tag verlief ohne Ereignis. Mit Ausnahme des Herrn von Cossé besuchte mich keiner meiner Freunde. Abends allerdings erschien mein ehemaliger Freund, der Herzog von La Vrillière, und überbrachte mir folgenden Haftbrief:

»Frau Gräfin Dubarry! Sowohl aus Gründen, die nur mir bekannt sind, als auch um zu verhüten, daß ein Staatsgeheimnis, das Ihnen anvertraut worden sein könnte, in die Öffentlichkeit gelange, beauftrage ich Sie, sich ohne Verzug nach Pont-aux-dames zu begeben. Es hat Sie nur eine Kammerfrau und Herr Hamont, den ich damit betraue, zu begleiten. Diesem Befehl ist unverzüglich Folge zu leisten. Gott nehme Sie in seine Hut.

Ludwig.«

DIE DUBARRY
Ein Nachwort von Franz Blei

Ihrer privaten Menschlichkeit war die Gottähnlichkeit der christlichen Könige, die sie sich selber gaben und geben ließen, nicht immer zum Vorteil. Es entstanden daraus Konflikte, weniger bei ihnen als bei ihren Untertanen, die sich nicht damit zurecht finden wollen, daß ihr vergottetes Idol nicht nur nicht Inbegriff aller Tugenden ist, sondern eher Träger ihrer Gegenteile. Nicht als ob die Masse des Volkes von sich aus etwas daran fand und findet, daß der König neben seiner legitimen ihm ausgesuchten Königin eine Geliebte hat, so monogamisch versessen ist man da nicht; aber das Volk ist, haben ehrliche oder unehrliche Entrüstete ein Interesse daran, sofort geneigt, die Tatsache einer königlichen Geliebten skandalös zu finden. Und es gab immer solche Entrüstete, besonders in jenen Kreisen, die mit der von ihnen protegierten Mätresse beim Monarchen durchgefallen waren.

Die Staatsräson bestimmte dem Monarchen die Gattin, und dieselbe Staatsräson zog dabei auch schon die Geliebte als selbstverständliche Ergänzung dieser Ehe ins Kalkül. Die freie Wahl der königlichen Gattin war in der klassischen Zeit der europäischen Kabinettspolitik völlig dem Monarchen benommen. Aber auch in der Wahl seiner Geliebten war er nur insofern frei, als er die ihm dafür präsentierte Dame ablehnen konnte. Sich selber eine Geliebte suchen und finden, das hinderten Amt und Würde und Hof, dieser zumal. Dem Herrn die Geliebte zu verschaffen, ist ein Vorrecht des Höflings gewesen, dessen er sich nicht begab, denn durch die von ihm gestellte Mätresse herrschte er.

Der mehr vielliebende als vielgeliebte fünfzehnte Ludwig hatte, nicht mehr der Jüngste, nach dem Tode der Pompadour den Geschmack an den durch Haltung und Geist sich impostierenden Frauen verloren. Sie waren seinem trägen, nachgiebigen, ganz vom Sinnlichen bestimmten Wesen zu anstrengend und zu reizarm geworden. Es gab da bei der Geliebten ein Zeremoniell, fast schon so streng wie bei seiner Frau, der Königin. Man wird mit fünfzig vorbei bequemer und sieht in dem nichts als Galanten verschwendete Zeit. Es packt den alternden Mann, den die Sinnlichkeit bestimmt, eine Phrenesie des Genießenwollens, die bei bemerkter Abnahme des Genießenkönnens in Geist, Sitte und Haltung, die eine Frau diktiert, nur lästige Hemmnisse und Schranken sieht. Es werden nur mehr grobe, drastische Mittel als wirkend verspürt. Die feineren Mittel rufen keine Reagenz mehr hervor. Dieser Mann ist nah an der bettelnden Verblödung vor der Frau, die ihm von nichts sonst als vom Schoß bestimmt wird.

Die sterbende Pompadour hatte sich in die Wandlung ihres königlichen Freundes finden müssen, der wohl ihr Herr noch, aber nicht mehr ihr Geliebter war. Mit ihrem von der Schwindsucht zerstörten Leibe konnte sie nicht mehr dienen, so wenig wie mit ihrem Geiste. Aber sie wollte den Herrn und ihre Macht nicht verlieren, so diente sie ihm mit schmerzender Gefälligkeit durch die Einrichtung jenes Hirschparkes, den sie mit jenen anonymen Mädchen bevölkerte, von denen sie wußte, daß sie ihr nicht gefährlich werden konnten. Sie wurde aus der Geliebten zur *Maîtresse des plaisirs* ihres Herrn. Dem dies so gefiel, daß er nach dem Tode der Pompadour das für jeden seiner Besuche erneuerte Bordell einer dauernden Geliebten vorzog. Aber damit hätte jede höfische Clique ihre Macht über den

Gnaden austeilenden König verloren an den Kammerdiener Lebel, der für die Erneuerung im Hirschparke zu sorgen hatte. Der Kammerdiener konnte allenfalls ein subalterner Verbündeter sein, nicht ein Herr, bei dem man antichambriert. Als Richelieu in einer Gesellschaft, die wie immer nicht die beste war, vom König sprechend äußerte, daß es nicht mehr so weiter gehen könne und man eine richtige Mätresse brauche, da war der Zufall dem Toulouser Abenteurer, Zuhälter und zweifelhaften Grafen Jean Dubarry günstiger als vor ein paar Jahren, wo ihm die Pompadour die Straßburgerin Dorothée, eines Wasserträgers Tochter, nach einigen Nächten wieder zurückschicken ließ, weil sie dem König allzugut gefallen hatte. Der Graf Jean verstand sich darauf, aus talentierten Mädchen wahrhaft königliche Bissen zu machen, aber die Pompadour ließ dem König durch Lebel sagen, die Straßburgerin hätte eine ekelhafte Krankheit, und der erschreckte Ludwig wollte gleich nichts mehr von ihr wissen. Jean Dubarry hatte jetzt etwas auf seinem Lager, von dem er dem Herzog Richelieu versichern konnte, daß jene Straßburgerin eine lächerliche Vogelscheuche daneben sei. Die neue, die er habe, sei schon mehr wert, als daß man ihn für ihre Lieferung nur zum Gesandten in Köln mache, was der von ihm verlangte Preis für die Dorothée gewesen war.

Bei der ersten Einführung in Versailles sah nicht nur der König die Neue, sondern auch ein Graf Genlis, für den sie aber nicht mehr neu war, denn er erkannte in ihr ein Mädchen, das ihm vor Jahren sein Diener für eine Nacht zugeführt hatte. Damals war Anne Becus, Tochter eines Weibes Becus, von unbekanntem Vater, fünfzehn Jahre alt gewesen. 1743 geboren, war Anne dreiundzwanzig Jahre alt, als sie zum ersten Male in den Galerien Versailles mit dem gierigen Näschen die Hofluft schnupperte. Als eine Gräfin Dubarry, Gattin des rasch von

Jean herbeigerufenen und ebenso rasch nach der Trauung wieder in den Süden verschwundenen ausbezahlten Bruders Wilhelm Dubarry.

Mit Anne, Jeanne oder auch Jeannette, wie sie sich nannte, zog das Volk in Versailles ein. Diese andere Jeanne setzte keinem französischen Könige die Krone aufs Haupt wie die Jungfrau von Domremy. Diese Jeanne aus der Pariser Vorstadt brachte mit ihrer gutzielenden Fußspitze die Krone auf dem Haupte eines Königs ins Schwanken, so daß sie dem nächsten und letzten an der Reihe vom Haupte fiel, zusamt diesem Haupte. Mit dem Einzug der Jeanne Becus in die königlichen Schlösser und Schlößchen begann der Bastillensturm. Der König vermählte sich seinem Volke, aber es war diesem keine richtige Ehe, und so kam es dann zu einer blutigen Scheidung.

Diesmal hatte der Graf Jean Dubarry auf das richtige Pferd seines exquisiten Stalles gesetzt: Jeanne war, was Kunst hier hinzutun konnte, ein Meisterstück der seinen, eine Frau für solche Karriere herzurichten. Aber hier hatte auch Natur ihr Äußerstes getan, und die erzieherische Kunst bestand wesentlich darin, die Natur natürlich erscheinen zu lassen, was, wie man weiß, nicht immer der Fall ist. Dieses silberblonde, zierlich-üppige Geschöpf mit den halb verdeckten zerschmelzenden Augen, der nervösen Nase und dem süßesten Munde, dem das kindliche Lispeln bis ins Alter vortrefflich stand, dieses einfältig-schlaue Hirnchen, dieses gutmütige Herz, dieses gute Mädel war, so wie sie war, vollkommen. Ihre Kenntnisse, was man so nennt, waren gleich null. Orthographisch schreiben hat sie nie gelernt. Aus Dichtern machte sie sich nur dann etwas, wenn sie Couplets verfassen und singen konnten. Maler interessierten sie nur als Handwerker für die Bemalung ihrer Dosen und Porzellane. Gelehrte und Philosophen interessierten sie gar nicht. Wie glücklich war La France, dem das alles durch die Pompadour, die »Schwätzerin«, zum Ekel geworden war in seiner zunehmenden geistigen Trägheit! Dafür nahm er die Ungezogenheiten der Dubarry lächelnd hin, wie wenn sie ihn vor allen Leuten anfuhr: »Sie sind ein Lügner, der allergrößte Lügner von der Welt«, und das dafür, weil er einer von der Dubarry gewünschten Protektion nicht gleich willfahrt hatte, nicht aus guten Gründen, sondern aus Vergeßlichkeit. Denn er tat, was sie wollte. Nicht eigentlich was sie wollte, sondern was ihre Partei durch sie wollte. Ihre eigenen Ansprüche waren weder vielfältig noch schwierig. Sie bekam jedes Geld, das sie verschwenden wollte. Sie verlangte, daß die Damen und Herren des Hofes sie respektieren, nicht bloß der und jene, sondern alle. Aber schon hier gehorchte sie weniger ihrem eigenen Wunsch als dem ihrer Hofclique, die an ihrer Stellung interessiert war. Die ahnungslose Person wurde Werkzeug: Jean, der rasch herbeieilende ständige Berater in schwierigen Fällen, und Chon, dessen bucklige Schwester, ihr als Jungfer beigegeben und Beraterin in verzwickteren Fragen der Etikette und Intrige, diese beiden zunächst machten es Jeannette, so gut sie es verstand, klar, daß ihre Stellung als Favoritin erst dann völlig sicher sei, wenn im Rate und der nächsten politischen Umgebung des Königs die Gegenpartei jener sei, die jetzt am Ruder. So kam es, daß die kleine Dubarry es war, die den bis dahin allmächtigen Herzog von Choiseul stürzte, und dabei mochte sie ihn gern leiden und war er ihr menschlich viel sympathischer als sein Gegner, der Klerikale. Denn so grotesk war die Situation, daß die Klerikalen die Partei waren, welche auf die Dubarry hielten, um den liberalen und atheistischen Herzog zu stürzen. Wie beim Tode des Königs die Klerikalen es waren, die alles daran setzten, daß der König nicht die heiligen Sterbesakramente bekam, und die Atheisten von einem Bischof zum anderen liefen, einen zu finden, der genug Mut hatte, dem König durch die letzte Ölung zu sagen, daß es mit ihm zu Ende ginge und damit auch mit der Dubarry und der klerikalen Herrschaft. Die Atheisten siegten: ihnen dankt es der König, daß er starb wie ein Christ, damit er auf dem Sterbebett den Abschied an die Favoritin diktiere, nur darum, nicht um sein Seelenheil bekümmert. Und daß die Dubarry nicht in die sie mitverschlingende Ungnade falle, nur deshalb, und nicht weil sie den König ungesalbt in die Hölle fahren lassen wollten, weigerten ihm die Klerikalen den Trost der christlichen Religion. In allen diesen Händeln der großen und der kleineren Politik ist die Dubarry wichtigste Figur, aber nicht nach ihrem eigenen Kopfe, sondern immer in den Händen anderer. Sie hatte keine eignen Ansichten, keine persönlichen Interessen. Sie regierte nicht, und in und durch ihre Person herrschte eine Partei. Denn sie war zu dem König nichts als eine Frau: er war ihr nicht ein König, sondern ein Mann. Das war ihre große Macht, rasch erkannt von jenen, die sich ihrer bedienen wollten und konnten gegen Dienste, der Frau erwiesen, geringe Dienste, aber ihrem in solchen Dingen schwachen Denken als höchst wichtige und bedeutende vorgestellt. Der Minister in der königlichen Antichambre oder beim Lever erreicht nichts. Die Geliebte, die mit dem verliebten Mann die Nacht und das Bett teilt, erreicht, was sie will.

Nun ist ihr König tot und sie ins Kloster verbannt, wo man lieb zu ihr ist und sie es charmant findet. Aber doch ein bißchen eingesperrt und die Gesellschaft von Mama ein bißchen lästig. Dann gönnt man ihr wieder das kostbarste ihrer Schlößchen, Luciennes bei Marly, voller schöner und lustiger Erinnerungen und, dies vor allem, voll der herrlichsten Schätze an Schmuck und Möbeln und Spitzen und Tapisserien und Porzellanen. Manches muß sie ja, die Einkünfte reichen nicht, verkaufen, und man bestiehlt sie, die immer noch verschwendet und gar nicht rechnen kann. Sie ist vierzig Jahre: schön wie mit zwanzig, aber die eingeborne Gutmütigkeit des Herzens gibt zunehmend dem Glanz dieser Schönheit eine süße Milde. Von ihren zwei Kammerzofen ist eine immer schwanger, die andere hat ein Magenleiden, und um sie beide nicht zu stören, versteckt sich diese entzückende Frau vor ihnen und nimmt eine dritte Zofe. Diener entläßt sie wütend, nicht weil sie sie bestehlen, sondern die Gaben unterschlagen, die sie täglich den Dorfbewohnern zuschicken läßt. Als junges Ding war sie, die durch hundert Männerhände ging, ein einziges Mal verliebt gewesen: es war ein armer Teufel. Nun, da sie vierzig vorbei ist, kommt die Liebe, die wirkliche Liebe mit allen ihren Torheiten des Schmerzes und der Sehnsucht, wieder in ihr Herz, und sie wird geliebt wie ein Mädchen, von einem Manne, keinem Toren, der seinen Kopf dafür unter dem Fallbeil ließ, und den zu retten sie ihren eigenen in jede Gefahr brachte. Und Dienstleute verehren sie und kommen dadurch ums Leben, und ihre letzten Worte sind solche des Dankes an die gute Herrin. Der Königin Marie Antoinette, von der sie nur Schlimmes erfahren, läßt sie ins Gefängnis wissen, und bewußt, welche Gefahr das für sie bedeutete, daß sie alles, Hab und Gut, geben wolle, wenn es ihrer Befreiung nütze. Sie ist ganz ohne Rachsucht, gar keine Royalistin, nur eine Frau, die denen helfen will, die sie gekannt hat und die nun in Not geraten. Nur ein paar allzu schurkische Diener wirft sie hinaus. Und das kostete sie den Kopf.

Die entlassenen Diebe erkannten ihre Zeit: sie politisierten sich, um nicht als Räuberbande zu plündern, sondern als gut patriotische Partei und als tüchtige Schüler Rousseaus, wie sie sagten, zu konfiszieren. Die »Patrioten von Luciennes« brauchten einige Zeit, ihren Plan verwirklicht zu sehen, denn die von ihnen mit Eingaben gegen die »Royalistin Dubarry« bestürmten Behörden konnten nichts finden, das zur Gefangensetzung eine Handhabe bot. Aber endlich gelang es den unermüdlich patriotisch erregten Lucienner Rettern des Vaterlandes und Dieben, die sich hinter einem Rechtstitel sichern wollten: Jeannette wurde in die Conciergerie abgeholt und bekam denselben Raum, den die Habsburgerin vor ihrer letzten Fahrt bewohnt hatte.

Das arme, an den Haaren kurzgeschnittene Geschöpf schrie und heulte sinn- und fassungslos auf dem Karren, der sie zur Guillotine brachte. »Das Leben! Das Leben! Wenn mir das Leben geschenkt wird, geb' ich der Nation all mein Vermögen!« Ein Patriot rief ihr zu: »Du gibst mit deinem Vermögen der Nation nur, was ihr gehört.« Da drehte sich ein Kohlenträger nach dem Herrn um und gab ihm eine Ohrfeige. Der Mann aus dem Volke sah in der unglücklichen Frau nur das Weib aus dem Volke.

Die nichts als gelebt hatte, wie es sie ihre natürlichen guten Instinkte hießen, und der es den Verstand verwirrte, daß man sie um das Leben bringe, war fünfzig Jahre alt, als ihr Haupt fiel.

NACHBEMERKUNG DES HERAUSGEBERS

Der französische Text, der dieser Bearbeitung Grundlage bot, mag eigenen geheimgehaltenen Aufzeichnungen der Gräfin Jeanne Dubarry entstammen oder aus einzelnen Tagebuchblättern und bekannten Zeitgeschehnissen zusammengefügt worden sein; so wie er vorliegt, bildet er ein Ganzes, das in kritischer Weise die Dubarry selbst und ihre Zeit beleuchtet.

Dort, wo Abweichungen von der urkundlichen Forschung zu vermerken sind, ist Beschönigung im Sinne der Favoritin die Ursache. Besonders die Jahreszahl der Geburt und die Erwähnung der Familie ihres Vaters mag dem Umstande zuzuschreiben sein, daß sie, umgeben vom hohen Adel Frankreichs, ungern als Niemandskind gegolten und zumindest den Versuch gemacht hat, sich eine Genealogie zu erdichten.

Gewisse Begebenheiten, wie die Einführung der Dubarry bei Ludwig XV., sind nicht als geschichtlich feststehende Tatsachen zu werten, da darüber so zahlreiche verschiedenartige Berichte im Umlauf waren, daß das Ereignis unter den Verzerrungen des Hofklatsches nicht einwandfrei feststellbar ist.

Jedenfalls war ich bemüht, dem Ablauf der Geschichte Rechnung zu tragen und den Zeitgeist, wie er sich in Sprache und Wortwahl ausprägt, in die deutsche Bearbeitung zu übernehmen.

Wien, 1924   *Paul Frischauer*

INHALT

Die geheimen Papiere der Gräfin Dubarry   9

Die Dubarry
  Ein Nachwort von Franz Blei   395

Nachbemerkung des Herausgebers   403

Zu dieser Ausgabe

insel taschenbuch 1262
Die geheimen Papiere der Gräfin Dubarry

Herausgegeben von Paul Frischauer. Mit einem Nachwort von Franz Blei.

Der Text folgt der Ausgabe: Die geheimen Denkwürdigkeiten der Gräfin Dubarry. Herausgegeben von Paul Frischauer. Mit einem Nachwort von Franz Blei. Verlag Karl König, Wien/Leipzig 1924.

Der Abdruck des Nachworts von Franz Blei erfolgt mit freundlicher Genehmigung der Erbengemeinschaft Franz Blei Internationaal Literatuur Bureau BV, Hilversum.

Umschlagabbildung: Peter Adolf Hall, »Dame mit Medaillon«, um 1786.

Französische Literatur
im insel taschenbuch

Honoré de Balzac: Eugénie Grandet. Aus dem Französischen von Gisela Etzel. Herausgegeben von Eberhard Wesemann. it 1127

– Die Frau von dreißig Jahren. Aus dem Französischen übertragen von Werner Blochwitz. it 460

– Das Mädchen mit den Goldaugen. Aus dem Französischen von Ernst Hardt. Mit einem Vorwort von Hugo von Hofmannsthal. Zehn Illustrationen von Marcus Behmer. it 60

– Tolldreiste Geschichten. Aus dem Französischen von Benno Rüttenauer. Mit Illustrationen von Gustave Doré. it 911

– Über die Liebe. Sein Weltbild aus seinen Werken. Zusammengestellt und mit einem Essay herausgegeben von Stefan Zweig. it 715

– Vater Goriot. Aus dem Französischen von Franz Hessel. Herausgegeben von Erika Wesemann. it 1167

Charles Baudelaire: Die Blumen des Bösen. Übertragen von Carlo Schmid. it 120

Pierre Augustin Caron de Beaumarchais: Die Figaro-Trilogie. Deutsch von Gerda Scheffel. Nachwort von Norbert Miller. Mit zeitgenössischen Illustrationen. it 228

William Beckford: Vathek. Aus dem Französischen von Franz Blei. Mit einem Vorwort von Stéphane Mallarmé. it 1172

Hector Berlioz: Groteske Musikantengeschichten. Aus dem Französischen von Elly Ellès. it 859

George Clémenceau: Claude Monet. Betrachtungen und Erinnerungen eines Freundes. Mit einem Nachwort von Gottfried Boehm. it 1152

Alphonse Daudet: Briefe aus meiner Mühle. Aus dem Französischen übertragen von Alice Seiffert. it 446

– Tartarin von Tarascon. Die wunderbaren Abenteuer des Tartarin von Tarascon. Mit 45 Zeichnungen von Emil Preetorius. it 84

Denis Diderot: Erzählungen und Gespräche. Übersetzt von Katharina Scheinfuß. it 554

– Jakob und sein Herr. In der Übersetzung von Mylius. Herausgegeben von Horst Günther. it 772

– Die Nonne. Mit einem Nachwort von Robert Mauzi, die Übersetzung des Nachworts besorgte Margaret Carroux. it 31

– Rameaus Neffe. Le Neveu de Rameau. Ein Dialog. Zweisprachige Ausgabe. Übersetzt von Goethe. Mit Zeichnungen von Antoine Watteau. Herausgegeben und mit einem Nachwort versehen von Horst Günther. it 775

Alexandre Dumas: Die drei Musketiere. Aus dem Französischen von Herbert Bräuning. it 1131

152/1/6.89

Französische Literatur
im insel taschenbuch

Alexandre Dumas: Der Graf von Monte Christo. 2 Bde. Bearbeitung einer alten Übersetzung von Meinhard Hasenbein. Mit Illustrationen von Pavel Brom und Dagmar Bromova. it 266

– Die Kameliendame. Aus dem Französischen von Walter Hoyer. Mit Illustrationen von Paul Gavarni. it 546

Dominique Fernandez: Süditalienische Reise. Aus dem Französischen von Julia Kirchner. Mit farbigen Fotografien von Martin Thomas. it 1076

Gustave Flaubert: Bouvard und Pécuchet. Aus dem Französischen übersetzt von Georg Goyert. Mit Illustrationen von András Karakas. Mit einem Vorwort von Victor Brombert und einem Nachwort von Uwe Japp. it 373

– Drei Erzählungen. Trois contes. Übersetzt und herausgegeben von Cora van Kleffens und André Stoll. it 571

– Lehrjahre des Gefühls. Geschichte eines jungen Mannes. Übertragen von Paul Wiegler. Mit einem Essay und einer Bibliographie von Erich Köhler. it 276

– Madame Bovary. Revidierte Übersetzung aus dem Französischen von Arthur Schurig. it 167

– November. Aus dem Französischen übersetzt von Ernst Sander. Mit einem Nachwort von Monika Bosse. it 411

– Reise in den Orient. Ägypten. Nubien. Palästina. Syrien. Libanon. Aus dem Französischen von Reinhold Werner und André Stoll. Mit Photographien von Maxime Du Camp, einem Register und einem Nachwort. Herausgegeben von André Stoll. it 619

– Salammbô. Herausgegeben und mit einem Nachwort versehen von Monika Bosse und André Stoll. Aus dem Französischen übersetzt von Georg Brustgi. it 342

Anatole France: Blaubarts sieben Frauen und andere Erzählungen. Mit Illustrationen von Lutz Siebert. Aus dem Französischen von Irmgard Nickel. it 510

Edmond und Jules de Goncourt: Germinie Lacerteux. Aus dem Französischen von Curt Noch. it 1054

– Tagebücher. Aufzeichnungen aus den Jahren 1851-1870. Nach der ersten Gesamtausgabe der Académie Goncourt ausgewählt, übertragen und herausgegeben von Justus Franz Wittkop. it 692

Victor Hugo: Notre-Dame von Paris. Aus dem Französischen von Else von Schorn. Mit zeitgenössischen Illustrationen. it 298

Choderlos de Laclos: Schlimme Liebschaften. Mit 14 Kupferstichen. Übertragen und eingeleitet von Heinrich Mann. it 12

Französische Literatur
im insel taschenbuch

Madame de Lafayette: Die Prinzessin von Clèves. Roman. Aus dem Französischen von Julia Kirchner. Mit einem Nachwort von Emile Magne. it 768

Briefe der Ninon de Lenclos. Aus dem Französischen von Lothar Schmidt. Mit zehn Radierungen von Karl Walser. it 1173

Alain René Le Sage: Die Geschichte des Gil Blas von Santillana. Aus dem Französischen von Konrad Thorer. Mit Illustrationen von Daniel Chodowiecki. it 949

Pierre Carlet de Marivaux: Die Abenteuer des jungen Brideron. Eine Parodie. Übersetzt und herausgegeben von Gerda Scheffel. it 1035

– Betrachtende Prosa. Aus dem Französischen übertragen und mit einem Nachwort herausgegeben von Gerda Scheffel. it 1049

– Das Spiel von Liebe und Zufall. Und andere Komödien. Aus dem Französischen und mit einem Nachwort von Gerda Scheffel. it 805

Guy de Maupassant: Bel-Ami. Aus dem Französischen von Josef Halperin. Mit zeitgenössischen Illustrationen. it 280

– Die Brüder. Novelle. Deutsch von Ernst Weiß. Mit Illustrationen von Géo Dupuis. it 712

– Das Haus Tellier. Und andere Erzählungen. Ausgewählt und mit einem Nachwort versehen von Werner Berthel. Mit zeitgenössischen Illustrationen. Aus dem Französischen übersetzt von Helmut Bartuschek und Karl Friese. it 248

– Pariser Abenteuer. Und andere Erzählungen. Ausgewählt von Werner Berthel. Mit zeitgenössischen Illustrationen. Aus dem Französischen von Helmut Bartuschek und Karl Friese. it 106

– Unser einsames Herz. Herausgegeben und mit einem Nachwort versehen von Dolf Oehler. Mit zeitgenössischen Illustrationen. Aus dem Französischen von Josef Halperin. it 357

Louis Sébastien Mercier: Das Jahr 2440. Ein Traum aller Träume. Herausgegeben von Herbert Jaumann. it 1162

– Mein Bild von Paris. Mit dreiundvierzig Wiedergaben nach Kupferstichen. Übertragen und herausgegeben von Jean Villain. it 374

Prosper Mérimée: Carmen. Mit Zeichnungen von Pablo Picasso. Aus dem Französischen übersetzt von Franz Schnabel. it 361

Jules Michelet: Die Frauen der Revolution. Herausgegeben und übersetzt von Gisela Etzel. Mit zahlreichen Abbildungen. it 726

Honoré-Gabriel Mirabeau: Der gelüftete Vorhang oder Lauras Erziehung. Aus dem Französischen von Eva Moldenhauer. Nachbemerkung von Norbert Miller. it 32

Französische Literatur
im insel taschenbuch

Honoré-Gabriel Mirabeau: Preußische Monarchie und Französische Revolution. Briefe nach Deutschland und Kapitel aus der »Preußischen Monarchie« in der Übersetzung von Jakob Mauvillon. Herausgegeben von Horst Günther. it 1118

Molière: Der eingebildete Kranke. Aus dem Französischen von Johanna Walser und Martin Walser. it 1014

– Der Menschenfeind. Nach dem Französischen des Molière von Hans Magnus Enzensberger. it 401

Michel de Montaigne: Essais. Herausgegeben und mit einem Nachwort versehen von Ralph-Rainer Wuthenow. Revidierte Fassung der Übertragung von Johann Joachim Bode. it 220

– Tagebuch einer Reise durch Italien. Aus dem Französischen von Otto Flake. it 1074

Michel de Montesquieu: Perserbriefe. Aus dem Französischen von Jürgen von Stackelberg. Mit Anmerkungen zum Text und einem Nachwort. it 458

Blaise Pascal: Größe und Elend des Menschen. Aus den »Pensées«. Auswahl, Übersetzung und Nachwort von Wilhelm Weischedel. it 441

– Über die Religion und über einige andere Gegenstände. Aus dem Französischen übertragen und mit einem Nachwort herausgegeben von Ewald Wasmuth. it 1008

Jan Potocki: Die Handschrift von Saragossa. 2 Bde. Herausgegeben von Roger Caillois. Aus dem Französischen von Louise Eisler-Fischer, aus dem Polnischen von Maryla Reifenberg. Mit Bildern von Goya. it 139

Abbé Prévost: Manon Lescaut. Geschichte des Ritters Des Grieux und der Manon Lescaut. Mit einem Nachwort von Josef Heinzelmann. Illustrationen von Franz von Bayros. Aus dem Französischen von Elisabeth von Hase und Walter Hoyer. it 518

Marcel Proust / Eugène Atget: Ein Bild von Paris. Texte und Photographien. Herausgegeben von Arthur D. Trottenberg. it 669

François Rabelais: Gargantua und Pantagruel. Mit Illustrationen von Gustave Doré. Herausgegeben von Horst und Edith Heintze. Erläutert von Horst Heintze und Rolf Müller. 2 Bände. it 77

Jean-Jacques Rousseau: Bekenntnisse. Aus dem Französischen von Ernst Hardt. Mit einer Einführung von Werner Krauss. it 823

– Zehn botanische Lehrbriefe für eine Freundin. Mit siebzehn Illustrationen von P. J. Redouté. Herausgegeben und aus dem Französischen übersetzt von Ruth Schneebeli-Graf. it 366

Marquis de Sade: Schriften aus der Revolutionszeit. Herausgegeben von Georg Rudolf Lind. it 1117

152/4/6.89

Französische Literatur
im insel taschenbuch

George Sand: Geschichte meines Lebens. Aus ihrem autobiographischen Werk ausgewählt und mit einer Einleitung versehen von Renate Wiggershaus. it 313

– Indiana. Aus dem Französischen von A. Seubert. Mit einem Essay von Annegret Stopczyk. it 711

– Lélia. Aus dem Französischen von Anna Wheill. Mit einem Essay von Nike Wagner. it 737

– Lucrezia Floriani. Roman. Aus dem Französischen von Anna Wheill. it 858

– Das Teufelsmoor. Aus dem Französischen von Helene und Herbert Kühn. Mit Illustrationen von Tony Johannot. it 943

Misia Sert: Pariser Erinnerungen. Aus dem Französischen von Hedwig Andertann. Mit einem Bildteil. it 1180

Madame de Sévigné: Briefe. Herausgegeben und übersetzt von Theodora von der Mühl. Mit zeitgenössischen Kupferstichen. it 395

Anne Germaine Madame de Staël: Über Deutschland. Vollständige und neu durchgesehene Fassung der deutschen Erstausgabe von 1814. Herausgegeben und mit einem Nachwort versehen von Monika Bosse. it 623

Stendhal: Die Kartause von Parma. Vollständige Ausgabe. Aus dem Französischen übersetzt von Walter Widmer. Mit einem Nachwort von Uwe Japp. it 307

– Rom, Neapel und Florenz im Jahre 1817. Aus dem Französischen von Katharina Scheinfuß und Bernhard Frank. it 1073

– Über die Liebe. Vollständige Ausgabe. Aus dem Französischen und mit einer Einführung von Walter Hoyer. it 124

Eugène Sue: Die Geheimnisse von Paris. 3 Bde. in Kassette. Aus dem Französischen von Helmut Kossodo. Mit zeitgenössischen Illustrationen. it 1080

Paul Verlaine: Galante Feste. Fêtes Galantes. Zweisprachige Ausgabe. Aus dem Französischen von Hans-J. Weitz. Mit Zeichnungen von Robert Pudlich. it 938

François Villon: Sämtliche Dichtungen. Zweisprachige Ausgabe. Aus dem Französischen von Walther Küchler. it 1039

Voltaire: Candide oder der Optimismus. Mit Zeichnungen von Paul Klee. it 11

– Philosophisches Wörterbuch. Nach der Textauswahl von Rudolf Noack. Herausgegeben und eingeleitet von Karlheinz Stierle. Aus dem Französischen von Erich Salewski und Karlheinz Stierle. it 855

152/5/6.89

Französische Literatur
im insel taschenbuch

Voltaire: Sämtliche Romane und Erzählungen. Mit einer Einleitung von Victor Klemperer und Stichen von Moreau le jeune. Aus dem Französischen übersetzt von Ilse Lehmann. it 209

– Zadig oder das Schicksal. Eine orientalische Erzählung. Aus dem Französischen von Ilse Lehmann. Mit vierzig Radierungen von Marcus Behmer. it 121

Emile Zola: Germinal. Aus dem Französischen von Armin Schwarz. Mit Illustrationen von Renate Sendler-Peters. it 720

– Nana. Aus dem Französischen und mit einem Nachwort versehen von Erich Marx. Illustrationen von Renate Sendler-Peters. it 398

– Thérèse Raquin. Aus dem Französischen von Ernst Hardt. it 1146

152/6/6.89

Italienische und spanische Literatur
im insel taschenbuch

Pietro Aretino: Kurtisanengespräche. Aus dem Italienischen von Ernst Otto Kayser. Mit Anmerkungen des Übersetzers und einem Nachwort versehen von Helmuth Faust. it 948

Giambattista Basile: Das Märchen aller Märchen. ›Der Pentamerone‹. 5 Bde. Deutsch von Felix Liebrecht. Herausgegeben und mit einem Nachwort versehen von Walter Boehlich. it 354

Cesare Beccaria: Über Verbrechen und Strafen. Nach der Ausgabe von 1766. Übersetzt und herausgegeben von Wilhelm Alff. it 1068

Die Wahrheiten des G. G. Belli. Römer, Huren und Prälaten. Eine Auswahl seiner frechen und frommen Verse. Vorgestellt und aus dem Italienischen übertragen von Otto Ernst Rock. it 754

Die Blümlein des heiligen Franziskus von Assisi. Aus dem Italienischen nach der Ausgabe der Tipografia Metastasio, Assisi 1901, von Rudolf G. Binding. Mit Initialen von Carl Weidemeyer. it 48

Boccaccio: Erotische Geschichten. Ausgewählt aus dem Dekameron des Giovanni di Baccacio. Aus dem Italienischen von Albert Wesselski. Mit einem Aufsatz von Friedrich Schlegel und Zeichnungen von Jakob Schwarzkopf. it 1078

Benvenuto Cellini: Leben des Benvenuto Cellini florentinischen Goldschmieds und Bildhauers. Von ihm selbst geschrieben, übersetzt und mit einem Anhange herausgegeben von Johann Wolfgang Goethe. Mit einem Nachwort von Harald Keller. it 525

Miguel de Cervantes Saavedra: Die Novellen. Übersetzt von Konrad Thorer. it 1007

– Der scharfsinnige Ritter Don Quixote von der Mancha. 3 Bde. Mit einem Essay von Iwan Turgenjew und einem Nachwort von André Jolles. Mit Illustrationen von Gustave Doré. Textrevision nach der anonymen Ausgabe 1837 von Konrad Thorer. it 109

Collodi: Pinocchios Abenteuer. Aus dem Italienischen von Nino Erné. Mit farbigen Bildern von Sabine Friedrichson. it 1047

Hernán Cortés: Die Eroberung Mexikos. Drei Berichte von Hernán Cortés an Kaiser Karl V. Mit 112 Federlithographien von Max Slevogt. Übersetzungen von Mario Spiro und C. W. Koppe. Herausgegeben von Claus Litterscheid. it 393

Dante: Die Göttliche Komödie. Mit fünfzig Holzschnitten von Botticelli. Deutsch von Friedrich Freiherr von Falkenhausen. 2 Bde. it 94

Federico García Lorca: Die dramatischen Dichtungen. Deutsch von Enrique Beck. it 3

Bartolomé de Las Casas: Kurzgefaßter Bericht von der Verwüstung der Westindischen Länder. Herausgegeben von Hans Magnus Enzensberger. Deutsch von D. W. Andreä. it 553

168/1/6.89

Italienische und spanische Literatur
im insel taschenbuch

Giacomo Leopardi: Gedichte und Prosa. Ausgewählte Werke. Ausgewählt und übersetzt von Ludwig Wolde. Mit einem Nachwort von
Ralph- Rainer Wuthenow. it 104

Ippolito Nievo: Pisana oder die Bekenntnisse eines Achtzigjährigen. Roman. Aus dem Italienischen von Charlotte Birnbaum. it 880

168/2/6.89